中國學術思想研究輯刊

三 編

林 慶 彰 主編

第22冊

晚明張楊園先生學術思想研究

何 明 穎 著

花木蘭文化出版社

國家圖書館出版品預行編目資料

晚明張楊園先生學術思想研究／何明穎 著 — 初版 — 台北縣永和市：花木蘭文化出版社，2009〔民98〕

序 2+ 目 6+328 面；19×26 公分

（中國學術思想研究輯刊 三編；第22冊）

ISBN：978-986-6528-92-7（精裝）

1.（清）張履祥 2. 學術思想 3. 清代哲學

127.1 98001745

ISBN - 978-986-6528-92-7

中國學術思想研究輯刊

三 編 第二二冊 ISBN：978-986-6528-92-7

晚明張楊園先生學術思想研究

作 者 何明穎

主 編 林慶彰

總編輯 杜潔祥

出 版 花木蘭文化出版社

發行所 花木蘭文化出版社

發行人 高小娟

聯絡地址 台北縣永和市中正路五九五號七樓之三

電話：02-2923-1455／傳真：02-2923-1452

網 址 http://www.huamulan.tw 信箱 sut81518@ms59.hinet.net

印 刷 普羅文化出版廣告事業

封面設計 劉開工作室

初 版 2009 年 3 月

定 價 三編 28 冊（精裝）新台幣 46,000 元

晚明張楊園先生學術思想研究

何明穎　著

作者簡介

何明穎，民國 43 年生，雲林縣人，今定居台南市。中國文化大學中國文學博士。執教於台南科技大學二十餘年，現職為通識教育中心副教授，擔任五專國文、四技國文、應用文、文學欣賞等課程。自寫完博士學位論文後，嚮慕張楊園先生志行，欲效其遯世无悶、不輕為著作，默存於世，潛心教育子弟，以盡餘生。

提　要

張履祥，初字吉人，後字考夫，浙江嘉興府桐鄉縣人，學者稱揚園先生。幼孤，得力於母教，自小立志聖賢之道，至死不怠，守身修業，踐履篤實，終成一代大儒。

先生居窮鄉僻壤，家貧窘，非世家名門，幼無名師之教，故初以舉業制義，即聖賢之道。二十四歲得王畿龍溪集，始知門徑，故潛心姚江學十年，深信而服膺之。三十四歲問學於劉宗周，對所學愈有自信，此後漸脫離姚江學派之影響，學日精進，理愈純熟，言益平實，至四十三歲後俱以程朱為法則，篤實醇粹。故先生對聖學之追求，其思想實經多次波折，幾經轉變，並經過艱困省思，乃能卓然不惑也。

先生少逢亂世，長歷戰亂，身遭國變，以遺老自居，隱遁鄉野，唯恐受清廷之薦舉，故不求聲聞，與同志砥礪氣節，獨以學術人心致明道救世之功，故特重教育子弟，培養人才，欲因此而深植復國之基。檢討亡國之因，歸結於陽明良知之學流弊所致，故對當時姚江末流邪說辨斥不遺餘力，欲求端正學風，挽回世道人心；對其餘異端邪說、儒釋異同，亦辨析透徹，以防其亂學術而惑溺人心，閑邪崇正實為先生學術之一大特色，亦即其經世思想之踐履實施也。至於先生祖述孔孟，憲章程朱，通貫經史，彙總宋明諸儒學說菁華，以啟迪來世，誠為守先待後之醇儒，是以後世論者謂為朱子後一人也。

目次

自　序

明末清初學術駸駸乎盛矣！當時海內號爲大儒者，北有孫奇逢、李顒、顏元；南有黃宗羲、顧炎武、王夫之，皆爲明末遺老，其學術、行誼、志節，夙經前哲詳論備述，足以流芳百世，矜式後學。頃讀張舜徽《清人文集別錄》，至桐鄉張履祥先生集，稱其「潛心義理之學，少嗜姚江，中師蕺山，晚乃一歸於洛閩，以爲三代以上，折衷於孔孟，三代以下，折衷於程朱，踐履篤實，不欲以空言著書，在清初諸儒中，最爲醇樸正大。至於處境艱困，志行卓絕，闇然自修，持論通達，又非自來言義理者所能逮也。履祥不言經學，而於經學爲最深；不事注述，而闡發羣經大義皆得其要，且能引歸身受，見諸躬行，此其所以卓也。（所著）大抵致詳於庸言庸行之際，不越乎日用倫常之外，不尙高奇，一歸平實。論者多取履祥與陸隴其並稱，目爲洛閩正傳。余則以爲力闢王學，固兩家所同，至於履道堅貞，不惑於物，則隴其固非履祥匹也。」余讀而慓慕之，尋繹諸學術史，而惑其疏略也。且先生與宗羲先後從師蕺山，其生同時、同師、同爲遺老，顧宗羲名動天下，而先生何聲氣闃如也。乃進求先生全書而讀之，既曰爲世道人心久大德業之計，又曰雖小物亦當用力也；既曰囊括其口，摧頹其容，以求溷俗，又曰濟時行道之懷，未嘗須臾忘也。又曰古之教人，仁義道德而已矣！今之教人，聲色貨利而已矣！古之學者以實行，今之學者以空言，世道人心安得而不日壞。又曰古以躬行君子爲儒，後世以能著述善講說爲儒，天下無道言有枝葉，正此之謂也。又曰聖人之道如布帛菽粟，食之可飽，衣之可煖，失之者死，故不可須臾離，今人之爲道者，皆可離之類也。言言平實親切，足以發人深省，而弘毅之志，遯世无悶，不欲自見之節，斯世斯民飢溺之念，皎然可見矣！抑思今日物欲橫流，舉世滔滔汩沒功利，躬行君子，日見稀少，世道人心，尤有不讓於昔者，因求發明先生之學，以資世道而彰風教焉。

先生之學，篤實正大，余從事於茲五載，每反覆研讀，身心輒有開益，以是知聖人之道，誠如布帛菽粟而已。道不遠人乃人自絕於道也。唯浮生多碌，志不勝氣，自執筆以來三稔，時輟時繼，遷延至今，始克成篇。又見先生與友人書曰：「竊意當年潯溪相公與尙寶相契甚厚，其立身本末可爲後人師法處，及其用心之微，世人不能盡知處，宜有所表著，而文字竟類應酬，何也？豈潯溪本領亦祇若是而已矣。」則深愧斯言，未知負先生者又幾許也。世之博雅君子，幸垂教之。

斯篇之成，蒙　慈母代爲褓育幼子，惠我獨多；家父尤時予策勵，父母之愛子，誠無微不至也，謹誌于此，以自惕勉。另蒙　恩師王熙元先生不棄愚魯，詳加裁成指正，關切備至，倘無恩師昔年之見容，亦無茲篇之成，實當致最崇高之謝意。又賢妻於數年間董理家政，幫忙抄繕稿件，使余能專意於論文撰述，亦應誌此感謝。此外，承友人陳邦禎博士提供資料，張忠良君謄稿校對，及師長、同事之關心鼓勵，均並此致謝。

中華民國七十九年歲次庚午孟春

序於臺南

第一章　緒　論

第一節　生平述略

先生姓張氏，諱履祥，初字吉人，後更字考夫，〔註1〕號念芝。浙江嘉興府桐鄉縣人。世居清風鄉鑪鎮楊園村，故學者稱楊園先生。明神宗萬曆三十九年辛亥（1611）十月朔丁卯辰時生。

五歲時，父九芝先生諱明俊授《孝經》，口授句熟，即指點認字，先生端坐朗誦，音切皆辨。七歲從餘姚孫台衡先生受書，九芝先生語之曰：「吾名是兒，雖云與長兒名近，亦欲其異日學金仁山先生也。」（《重訂楊園先生全集》卷二十一，〈先世遺事〉。以下所引僅稱卷數）〔註2〕九歲丁父憂，先生與兄履禎居喪，擗踴袒括如成人，見者痛之。時先生王考晦庵公在堂，母沈孺人年三十二，家故貧窘，晦庵公於鑪鎮開一小肆，以資薪水，沈孺人勤儉持家，晨夕勤劬，延師課先生兄弟，紡績供脩膳，夜分不寐，每泣諭曰：「人惟此志，孔子孟子亦只孔孟兩家無父之子，惟有志向上，便做到大聖大賢，汝若不能讀書繼志，而父九原安得瞑目。」（卷二十一，〈先考事略〉）自是外奉祖訓，內秉母教。先生嘗自述云：「是後撫育教誨，出則先大父，入則先慈，自飲食立行，以及守身修業，與人交友之事，罔不有教，教罔不

〔註1〕蘇惇元《年譜》云：先生年十五時，未有字，前輩或字之曰吉人，年十八更字曰考夫。又見錢馥校姚夏所作《年譜》云：時先生未有字，一前輩字之曰長吉。先生自題一聯于室曰：願爲金履祥，不學李長吉。因更字吉人，後一字考夫。

〔註2〕府縣志俱作生時父夢金仁山來謁，故命是名。

有淚。」（卷二十一，〈先世遺事〉）

十二歲，從陸時雍先生講《易》，先生晝夜把卷沈吟，題《易經》前頁曰：「戒之，戒之，甯得魚而忘筌，無買櫝而還珠。」明熹宗天啓五年（1625），先生年十五，應童子試，補縣學弟子員。復從諸董威及傅光日二先生受業，皆名師也。年十八，娶夫人諸氏，即董威先生兄女也。二十歲遭王考喪，二十一復遭母喪，先生居喪一遵朱子家禮。後遇父母忌日，輒素服齋居外寢，不飲酒食肉、不留客、不入館，孺慕終身如一日。

崇禎六、七年間，先生二十三、四歲，館同里顏士鳳家。時東南文社方興，各立門戶，遠近紛如，慨然曰：「東南壇坫，西北干戈，其亂於世，無所上下。」（卷九，〈與屠闇伯書〉），與士鳳嚴相約毋濫赴，但與里中數子邱衡輩相砥文行，曰存知社。遠則與王庭、朱一是、屠爌、黃三貢、李明巒、明嶅、董說、鄭雪昉、吳蕃昌、錢本一、錢寅曰敬盟，他社皆不預。十五年秋，三十二歲，赴杭鄉試，見漳浦黃石齋於武林靈隱寺，黃子以近名爲戒，先生謹誌之。十七年二月，與錢寅偕至山陰，受業於劉宗周先生，擇《願學記》中語質之，劉先生一一批答之，後名之曰《甲申春冬問目》。歸而自謂有得，以劉先生《人譜》、《證人社約》等書示門人。是夏五月，聞京師三月十九日李自成之亂，縞素不食，去館，携書簏步歸楊園。時年三十有四矣。

先生少有大志，以天下爲己任，入清後棄諸生，隱居教授，苦志力學，益杜門寡交，避世畏聲利若浼，惟與苕上凌渝安、湖州嚴穎生、歸安沈磊、嘉興徐善、海鹽吳謙牧、何商隱，道義切磋，務躬行踐履，終身無間。以舉業來質者，謝勿納。先生家既貧，故一生處館，以資不給，自二十三歲始，終其身，竟不能去。歷館同里顏士鳳、錢飛雪、菱湖丁友聲、苕溪吳子琦、族兄彬、澉浦吳裒仲、郡中徐忠可、半邏何厚庵家，而錢氏前後八年，顏氏前後六年，晚館半邏且歷九年之久。五十九歲後，館語水呂留良家，蓋請自康熙三年甲辰之冬，歷經五年，屢請屢辭，留良虛席待二年，誠意悃款，並謂此請不僅爲兒輩計，實在聖學之宣揚（詳參《晚村文集》卷一，〈與張考夫書〉），先生終不能辭。館語水數年間，屢勸留良韜晦匿跡避禍，以爲選刻時文雖足以發明書理，不若多刻先儒之書，嘉惠尤爲無窮，學識氣象可知也。因勸刻《二程遺書》、《朱子遺書》、《語類》及諸先儒書數十種，且同商略。嘗言：「今世貧士眾矣！皆將不免飢寒，宜以教學爲先務，蓋亦士之恆業也。凡人只有養德、養身二事。教課則開卷有益，可以養德；通功易事，可以養身。」（卷四十二·《備忘》四·40 頁）病當時講學者以師生爲標榜，故於授讀外，未嘗納拜，凡親炙諸子，一以友道處之。時（康熙六年丁未，先生五十七歲）黃宗羲方以紹述蕺山，復興證人書院講會，鼓動天下，先生曰：「此名士，非儒者也。」（雷鋐〈張楊園先生傳〉）噫！可見先生之志也。

先生自幼受庭訓，有志聖賢之學，先從姚江入門，二十五歲，讀《小學》、《近思錄》有得，遂悟王學之非，作《願學記》。謁宗周先生歸，乃肆力於程朱之書，眞知力踐，覺人譜獨體猶染陽明，於程朱猶有出入，然以師故不敢言，乃於劉先生遺書中，採其純正者，編爲《劉子粹言》，論者謂於師門有補救之力。念台之子伯繩纂先人遺書，亦多折衷於先生。晚年乃奮筆評王氏《傳習錄》。先是五十歲館半邏時，何商隱請先生評之，以維斯道，以覺來學，先生謝不敢任。六十二歲因館語水呂氏，商隱復請，留良亦請，先生謝不敏，三請乃允。慨然謂：「東林諸公，氣節偉然，而學問未純，神州陸沈，天地晦盲，生心害政，厥由傳習。」（引陳梓〈楊園張先生小傳〉）於是，毅然秉筆，條分縷析，洞揭其陽儒陰釋之隱，以爲炯鑒。蓋自此書出而閑闢、通辨、困知，〔註 3〕皆所謂擇焉而不精者矣！

先生之教門人，亦必令讀《小學》、《近思錄》及《顏氏家訓》，又令各書〈白鹿洞規〉，揭於座右，並與講〈呂氏鄉約〉。每教門人需務經濟之學，始初年三十館菱湖丁友聲家，時歲大饑，先生即訓門人曰：「大荒之後，必有大亂，宜讀經濟書，宴安於膏粱，大不可也。」（蘇惇元《年譜》）國變後，謂門人曰：「須讀有用之書，毋專習制義，當務經濟之學，於唐學陸宣公，於宋學李忠定公。」（同上）因令讀兩公奏議，而於《忠定集》加評點焉。明社未屋時，有〈上本縣兵事書〉，並陳時事略，臚陳利弊，實可見諸實行。又言嘉郡水利不講，時被旱潦，其要在濬吳淞江，屢寓書與搢紳之素好者，屬其條陳當事，後嘉善柯聳建議濬之，本先生之說也。歲耕田十餘畝，地數畝，種穫兩時，在館必歸，躬親督課，草履箬笠，提筐盂而佐饁，修桑枝則雖老農不逮也。又好畜牧，雞鴨鵝羊豕俱備，督僮飼之，不時就觀。於此可見先生學之具有體用如此。

先生生平家居，雖盛暑，必衣冠危坐，未嘗少有怠肆之容，若有勞役事，則去上衣，著最麤麻布衫，帽與韈，雖勞與酷暑未嘗去。居常几上止置書一

〔註 3〕《閑闢錄》十卷，明程瞳輯。《困知記》四卷，明羅欽順撰。《學蔀通辨》十二卷，明陳建撰。

冊，無雜陳，看書或倦，則拱手默坐，或徐步課農桑，凡蔬果花藥之類，皆手經理之；米鹽日用之事，亦躬親料理。先人墓在楊園港口，每舟過，必正身拱立於舟中深揖，遠數十步始坐。自壯至老，雖倉卒，必於是。於喪禮尤詳慎，雖卑幼緦小功之服，必素衣冠，終其日數，赴几筵釋之。舟行則終日危坐，坐處不移尺寸，寢則通夕不反側，行止夢寐，無不莊敬也。

桐邑村民向有阻葬敝俗，先生曾卜兆葬祖而未果，後欑室為盜所焚，先生聞變奔詣，慟不欲生，副以椁，七日夜露處其側，號泣不食。李石友偕親朋力勸之，謂死而齎恨，不如生而討賊，乃強進飦粥，衣墨衰，匍匐訴於官。自是冬臥草苫，夏臥竹廩，後盜徒定案論死，門人因邀先生執友顏統、錢本一輩，力勸請御酒肉，釋苫廩，先生猶不肯從。甲申渡江師劉念台先生，從者猶擔竹廩而行，劉先生知而勸慰釋之，而先生終身抱恨，四時袓衣用粗麻，卒時，遺命即以斂焉。

娶諸孺人，生男子三，皆殤。四十歲，始納妾朱氏，生二子，長維恭，次與敬。康熙十三年甲寅春正月，為長子娶婦。〈與錢本甯書〉曰：「賤體傷脾，氣困頓不可言，又不免以小兒婚事擾心，連遭歲歉之後，大難為力。」（引蘇惇元《年譜》）又〈與姚夏書〉曰：「今年二月小兒亦已授室……不佞舉子遲暮，不意及見新婦之入門也。」（卷十三）蓋先生貧病已甚，以喜以悲矣！夏五月，病脾甚，至七月二十八日庚寅戌時，命具衣冠，居正寢，恬然而逝，享年六十有四。長子亦旋歿，次子未娶而殀，繼孫聖聞亦殀，配姚氏守節以歿，繼曾孫文相後亦無考，亦天道之不可知也。

康熙十四年，何商隱偕諸友朋及弟子數十人會葬先生於楊園宅之東南，墳前立小石碑，題曰「楊園先生之墓」。康熙六十年，海塩張莘皋朝晉、餘姚陳頫躬梓修先生墓，并以夫人以下五喪未葬者，附葬於墓側。乾隆十六年，學使甯化雷鋐更立鉅碑，題曰「理學眞儒楊園張先生之墓」。嘉慶六年，桐鄉令合肥李廷輝修楊園舊祠，立主崇祀，并修墓立石。十六年，浙江巡撫漢軍蔣攸銛檄飭立主，祀於青鎮分水書院。二十三年，縣令遵義黎恂修墓，重刻墓碑。教諭仁和宋咸熙立祠於學宮東偏。道光四年夏，浙江撫軍黃梅帥承瀛疏請入祀鄉賢祠。同治三年，浙紳陸以恬等，呈前閩浙總督，今侯相左公宗棠，請從祀文廟兩廡，並呈事實十二條，左公批允轉奏，適以軍書旁午，旋調陝甘，未及拜疏。至九年，學使徐侍郎樹銘乃為奏請從祀，禮部議在東廡先儒孫奇逢之次，十年冬奉旨俞允。是年杭紳丁丙奉左相命捐建專祠於青鎮立志書院之後，並得前布政使楊昌濬發款落成。十二年，前署令貴筑李春龢捐建墓祠於楊園故里，仍題曰務本堂。江蘇書局重刻楊園全書，山東亦有新刊本。蓋先生之遇，雖鬱於生前，而其道則大昌於身後矣！

先生平生學問專務居敬窮理，躬行實踐，不託空言，力闢姚江良知之學，一以關閩濂洛爲宗。循孔門博文約禮、敬義直方之則，以仁爲本，以修己爲務，以中庸爲歸，力正後儒偏陂之趨，而續古聖微茫之緒。立身端直，與人和易，持論醇正，不尚高遠。嘗云：「聖人之於天道，庸言之信，庸行之謹，盡之！」（卷四十，《備忘》二）又云：「三代以上折衷於孔孟，三代以下折衷於程朱。」（卷六，〈答許大辛書〉）故於朱子《綱目》、《文集》、《語類》，晨夕不釋手，訂其疑而闡其微，旁及《讀書》、《居業》、《呂氏童蒙訓》、《魯齋集》，俱爲評本。晚年欲選其精粹編爲朱子近思錄及曹薛吳胡四子近思錄，惜乎選甫卒業而歿（曹吳二集未選），未能編定成書，今俱不傳。自著《願學記》中有「祖述孔孟，憲章程朱」（卷二十八）二語，實自道爲學宗旨也。

先生既隱居，遂有志於力耕，輯補農書，書出漣川沈氏，言歸安桐鄉耕桑之法，課耕則手是編與家人講明之，嘗自述其志云：「前哲如吳康齋講濂洛之學，率弟子以躬耕，劉忠宣教子讀書兼力農，此風可爲師法也。〔註4〕……區區之望，實欲如古之孝弟力田，躬耕養志，不求聞達之英賢耳。」（卷四，〈與嚴穎生書〉）於《初學備忘》、《訓子語》中，諄諄以耕讀二字教後人，而重廉恥之防，有云：「人須有恆業，無恆業之人，始於喪其本心，終至喪其身，然擇術不可不慎，除耕讀二事，無一可爲者。」（卷四十七，《訓子語上》）「許魯齋有言，學者以治生爲急。愚謂治生以稼穡爲先」，「能稼穡則可無求於人，可無求於人則能立廉恥，知稼穡之難，則不妄求於人，不妄求於人則能興禮讓。廉恥立，禮讓興而人心可正，世道可隆矣！」（卷三十六，《初學備忘上》）以是知先生所言，雖不越乎人倫日用之常，然身處草野，日抱嫠憂，荒江寂寞中，念慮所存，恆周乎天下後世矣！先生詩非所長，而音旨和雅，亦見寓託。秀水朱彝尊稱「間作韻語，不沿安樂窩頭巾語」云云。古文得八家神髓，嚴密修潔，間得文采。著書十五種五十四卷。篤實宏遠，論者謂軼薛胡而上

〔註4〕引蘇氏《年譜》文。先生原文見〈與嚴穎生書〉云：「前哲如吳康齋、劉忠宣之風，可爲師法也。」又《初學備忘上》，稼穡之艱，學者不可不知一條中有云：「吳康齋先生講濂洛之學，率弟子以躬耕，劉忠宣公教子讀書兼力農，何粹夫官歸闢後圃種菜，俱可爲百世師也。」蓋蘇氏文綜此二段以成。

之，朱子後一人而已，皆本躬行心得之餘，有感而作，非務著述爲能事者也。

第二節　著述與刊行

先生非以立言求不朽者，故不輕爲著作，然生乎其世其時，於充養自然，積厚流光之餘，自有不能已於言者，亦孟子所云「予豈好辯哉！予不得已也。」故程子以爲「聖賢之言不得已也。蓋有是言則是理明，無是言則天下之理有闕焉。」（《河南程氏文集》卷第九，〈答朱長文書〉）先生之學淵源深而封殖厚，故其文章著述，皆由眞知力踐而來，本乎躬行心得之餘，故發爲言辭，無非以明夫理而未嘗爲無補之空言，一以關乎學術人心爲根本，以孔門旨意爲依歸。吳復本序文集云：「先生之文，意高遠而詞平易，氣浩瀚而旨昌明，則其學之所至，豈不較然矣乎！」（引〈全集序〉）友烏程凌克貞序《全集》則云：「凡發于語言文字，絕不矜情作意，藹然自見於充積之餘，言愈近而旨愈遠，見愈親而理愈實，有德之言，非能言者比。」（引《重訂楊園先生全集》五十四卷〈序〉）噫！斯可見先生本諸古昔聖賢之心，淑世淑人之志矣！今據已刊《全集》及諸家傳記、年譜所載，述其著作如后。

一、著　述

甲、已刊行者

先生已刊行著述，見諸《重訂楊園先生全集》五十四卷，此本行世最晚，蒐輯亦最完備，諸作大要無遺，依其目次分述之：

（一）《詩文集》二十四卷

此乃先生逝後，由朋友、門生、後學陸續裒集而成。清應寶時序《全集》云：「第二十四卷以前，略有刪減，要視世間行本爲最多。」然則散佚者，已爲數不少。蓋有編定之初，即未入集中者，如〈與何商隱諸書〉末附何氏跋云：「手箚在笥，不忍繙閱，曾欲彙輯遺稿，沈子幾臣勉與錄出，散軼之餘，得八十八首……并節其散襍，而以六十七首入集。」（卷五）亦有刊刻時刪減者，如《全集》凡例云：「祝人齋刻本刪改甚多，非先生完書……文集則刻止十八卷。」又凡例最末條云桐城蘇惇元補訂年譜後附詩文目，「有題見文目，而文未見者。」故先生遺文當不止目前之二十四卷也。雖不免有憾，然先生誨人之精義，立身守道之謹嚴，識見之宏博，燕居之和易藹然，持守集義養氣之功，謙誠待人之風等則一一在焉，亦足見得先生之精神風貌，故論先生學行，於此實宜再三致意也。今依《全集》所輯，條其細目如后，以見一斑。

卷　一　騷五首，詩一一二首（含古、近體）
卷　二　書一，師門問答十四篇
卷　三　書二，二十一篇
卷　四　書三，二十七篇
卷　五　書四，道誼知舊問答六十七篇（此卷俱與何商隱書，後有何氏跋語。）
卷　六　書五，道誼知舊問答三十九篇
卷　七　書六，三十一篇
卷　八　書七，四十九篇
卷　九　書八，三十六篇（另附文三篇）
卷　十　書九，十六篇（本卷俱與吳謙牧書）
卷十一　書十，二十三篇（此卷俱答張嘉玲書）
卷十二　書十一，二十八篇（前五篇爲答張嘉玲問易及質疑）
卷十三　書十二，三十九篇
卷十四　書十三，七十二篇
卷十五　上書三篇，疏二篇，啓八篇，序十三篇
卷十六　序十九篇，壽序七篇
卷十七　記十九篇
卷十八　說十八篇（含喪祭雜說）
卷十九　論八篇，辨三篇，議五篇（含保聚附論）
卷二十　題跋書後三十五篇，引三篇，贊一首，銘六首，箴一篇
卷二十一　傳三篇，墓誌銘三篇，事略四篇，遺事三篇
卷二十二　弔祭告文十八篇，哀辭一篇
卷二十三　雜著八篇
卷二十四　書補遺二十九篇，書後補遺一篇，箴補遺一篇

（二）《問目》（甲申春冬問目）一卷

崇禎十七年甲申，先生年三十四，二月偕錢寅至蕺山謁劉宗周先生，擇

《願學記》中語以質，劉先生批之，冬，復以續得之語寄呈，劉先生復批答之，後名曰「甲申春冬問目」。《全集》編入第二十五卷，取自先生門人姚璉所輯原稿，卷首已缺五頁，即名之曰「問目」。劉宗周讚云：「諸語多從自身體貼出來，故遂不落語障，所見已是端的，從此但莫生退轉心，當自有欲罷不能之機，竚看有進步也。」（卷二十五《春問目》後劉氏總評）又云：「每說到媿恥處，及父母生我處，令人激發不已。」（同上）卷末有補遺十四條，編次者萬斛泉按云：「《問目》一編，從雲村藏本（即姚璉所輯本）抄出，原缺前五頁，留空待補。其見於祝刻選本者僅十四條，非其全也。姑附卷末，以備遺忘。」（卷二十五）

仲春問目後，有先生五十歲時之記言云：「此甲申仲春執以求教先師之冊也。先師問此記錄始自何年，履祥敬對曰：『自己卯年始』，又問己卯以前所見如何？對曰：『以前雖有所見，向後自知非是，即不敢質之先生，今特以窺測所及而未敢信者，求正其是否。』先師許之，越兩日，出以見授，指教詳切，不以履祥之不肖而棄之裁成之外如此。今去此十六、七年，過失多於前時，學問益負初心，撫此徂光，用深悲歎。哲人既萎，問業無門，徒有惘惘沒齒而已。庚子仲夏感而識此，是歲距先人棄世四十有二年。」（同上）今視其文，下每有先生自批改之語，亦有自註刪去者，蓋皆早期習於陽明，語涉姚江者也。《冬問目》後，何汝霖記云：「《問目》一書，乃楊園張子就正山陰劉子，而劉子批答於上，張子從而錄出者也。間以視張佩蔥，佩蔥手寫之，還視張子，張子復自批於下，亦有句刪處，皆親筆也，姚四夏（璉）所藏。」〔註 5〕據此，可知先生爲學之謹嚴不苟，而進道勇猛如此，直可謂無文猶興之豪傑士也。至若篤於師友，秉性純厚之意，亦發露無遺，賢哲胸懷，自是常人不可及。

(三)《願學記》三卷

據《全集》凡例引陳梓古民《年譜》附錄云原有六卷，今止三卷，編入《全集》卷二十六至二十八。

《願學記》首卷前後俱有題跋，乃先生門人姚璉所記。前云：「先生原稿三百六十條，前有引後有跋。墨筆圈點三百二十九，遺三十有一，硃筆圈一百七十，遺一百九十，此前後手定數也。○外二十條見副葉中，有甲申年月，

〔註 5〕佩蔥手寫，先生自批，時在康熙十年辛亥，先生六十一歲。見《願學記》姚璉附跋云：「問目一書，佩蔥僅於辛亥錄出，請先生批閱。」

入第二卷爲便，蓋此稿始於己卯，訖於壬午，自不當攙入以後語耳。何先生命璉錄時題於原稿卷首。」（卷二十六）可知此爲先生二十九歲至三十二歲間所記。今所刊止爲二百有十四條，另附八十一條，則庚辰（三十歲），辛巳（三十一歲）二年之語，合而爲一卷者。姚氏附跋云：「原稿三百六十條，查已入《問目》者一百有一條，并讀易十條不載，止鈔二百有十四條，其餘則缺。又於己卯後諸稿中，續鈔八十一條，附成一卷。」（同上）姚氏述其取捨標準云：「傳書則須存其瑜而舍其瑕，蓋必眞知其學之始終，凡早年著述，衡以晚年而取舍之，則無失其書，亦無失其人矣。」（同上）於附跋中姚氏并述其編纂刊行緣由始末甚詳，大約商之何汝霖、凌克貞二人而定。則此卷屬先生早年所作，晚年未及訂正者。蓋先生嘗「自言爲良知之學十年，此稿又屬未見山陰時語，則良知習氣誠有不免。」（姚璉附跋語）故姚氏所刪三十八條，即「不脫王學習氣者」（同上），取此與《問目》合觀，尤可得其梗概。卷二所輯爲崇禎十七年甲申（三十四歲），及丙戌（三十六歲）、丁亥（三十七歲）三年之語。卷三乃戊子（三十八歲）年所錄。後錄遺三十五條，則自「壬午（三十二歲）、癸未（三十三歲）稿中」（姚璉註）抄出。

綜此三卷而觀，除乙酉（三十五歲）一年先生避亂吳興外，自己卯（二十九歲）至戊子，逐年無不有記，極可見先生求道勇猛精進之迹。而丙戌年語錄中，對陽明學術已漸有所評正，緣此，知先生學術趨向之轉變，當亦不離此時也。先生記述此書，原自爲惕勵，不欲示諸人，後乃因同志之請，而傳佈於世。前序自述緣起云：「自張夫子爲箚記之語，前正率多作之。履祥魯昧過人，閔凶自幼，長幸有悔，竊事先傳，雖知固習疏，罔與至教，然一言幾道，皆先聖賢、良師友之錫也，其敢忘諸，因以所聞爲《願學記》，與二三子共勉而已，若乃剽拾塗言，沾沾謏俗，則豈敢出此。」（卷二十六前引）後序則云：「卯之歲，秋既暮矣。撫時發省，悼昔者於志有未篤，而學多所遺也，乃辭交遊，遠家室，旅於苕溪之上，環水爲郭，時俗不入。于是旦作夜思，或燕論之次，誦息之餘，意有所開，輒書以記。竊矢勿諼，初不敢告諸人人也。……予也爲德不進，而疾則有加，自索居以來，載忽三易，言乎德則日無幾，若疾不啻久矣！終己諱稱，是樂錮厥疾而避醫也。乃因同志之請，遂不敢諱，凡以揭之大塗，而徧望世之俞扁其疾者。」觀於斯則先生著作旨意昭然可明矣！而所序者，即姚璉所稱「原稿三百六十條」己卯訖壬午間語也。至於今所刊行三百六十條之外，及其後陸續所記，則先生歿後，姚璉輯自先生諸稿中而未經手訂者也。

（四）《讀易筆記》一卷

先生習《易》甚早，據蘇惇元《年譜》所載，十二歲時從陸時雍受業，即晝夜把卷沈吟，並題其上曰：「戒之，戒之，甯得魚而忘筌，無買櫝而還珠。」今卷前有姚璉序云：「此先生申酉（三十四、三十五歲）以前，讀《易》時，偶有所得，記於冊首，以備不忘，未嘗出示門人，門人亦未及請而正之也。丁卯（康熙二十六年）春，默斯出以示璉，璉即質諸何、凌兩先生，何先生曰：可取《願學記》中，凡論《易》者，同錄一卷。凌先生曰：此卷中多精要，不可湮棄。」（卷二十九）然卷末〈讀說卦傳〉署有「丙戌二月考夫識」語，則最晚所記或當在三十六歲矣！此書亦先生早年之作，故姚氏有「晚年所得與早年所記，似覺不同」（同上）之感。書前釋「綱領」、「乾坤」，後有讀「繫辭上傳」、「繫辭下傳」、「說卦傳」感言，中依六十四卦序，凡卦有所得者輒記之。大都假天象以明人事，藉卦爻辭以抒經世之志，先生嘗云：「學《易》者，能通神明之德，類萬物之情，然後可以有得也。否則解釋其辭義，於我何有。」（卷三十九，《備忘》一）故所論者皆修己、齊家、出處進退、安民治國之道。與胡瑗《周易口義》、程頤《易傳》一派之義理易學，同出一轍。

（五）《讀史、讀史記、讀諸文集偶記、讀許魯齋心法偶記、讀厚語偶記》合一卷

此先生之讀書筆記也。今編入《全集》第三十卷。

〈讀史〉有三十三條，標目下註云：「凡已入《願學記》、《備忘》者不載。」故欲窺其全，宜更取二書所載者并觀。

〈讀史記〉有二十六條。〈讀諸文集偶記〉，札記柳子厚者五條，歐陽修者二條。另記宋李忠定公者十二條，先生讀其《靖康傳信錄》、《建炎進退志》二書譽之曰：「眞天下經綸手也，豈獨剛大之節、直方之概爲不可及而已。求之三代以下人物，漢之諸葛忠武、唐之陸忠宣，庶幾其人，其餘未足方也。」可謂歎美備至矣！蓋忠定之識見、氣節，立朝施爲，俱爲先生嚮慕，故所論獨多，不僅因其文章而發也，然則此亦見先生志之所向矣！以上諸記，考其年月，大抵皆三十六歲以前之作，約與《願學記》同時。

《許魯齋心法》一書，先生四十二、三歲間，與友人閱而評論者。魯齋名衡，字仲平，值金元之際，仕於元，時人譏其欺世自免。然魯齋於亂離中，

毅然以斯道爲己任，先生亦甚尊信，嘗有前後二論辨其節操，推爲賢者。記後有姚璉跋云：「《心法》一書，先生壬辰、癸巳間仝邱季翁、沈閒老閱過，俱有評論。此書精當者十之六七，先生蓋尊信服膺之矣！間有未當，則指出數語，識於簡端，固足以羽翼先儒，或引伸其未盡之義，亦非好爲指摘，以此書爲不足觀也。」（卷三十）

《厚語》一書爲先生之友何汝霖先人（明・錢蓑）所著。據姚璉跋云：「先生同何先生輯《近古錄》時，何先生出先世《厚語》一種，請先生評選而編入也。」（卷三十）則此爲先生五十七歲時所記。蓋取其不當理者而評論之，其去古不遠，足爲鑒戒者，則編入《近古錄》一書中。

（六）《言行見聞錄》四卷

先生始記於崇禎甲申夏四月，時年三十四。凡耳目所聞見，嘉言善行，信而實者不遺細微，筆而識之。所謂「錄以載道也，一言之幾於道，一行之幾於道，聞且見，則必及焉，道不擇人，故不以人廢。」（卷三十一《見聞錄》凡例）先生并自序其志云：「言行胡爲而有錄也，師之也，師之奈何，祥不敏，不能博聞多識；家貧，不勝舟車以請事當世賢人君子也。因述有知以來，所見聞於師友、於鄉黨、於道路，其深信弗疑、學而未逮者，書之於冊，用服不忘。記曰：天不愛道，地不愛寶，苟擇而取之，莫非師也。先朝恭愍陳公常手錄格言，以爲力行之助，愚竊志焉，先覺君子，其有以嘉錫我矣！」（卷十五）

卷一輯一百一十二條，卷二一百三條，卷三一百一十一條，卷四七十一條，計三百九十七條。末數條中，記庚戌至壬子江南大水洊災及呂留良葬兄瞿良事（參包賚《呂留良年譜》），則最晚所記訖於康熙十二年，先生六十三歲時。可謂一生從事不怠者，則先生之取善自勵，密切檢點，其志力有若是也。《易》云：夕惕若，君子以自強不息，先生之謂也乎。後學者觀於此編，於想像風範，欽羨之餘，當能興起希聖希賢之心，進而細味其言，則於樞機倫物之際，亦必能得所持循而知用力之方矣！

（七）《經正錄》一卷 學規附

《經正錄》爲先生三十三歲所輯。取朱子〈訓學齋規〉（即〈童蒙須知〉）、〈白鹿洞學規〉、司馬溫公〈居家雜儀〉、朱子〈增損呂氏鄉約〉四種而成。其例云：「〈訓學齋規〉，小學之事，蒙養以正，作聖之基，故居首。〈白鹿洞學規〉，大學之事，由小學而大學，不躐等也。師舍是無以教，弟子舍是無以學，二者所以修身也。〈居家雜儀〉，齊家之事，君子修其身，則言有物、行有恆，故雜儀次之。〈呂氏鄉約〉，御家邦之事，修身齊家而後可以化民成俗，治平之業則舉而措之耳，故次之以鄉約終焉。」（卷十五）先生以為此四者乃修身齊家治平之本，闕焉不求，則邪慝生於心，禍亂中於世，而天下亂。蓋有見當時士子，溺於詞章聲利，不求敦本，上失所以教，下失所以學，而習俗敗壞，招致天下禍害，故須從學術教育入手，廣之人人，相與為治，以救其失，始能立綱常，復禮義，而平治天下，乃輯舊聞，手錄此編，而取孟子反經之義，命是名焉。〔註6〕

後附學規二種。一曰〈澉湖塾約〉，乃先生四十六歲館澉浦吳謙牧家所立。除日定課程外，並通言大旨以勉諸學子。其略云：

> 為學先須立大規模，萬物皆備於我，天地間事，孰非分內事，不學，安得理明義精。
>
> 功夫須是綿密，日積月累，久自有益，毋急躁、毋間斷，急躁間斷，病實相因，尤忌等待，眼前一刻即百年一刻。
>
> 修德行道，盡其在我，窮通得喪，俟其自天。
>
> 近代學者，廢棄實事，崇長虛浮，人倫庶物，未嘗經心，是以高者空言無用，卑者淪胥以亡。今宜痛懲，專務本實，一遵大學條目以為法程。（卷三十五）

一曰〈東莊約語〉，則先生年五十九館語水呂留良家所作以訓門人者。其略云：

> 儒者之學，修身為本，罔間窮通，克己功夫，寧分老少。祇求無忝所生，不負師友，在覆載中，有殊庶物而已。
>
> 讀書所期，明體適用。近代學者，徒事空言，宜乎呫嗶沒齒，反己茫然，全無可述也。日用從事，一遵胡安定經義治事以為之則。
>
> 古人淡泊明志，膏粱之習，克治宜先，長白山齏粥，可取法也。
>
> 學問之道，固尚從容，然一任優游，難睎自得，果能必有事焉，其諸慆慢，非惟不敢，亦不暇矣！（卷三十五）

先生明鑑當時學術空疏之弊，與學者病痛所在，故發為言辭，均能切中時弊，一以崇本務實為先，蓋欲學者自下學而得上達也。

〔註 6〕約先生序意如此。按《經正錄》有二序，舊序為先生癸未年三十三歲所作，後為四十三歲壬辰作。另有名《治平三書》之序，所取唯缺〈訓學齋規〉一種，亦作於三十三歲，與舊序同時，則此或為《經正錄》成書之藍本也。

（八）《初學備忘》二卷

此爲塾中初學子弟言者，故意較淺近，平易而篤實。先生蓋嘗手定，次爲上下二卷，各五十條。「每授學者傳鈔」（卷三十六，何汝霖〈初學備忘引〉）大抵於讀書學問之要則精義，闡述甚詳，言近旨遠，足以振聾啓聵，導學者以先路。自序云：「始余歸自語溪，辛卯僦居錢氏，以兄子失教之故。里中子弟過而學焉，則亦告以所聞。巳之夏，兄子以母之喪歸於楊園。是冬，予病作，次年春暮，予方起而兄子尋以疾死。因復去家，館於甑山，念之，感愴不能自已，因詮次其前後，間補一二，授錢子曬，以曬昔日同游之列，夫或達予所感云。」（卷三十六上）則是大病幾死後，因兄子之亡，感念而作也。故文中有「窮達壽殀，天也；智愚賢不肖，人也。在天者不可強，在人者有可爲，君子爲其所能爲，小人求其所難強。」（卷三十六上）之歎。又云：「每念兄子，未嘗不汗浹背衣也，當時只以不勤於學，憂其不能自立，亦不料短命若此，傷哉！」（卷三十七下）時先生年四十五。

（九）《近鑑》一卷

先生四十九歲家居作，編入《全集》卷三十八，前有自序，末有〈書後〉一文，或何氏汝霖所作也。全書凡六十四條，「引當世敗亡之迹，以爲守身之戒」（標題注），蓋先生自懲擇壻之失，有痛於心，因記見聞所及，存爲殷鑒也。初，先生長女嫁於尤介錫，其父治農桑，家治勤儉，鄉里稱謹愿。介錫幼能文，從先生游，遵循規矩，先生愛之，以女妻焉。後其兄師錫舉進士，耽酒色，介錫背師教而效之。先生屢誨不悛，竟買娼爲妾，益猖狂恣肆。先生女素嫻閨訓，引詩書以諷諫，而正言逆耳，視如寇讎，遂與妾謀，鴆殺之。（上引蘇惇元《年譜》）先生往哭，親見女被鴆狀，訟之公庭，僕僕二年。雖殺妻之典未正而褫其衿，逐其妾，不齒於人，數鬱鬱以死，通國快之，然先生所遇多故，亦良苦矣！（錢馥校姚夏《年譜》）先生自序云：「人無於水監，當於人監。竊觀人世興亡隆替之故，無古今大小，未有不一轍者也。士庶人罔與朝廷邦國，然身家之慮，宜各有之。夫艱難以立基，劬勞以鞠育，所生之懷，靡不日冀有成，保世滋永爾。乃昏泯無知，即於淪喪，俾前業一朝以盡，甚至殞軀殄祀，可不哀哉！因舉少壯迄今，覩聞所逮，足爲鑑戒者，筆示後生，應知禍敗匪作自天，災殃蓋必由人，庶其有所畏慎，莫敢慆志也矣！」（卷三十八）噫！觀此，斯可見先生淑人澤世之心矣！是以《近鑑》書後何氏云：「孔子成《春秋》……扶植三綱五常，使不至於廢墜，所謂撥亂世，反之正也。子朱子因之，而作《通鑑綱目》。楊園先生因之，而作《近鑑》，以爲士庶人之有身有家者懲戒，大小雖殊，其義一也。」其言甚足發明先生用心，殊無忝爲先生至友也。

（十）《備忘錄》四卷

編入《全集》卷三十九至四十二，書前有先生自序、目次并吳士銓識語。卷一錄二百八十四條，卷二錄二百六十六條，卷三錄二百八十四條，卷四錄二百四十二條并錄遺一百九十一條，〔註7〕計全書四卷，一千二百六十七條。吳士銓謂：先生蓋取庚子（清順治十七年、五十歲）以後日記節錄而成。名雖本朱子自備遺忘之意，亦所以嘉惠後學（卷三十九）。體例大約依年編錄，所記止於臨終之年（康熙十三年甲寅、六十四歲）。故本書實上承《願學記》而來，〔註8〕乃先生晚年劄記。由此二書，可見先生自少壯至老，功夫密切檢點，未嘗一日斷絕，其精神卓絕與踐履勇猛，固非當世徒好標榜、騁口辯、沽虛譽者所能塵及。論者以爲本書賅備先生一生修己教人之要，乃著述中最精要者。而篤實正大，純粹以精，足救俗學之弊，比之河津薛瑄《讀書續錄》，有過之無不及也。〔註9〕所記除治經讀書心得，兼及史事、人物評騭、時事、教學論議，至其識見之卓越通達，又非自來言義理者所能逮也。自序云：「惺堂史先生有云：金陵再造之地。蓋先生官金陵，得賢士大夫講學，自是厥德益新，故爲此言也。予於己亥顛蹶之餘，已無復有生之志矣！明年，何子商隱以其叔父之命，延予館遺安堂，課其稚子。始至，爲辭以弔故友裒仲，而云：行蠲濯於海濱。私心所期，將欲力圖自新，等之復生云爾。何圖命之不淑，竟拂初懷，簡冊既疎，論言亦寡，雖良友日親，歲月淹久，撫躬念省，悲恨如何！又念人生苦短，生死詎隆，堪此虛擲？外負知己，內負寸心，因出前後所書，儆戒遺忘者，錄正商隱，存爲歿齒之後，永鑒厥愆焉！」

〔註7〕錄遺後吳士銓識云：「姚子肆夏取凡《備忘》稿中所遺，散見於雜稿中者，與曾採入《備忘》，先生自抹去者，錄以質之何商隱先生，先生曰：自當別存，豈可遺棄。因刪其繁複而存其精要者若干條，附《備忘》之後，以公同志。」是此部份，既有先生自棄不錄者，當宜加意探究，尋繹其因。

〔註8〕卷三十九吳士銓識云：「庚子以前所錄者，名《願學記》。」另參見前《願學記》簡介文，陳梓《年譜》附錄云「原有六卷，今止三卷。」則所佚三卷，或即先生三十九歲至四十九歲間所記者。

〔註9〕參考《全集》年譜附錄「節錄諸家評論」引陸隴其與友人書，卷三十九、吳士銓《備忘錄》識語。鄧之誠《清詩紀事初編》卷二，蘇惇元編《年譜》頁23所載。

（十一）《近古錄》四卷

先生五十七歲，館海鹽何汝霖家。課餘展閱李樂《見聞雜記》，時與商隱喟悼人心習尚，去古益遠。商隱因出陳良謨《見聞紀訓》、耿定向《先進遺風》及其先祖錢蓑所輯《厚語》相示。先生讀後，「蓋不勝彼都人士之慕焉，爰取諸書，節錄去古未遠者，凡若干條，稍為編次，以資則效；抑使後人稽覽，知疇昔之世，教化行而風氣厚，其君子野人，各能砥礪整束，以章國家淳隆之治。」（卷四十三，〈近古錄自序〉）計分四類：一日立身、二日居家、三日居鄉、四日居官。蓋遵大學條目，寓修身、齊家、治國、平天下之意，可與經正錄、言行見聞錄二書，相為表裏。陳世傚〈近古錄引〉云：「嗚呼！學術不明，大經不正，世道人心，日流於澆漓而不可復振。先生憂之深、慮之遠，於經正、言行見聞二錄之外，又輯是書，名曰《近古錄》。使學者讀是書，而有得於修己治人之方，且由是而進之以濂洛關閩之微言，聖經賢傳之奧旨，於以展其經綸，維持世運，俾君子幸而得聞大道之要，小人幸而得蒙至治之澤，登斯世於唐虞三代之隆，不難矣！豈特近古而已哉！是則刪訂此書之深意也夫！」（卷四十三）則其言闡發先生幽隱惻怛之心，可謂至而明矣！

（十二）《訓子語》二卷

又名《銜恤鳴》。先生五十五歲時作。分上、下二卷，今編在《全集》卷四十七、四十八。前有自序、并附〈啓諸同志先生暨伯兄〉一文，後有結語及汪森跋。蓋先生舉子遲暮，貧病交迫，懼一旦奄盡，不及躬自教誨，以承先人志業，故筆述以示長子維恭也。先生六十二歲時，復有〈銜卹鳴序〉（卷十六）一文，並申此意。計分十二綱目：一、祖宗傳貽積善二字凡六條。二、子孫固守農士家風凡九條。三、立身四要，日愛日敬日勤日儉。四、居家四要，日親親日尊賢日敦本日尚實凡十七條。（卷上）五、正倫理凡二十七條。六、篤恩誼凡十七條。七、遠邪慝凡八條。八、重世業凡十七條。九、承式微之後，當如祁寒之木，堅凝葆固，以俟陽春之回；處榮盛之後，當如既華之樹，益加栽培，無令本實先撥凡八條。十、平世以謹禮義，畏法度為難，亂世以保子姓、敦里俗為難，若恭敬、撙節、退讓，則無治亂一也凡八條。十一、恂恂篤行是賢子孫，佻薄儉巧，悔慢虛夸是不肖子孫凡七條。十二、要以守身為本，繼述為大凡八條。（卷下）舉凡「持己接物，承前裕後，一切人情事理，覼縷詳贍」（汪森跋語），並諄諄以積善、耕讀誡子孫，先生用心可謂良苦，孰料天理難測，二子皆早殀，此豈先生意所能及哉！甚可悲也。

（十三）《補農書》二卷

本書編在《全集》卷四十九、五十。分上、下二卷。上卷所刊爲《沈氏農書》，蘇惇元《年譜》謂先生輯此書始於三十七歲時。下卷即先生補《沈氏農書》未備者，故名曰《補農書》。卷四十九前有陳克鑑之引言、目次。卷末有先生清順治戊戌年（先生年四十八）錄畢農書後之跋語。謂：《沈氏農書》，大約出於漣川沈氏，成於崇禎末年，正與桐鄉土宜不遠，其藝穀栽桑、育蠶畜牧諸事，俱有法度，甚有老農、蠶婦所未諳者。先生課耕，因手是編，與家人共講明之。下卷前先生自識補書之緣由，云：「予錄《農書》既畢，徐子敬可將卜居於鄉，屬予曰：《農書》有未備者，盍補之。余謂土壤不同，事力各異，沈氏所著，歸安桐鄉之交也。予桐人，諳桐業而已，施之嘉興秀水，或未盡合也。然其纖悉可得而舉，因以身所經歷之處，與老農所嘗論列者，筆其概而徐子擇取焉……」（卷五十）計補二十二條，又總論九條，附錄八條。所論極瑣而極精，「大至治地，小至編籬，以及養魚、醲酒，凡農家所有事，精粗畢載，纖悉靡遺，非躬親諸務，久爲之而有得者，信莫由而成此作，是豈文弱書生與夫空談心性者，所能夢見哉！」（張舜徽《清人文集別錄》頁 14）其中不僅表見先生慕效康齋耕讀之志，亦寓明農以治平之意，而爲正人心、隆世道之要論也。

（十四）《喪葬雜錄》一卷

編入《全集》卷五十一。前有陳世僔「小引」、目次，末附德清唐灝儒〈葬親社約〉。全書輯漢宣帝〈有喪者勿繇事詔〉、王安石〈閔習〉、司馬溫公〈葬論〉、呂和叔〈弔說〉等十五篇而成。清順治十年癸巳冬，先生四十三歲，寓居里中，乃增廣友人〈葬親社約〉，舉行葬親社於清風里，並輯往昔名公鉅卿，大儒賢士論葬諸說，以諭惑於風水陰陽拘忌，而怠於葬親者。蓋嘉興一地，惑於風水之說，又有阻葬澆風，桐鄉尤厲，多停柩數十年，且有積數世至於朽敗而不葬者，違禮傷教，莫此爲甚。先生目見習俗日非，賢者不免，復懲己痛，〔註 10〕故每於喪葬之事，不憚言之反覆，既有〈喪祭雜

〔註 10〕崇禎三年庚午，先生二十歲，王父卒，卜兆欲葬，阻於村民，弗克葬，遂停柩於莊。崇禎十五年壬午，盜焚莊，延及王父棺，先生慟不欲生，終身抱痛。參蘇惇元《年譜》。

說〉〔註11〕之作，以破俗弊，又輯此書，以挽習俗人心，必欲使人無不葬之親，親無久塵之櫬，如此則養生送死之事不悖，而愼終追遠之意篤厚，自得化民成俗，復禮義之亟矣！（參〈喪祭雜說序〉、陳世傳小引、蘇惇元《年譜》）

（十五）《訓門人語》三卷

此三卷分別爲張嘉玲及姚瑚、姚璉兄弟所記。三人曾欲執贄納拜，而先生不許，然均以弟子自居，故云《訓門人語》。佩蔥所記爲先生六十三歲至逝前數日間事，姚氏兄弟則始自六十一歲，並溯及初見（五十九歲）時一二事。大抵於先生晚年行誼、言語，記述頗爲詳審，而先生之讀書、爲學、識見與踐履篤實種種德範，自亦表露無遺。

乙、未刊行者

（一）朱子文集、語類選

先生自六十一歲以後四年，友何汝霖與呂留良以先生年老，不應復有課誦之勞，宜以餘年優游書籍，乃各具脩俸爲先生家用，請先生往來語水、半邏間，相與講論。（蘇惇元《年譜》）乃應何呂二氏之請，選閱《朱子文集》、《語類》。據姚璉所述：「先生辛亥歲（年六十一）選《朱子文集》，至壬子（年六十二）七月，命璉鈔出選目。癸丑歲（年六十三）選朱子《語類》，至甲寅（年六十四）夏畢，璉亦鈔出選目藏之。」（卷五十四《訓門人語》）又云：「先生謂璉曰：某欲取《朱子文集》、《語類》兩書，選定編輯，錄其最切要精粹者，爲朱子近思錄一編，自問精力日衰，不能及矣！有志者異日體此意而敬成之可也。」（同上）蘇惇元記云：「先生於是書（文集）看十過，然後加圈選定。」並謂其後門人嘗摘鈔所選四書《語類》刊行，然今不可見。另錢馥校姚本年譜亦云：「是年春（與姚璉所記不同）先生坐南陽邨莊，選《語類》既卒業，乃掩卷歎曰：『不知天假我年，得再看一過否。』」於諸人記述中，均可見先生選錄之敬愼，惜未能編定成書，以垂惠後學也。

（二）讀書、居業選

〔註11〕〈喪祭雜說〉一文錄在全集卷十八。姚夏、蘇惇元《年譜》均以爲乃先生崇禎十三年庚辰（三十歲）所作。錢馥校姚氏《年譜》，引先生〈與何商隱書〉云：「喪祭雜說數條，往年因敝里葬親會之舉，而以質諸知友，互以此意解里俗之惑……。」（全集卷五）以爲非作於庚辰，則未審作於何年。

先生嘗曰：「《居業錄》有謹嚴整肅氣象，《讀書錄》有廣大自得氣象。」（卷五十四《訓門人語》姚璉壬子七月記）又曰：「本朝理學諸先生，如曹薛吳胡四君子，某讀其書，知其道可繼濂雒關閩，而其書可俟來學而無弊也。愚意朱子近思錄之外，可輯爲四子近思錄。」（同上癸丑十月記）先生選薛瑄（敬軒）《讀書錄》畢，又選胡居仁（敬齋）《居業錄》，姚璉俱鈔出選目，曹、吳二集則尚未選定，弗克編輯成書。蘇惇元《年譜》繫選定之年在壬子（先生六十二歲），姚璉云在癸丑年，未知孰是也。

（三）呂氏童蒙訓批

《童蒙訓》，宋呂本中撰。是書其家塾訓課之本，所記多正論格言，大抵皆根本經訓，務切實用，於立身從政之道深有所裨。（《四庫全書總目提要》卷九十二）先生訓蒙自給，復尊程朱，篤信下學上達，是以極重小學功夫，壯歲取朱子〈訓學齋規〉編入《經正錄》，晚年乃又批呂氏《童蒙訓》，於此，甚可見先生爲學教育之旨也。批訂之年，蘇氏《年譜》繫於清康熙十年辛亥，時先生六十一歲。今所評之書不可見，僅於《備忘錄》中存有二條，錄其文於下，以窺一斑。

> 呂氏童蒙之訓，即備居官治家之法，最得幼而學之之旨。（卷四十，《備忘錄》二）

> 呂氏《童蒙訓》，有得有失而得多於失。如載田誠伯明之爲學，所見不同，互有得失，而不分別言之，一似主誠伯者。又如載陳瑩中，閩人，而議論專主北人；載先世交游，而王荊公與二程、二張，邢和叔與范淳夫並稱，俱少分別。蓋呂氏學術之際固可議，其子孫之多賢，則家教使然也。（卷四十，《備忘錄》四）

（四）傳習錄評

康熙十一年壬子（先生六十二歲）夏，應何汝霖之請，批《傳習錄》。秋，呂留良復請，乃從事焉。姚璉記云：「（壬子）八月五日，步至楊園，先生案間惟《讀書錄》一冊。璉曰：夏初，何先生請批《傳習錄》，先生批已就否？先生曰：王氏之書，二十餘年屏棄耳目，日前，不得已，爲一展卷，心緒作惡，遂爾中止，近撿《讀書錄》閱之，方寧快耳……。」（卷五十四，《訓門人語》）評陽明之論，今散見集中。重訂全集年譜附錄有未列年譜書目，其中錄《王學辨》一書，下註云：「海昌范北溟鯤，刻先生全書，取《傳習錄》評語，彙爲一卷，題爲此名。」是范氏嘗蒐集中諸評以梓行，雖非先生所評原貌，當亦甚便學者，然此卷今不可見矣！

（五）劉子粹言

蘇惇元《年譜》載云：「崇禎十七年甲申，先生年三十四歲。二月，如山陰，受學於劉念臺先生之門……歸來，自謂有得，以劉先生《人譜》、《證人社約》等書示門人。其後，於劉先生遺書中，採其純正者，編爲劉子粹言。」又與何商隱書中云：「弟所鈔山陰先生語錄及祝子師說奉覽，白方鈔本，想即此也。數年來，未嘗敢以公諸友人，因不得就伯繩（劉宗周子）面訂故也。」（卷五）則所說或即此書耶。

（六）楊園張氏族譜

此書《光緒桐鄉縣志》藝文志載其書名，題爲先生所作，並錄先生自作序一篇。先生家乘，原可考者十數世，因災毀於火，遂不得見。先生曰：「予幼孤，聞之先王父云：『吾家世居楊園，以園爲號，先人常纘舊聞及龍翔僧載籍，輯爲家乘，凡十數世，置先祠間。』予長而王父棄世，祠室亦災，遂不及見。訪於龍翔僧之老者，已無復存，舊籍亦廢。悲乎傷已！爲人子孫而不知其身之所自及，祖宗功德言行，與夫世系遷徙盛衰之次，豈不痛哉！因略述先人祭祀未祧而所及知者，自身而上，凡五世，其的爲吾宗，而宜附以傳者，凡二支……。」（卷十六，〈自題族譜序〉）依自序所言，族譜之作，大抵先生四十四歲以前，早已完成，久未敢出，迨四十八歲，長子維恭彌歲，懼早衰，不能及長授之，乃於暇日序而傳之。今書不得見，故於先生世系僅能上溯至其王父，餘則不可知焉。

（七）制藝二卷

本書亦載《光緒桐鄉縣志》藝文志中。先生自少及壯，亦習舉業，應科試，於制義不廢。此二卷乃先生輯二十七歲至三十二歲間所作而成。〈自題制義序〉云：「予自受書，即從先生求朋友而學制義之文，既以爲庶幾其道矣！辛未、壬申（二十二歲），草土之中，習業離播，忽念……而鄉之所學皆非也，然疑信時半，不能盡棄。歲甲戌（二十四歲）益信，由是，不告於先生，不謀於朋友，一旦以其舊聞棄且盡，不爲文者三載，……丁丑（二十七歲）以愛我者勸，復爲文，每因交游言集，興會所至，快然有遇，則時爲之，非此亦不復作。……閱今，凡三正而再矣，彙如干首，雖未敢自必其至，然以揆乎聖賢之指，與朝廷所以取之之式，未之有違也。昔司馬遷作史記五十萬言，班固作漢書八十萬言，然或因之先世，或補自後人，或採摭古文而仍其辭，或彼此互見而同其語，其實自爲不越十有餘萬，今數載之間，本乎時之猝作，以言其胸中之所覩，不敢勦說，無與雷同，遂積十有餘萬，雖小道，亦足以質諸天下之士矣！……」（卷十五）先生少有大志，意氣橫厲，故發而爲文，上擬馬、班，自信有如此者也。其後，身遭家國之變，於是棄舉業，而盡力於聖賢之學。他年，且於〈序〉後自戒曰：「壬午（三十二歲）作也，辭多矜夸，今日對之，自覺可恥，然意氣豪發，今日此種意思，殆弗可復。使當時盡去時藝，并力學問，十餘年以來，應有可觀，存此示戒。」（卷十五）

（八）**忘憂錄**

《全集》卷十五〈忘憂錄小序〉曰：「內叔某貧與困兼，病緣愁甚。予懼其速老也，爲書昔事數十百條以解之。且爲之序曰：昔枚叔有〈七發〉之篇，曹子有〈釋愁〉之作，皆以卻憂招悅……今此不樂，日月其除，用是彙哲成書，命以忘憂之字，雖未盡於土安，要有功於藼佩。」可知先生嘗有此作，然未見，萬斛泉校訂《全集》，亦不道及。然由小序之文視之，亦見文采，誠所謂有德者必有言，於各體無有不能也。

（九）**日省錄**

蘇氏《年譜》云：「順治十年癸巳，先生年四十三歲，作日省錄訓門人。」此書《全集》中未見。

（十）**考夫遺言**

書名載重訂《全集》，年譜附錄「未列年譜書目」中，亦不知其內容如何。

二、刊　行

先生之學，闇然爲己，求遯世无悶，篤守於寒微困頓之中，故當世知者尠焉。逝後，遺書之刊布，亦極散裂，始終不得其全，然後學起而好之者屢，迨清末終得集其全而刊行海內。永康應寶時序《新刻張楊園先生全集》云：「先生在當日，交游寥落，聲氣闃如，不知者，曰閭巷人而已；其知者，曰獨行士而已。所著各種及其詩文，湮沈散裂，若存若亡，刻者至再至三而不得其全。寶時官於吳，徧求已刻未刻各本，多歷年所，竟得裒集其全而傳播之。」（《全集》前序）此可見先生之道，闇然而日章，歷久而彌著，所謂載道之文，必無不傳，而君子之學，雖不絕如縷，終有燦然昌明之時也。今就《新刻全集》前所附諸序，與群籍之載及者，敘其刊行始末。

（一）海昌范鯤刻本

先生遺書之纂輯，由門人姚璉「仿朱子大全例，以類相從，經何商隱、淩渝安兩先生鑒定」（《全集》凡例），約於逝後二十一年間陸續完成。〔註 12〕陳梓〈楊園張先生小傳〉中云：「門人姚璉輯《文集》及《訓子語》、《初學備忘》、《言行見聞錄》、《近鑑》、《農書》，共三十餘卷。後學范鵾刻之海昌，因語水流言誤燬，天下惜之。」（秋聲山館抄本年譜）姚氏輯全集後九年，海昌范鯤祖之，鋟版梓行，此爲先生全集首次之刊行，時在清康熙四十三年（1704）內容包括《備忘》五卷、《訓子語》二卷、《初學備忘》二卷、《學規》一卷、《喪祭雜說》一卷、《補農書》二卷、《詩文集》十八卷、《言行見聞錄》四卷、《近鑑》二卷、《經正錄》一卷、《近古錄》四卷、《喪祭雜錄》一卷、《訓門人語》三卷，共四十六卷。〔註 13〕然其後由於受呂留良、曾靜案之影響，主事者或恐受累遭禍，遂毀去藏版，而先生之書，始刊即被此厄，乃更不得廣佈而爲世人所知矣！〔註 14〕

（二）嘉興朱芬刻本

此即所謂祝人齋刻本也。祝氏名洤，字貽孫，號人齋，浙江海寧人，乾隆元年舉人。私淑先生，嘗蒐羅遺書而刪節爲三十四卷，並取《備忘錄》增

〔註 12〕參見《全集》卷二十六《願學記》、卷二十九《讀易筆記》、卷三十《讀史、史記、心法、厚語偶記》，俱有姚氏乙亥年跋，其中《願學記》之跋語，敘編纂經過極詳。考乙亥年爲清康熙三十四年（1695），時在先生逝後二十一年。

〔註 13〕遺書種類及卷數見蘇惇元《年譜》後序所載。按《近鑑》二卷，全集刊本作一卷，《喪祭雜錄》，作《喪葬雜錄》。《備忘錄》范刻五卷，今僅三卷。《學規》一卷，今附《經正錄》後，不另成卷。大抵卷帙分合，各刊本不同，內容亦有不同，故諸傳記所云亦異，如徐樹銘奏表云四十三卷，《清史稿》及《清史列傳》則云四十五卷，莫衷一是。

〔註 14〕先生晚年與呂留良往來，發揚洛閩遺緒，課呂氏子於東莊，故集中與呂氏父子書信極多。呂、曾一案在當時（始於雍正七年，1729）牽涉甚廣，歷時極久，想范氏懼因此及禍，故焚版以脫其罪。見今集中所刊，凡涉夷夏之防或呂氏名諱處，均剜去而成墨板，可知其時忌諱之甚。故乾隆時，陳敬璋序先生未刻稿，亦未敢明言，僅云「已刻版本嘗燬於祝融氏」，雷鋐〈楊園先生傳〉中亦云「蜀山草堂已刊版旋燬于火」，甚而清末李桓《國朝耆獻類徵初編》錄陳梓所作小傳，「因語水流言誤燬」數字，亦改爲「因不戒於火」以避忌，則迨清末尚存餘悸也。

刪爲《淑艾錄》十四卷。刪訂之後，書未梓行，其後朱芬得之，刊於乾隆二十一年丙子（1756），並請當時江浙督學雷鋐爲序。此後流佈海內者，大抵皆是此刻本。朱氏序云：「明年，濮川陳先生（梓）見贈張楊園先生文鈔，言言切實近裏，大旨以窮理篤行爲主。讀之，始覺從入有路，乃往懇全集，陳先生曰：『祇存此鈔，惟袁花祝孝廉處有全集本。』因惠書賫訪，相見極歡。祝先生曰：『某不自揣，蒐羅楊園先生遺書，刪輯得若干卷，慮其散失，藏之篋中，志欲梓之，以惠後學，而力不能，君如能之，亦先生一知己也。』余曰諾。祝先生再拜而以全稿手授焉。」（《全集》前附朱序）此朱氏得祝洤刪輯全集之始末也。序中並自謂：家無負郭，力不能全刊，先刊《備忘錄》四卷。其後，以長子病亡故，遂謀復前諾，並慰九京，乃陸續開雕，至丙子竣事。其所刊一依祝洤序目，有《願學記》、《備忘錄》、《問目》、《訓子語》、《經正錄》、《初學備忘》、《學規》、《言行見聞錄》、《近古錄》、《近鑑》、《喪祭雜說》、《詩》、《書》、《答問》、《門人所記》、《農書》等十六種。《四庫全書總目提要》卷一百三十四子部雜家類存目有《楊園全書》三十四卷，蓋即此本。提要云寧化雷鋐所刊，凡十二種，不列《詩》、《書》、《備忘》、《近鑑》，恐有誤也。然祝訂本輯於厄後，原自難求完備，兼忌時諱，刪改甚多，往往失眞，實非先生完書，亦非善本也。〔註15〕

（三）平湖屈氏本

此亦祝訂十六種本。有桐城李宗傳、梁溪周鎬二序。刊於嘉慶二十二年（1817）。李序云：「……予權平湖縣事者再，得交屈君芥舟，芥舟先人樂餘明經，論學以躬行爲本，一遵清獻規範，嘗得朱蘅佩所刻楊園集於禾中，手自校勘，補其殘闕，芥舟乃布諸煙墨以行，屬予序之。……」周序云：「丁丑冬（嘉慶二十二年），乍浦路擇齋持先生全集見贈，凡十六種，擇齋之言曰：『先生全集，原板久毀無傳，是本雖經祝氏刪節，要其精粹之處，毫無闕欠。平湖屈樂餘明經，從嘉興朱氏購得遺板，復加修補，其子芥舟茂才布之煙墨，以惠同學。』余大喜過望，敬受而熟讀之。……」（同《全集》前附序）由二序所言，可知此次刊行，乃平湖之屈樂餘購得嘉興朱芬鐫版，而由其子芥舟印行者。（按：芥舟名何炯）

〔註15〕參與國萬斛泉〈新刻全集跋〉云：「謹按先生書有姚氏鈔本，范氏、祝氏刻本，……祝本則於全集刪節過半……祝本恐觸忌諱，舉凡學絕道喪，世衰道微字樣，一切塗改芟薙之……。」

（四）江蘇書局刻本

此爲同治年間，江蘇按察使永康應寶時所裒集，由興國萬斛泉編校，書分五十四卷，前並附桐城蘇惇元所重編《張楊園先生年譜》。序目仍可別爲十六種：一、《騷詩》一卷、二、《文集》二十三卷、三、《問目》一卷、四、《願學記》四卷、五、《讀易筆記》一卷、六、《讀史、讀史記、讀諸文集偶記、讀許魯齋心法偶記、讀厚語偶記》合一卷、七、《言行見聞錄》四卷、八、《經正錄》學規附一卷、九、《初學備忘》二卷、十、《近鑑》一卷、十一、《備忘錄》四卷、十二、《近古錄》四卷、十三、《訓子語》二卷、十四、《補農書》二卷、十五、《喪葬雜錄葬親社約附》一卷、十六、《訓門人語》三卷。萬氏校勘全集，自云「參讀二年，始得其梗概」，其所據者，除姚璉抄本、范鯤刻本、祝洤刻本外，並有海昌陳敬璋「楊園先生未刻稾」抄本，可謂綜諸本之長而集大成者也。書於清同治十年（1871）由江蘇書局刊行。又民國五十七年四月，台北「中國文獻出版社」，嘗以四合一影刊此本。

以上爲先生全集纂輯、刊刻大要，其間或有私淑、後學，聚資印行，爲先生書廣其傳者，然不能詳考而知也。至若蒐採于散棄之餘者，則陳敬璋未刻稿十二卷是也。此陳氏於雍正八年（1730）得友人丁誠之三十四篇，併乾隆四年（1739）得先生門人吳復本抄錄於先生後嗣維恭所藏文集，於乾隆五年綜輯而成。今有《檇李遺書》刊本。有擇精要語重編者，如海寧祝洤之《淑艾錄》。其書分十四卷，蓋本先生「《備忘錄》而增刪之，凡三百九十五條，仿朱子《近思錄》例，分十四門。」（《四庫全書總目提要》，卷九十八）成於乾隆九年（1744），前後有序。今有《昭代叢書》刊本，另國立中央圖書館善本書室藏有舊鈔本。至有力未能刊其全，僅單種印行，或集數種梓行者，要亦有之。若前云嘉興朱芬之先刊《備忘錄》四卷；若康熙四十九年（1710）塩官張朝晉之獨鐫《言行見聞錄》四卷；康熙四十八年（1709）桐鄉汪森之剞劂《訓子語》二卷；又乾隆間武進張蘭皐之刊行《張考夫遺書五卷》，則是集《訓子語》二卷、《經正錄》一卷、《備忘錄》一卷、《書簡》一卷四種而成。《四庫全書總目提要》云：「蓋刻於楊園全書之前，故卷帙不及其富也。」（卷一百三十四子部雜家類存目十一）則其梓行在朱芬刻本之前。其序有云：「訓子一冊，先得我心，因合數種，授之梓人。」（《四庫提要》引）另見楊家駱編《叢書大辭典》，錄有《楊園先生全集補遺》一種，內容包括《讀書筆記》二卷、《近鑑》一卷、《備忘錄》四卷，未知其所自，識此闕疑焉。

總之，先生抱道自晦，全書流傳甚少，更且中罹災厄，此所以陳敬璋氏抱憂於當日，〔註 16〕而後之學者，欲求全書一讀而不可得之故。然天之不欲滅絕斯文，必終有好道之士，起而發皇其業。今讀先生遺書者，當體此書刊刻之艱難，敬而寶之，熟讀深思，力踐躬行，以庶幾有補世道人心。

第三節　時代背景

凡學術思想之變遷與形成，必相因於時代背景，故孟子知人必論其世以此也。梁啓超《清代學術概論》曰：「今之恆言，曰時代思潮，此其語最妙於形容。凡文化發展之國，其國民於一時期中，因環境之變遷與夫心理之感召，不期而思想之進路，同趨於一方嚮，於是相與呼應洶湧如潮然。」此就時代整體學術言者。猶若先秦諸子學術，「皆起於王道既微，諸侯力政，時君世主，好惡殊方，是以九家之術蠭出並作」（語見《漢書・藝文志・諸子略序》），則為其時學者共有之大環境也。至於「各引一端，崇其所善，以此馳說，取合諸侯。其言雖殊，辟猶水火，相滅亦相生也」（同上），正緣各家亦自有其生成之背景遇合，故時代雖同，而學術思想乃各成一己之精神面貌也。然所謂相反而相成，其形貌固異，要自有殊途同歸處也。

先生當明室大命傾圮，異族侵凌之際，與同時號稱大師，如顧炎武、黃宗羲、王夫之、孫奇逢、李顒、陸世儀等人，並世而生，然諸學者均卓然成一家言，顯現夐絕相異之體貌，是各人生成遇合不同使然也。而其間固亦有精神相通者，斯乃時代整體環境影響所致。至其論著之顯晦，則因應於各人生平命運之窮通與志意者也。故欲知先生思想之大體，不可不明當時政治學術之背景；欲明先生學術矯然特異，超乎流俗處，復不可不知先生個人生長之歷程及困頓之遭遇也。

一、明末清初之政治概況

有明自太祖開國，厲行集權專制，整頓地方吏治，遂奠一代宏基。雖歷靖難、土木、議禮等變亂，啓傾敗社稷之厄；廠衞肆虐，肇奄宦禍國之兆，

〔註 16〕參陳敬璋〈楊園先生未刻稾序〉：「若楊園先生者，固不必以文傳，而其文自足以傳，而由今觀之，及岌岌乎有不能必其傳者，抑獨何與？已刻版本嘗燬於祝融氏，而其未刻之文，復散棄零落，舉吾友所欲得者，又十年而始見……。」

然上承宋代理學餘風，講習聖學，卿士大夫風骨凜然，正人多於羣小。故神宗萬曆以前，雖劉瑾、汪直、嚴嵩等奸宦煽虐荼毒，而立朝君子猶先後疏劾，至受廷杖謫戍，百經摧折，且死而弗悔也。因此，間有昏庸之主、意氣之臣，而國本乃未大敗。迨神宗嗣位，承既衰之勢，始有張居正輔國，差足守嘉隆之舊。既親秉政，憤居正專擅，遂一意使軟熟之人爲相，而怠於臨政，勇於斂財，不郊、不廟、不朝者且三十年，與外廷隔絕，尤倚奄人聚斂，礦、稅諸使四出，毒徧天下。且庸人柄政，百官曠職，邊防不治，遂予清太祖可乘之機，侵擾遼瀋。事勢至此，復徵兵徵餉，以致天下騷動，民窮財盡，寇盜橫生，而寖成亡國之勢矣！熹宗繼起，魏奄倖寵，專恣淫毒，僭越跋扈，倍加於前，朝中正人君子，屠戮殆盡。至思宗踐祚，雖欲有爲，大量舉用人才，然茫無主宰，剛愎自賢，復果於誅殺，正人無一能任其事，而姦佞反得阿意在勢，亦僅以速其亡耳。是以先生嘗論之云：「皇上即位以來，破資格、舉賢良、擢科貢，用人之門，無所不啓矣！內之宰輔，外之督師，任人之事，無所疑貳矣！乃越資序而登者，率不必以其功能也；由保任而起者，率不必以其賢幹也。至於任宰輔而宰輔八年適結海內之怨矣！任用督師而■（凡此皆爲原文中缺字者，後同，參註 14）七年之間三入內地矣！流寇殘破郡邑不可勝計矣！上下皇皇，公私交盡。是皇上不負諸臣，諸臣負皇上也。」（卷二十八，《願學錄遺》）又論其敝云：「大都今日之敝，在急於使人而忽於擇人。夫擇人而當，則一人可當數十人之用；若其不當，則數十人不及一人之用，理之最明者也。而朝廷未之或知，是以進士不已而授賢良，賢良不已而授科貢，雖求才甚急，而才卒不可得也。」（同上）是用人雖眾，愚闇寡識，反招其敗，反速其亡而已。

清以夷狄入主中國，明室亡臣遺民，遭此巨變，抱亡國之悲哀，恥列身於異族，於是慨然起義，誓死匡復，一時大江南北，義師如雲，而清廷爲定鼎中原，亟派兵征勦，於是慷慨殉難、從容就義者，絡繹不絕，其忠肝義魄，俱足動人心懷，令人肅然欽敬。而軍隊往返纏鬥二十餘年，南明始滅，其間兵戈所及，黔首黎庶，俱罹禍難，屠戮流離，慘不可言矣！先生言行見聞錄所載當時情狀，如「德清許雋臣」一條，云「弘光元年，嘉興破，全城見屠」（卷三十二），又條云「丙戌（順治三年）盜方盛，遊兵追勦至北馬頭，盜棄舟遁，地方屠戮甚慘。某氏適歸寧，兵執之，父母抱持，殺其父母，氏被污，隨經死，……又明年，遊兵猝至錢林，入吾族，叔祖母沈已老，恐不免，闔戶自經，兵退救活。二十年來，寇盜縱橫，女子不克保其身者不勝計……」（卷三十三）至於清入中原後，納降臣以制漢民、復科考以誘士子、興文獄以壓制、辟隱逸以籠絡、修明史以招撫，懷柔殺戮，兩策交施，於是雖耆老遺臣，有因愛故國文獻，趨而應者矣！故自鼎革以後，不數年間，而天下士子渾然忘君國慘變，紛紛出應科考，不復知亡國易族之恥矣！先生〈弔呂亮公文〉云：「慨正氣之不立，人匪石其如磐，值大命之傾汎，……彼薈蔚之名彥，肆顯重其如山，竊聲稱於平世，既府慝而藏姦，識羞恥之何事，亦君國之非關，苟榮祿之不失，又安顧夫舊顏」。〈弔李石友文〉亦云：「世人紛紛藉藉，猶求所謂名，猶求所謂利，得則囂然以喜，不得戚然以悲，豈不自謂海內知名之士，向固連袂接軫，揚令問於當世，竟不復顧惜，一旦視名義若塵土……」（同卷二十二）考二文約於先生三十七歲時所作，值清順治四年，距明亡不過三年，一般讀書儒生已是如此，誠不知何以哀之也。另觀先生〈示諸生〉一文，尤顯知其時世俗之風氣若何矣！文云：「後生不務力學，馳騖名場，放心喪志，莫甚於此……教衰俗薄，謀身以利不以義，釀成此種氣習，通國如狂病醉人，泯棼煽誘，靡所止極，良可哀也……。」（卷二十四。按此文考其時乃先生三十八歲時所作，當清順治五年）

先生身值易代之際，心懷故國之思，終其生以遺老自居，教授耕讀，以終殘年，修道力學，以啓廸人心，聚畢生精神於學術之發揚，而培植後學，凡此皆因應時代變革而產生者。至於涵養充裕，發爲文辭，無論政治、經濟制度之檢討，抑或歷史、人物之評騭，無不受此環境之影響也。

（一）明末之政治

1. 政務廢弛、弊害叢生

明代朝政之敗，至神宗而頹放至極，故《明史》〈神宗本紀〉論曰：「明之亡實亡於神宗。」而不亡於崇禎也。神宗之昏瞶已概如前述，既不親理政務，故臣僚宦豎得以專恣，終至於黨同伐異，罔上行私，而國計民生隳壞。且其天性好貨，縱內監以斂財物，貪殘肆虐，毒徧天下，甚而唯珍器玩好是求，而朝廷綱紀不問，官缺不補，任其荒怠，實爲千古帝王所未有者。以故在朝則政黨傾軋、奸宦爲禍、人才摧折而百政皆廢；在天下則四海困窮、民生凋敝、風俗敗壞而流賊蠭起。兼以邊患不治、水旱蝗害，可謂天災人禍相繼，寇夷內外交迫，日甚一日也。政局若是，其不亡國敗業者亦幾希矣！先生論國事云：「天下每至全盛，衰亂遂作，惟聖人爲能豫計而爲之所。易所以著日中之戒、履霜之愼也。本朝至神宗皇帝稱全盛矣！祗緣當時內外一意，坐享太平，習成侈靡闒茸之風，人心國俗極敝難起，末年已不免多事，至於今日，誠所謂癰疽既潰，大命隨之也。」（卷二十七，《願學記》二）此甲申國變時語也。先生身處草野，罕與國事，然以其卓識，亦能言中其弊也。至於緣黨爭之禍而人才摧折，尤先生所歎息無已者，故〈答唐灝儒〉一書中嘗云：「自古國家亂敗，未有不由人之云亡。朝廷幾十年以來，人才摧折則多有之，所爲長養成就而進用之者，文武兩途，均未之聞。今日之禍，識者久知其然，所痛中原陸沈，衣冠禮樂，塗炭殆盡，然人心未復，爲亂方未已也。」（卷四）而崇禎十五年〈致李石友書〉中所云：「今日寇盜遍天下，朋黨亦遍天下，名士遍天下，饑民亦遍天下，貪官遍天下，狐狸亦遍天下，秀才夸妄，動謂饑溺己任，覩此豈能全不動念，甚者乃益之重勢乎？」（卷九）正可見由萬曆以來政務廢弛所造成之家國破敗情勢也。

2. 政黨傾軋、奄宦弄權

夫人主幼弱愚闇，則權臣欺凌專擅；君上荒怠多欲，則邪佞肆姦盜柄；小人在位而君子去國，則政亂於上而禍生於下，此理勢所必然也。及禍難寖成，雖繼之以明主，猶懼迴瀾乏術，況若熹宗之庸劣乎！此所以明季朋黨、閹宦之禍，一發而不可收拾，馴至愈演愈烈，與國運相始終。略述本末如后，以見其禍國殃民，罪不可逭也。

晚明朋黨之爭，肇於張居正之專橫。蓋神宗沖年即位，居正輔國，大權獨攬，處事幹練，雖足整肅政體，上紹嘉隆。然以專恣及丁憂奪情，頗爲清議不容，居正罔視輿論，而疏劾之者，皆遭廷杖斥責，紛爭因是而起。《明史》〈趙用賢傳〉曰：「自是朋黨論益熾，（吳）中行、用賢、（李）植、（江）東之創於前，（鄒）元標、（趙）南星、（顧）憲成、（高）攀龍繼之，言事者益裁量執政，執政日與枝柱，水火薄射，迄於明亡。」萬曆十年居正卒，言官得勢，乃爭相抨擊內閣，於是弗顧公義，凡事出以意氣，內閣以爲是則台諫必以爲非，台諫以爲非則內閣必以爲是。及四明沈一貫當權，結私黨、祛異已，遂使內閣、台諫合流，而轉爲朝野之爭，其禍愈烈。

斯時顧憲成、孫丕揚、鄒元標、趙南星等，既因事去位，蹇諤自負，居野而與政府每相持。至於顧憲成、高攀龍及錢一本講學無錫書院，尤以矜正清高自許，喜諷議朝政，裁量人物，與朝中嚮慕者，遙相應和，於是有所謂東林浙黨之名。而政府內部亦紛歧混亂，有齊、楚、浙、宣、崑諸派，各樹黨羽，藉梃擊、紅丸、移宮三案，相互詆訟，紛爭無已。光宗時，東林之賢達名流得主政事，國家似有一線生機，然門戶意氣之勢既烈，已非君子、小人之爭矣！故非東林者，不論清濁，概遭斥棄。而東林自身，在野之時，已結眾成黨，附麗之徒，良莠不齊，而大抵皆急功名、圖私利、狡詐貪狠之輩，故雖領袖之賢，諤諤可重，清高自許，乃不免受紿邪人，任用私黨，且於朝政全無經驗，終歸議論高而事功疏，於國事無補。先生《言行見聞錄》載吳中偉司寇之言曰：「時局翻變，脉理不正，驅逐者(指逆黨)與暴起者(指東林)未必端邪誠僞，別若淄澠，而一意矯枉，絕無蕩平正直，嘉與天下爲善之意。恐後之視今，更甚於今之視昔，可恨者，於國家分毫無補，而載胥及溺，異日士大夫當追悔無及也。」(卷三十一)誠卓識之語也。黨同伐異之勢愈激烈，双方仇恨愈深，非東林者，以圖報復，遂甘爲魏奄鷹犬，欲藉其毒燄，盡除東林，於是黨爭奄禍糾結，而朋黨獄興，殺戮禁錮之餘，朝中善類一空，人才淨盡，清議止息，而大權俱歸魏璫之手矣！故先生云：「黨之一字，爲千餘年以來，空人國之網羅。」(卷二十八)誠深鑒於此而言者。於東林黨徒意氣之爭，亦評云：「君子常常喫虧，此爲亂世言之，方神廟時，諸君子言及於此，其有憂患乎？可以考世運矣！」又云：「東漢諸君子，只是不肯喫虧，東林諸公終有東漢之意。」(同卷二十八)至於東林諸人之執政，先生則謂：「東林諸公未嘗得行其志，竊疑雖使得以有爲，天下國家必將受其害。以其學術不純，取人甚雜，不能行所無事，勢必小人旅進，肆行無忌。其君子一死以自全，蒼生不蒙其澤，宗社不奠其安者也。」(卷四十、《備忘》二)凡此均可謂深中其弊之言也。

明代奄宦肆虐，莫甚於魏忠賢之竊權，蓋時當國家衰敗之際，百政俱廢，復值朋黨積怨已深，勢成水火之時，賢否混淆。東林諸廷臣，雖疏劾不下百餘，然魏奄交通聖夫人客氏及宰相魏廣徵，故疏俱不報。而前爭三案失敗者，則乘機僞造朋黨名冊以諂附之，如魏廣徵、崔呈秀、王紹徽等皆有所呈，曰天鑒錄、同志錄、點將錄等，皆巧立名目以醜詆，而魏璫奉之爲聖書，按冊屠戮流斥東林黨人，於是舉朝羣小益依附諂媚忠賢，攘臂以攻東林，故一時忠貞之士，若楊漣、左光斗、魏大中、熊廷弼皆罹禍，慘死東廠。從此舉國上下，無非忠賢心腹，而魏奄得肆行無忌矣！故《明史》〈閹黨列傳〉序曰：「……迨神宗末年，訛言朋興，羣相敵讐，門戶之爭固結而不可解。凶豎乘其沸潰，盜弄太阿，黠桀渠儉，竄身婦寺。淫刑痡毒，快其惡正醜直之私。衣冠填於狴犴，善類殞於刀鋸。」（卷三〇六）趙翼《二十二史箚記》明代宦官一目則詳述其時藉奄勢而興之羣小曰：「忠賢竊權，而三案被劾，察典被謫諸人，欲藉其力以傾正人，遂羣起附之。文臣則崔呈秀、田吉、吳淳夫、李夔龍、倪文煥號五虎。武臣則田爾耕、許顯純、孫雲鶴、楊寰、崔應元號五彪。又尚書周應秋、卿寺曹欽程等號十狗，又有十孩兒、四十孫之號。自內部六部至四方督撫，無非逆黨，駸駸乎可底篡弒之禍矣！」爲逞私欲，乃稱兒孫於逆奄，其亦不識人間羞恥事矣！家國民生既飽受荼毒，生民何堪，故熹宗末年流寇乃大起，雖崇禎誅除魏奄，復招東林人士，然其餘孽猶陰結內廷，伺機構陷報復。至於東林及後起復社諸人，固不乏立朝居位者，然好名沽直依舊，無濟國事，及燕京淪陷，思宗殉國，而從死者寥寥，至有稽首賊庭求苟免者，益爲世所詬病。先生《言行見聞錄》稱屠子高之語曰：「東林諸公，大抵是重名節，然只數君子而已，其餘皆有名而無節者也。」（卷三十三）《願學記》中亦云：「……愚謂今日之黨，始於風節而終於勢利，故萬曆、天啓之間，號爲東林者，率重道義、矜名節，至於崇禎之間，士無操行，不足算矣！」（卷二十七）故君死國破後，先生歎云：「君父大故，吾黨伏處草茅，不能執干戈以衞社稷，痛悼而已。獨怪京師之大，天下人之眾，其間更無一人爲人主殺賊，使其猖獗至此，至於稽首賊廷，稱臣勸進者，皆平日立名聲、取高官之輩……」（卷十三，〈答吳又韓〉甲申）

洎南都再造，弘光稱帝，馬士英、阮大鋮壟斷政權，不顧國家已瀕絕滅，仍欲興大獄、洩私憤，企圖一網滅盡東林復社分子。而降清之後，厚顏事虜，依然一意尋仇，欲殺絕之，至死而不悔，可云無恥至極矣！嗣後唐魯爭統，唐桂爭位，實俱黨同伐異餘風使然，及永曆流亡西南，小朝廷中仍不脫此行徑。社稷一命如縷，已至無有可爭而猶爭，此有明一代黨爭，「可哀可歎」一言猶不足盡其悲慘之態也。

3. 苛斂侵削、經濟崩潰

自神宗好貨，遣內監採榷，搜刮天下以來，萬曆二十四年起，復設礦稅二監，凡通都大邑，無不遍設，其餘名目不一，或專遣、或兼攝，彼輩大璫小監，俱窮凶極惡，恣意吸髓飲血，以快上意，實則藉此聚斂，十九入於私囊，進公帑者不及什一，而天下生靈飽受塗炭矣！且其敝害不僅一端，觀於明史宦者陳增、梁永兩傳，或誣劾州官知府，興訟及朝，或鞭笞杖死官吏，剽刼行旅，奸淫婦女，破滅百姓之家無數，復迭與邊將爭功，資清廷以口實，其罪惡萬端，史傳所載，殆未能盡其詳。至激生民變，幾成大亂，朝野督撫百官紛上疏以諫，而神宗唯利是求，曲護中官，俱置不問，且諫言者或因此得罪，致死者無數也。及清兵寇邊，遼東絕餉，神宗內帑積金如山，而靳不肯發，惟加天下田賦，名曰遼餉，朘削不已。至熹宗臨朝，魏奄竊權，肆虐天下，其搜括百姓尤慘毒於前。而熹宗猶一意靡費，不恤蒼生。先生《言行見聞錄》載云：「天啓間，以三殿役興，貂璫四出，括民間金無遺計，至入金充生員，名曰宮生。言利者復不已，借商之後，益爲津關以網貨。時南京奉使大璫欲於祈門添設一關，時朱公爲令，力持不可……」（卷三十一），斯可見其時征斂之甚。天啓六年，復有浙撫潘汝禎創建魏奄生祠於西湖，自是諸方效尤，祠遍天下。其費多者數十萬，少者數萬，剝民財、侵公帑、伐樹木、毀民舍無算。及崇禎踐位，邊疆搶攘已甚，流寇亂民遍地，故除就原遼餉加派外，復增勦餉、練餉名目，加徵天下田賦，於是民益不聊生，而盜更起矣！先生《言行見聞錄》記有二事，頗可見其時情狀。一則云：「崇禎間，吳秋圃先生與曾憲副書有云：來教無術止饑，自無策弭盜是已。竊以一歲之飢民猶可言也。自壯者散而之四方，不復思歸田里，蓋既無牛種，先懼催科，長爲流民，即爲盜賊遍地……爲今日計，惟望廟堂猛省覆轍之非，別圖治安之策，盡撤新添之兵，悉免新加之餉，罷去督師不用，耑責各撫道將，竭力以守疆土，使寇無所掠，久將自盡……所患者，公卿滿朝，無一肯以安危爲己任，爲聖明痛切言之者。皇上誤以一司馬、一司寇足以治天下，豈不痛哉！又與姜少宰書曰：今日之患，在上太多事，而下不肯擔當一事。其自以爲能擔當者，大都認苛斂淫刑爲時務，而略不計及於根本元氣……即如民間災荒，縱不得賑，亦宜量蠲，縱不得蠲，亦宜少示分別，而乃一概加增，督促更甚。功令之於有司，有司之於百姓，直相煎耳。然亦必有膏可煎而後可，否則且奈之何……」（卷三十三）另則云：「丹陽布衣周仲純，崇禎初，嘗柬李荊陽曰：今當宁皇皇所急者，財賦兵戎，而置赤子於度外。進用之人，惟刑名簿書、甲胄干櫓之士，殿最之間，非賄賂囑託不行。明旨之下，部文之行，但聞責郡邑以催科，未聞課閭閻之生聚，策封疆之戰守，未聞卹道路之流亡。此民生所以日促，國本所以日危。《書》云：民惟邦本，本固邦寧。■變之後，千村萬落，盡生荊棘，凶荒疾疫，必將繼之。賦斂不稍寬，力役不稍息，民不堪命，吾恐外患未夷，內憂已伏，遂致割肉療飢，肉盡身亦隨斃，終有大不可言者矣！……」（卷三十二）可見當時天下形勢，早爲有識者所憂，然滿朝文武方急於營私結黨，無有遠識經世之才，雖有幹濟之人，處非其位，不能上達天聽，終無濟於事也。此所以先生有「急於使人而忽於擇人，才卒不可得」之歎也。

以上就朝廷之政而言，在上位者既已糜爛，煎迫於地方，則在下者脅之於民，吏治隨而大敗。有司吏胥夤緣爲姦，因應君上之縱逸奢靡及逆璫之搜刮聚斂，更且私派橫征，巧詐囊括，無所不用其極，以滿足個人貪欲。故雖豐年，而輸官納賦之日，百姓賣妻鬻子，亡命自盡者，不知凡幾，可云已至民窮財盡，無膏可煎之境地矣！而吏令之外，宗藩鄉紳亦乘勢剝削虜掠，恃強凌奪，尤爲地方一大蠹害，生民處此，不僅雪上加霜之喻而已。蓋太祖初定天下，即大封宗室於各省、府，日久流弊滋生。藩封莊田，則民田日奪，挾其尊貴，則恣橫無忌。故干行政、呑公稅、侵民宅、掠民女、殺無罪、匿亡命等，肆害官民之行，自昔太平之日，已層累不窮，而民雖至不能苟活，無有控訴之處。兼以勳臣、公侯、中官、百官之賜田，多至不可勝數，故農民私有之田甚少，普天之下，大抵貧佃爲多。閱《明史》〈食貨志〉論田制，可知厲民已甚。迨「神宗賚予過侈，求無不獲。潞王、壽陽公主恩最渥。而福王分封，括河南、山東、湖廣田爲王莊，至四萬頃。羣臣力爭，乃減其半。王府官及諸閹丈地徵稅，旁午於道，扈養廝役廩食以萬計，漁斂慘毒不忍聞。駕帖捕民，格殺莊佃，所在騷然。……熹宗時，桂、惠、瑞三王及遂平、寧德二公主莊田，動以萬計，而魏忠賢一門，橫賜尤甚。蓋中葉以後，莊田侵奪民業，與國相終云。」（《明史》卷七十七）至於退職居鄉之縉紳及豪右，亦倚勢凌弱，竭澤佃民，欺壓剝削，無所不至，食租欠稅，詭避賦役，無所不爲。先生《言行見聞錄》記云：「魏忠節公（名大中）自登科以至掌垣，田只二十五畝。江南風俗，富民避役，率多詭寄官戶，若紳士己田不足，則入其賄，爲之優免。公獨不徇例……」（卷三十二）。另《近鑑》所載極多事實，均足見其時紳富之橫暴。如有一則云：「海寧有縉紳，憑藉世家，陵虐無告，遠近切齒。平日畏其勢焰，莫敢發。乙酉鄉邦多故，怨者羣起報復，彼家自知不免，挾貲遠遁。憤怒無所雪，乃掘祖父兄弟之墳，灰其死骨焉。崇禎間，常州有狀元及第者，歛怨於鄉。既殮，鄉人聚焚其室，發墳墓，以死骨和米粉餵犬。」又一云：「萬歷時，有兄弟三人皆舉進士。相與謀曰：仕途榮落不常，吾家不可趨一路，兄弟分門，互相援引，此衰則彼盛，慮無不顯達者。因一人黨東林、一入浙黨，天啓間魏監用事，一人遂趨魏黨。一官至兵部侍郎、一至中丞、一至順天府尹。勢傾一時，賓客盈門，奴僕豪橫，數十里以內，凡可以加勢者罔弗加，陵弱暴寡之事，日以益甚，一郡側目，莫之敢攖……」。（同卷三十八）

以上所論乃晚明經濟崩潰之緣由，蓋上自天子公卿，下至百官豪富，若不爲民賊，則其勢不至人心思亂不止也。所謂治國者藏富於民，民富則國強。今民既無以爲生，則棄墳墓鄉里、妻子田園，去而之他，非難事也。此所以寇盜一起，黎民甘心從賊爲亂，勢不可遏而亡其國矣。

4. 風俗惡薄、道德淪喪

晚明社會風俗之日漸卑下，人心之日趨渙散，道德之日就潰敗，實緣前述種種弊端所導致。蓋衣食足而後知禮義、識廉恥，民生既貧窘至無以苟活境地，則方惶惶以求生無暇，何有於禮義廉恥哉！故民日窮而綱常愈蕩然無存，此晚明所以覆亡之根本原因也。另則當時上下權貴、豪富一種汲汲營利，奢淫貪賄之風，尤助長烈勢也。始自神宗好貨，奢靡揮霍，命內監斂珍玩財寶於天下，至受閹人金寶而不能治其罪，言官奏劾，反以觸怒被罪。居上位者既已如此，下者習而成風，上下交征以利，挾勢走私，公然賄賂之行，自公卿大夫以迄府吏胥徒，無不如是。先生《備忘錄》載「朱給諫」一條云：「崇禎間，朝士多通貨賄，朝廷惡之，遣衛士譏察甚嚴。餽贈者俱易以黃金，於拜見時，密相授受，雖左右之人不得而知也。給諫朱公謂人曰：古人畏四知，今日只有三知。或問之。曰：唯有地及爾我知之，天亦不得而知也。一時傳之……」（卷三十九）蓋積習已久，雖欲禁之，終不能矣。以故士庶濡染成風，寡廉鮮恥，至於無所不爲。先生嘗歎云：「今之卿大夫貪墨無厭，寡廉鮮恥，士庶人詐僞百端，食嗟來之食，甘嘑蹴之加，只坐不能無求，故至於不畏不義，不能不妄求，故至於不恥不仁也。」（卷三十六）

貪賄之風起，於是營求競躁之徒，以貨干進，而有司賣官鬻爵，罔顧法紀。先生《近鑑》一書載：「歸安某氏世世富厚，人亦長者，至某，才智自高，好以貨干進，試諸生高等，遂深結有司及郡邑之豪，名曰支門戶，實陰爲奸利也。復爲子營科名，二十餘舉進士，身歲貢，考縣令職，益驕橫，浙西郡邑，無日不至。探知獄訟可關說及愚民可恐喝得金者，罔弗籠取……」（卷三十八）又云：「有搢紳子自以能文，又見宗族親戚往往賄主司得舉。遇鄉試，必潛買關節，然卒不遇。復爲二子營進取，先世所遺膏腴之產、利便之宅，約三四萬金，無不以是廢，饑寒及身。」（同上）此當時貪賄干進之大略也。

至於奢靡豪侈之風，亦當時一種敝俗。先生《言行見聞錄》嘗載云：「壬午（崇禎十五年），倪寄生歸自閩。語予曰：閩中目前人情豐樂，將來必有烈禍。予問何故？曰：奢無藝，未論其他，燕客鵝一盤盡一隻、雞鴨至幾隻矣！餘物稱是，若薑若菜之類需幾何？必盈器以高數寸爲常，至於醯醬需尤無幾，每陳必盈溢。風土既熱，又暑月不能盡食，則委棄而已。吾鄉餓殍載道，彼地肆意暴殄，豈不上干天怒，未幾，斯言輒驗。」（卷三十三）而《近鑑》一書中記此類事尤多，列舉二則，以見大略。

> 崇禎間，松江風俗最豪奢，寒畯初舉進士，即有田數十頃、宅數區、家僮數百指，飲食起處，動擬王侯。其宦成及世祿者毋論，三吳諸郡俱弗及也。乙酉以後，盜賊橫行，大獄數起，亦惟松江爲甚，二十餘年，兵戈塗炭，賦役繁苛，向之貴室巨家，無不覆敗不忍言矣！
>
> 嘉興進士性驕奢，自謂文名盛一時，交徧海內，車航接途，饋遺盈户。因飾園亭、恣歌舞，淫泆矜夸，靡所不至。崇禎末，宜興再相，遂自文部郎轉銓曹，與比黨內賄招權，潛通禁近，都人側目，朝廷稔知其狀，深惡之，戮於殿陛，旋棄市。（同卷三十八）

社會風氣之敗壞如斯，循此以往，綱常倫理不復能維持人心，故其極而士子無行、寡婦失節、親族構釁，父子兄弟相弒，無所不有矣！舉先生所錄數則以明其實。

> 石門秀才有弒其父者，不容於鄉，潛遁宦室。日久，宦妻通焉……漸及家政，司出納，醜聲大布，而以主人遠宦，妻專橫，親黨莫敢言。……
>
> 吳江某氏夫死，與家僕通，遺貲悉爲所竊。子漸長，慮覺也，令僕妻誘之淫，私結其心，因以制其口。及娶，漸與僕妻疎。婦稔知，既怒僕妻之誘夫也，又恥姑之穢行。姑亦深忌其婦，與僕夫婦謀，鴆殺之。子喪偶，益懼，不敢發，憂憤成疾，無何死。
>
> 某氏兄弟二人，父歿，母氏專橫，寡恩而多藏。長子曲意迎合以傾弟。弟未有子，長實利之，及弟妻生子，陰搆母與弟妻之隙。弟性淫，縱婢與通，間其夫婦，弟遂疑妻，與母兄共殺其子。妻之黨訟

之，勢家因以為利。（以上同卷三十八）

觀先生所記述，可知其時彝倫攸斁，廉恥喪盡之醜狀也。其餘種種不堪聞問情實尚多，不遑備述。道德人心、社會風氣敗壞如此，豈有家國猶能倖存之理。寖至清初，流毒未已，甚且讀書士子更汲汲名利是求，罔顧君臣之義，家國之亡。先生有見於此，深以為憂，故終生從事學術之闡揚，教育子弟特重倫常，即思以聖道拯救人心，作為民族復興之本也。

5. 寇盜四起、闖賊陷京

明代流賊、倭寇之患，視歷朝為最。寇患於世宗嘉靖一朝起滅，蹂躪沿海郡縣，雖擾攘虜掠四十餘年，影響國計民生不小，然尚不足言動搖國本。其力至亡明而禍及四海者，流賊也。流賊之起，其根本原因實在政治與經濟之敗壞，百姓不能安居樂業，以故游民日眾，一遇亂事則相繼從賊，終至釀成覆國之禍。考《明史》〈食貨志〉論戶口載憲宗成化初，荊襄寇亂，流民至百萬之多，影響國計民生實莫此為甚。故先生云：「大概四海之內，人土常相準，遊民眾則曠土多，民游土曠，則四海困窮矣！」又云：「四海困窮，其原只在游民之眾。且未論其他，正如生員、軍伍、吏胥，三種人俱不可少者，然無用冗食十而八九矣！有王者起，在所損乎？在所益乎？餘可類推也。」（同卷四十）明末以言利之臣多，故於為國家根本之民生，非但未能措意，且變本加厲予以戕害，乃使民益去而為盜，以亂亡其國，此俱見前述，不贅。至有明一代流賊之亂，李自成、張獻忠以前，遠自成祖時代已有之。孟森《明清史講義》第二章嘗列歷朝流賊之目，謂永樂年間即有唐賽兒之亂，其後英宗正統間有葉宗留、鄧茂七，天順間有李添保、黃蕭養，憲宗成化間有劉千斤、李鬍子，武宗正德間有劉六、劉七、齊彥名、趙瘋子及江西王鈺五、王浩八等，四川為藍廷瑞、鄢本恕等，穆宗嘉慶間有曾一本，熹宗天啟間有徐鴻儒，思宗崇禎初則有劉香之亂。由上可知，流賊之患幾代有之，此早應為朝廷所留意而思救以根本者，惜時無明主，並乏有識之輔臣，故在承平之日，固旋起旋滅，然政治窳敗，民生日蹙，國運衰頹之際，終成國家心腹之大害矣！明至思宗繼位，國事已無可為，上下交敝之餘，外患正深，加以連年天災，復逢陝西大饑，乃終釀成空前之民變，群盜滿天下，四海鼎沸，而無可挽回。觀《明史》所載〈李自成、張獻忠列傳〉，可知其時賊勢之熾及荼毒之慘也。迨崇禎十七年（1643）三月闖賊陷北京，思宗自縊煤山，明祚終亡於流賊之手。

（二）清初之政治

1. 亡臣遺民、排滿復明

清藉吳三桂之力入關，據有北京，君臨中國，首頒薙髮易服之令，以別順逆。明室遺臣志士，既遭家國巨變，抱亡國之悲，復以異族入主中國，有臣虜左衽之辱，乃慷慨激昂，有興復民族之志。故莊烈殉難，而福王立於南京，魯王監國於紹興，唐王稱帝於福州，桂王即位於肇慶，起義之士民相繼踵烈。然荒亂之餘，民生既已困窮，道德人心潰喪，兼以朝廷之中，猶自內亂不已（參前段2小節），雖四方義師如雲，然士卒皆一時募集，未經訓練，東南地雖腴沃，富紳極多，而大半無家國之思，故餉械復苦不繼，至論其實，則兵源不足，主事者多爲士大夫，激於民族義憤，誓死不屈者，並無精兵良將，爲國干城，各自孤城困守，乏統一之籌劃，故在清廷以漢制漢政策下，終於相繼爲清所屠滅。雖然諸王大抵奔迸流離，空保名號，卻亦延國統十餘年，終清世祖之世，未能悉平南方。而精神上，民族思想之昂揚，實予後世有深遠之影響，至於讀書士人之風骨氣節，尤爲濁世之清流而不可滅者。

2. 招納降臣、收拾人心

清入關創業爲多爾袞一手所爲，其人溫雅質美，明達足納正論，而最主要一點，在能用漢人范文程之策，故入關後，乃一改往昔屠戮抄掠之惡，以救民水火，恤人疾苦爲言，既襲有燕京，並下令禁兵士入民家，故百姓安堵，乃開啓有清王業之基。其後均用范文程之策，以懷柔收拾天下人心。首即「令兵部傳檄直省郡縣：歸順者官吏進秩，軍民免遷徙，文武大吏籍戶口錢糧兵馬親齎至京，觀望者討之。故明諸王來歸者，不奪其爵，在京職官及避寇隱匿者，各以名聞錄用。卒伍欲歸農者聽之。」（孟森《明清史講義》第四編第一章）並爲思宗發喪改葬，令官吏軍民服喪三日，復設故明長陵而下十四陵官吏以司守護。且對故明耆老舊臣，清廉高蹈者，亦遣人徵聘，委以重任。如順治二年陷杭州，即以書幣聘劉宗周，其一事也。凡此皆初臨中國時招降納叛之道。至於對一般人民，則立蠲除明季苛雜加派之賦稅，而於明時已有之惠恤，依照遵行，以收民心。

世祖之即皇帝位，亦遵中國傳統習尚，先詣南郊告祭天地，而後頒詔大赦天下。復以孔子六十五代孫允植襲封衍聖公，五經博士等官俱襲封如故，以示敬禮聖賢之意。

於政治則俱襲故明，無所更改，更於順治三年三月繙譯明洪武寶訓，世祖製序頒行天下，直自認繼明統治，與天下共遵明之祖訓。此皆深具收拾人心作用之舉也。清既以王者之師自命，以爲明復仇號召天下，立策施政，則一仍中國舊來崇尚，無復夷風，故孟森《明清史講義》曰：「自攝政王好延攬漢人，用陳名夏，而南方名士多所薦起。（世祖）親政以後，政策仍前，由八旗掌握實力，天子則樂就漢人文學之士，書思對命，綽有士大夫之風，居然明中葉以前氣象。正嘉以後童昏操切之習略無存者，天下忘其爲夷狄之君焉。」尤以明末粃政，黎民正苦於征納之苛繁，逃於賊寇之兵戈，親族流離，饑饉相望，復飽受墨吏猾胥迫害，思解倒懸之際，清寬恤民生之策，因使民立獲蘇息而樂生矣。故其懷柔招撫，乃獲極大功效。

3. 開科取士、禁社壓制

制悍將厲卒以武力，安百姓庶民以生計，此皆易事，至於學者士大夫讀書知禮，深具夷夏之識，君臣之義，常秉不屈之精神以抗拒，故清入關後，首以名位利祿誘之。除前招納降臣之策外，於天下士子則沿襲明代八股，開科考以羈絆之。觀清史大事年表所列，清於順治元年十一月即試貢生，二年三月已令各府州縣選生員送國子監，四月復定鄉試法，尋舉行武鄉試，閏六月頒科場事宜。三年三月，開始舉行會試殿試。可知清人入主中國，雖南方戰事方盛，自始未停科舉之試。而明末道德敗壞，當時士子唯以求高官，取利祿爲鵠的，乃紛紛出而應試。此先生所以痛心疾首，大聲疾呼欲拯流俗之弊，以挽回人心之故也。順治十年間，〈與吳裒仲〉一書云：「但今教敝道亡，人惟知以多金通爵望其後昆，未有切切於道德，以爲永世克家之本如仁兄者……即以遠近同志數十人，其父兄之招致以訓教其子弟者，亦僅得十百於一二也。仁兄之志可謂希一世之所有矣！」（卷十）隔二年又書云：「神廟時世教方壞，蒙士四書一經正文讀竟，即讀國策莊列三蘇文字幾種書，作爲舉業，以取世資，是以生心害政之禍，至今猶烈也。」（同上）及晚年〈答張佩蔥書〉中云：「世教大壞，父子兄弟但知讀時文、作時文，爲逢時捷徑，而不知得失有命，一朝陷溺其心，即終身汨沒于此，無復遷於喬木之日也。」（卷十一）由此吾人可知當時社會之風氣，及有清能建其王業之故矣。此爲懷柔之策。至其運用壓制殺戮之手段，以箝制儒生之民族思想，林師景伊先生〈清代學術思想史引言〉述之極詳，曰：「清室亦知利用政策不足以網羅高尚之士，故自順治十年以後，以迄康熙雍正乾隆之期，天下大定，遂一變而爲高壓政策。禁士子不得妄立社名，糾眾盟會，一言不慎，輒罹殺身之禍，科場案件，幾連年有之，姑不必論。江浙人文淵藪，反滿之精神最爲激烈，故自窺江之役（即順治十六年，鄭成功、張煌言北伐之役）以後，借江南奏銷案爲名，被牽連者一萬三千人，縉紳之家，無一倖免。又以江蘇秀才倪用賓等十八人，聚哭文廟，指爲聚眾倡亂，搖動人心，不分首從，皆處極刑。滿人之防漢日嚴，漢人之言論思想，均失自由……當時學者，處於異族淫威之下，國家光復之望既絕，而動輒得咎，或至於戮及父母兄弟妻子朋友……」（《華岡文科學報》第十一期）以其時文網極嚴，動觸時諱，故先生每戒友朋云：「處今之日，正如濟巨川遇風波，瞬息生死，無論素富貴之習不可以素患難，即太平燕適之懷，不可一日存也。操心危、慮患深，修德保身，何往不然。」（卷十，〈與吳裒仲〉，順治十一年）約在同年〈答吳仲木書〉云：「湖州諸兄各率子弟至於一家解經習禮，以觀所業之進退，亦何與人事，而嫉之者，輒以不降社題之，流言籍籍，易所以言義，復言時也，■教事前撙節，何嫌鄙吝，若違俗自立，恐非濁亂之世所宜，古之人同不徇俗，異不傷物，庶幾得免，然古之時有盜賊不入其里者，今往往戈矛作於宗族親戚矣！人心之嶮，一至於是。」（卷三）由上可知清對會盟結社之忌諱也。且緣道德人心之惡薄，故先生每避聲利若浼，隱晦以逃名，亦同時宣明此理以救正於友朋，實有先見之明者也，而先生終得因此全其志節，遁世不見知，得正而斃。以視後來康熙十二年薦舉山林隱逸，十七年薦舉博學鴻詞，十八年開明史館，而諸遺老如孫夏峰、李顒、顧炎武、黃宗羲等人爲名所累，屢受徵聘，皎然有別也。

（三）對當時知識分子之影響

於上述時代背景之下，晚明清初諸儒受其影響，動於心，發於言，形於身者，舉其大端者曰：經世致用之學風、抗清之民族思想、艱貞刻苦之生活、勤學篤行之精神。

晚明諸儒，感國政日非，經濟民生日漸凋敝，道德人心、社會風尚趨於渙散偷薄，且內憂外患日加熾烈，於是憂國救世之情懷殷切，其源自東林顧憲成等講學，多裁量人物，訾議國政始也。故余英時〈清代學術思想史重要觀念通釋〉乙文述云：「復社接武東林，且有小東林之稱，其領袖之一的陳子龍終於崇禎十一年（1638）編成《皇明經世文編》五百四卷。此書網羅有明一代臣僚奏書三千餘篇，二百七十年間的治亂事跡與制度沿革，因之燦然明備。這才眞正是致用的經世之學，卷首諸序及凡例等所列贊助及鑒定者之姓名不下數十百人，江南名官及文社名士幾乎無遺漏，可見此書之成，端賴眾力，並非陳子龍及一二編輯人的功蹟。換句話說，經世是明末知識界的共同意識。」（《中國傳統思想的現代詮釋》，422 頁）另如顧炎武所著《天下郡國利病書》、《肇域志》各百卷，皆爲憂時而作之鉅著。既而鼎革以後，學者見國事已無可爲，抱遺民之痛，存匡復之志，或托跡僧門、或隱遁山林，窮山僻壤，深痛國亡，因對本朝政事成敗得失，詳考其故，綜貫百家經史，發爲著述，欲待一旦之用也。故凡經世要務，舉如政治、經濟、禮樂、農業、水利、天文地理、軍事等，切於民生國計者，無不一一講求，可以見諸行世。且當時遺老既懷經世之志，故多重治史，黃宗羲尤爲後來學者所推崇，下開浙東一派之史學。然宗羲特因萬氏、全氏擴衍之而著，其實若孫奇逢、李顒、陸世儀、王夫之等人無有不治史者，所別在於是否綴輯成書，爲一系統之著作耳。當時如宗羲《明夷待訪錄》、《明儒學案》，炎武易代後之力作《日知錄》，王夫之《讀通鑑論》、《宋論》、《黃書》、《噩夢》，顧祖禹《讀史方輿紀要》，皆志在經世以致用之宏著。至於先生述而不欲著作，其論則散見《文集》、《願學記》、《備忘錄》諸書。此即爲晚明學者處喪亂之餘，企思撥亂反正，以待聖明天子復現，所形成之特殊學風也。

思宗殉國，清兵南下之際，士大夫多有化悲憤爲實際行動，奮起相抗，以圖民族復興者。如黃宗羲糾結黃竹浦子弟數百，聚浙東諸寨，從魯王抗清。顧炎武與同里歸莊，嘉定吳其沆共起義兵，王夫之嘗從桂王遷徙於肇慶、桂林、南寧間十有餘年。先生集中所提及之李明巒、孫爽、呂宣忠等皆是。亦有極多若劉宗周及其弟子祝淵、王玄趾等，自殺殉節者，均表現知識分子強烈之民族大義。迨抗清失敗，於是杜門著述，寄寓民族思想於學術書冊之中，以鼓舞啓廸人心。王夫之《宋論》之闡夷狄之別，朱之瑜著〈陽九述略〉一篇，抗清之志，至老不衰。顧炎武秉母訓不事二姓，浪遊北方，一生五謁孝陵，六謁思陵，死拒徵薦。宗羲有《行朝錄八種》，紀南明史事，至其《明夷待訪錄》，梁啓超言光緒間嘗持以宣傳民族主義。他若孫奇逢、李顒、呂留良氣節凜然，不應徵聘，留良且特重夷夏之防，寄於時文、《四書講義》之中，後來雍正間甚至引發文獄。當時學者之恥仕異族，隱淪不出，表現民族氣節者，實繁有徒，茲舉聲名標炳者以爲代表，知此亦清初儒士之共同體認也。

錢穆論〈晚明諸儒之學風與學術〉曰：「我們講儒學，當將學術、人格與時代三者聯繫一起講，明亡時諸儒之悲痛心情，以及彼等之生活實況，我儕今日實應效法。」又曰：「若要講明末諸儒之生活，則均極清苦。確是『艱貞刻勵，蔚爲時風』故晚明儒者最值得我們之崇拜。顧亭林先生講學問，舉出八字：做人要『行己有恥』。國已亡，不再是各人專講求如何做聖人的時代，做人能知恥即已足；另方面要『博學於文』。因彼等當時所講者是一絕大問題，要研究中國何以有今日？此問題應自各方面來講。我現將顧氏此八字再加上兩句作成一聯，云：『行己有恥，踐履以聖賢立的；博學於文，講論以平治爲心』。這可謂是晚明諸儒之共同學風。」此乃亡國之後，士大夫爲保其名節，不肯出仕，隱退山林之必然結果。然生活問題如何解決，錢氏例舉四則：一入寺爲僧，如方密之等是。一藉行醫過活，如傅青主、呂留良等是。一務農爲生，如孫奇逢是。一爲教書，如張履祥是。其無所事事者遂成苦隱，如陝西李顒是。觀先生與友之信札、年譜，可驗斯時逸民遺老生活確如錢氏所云，然有過之而無不及也。

生活雖極困古，然明末諸儒秉經世之志，憂人心之不復，鑒於黨同伐異之意氣，於是治學皆勤勉而踏實，篤行終身，死而後已。林師景伊先生論清代學者治學方針與精神曰：「志存致用，故徵實之風盛，辨僞求眞，勤勉之習成……清初諸大師發憤慷慨，期光復我中國……故或徵於今，求實用於當時……勤勉之精神，清代學者，尤爲普及。」（《華岡文科學報》第十一期）若顧炎武自少至老，未嘗一日廢書，游歷所至，載書自隨，聞有不合，即發篋檢勘，手自鈔書，一生不輟。黃宗羲自少力學，讀史每日丹鉛一本，遲明而起，雞鳴方已，自天官地志，九流百家，無不精研，至老著述不休，《明儒學案》即逝前所成，猶欲著《宋元學案》，然不克也。若先生亦是終生不廢書卷，篤實踐履，納善改過，獎掖後學，易簀前二日猶力疾整裝以勉生徒。凡此皆前哲涵養志力過人有以致之也。

二、明末清初之學術潮流

論本時期之學術風潮，宜分兩方面而言。一爲舊有之習尚，以承陽明一脈而下之良知學爲主，一則鑑于王學末流之弊，起而救正改革之新思潮。蓋姚江學派經近百年之發展，門人弟子之推闡，早已奄襲天下，深入基層讀書士人耳目之中，故晚明諸大儒雖以豪傑之姿奮起矯救，然其勢力至清初，實猶盛而不衰也。

（一）學風革新之背景

1. 姚江末流猖狂

陽明之學，秉英敏之姿，歷艱險窮厄，千迴百轉而出者也。以是而論，其學說乃做工夫後之結果，故即結果以教學者，勢不能無弊。後學之人無其經歷，復因秉賦氣質不同，是以往往無法體驗親切，故明季中葉以後，王門弟子雖遍佈天下，其派別亦多，黃宗羲《明儒學案》分之爲七派，其中以浙中、江右、泰州爲最著，而其持論亦各自不同，即以浙中錢德洪、王畿二人而論，即有四有、四無之別，啓頓悟、漸修之學。故其徒眾愈多，其論著彌繁，則分歧愈出，且深信良知爲現成而不待修爲，遂漸輕實學，束書不觀，而流弊滋生矣！故《明儒學案》卷三十二泰州學案已謂陽明之學有泰州、龍溪而風行天下，亦因之而漸失其傳，蓋二人時不滿師說，終躋陽明爲禪。是一傳而後，已啓空疏浮泛，流於禪悟之弊，迨再傳至顏鈞、何心隱、李贄一輩，遂放蕩不羈，猖狂無忌，名節藩籬盡撤而競趨功利。日所從事惟高談心性，或故作奇詭之論，以驚世駭俗，或行爲怪誕，蔑視倫常，蕩軼禮法，而置天下國家之事於度外，流風所及，世道人心，社會道德逐日趨敗壞，以致底於明室覆亡，一般承學之士，猶講良知不已也。先生嘗論其流弊云：

> 本朝至隆萬以後，陽明之學滋敝而人心陷溺極矣，卑者冥冥於富貴利達，既惟流俗之歸，而其高者率蠱惑於李贄袁黃猖狂無忌之說，學術於是乎大裂，東林諸君子救之以紫陽之學，卒不能大正於天下，則以胥溺之久，未可以歲月變，而一時學者又或不免於抱薪之拯，是以卒與天下相尋於禍敗。（卷二十二〈告先師文〉）

> 近世袁黃、李贄混佛老於學術，其原本於聖人之道不明，洪水猛獸，蓋在於人之心術也。（卷二十七《願學記》）

> 吾見今之言心者，輾轉反覆，只說得色不異空，空不異色之語。其言性者，輾轉反覆，只說得蠢動皆含佛性之語，所謂竊釋老之似，亂吾儒之眞。噫！夫子所以有紫朱之惡與！（卷二十六《願學記》）

> 百餘年來，學者惑於直捷徑省之說，以多聞多見爲知之次，而肆焉自居於生而知之，其見之行事，則以我心自有天則而不必循乎古人之塗轍，於是將廢所謂博學、審問、愼思、明辨者，而致其良知以爲是，即一日而聖人矣，是必人皆不思而得，不勉而中，志學之日，

即可以從心所欲不踰矩也，聖人不能也。……今之世非無好學之士也，一入其說，老死而不知悔，又將齗齗焉執其一偏之聞見，以爲聖人復起，不能吾易，及徐而考其言行，則與小人之無忌憚者同科……。（卷十七〈困勉齋記〉）

姚江末流之弊既如此，然至清初，其說仍方興未艾，是以先生四十八歲（順治十五年）答沈德孚書云：「今日邪說暴行之徒，莫非自託于良知之學，究其立身，寡廉恥、決名教，流禍已極。」（卷四）五十七歲（康熙六年）云：「世之學者，務外好夸，騰口無實，襲良知之詭辨，以文其棄義嗜利之奸，其歸至於決名教而鮮廉恥。」（卷十六〈寄贈葉靜遠序〉）先生既憤慨當時學術晦冥，邪說暴行充塞天地，推其禍端，乃責陽明云：「姚江以異端害正道，正有朱紫苗秀之別，其弊至於蕩滅禮教，今日之禍，蓋其烈也。」（卷四〈答沈德孚〉）故先生既身受其害，復目睹亡國之後流毒未已，乃一生致力於辨析姚江之弊，實欲矯學術膏肓之害，以拯世道人心也。

2. **釋老學說盛行**

明末李贄倡三教合一之說，故儒家學術雜入佛老，講學者甚至逃儒入釋，失儒者之正道，而一般士大夫崇信佛教，幾與庶民同烈。先生嘗痛切責云：「近世士大夫多師事沙門，江南爲甚，至帥其妻子婦女，以稱弟子於和尚之門。兵饑以來，物力大詘，民不堪生，而修建寺宇，齊僧聚講，殆無虛日，民間效之，都邑若狂。崇禎間，杭州復有天主教，其術以算數燒煉爲事，從之者，先焚其祖宗神主，廢絕祭祀而後入其教，滅倫傷化，又有甚於沙門者，而大臣欺其君，反從而褒崇之。使從之者，不啻歸市。由是思之，其陷溺於夷狄者久矣，何待今日耶。」（卷二十七《願學記》）《見聞錄》中亦述一僧之淫縱惡行，及眾人陷溺之狀云：「崇禎間有僧金台者，善惑眾，即杭州皐亭立禪院。自尚書狀元率其命婦女子皈依之，人崇其教，湖州爲甚。臥室被文繡，廩藏盈金帛，僧房左尼右婦人，升堂鼓吹數作，遠近聽法者嘗千餘人，以一簾隔男女，民間爭鬥，輒以所讎恆產獻禪院，禪院即以所善豪家奴業之……秀才不利科舉，奔走之，得試高等，搢紳免官，託逃禪以自解，莫不往來聽法……三吳諸豪貴，方飛檝來救，或欲請於都御史釋之，不及。」（卷三十一）可見其時釋教之盛，甚且影響及學術人心，則溯其禍始，自不能不責講學者之開門揖盜，故先生云：「三教合一之說，莫盛於陽明之門，察其立言之意，蓋欲使墨盡歸儒，浸淫至於今日，此道日晦，彼說日昌，未有逃釋以入儒，祇見逃儒而入釋，波流風煽，何所底極，間有稍知君臣父子之義者，不過曰：門戶雖別，道理自同。原本而論，開門揖寇，未嘗非吾儒之罪也。言之不可不慎也如是夫。」（卷二十八《願學記》）學術流弊至此，儒釋混同，人不知非，而姚江末流且鼓煽之，以致雖有勤學好古之士，一經漸濡，遂惑於異端邪說，終其身不能自出，此先生處乎當世，所不能自已於奔走疾呼者，故閱先生集，痛異端肆起，世教大衰，文敝道喪，學絕道晦等詞，觸目皆是，此固先生處乎亂世，操心危而慮患深，然由是亦可見先生學術特點所成之故矣！

迨至明亡之後，士子除入山澤自隱，亦多有遁禪門者，而習氣一如往昔。故先生云：「今日釋氏之教，其盛已極，蓋緣世教久衰，人人不知正道，又更變亂，一時豪傑有志之士，無所發憤，皆逃遁其中，而庸愚者，見其勢盛，則遂相與羣歸之，其勢安得不盛。」（卷四十《備忘錄》）又歎云：「嗚呼！今之爲學者寥寥矣！生於吾前，其志於斯者，百不一人，生於吾後，其志於斯者，亦百不一人。乃或有志於學而惑溺於釋老，頗僻於己見，附影逐聲，相尋而入邪慝者，蓋不少也。」（卷二十二〈弔吳仁伯文〉，五十歲）學術是非混淆，則影響世道人心，而導致禍害，先生追究其源，並論其結果云：「儒者不爲儒者之學，反去旁求二氏之說，攙入正道，二氏亦不專守二氏之說，輒欲襲取儒先之言，牽合彼教，此百餘年以來，極重之習，想此風自宋時漸有，而決裂大閑，則始於三教一門，遂令濫觴，不可界限，學術之禍，中於世運，夷夏之閑，亦至盡決，率獸食人，人將相食，未知何時而已也。」（卷二十八《願學記》）視先生之意，則揖異端以入儒，出邪說以惑人，尋至亡國而不知羞恥，其始作俑者，莫非姚江也。故先生之闢陽明其意實在於此，非有黨同伐異之習，爭門戶，樹聲名也。

3. 結社聲氣之習

明代結社之風最盛，郭紹虞〈明代的文人集團〉一文論說已極詳審。不煩復贅詞而述。茲舉其流弊以言：明代文人結社，不論單純之文酒風流，聲伎自好，書畫唱酬，或專研時藝以求仕進，皆不免標榜以盜聲名，詆排以角門戶之病，甚至末流則推輓汲引，結黨營私，把持排擠。自年代而論，則萬曆以前，派別已滋，門戶亦立，至天啓、崇禎之時，東林興起政治之清議，於是轉爲朝野黨爭，置國事於不顧，內憂外患，視若無覩，終底於覆亡社稷。先生當此情境，親見其弊：或交游鼎盛，聲氣廣通而逐勢利，或門戶爭鬥，攘臂裂眦以興訴訟，或狎妓風流，贓私狼藉，以事見法。文藝之士概已如是而講學之人猶且不免，故深惡痛絕，以此自惕，亦以戒人。尋繹先生集中，論及此者甚多，而考其原始，除先生不苟交與之個性外，實與顏統有關。《見聞錄》云：「近代盛交遊，江南益甚，雖僻邑深鄉，千百為羣，締盟立社無虛地。顏士風獨惡之，未嘗與。每謂予曰：『古稱百里一士，千里一賢，謂彼皆賢士，何賢士之多？如非賢士，敝俗傷教，莫此為甚，胡入為？』因賦貧交詩示予。予嘗赴硤石山社，不滿，予又赴語水社，甚慍，幾見絕。後知為李石友、錢一士、董若雨所強，方解。」（卷三十一）後文又載張溥、周鍾結社盛事。時先生年二十餘，值崇禎五、六年間，考當時正張溥、周鍾大興復社社事之際，郭文謂於崇禎元年有尹山大會、三年有金陵大會、六年有虎丘大會，聲氣徧布天下，而先生因顏統之戒，故得不往見此二人。然社集愈盛，弊害愈生，故先生三十三歲時〈與沈子相〉書云：「方今天下交遊之事，幾於沸鼎，吾郡尤甚，弟於孤坐之際，每為念之。朋友所以謀情志也，今以起爭；所以敦德義也，今以樹勢。」又云：「其所謂氣誼者，特一鬨之市，酒食徵逐而已，求其人文眞不愧於古之人者未能數數，是則衰莫衰於今。」（〈與張允公〉、三十二歲，與上同卷九）於〈與屠闇伯〉一書中尤痛切責之云：「方今天下聲氣之習，衰靡特甚，士之入此約有二種，非突梯滑稽，以邀浮譽，則抗視厲氣，以啓分爭。不獨於古人安身立命之業，相去之萬，即所謂文章氣誼，亦重違其指。故祥嘗歎：東南壇坫、西北干戈，其亂於世，無所上下。」（卷九）由此可見先生於社事之痛心疾首如何矣！

迨至清初，國已亡而流害未已，如朱近修崇禎十二年曾選觀社、旦社。（見郭文）先生四十二歲（順治九年）〈與吳仲木〉書即云：「近修兄時相見否，去年聞有鼠雀之累，而於向時聲氣之士，幾成水火，田野之夫，不知事本，竊意近修今日立身，既已隔絕人世，即應高引離俗，如鸞鳳之翔千仞，使人可望而不可見，何為尙與餓鴟較腐鼠之餘哉！弟於癸未春（崇禎十六年）嘗以一言進之近兄，望其砥聲氣之末流，懲天下之禍亂，不幸言之偶中也。乾坤今更如何哉！乃斯風之尙煽也。」（卷三）先生之不苟流俗，有先見之明，愛友以誠，概如是也。至其時聲氣之濫，實不僅如此，先生四十三歲〈答姚大也〉一書，述之更為明切：「朱聲始云：初間只見聲氣朋友高談氣節，欣然欲入，壬午（崇禎十五年）後，紛紛見招，略往觀之，純然勢利耳。此亦從此一過，故說得快，然今日至此亦不復可言矣，可為歎息。○至此不復可言一語，亦非不佞已甚之詞，近來，實見一輩少年朋友，目中若稍稍認得幾個人，寫得幾個眷社盟弟拜帖，曾略考得一、二次，一、二等，便不知我是那箇，眼中更無父兄，何論朋友，故有感而言及。」（卷十三）噫！即此可以考知世道矣！先生既深痛此習之敗壞學術，影響道德人心，復疾國至淪亡，斯風尚煽，故於友朋欲舉事者，每為痛陳其害而諫正之。如〈與張白方〉一書云：「東南風氣，溺於異端者，十猶一、二，溺於聲氣者，十恆八、九……聲氣之惑，則凡聰明才雋英少之子弟，皆驅而入其中矣！誠有如夫子所以責原壤，而公明儀所歎率獸食人者，故弟私心以謂，異端之辨尚可不深，而聲氣之疾，不可不甚……聲氣之毒一中，正如鬼蜮魑魅之不可測，子焉而不父其父，弟焉而不友其兄，莫是為甚矣！」（卷六）由上言則先生之以學術為當世急務，意旨亦可明矣！

4. 結　論

晚明以姚江末流猖狂無忌，立三教一門之說，混佛老於儒術，異端邪說盛行，先代遺經聖賢之著，束之高閣，空疏浮泛，誘士子趨勢利一途，紛紛結社，以制舉為業，廣納聲氣，邀虛名，取利祿。而高者談性天，遂致分門別戶，黨同伐異，尋致亡國。故明末諸儒，大都有此共同體認，以為國家滅亡，根源在於學術不正，而禍首實在陽明之開其端。梁啓超《中國近三百年學術史》嘗引李塨、朱之瑜、顧炎武、王船山諸學者責備陽明之語，可見一斑，而先生於此尤深所痛心。〈答陳乾初〉書云：「弟向讀龜山先生集，見其所言，道廢千載，士大夫溺於異端之習久矣！天下靡然向風，莫知以為非……竊以為今之靡然向風者，非王氏之學乎！且未論受其變移何如，即所謂外勢利聲色，不為流俗詭譎之行者，隱微之際，果能一一推勘得過乎？」又云：「弟嘗深疾夫近代之好為異論者，如體用一原也，而倡為有體無用，有用無體之說；三教本三門也，而倡為三教一門之說；知行本二也，故言知先行後可也，知行並進可也，而倡為知行合一之說；君子反經而已矣，權亦只是經也，而世之學者，好為達權通變，經不足守之說。以是人心壞，學術害，橫流所極，至於天地易位，生民塗炭，而未知其所止息。」（同卷六）先生論及王學之害者甚多，於前一、二節亦有所述，意皆昭然可睹，茲不贅。

（二）學風革新之流派

有鑒於王學末流空疏浮泛，晚明諸儒乃羣起而反對之，然依時代環境，個人質性偏重，及遭遇不同，故其改變亦有輕重之別。劉師培〈近儒學術統系論〉述明末國初諸儒理學之宗傳一段文字，頗可表彰當時學風之流衍，然不若梁啓超氏所言，提挈簡便易明耳。今據梁啓超《中國近三百年學術史》所分，其風尚可別爲三：一曰修正派、一曰程朱派、一曰調和派。

梁氏曰：「王學在萬曆、天啓間，幾已與禪宗打成一片，東林領袖，顧涇陽憲成、高景逸攀龍提倡格物，以救空談之弊，算是第一次修正。劉蕺山宗周晚出，提倡愼獨，以救放縱之弊，算是第二次修正。明清嬗代之際，王門下惟蕺山一派獨盛，學風已漸趨健實。清初講學大師，中州有孫夏峰、關中有李二曲、東南則有黃梨洲，三人皆聚集生徒，開堂講道，其形式與中晚明學者無別，所講之學，大端皆宗陽明，而各有所修正。三先生在當時學界各占一部分勢力而梨洲影響於後來者尤大，梨洲爲清代浙東學派之開創者，其派復衍爲二：一爲史學，二爲王學。」（頁 40）

以上論修正派。又述程朱學派曰：「清初諸大師，夏峰梨洲二曲，雖衍王緒，然而都有所修正，夏峯且大有調和朱王的意味了。至如亭林、船山、舜水雖對於宋明人講學形式，都不大以爲然，至其自己得力處，大率近朱學，讀諸家著作中關於朱王之批評語可見也。其專標程朱宗旨以樹一學派，而品格亦嶽然可尊者，最初有張楊園、陸桴亭，繼起則陸稼書、王白田。」（頁 96）又曰：「清初因王學反動的結果，許多學者走到程朱一路，即如亭林、船山、舜水諸大師，都可以說是朱學者流，其餘如應潛齋撝謙、刁蒙吉包、徐俟齋枋、朱柏廬用純……等氣節品格能自異於流俗者，不下數十輩，大抵皆治朱學，故當晚明心學已衰之後，盛清考證學未盛之前，朱學不能不說是中間極有力的樞紐。」（頁 103）至於所謂調停派，則因朱陸異同而起，梁氏曰：「調停派卻並非第三者，乃出於兩派之自身，一邊是王派出身的孫夏峯，一邊是朱派出身的陸桴亭，都是努力想把學派學說異中求同，省卻無謂的門戶口舌。」（頁 101）另此時期年輩較孫、黃、顧諸儒後者，爲顏習齋。梁氏歸之實踐實用學派，則從事陸王、程朱之學後，俱反之而自別一派者。

以上依梁氏所述，於當時反王學而產生之流派，可得其大略，然不論何派，其特色乃皆具有程朱之色彩，純駁不同而已。至若詳細探討，則各學者間，自有程朱、陸王所不能限制之處，如梨洲及亭林著述極多，下開清代史學、經學研究之路，且其學術門類尚有不僅於此者。船山著論亦多，思想實承關學，而經學、史學之博大精深，恐與顧黃諸儒可以並駕，另又兼講老莊釋家，此爲船山一特出處。孫奇逢、陸世儀雖不主門戶，然孫氏宗陽明，亦從事武備、農事，陸氏宗朱子而講求天文、地理、水利、農田、兵法等。大抵當時學者除理學之外，於其他學術門類亦多所講求，此即受國家滅亡之刺激，故治學以經世致用爲鵠的，而產生之現象。說已見前「一之（三）」節。總之，此期學者，可貴乃在懲王學末流空浮清談之病，而顯現踏實篤行之精神也。故余英時〈清代學術思想史重要觀念通釋〉一文，論清代學術潮流，除「經世致用」一條外，以爲明清之交，學風已趨向道問學、經學、聞見之知、博文而與尊德性、理學、德性之知、約禮漸遠，一言以蔽之，凡此俱晚明諸儒徵實精神貫串其間所致也。

三、先生個人之環境遭遇

處亂世，悲鼎移，異端橫行，邪說肆出，學術晦冥，心學充盛，此明末清初諸儒同感身受之時代背景，而其轉移學人思想者，概如上述。先生之學，亦自不能外此影響。然先生所別於諸儒而學有偏重獨到者，則以出身遭遇不同也。參稽文集年譜，撮其要者述之于后。

（一）生計困窘

先生家故貧窶，喪父後益落，賴王父開一小肆以資薪水。母氏勤儉刻苦，紡績延師課先生兄弟，詩書之業得以不廢。及先生二十三歲，不得不出就館舍，以維家計，此事實先生一生縈心欲去而不能者。故國變後，思謝卻其事，亦習農事，然終無策可免，故至晚年，門人勸先生宜在家休養，不必過勞。先生答云：「僕老病日甚而家貧子幼，內治田桑，外資教學，方免死亡。諺曰：不做不活，安敢望休養乎？」（卷十四、〈答徐重威〉）因貧之故，先生自奉甚儉，終身巾衣蔬食。嘗與友人書云：「弟自授室以來，非祭祀、非親戚朋友至，未嘗食魚肉，衣冠不敝盡不更爲。」（卷三、〈答吳仲木〉，四十四歲）而先生雖耕田十餘畝，賦稅之外，足以養妻子，然每逢年成不豐，飢餒不免也。壬辰四十二歲〈答周鳴皋〉書云：「今年收歉而工力之費倍於往年，來年數口正未知所以爲計，人事之盡，固未有一二，然以吾人自度，亦無他經營，惟有敝衣疏飯而外，不敢有一豪非分之想，以妄有所費，如是而已。」（卷二十四）又四十四歲〈與吳裒仲〉書云：「敝邑稼不甚損，但力不任耕者則全荒棄耳，此非歲凶，蓋民貧耳。澹約辛苦四字，弟素貧賤人也，亦惟一身行之，無所怨尤。」（卷十）由上可見，先生境況之艱苦，且每念先人未葬無後，故一生株守田園。而自亂離之後，清代田賦雖依萬曆年間則例徵收，除天啓崇禎諸加派，然定賦額之初，范文程即有「猶恐病民」之言（見清國史本傳），況尚有差役之事，故賦役仍重。不逢凶年，則民差能儉約渡日，倘逢災旱，則不能免於饑饉流離。至於鄉里不寧，寇盜爲患，明末以來，十餘年猶不能滅息。故先生自亂後，避難他鄉，僦屋而居，屢屢遷徙，則不能無貸於人。爲葬先人，亦不能不貸，欲往山陰祭祀先師，依然需貸金於人。總之，有所舉措則資斧無著。而平昔生活仍不免恃友朋饋米以周濟。先生之貧窘可謂甚矣！甲午年四十四〈答吳仲木〉書，自述困狀云：「弟思之，膠膠擾擾之情，固時有之，以爲貧之故而不盡由於貧，以爲病之故而不盡由於病。弟先人遺田，變廢之餘，尚存一十四畝，妻子飦粥，足以自給，但自禍亂以來，十餘年間，遷徙者五矣。每當遷徙，輒有稱貸。因無嗣息，買婢則又貸，去冬病作，則又貸，積漸而至，已不下數十金。目下以先叔王父之葬則又貸，亡妹之葬則又貸，復不下三四十金。每于秋成，輒通以自古有死之義，罄箱償之，不足則復佐以館穀。次年米漸貴則力益詘，加質舉息，其數仍不減於舊時，誠恐一旦溘先朝露，則長負人入地矣！……前歲往山陰貸於朋友，得金四兩……在古小學多留一二日，比返阻雨錢塘則奚囊匱矣……」（卷三）又如〈與張嚴貞〉書云：「日者荷兄五斗之惠，小价負之入門，面赤久之，但以匱乏之日，不能不受，又念秋成不遠，雖兄出之高廩，固無報李之望。」（卷八，約四十五歲）丁未五十七歲〈與何商隱〉書亦云：「承仁兄惠米，不受則妻子饑困，受之又內疚於心，男子不能家食，至以廩餼歲累知己，可歎也。」（卷五）及晚年，災祲連歲，復嫁女娶婦，生活尤困，差幸友人何商隱、呂留良時加周卹，得免饑饉，故與友人書中每道及之。例舉數函，以見其況：

> 舍下田苗淤盡，供賦懼有不足，數口終年之望，殊是無從措手，五月以來，承雲士見卹，屢以擔石惠及，目下舉火尚未爲難，然何可長也。（卷六，〈答陸孝垂〉，六十歲）

> 今年蠶桑之望竟失，所差不過十餘金，貧家已自十分狼狽，秋冬踐更將及，小女非贅壻於家，即繼有嫁遣之事，向後力不能支，則讀書能否，正未可知，旦晚憂懷，獨是爲切，無如蒙稺蚩蠢，全懵弗覺也。（卷六，〈與屠子高〉，六十歲）

> 不謂連歲災祲，加以親戚死喪，疾病衰眊，一身支此百艱，又不敢有違義理，以忝所生。雖屢承朋友之見哀，在己惟以自古有死之意，

夙夜自勵而已，肆中緩急深抱不安，容黽勉圖之。（卷八，〈與張嚴貞〉，六十一歲）

弟於水災之後，一病幾死，疾困未蘇，洊有蜚蟲之災，衰眊之餘，學既無成，耕又無穫，年來干累親友，殆至於遍，將遂不辨禮義，凡可得生者，即不恤爲，懼無以復對師友於地下，及念無信不立之義，又以古人嘗善爲粥心，深恨蒙袂非之言而苟止，未知於理宜何出也。（卷二，〈答沈甸華〉，六十二歲）

嗚呼！先生少逢衰世，長歷動亂流離，晚遭災荒，貧困一世，而進學之志，老疾彌堅，雖顛沛流離而守義安命，節操益篤，可謂修養艱苦卓絕也。

（二）病痛寖尋

先生少壯以來體素強健，致力學問，夙夜不休，嘗十餘年不就枕席，志盛氣勇，上邁古人。然自癸巳四十三歲冬大病之後，至六十四歲歿世，幾無年不困脾疾，尤至夏日，恆苦暑氣作病。及四十八歲患齒痛，墮其一。後復得足疾，每至不堪步履。閱先生與友人信札，雖屢悲歎於衰憊，而學問無成。然先生之學，實自癸巳以後，日趨精醇也。錄其書札數首如后。四十三歲病起，〈答吳仲木〉書云：

弟一病幾斃，幸醫者得人，得以復生。今稍稍食粥矣，然未離枕席也。……弟二十餘年以來，未嘗有疾，精力亦頗強固，今一病大憊矣，雖得餘生，百事不能如舊。（卷二十四，〈書補遺〉）

伯繩兄書久矣欲作，因弟之病，傷在心神，至今執筆數行以後，心熱口枯，繼以虛咳，此夕輒不能寐，故尚欲少待。（同上）

第二首隔年所書者，另書亦云：「賤體雖愈，然精力全未還舊，日常但可無事，小有勞擾，輒通體發熱，自汗間出。」（同上）先生此疾約至四十四歲夏始愈，其後嘗自云：「予追念若非癸巳一病幾死，亦不能稍有進步。」（卷三十七，《初學備忘》下）然先生此後體氣漸衰矣！四十七歲夏月〈答陳乾初〉書云：

往時恆苦暑氣作病，今年尤甚，三伏以來，書冊不能親，酬應極厭倦。一日之中，臥多於坐，自知根本之衰，非特時令之感也。（卷二）

同年六月〈與陸孝垂〉書則又云：「百凡倦苦，目力加昏」（卷六）此後先生每疾則有目昏不能開卷，腕弱不能執筆之患。四十八歲齒有疾，〈答徐敬可〉書云：「年來賤體益不如前，開卷則目昏，執筆則腕弱，舌枯齒痛，飲食幾廢，或一旬而止，或再旬不止，每日只可一無應接，待盡而已。」（卷八）〈答吳裒仲〉書亦云：「辱念賤體，夏秋之交，頗傷脾氣，飲食大減，惟一意撙節而不服藥，十日以來，飲食已將如舊，但脾未復耳。」（卷二十四）至先生足有疾不知始於何時。惟四十四歲〈答吳仲木〉一書有云：「韞斯兄十七日至敝寓，十日之聚，自與韞兄交善以來，得所未有，而弟左足再有毀傷，蹙額相對，無一日道誼相益之樂，竟成虛度，亦可惜也。」（卷二十四）則或在此之前，已成疾患也。另二函言之較詳，然年月不可知。見〈與陸孝垂〉書中：

初春辱顧，急猝言別，歉之不已。寒食返舍，足瘡爲患，不能步行。一二里親知，一概不得相見，非特仁兄徒深懷念而已。

數載以來，因賤足不堪步履，親友相見，動踰歲時，至於除夜小趾作苦，則一月有餘方能出入。（同卷六）

五十五歲一年病或稍烈，故〈答姚大也〉書有「八月間，不佞亦在病中，幾於不復相見」（卷十三）之語。五十七歲〈與嚴穎生〉書云：「弟十四之暮疾忽作，一日不食，兩日臥病，十八日強起，扶疾至海濱，今猶臥起相半，未知何日霍然如故也。」（卷四）六十一歲病亦重，故〈答董載臣〉書有「七月中旬疾作於海濱，生死存亡，不能自保」（卷十四）之語。而隔年〈與王言如〉書云：

某自去秋病作，碌碌無一善狀，雖欲自強，其如心力昏眊，觀書既苦目昏，鈔錄復苦手戰，足下何以哀而教之。（卷十二）

此後數年，幾時時疾作，故六十四歲夏四月，〈與姚四夏〉書云：「某無日不在病中，無日不在悶中，有病不能使愈，有悶不能使去，此志衰氣眊，不復自進於學之效也，又誰咎焉……近借得《茅氏農書》，方此抄寫未及寄錄……。」（卷十二）及秋七月，先生歿矣！然自諸札所言，吾人可考知，先生雖有疾，絕無因而廢課讀之職，仍手自抄書不輟，猶力疾與友人函札往返論學，諄諄訓勉子弟也。見蘇惇元《年譜》：康熙十三年先生六十四歲條云：「秋七月庚寅，終於正寢。庚寅、二十八日也。先是二十三日先生在語水，張佩蔥偕姚攻玉、四夏問疾。先生久病，羸瘠已甚，猶坐至更餘，莊整端肅，諄諄勉以學問，未嘗少有倦怠依倚。先生旋歸家。二十六日衣冠坐起，倦極而寢，張企周往候，先生欲起整衣冠以見，企周固辭。先生曰：君子愛人以德，此不必辭。二十八日時加戌，命具衣冠居正寢，恬然而逝。」（按：蘇氏取材自《訓門人語》，卷五十四）先生之涵養莊敬，實一息尚存而不懈也。以先生之貧而有斯疾，賢而有此困頓，誠不知如天心何。然先生之志力乃弗因之而損，且每緣疾厄，德業加進，此精神於數百載以下，猶足廉頑立懦，策勵頹惰之情，使人嚮慕無已也。

（三）天倫厄變

先生性至孝友而幼孤，自幼由王父、賢母勤劬撫育，二十歲遭大父喪，二十一歲復喪母，時先生尚從師受業，未能盡菽水之養，乃終身痛之，每用疚心，是以於天倫之際，特爲重視，與兄履禎友愛無間，終生敬事。凡友能篤孝行，則嚮慕讚美，揚其善行，告之於人，後生來學，尤以孝弟忠信，諄諄懇切勉勵。蓋緣己之弗幸，故欲期人人得親其親，長其長也。此意誠內形外，見諸篇章，閱楊園全集，觸目皆是也。至於專記先人志行者，亦極多，如卷二十一〈先世遺事〉（二十七歲），卷十七〈絹褶記〉（四十七歲），〈先人畫像記〉（五十三歲），卷十四〈示兒〉（五十四歲、六十二歲）及卷二十六《願學記》中語，孳孳於先人言行志事之求，孺慕追思，至老未嘗一日輟。而終身學問修道不懈，亦是此心所發也。三十四歲往山陰受業劉宗周，先生執《問目》以就正，中有「以父母生我之心爲心，則何忍自暴自棄」（卷二十五）之語，此實先生寫照，亦一生得力之處，故當時宗周總評即有「每說到媿恥處及父母生我處，令人激發不已」（同上）之讚歎。

先生既深念父母之恩，故亂世顛沛，於衍先人嗣續一事，刻刻縈心。蓋先生自二十至三十，有三男俱幼殤，元配欲爲置妾，而先生以未至四十不許，故至四十始納焉。長子維恭至四十七歲始生，而四十四歲「夏，兄子嗣九甫婚而夭，先生痛哭數日。〈與吳仲木〉書云：『先人積德累行，不閒幽明，豈宜無後，而家兄一子初婚而夭，弟今年又生一女，齒髮如此，後嗣茫然，能不戚戚哉！』（文有節略，原在卷三）」（引自蘇氏《年譜》）至〈與吳裒仲〉一書則述之尤悲切，其文云：「適有兄子之喪，恐懼哀痛，日迫於中，方寸亂矣！不能執筆。蓋弟已二毛，未有嗣息，而家兄惟一子，成婚矣，又復夭死，窮民有四，家兄備其三，此固愚兄弟平生積不善之效，已無足論，而先人之嗣，其將安寄，念之惟有高天厚地之間，不知所容耳。」（卷十）故後來得子，先生教誨之不遺餘力，所期望者既深且切也。

初，先生卜兆葬祖，而桐鄉有阻葬惡俗，遂停柩於莊，命佃戶居守，三十二歲，盜至焚其莊，災及祖柩，先生慟不欲生，以故事變之後，「自春及冬，布衫常用麻布最粗者，蓋痛壬午祖父之變，盜雖正法，而情事不克伸也。」（卷五十四、《訓門人語》）是年，〈答王忱棐〉書自述其情云：「祥甫八齡，背棄先子，長育教誨，惟先祖父憂鬱勞苦，以是不得上壽，今祥年三十餘矣！于先祖之生，未有一日之養，而先祖之亡，又不早爲卜葬，以至陷於盜賊，祥之罪重何可言哉……是以遇變之時，寢食俱廢，惟求一死，而親戚朋友相與勸勉，謂死而賫恨，不如生以討賊也，是以復求飲食，爲隱忍偷生之計，將以求得當於讎人，非有肌膚之愛，妻子之念也！至於苫塊之末，非所以致疾病，矧生死哉！」（卷九）此則友人勸釋苫廩，而先生不肯從也。（事詳第一章第一節生平述略）

此外，先生所痛者，長女被壻鴆殺一事也。其始末已詳第一章第二節近鑑一條，茲不贅述。先生雖痛愛女之貞靜自安，而慘遭凌虐毒殺，告之於官，然貧病相兼，嗣息幼弱，故訟不能平。且尤氏一門曲護，復行賄官衙，反誣之，先生幾遭不測。然父女天性，事干倫紀，何能漠然，中〈與尤天士〉（進士，受先生壻百畝田之賄）一書云：「祥豈不知今日事勢，得產者有人，得金者有人，明與把持者有人，陰爲囑託者有人，祥於衙門無情面可用，無金錢可通，飢寒內迫，勞瘁外驅，衰窮之人，力不能訟，生死之冤，呼籲路絕，若欲忘父子之親，蠲弃讎怨與罪人和，雖至於死，必不爲也。」（卷九）故乃奮不顧身，以病弱之體，奔控呼籲，期能爲女復仇，以正彝倫。今有關之書函見《全集》卷九，讀其文，情詞哀切，既歎其壻之狠毒，復爲先生悲也。

（四）水旱凶災

明至末年，政既不修於上，而天災人禍乃踵繼相生，閱萬曆、天啓、崇禎三朝史，天下生民之塗炭，已不忍睹聞。今觀先生集中所載，鄉里之災尤使人惻然於懷也。茲按年錄其文如后，可見其時民生之苦狀也。

萬曆戊子（十六年）大水，明年己丑旱，河水涸、井泉竭，自五月不雨，至秋七月。二十有三日連雨忽三四尺（卷十五，〈禱雨疏〉後記）。米石銀一兩六錢，朝廷蠲賑，餓殍載道。（卷十七，〈狷士記〉）

（萬曆）戊甲（三十六年）大水，米石至一兩六錢者數日，朝廷蠲賑，道殣亦如之。（〈狷士記〉）

（天啓）丙寅（六年，先生十六歲）秋七月，海潮溢，自海寧入，一夕水漲三尺餘，河流鹹，汲井池以飲，夜掬水，明如火，田涸不敢灌，海魚蝦頗遺種焉。（卷十七，〈桐鄉災異記〉）

（崇禎）庚辰（十三年、三十歲）正月十三日大雨雪至十八日乃霽。五月初六日，雨始大，勤農急種插，惰者觀望，種未三之一，大雨連日夜十有三日，平地水二、三尺，舟行於陸，旬餘稍退，田疇始復見，秧盡死，早插者復生，秋熟大少。次年夏，飛蝗蔽天，斗米銀三錢，豆麥踴貴，飢人望屋而丐，掇草木可食者，雜秕糠煮啗之，草根木皮幾盡。又明年（三十二歲）春，道殣相望，買奴婢斗米二人，夫妻子母相離而不泣。死人棺斂者不得至中野，用器材木瓦石盈街，衢人弗顧，盜竊文廟祭器。大疫舉，人妻與官交際。……其秋蝗息，稍熟，米價差減，錢益賤，三千當銀一兩。（同前）〈狷士記〉亦云：崇禎庚辰辛巳，水旱蝗相踵，米石至三兩，朝廷不復蠲賑，民間鬻田宅、妻子者甚眾，或望富室之炊以求食，飢死者相望矣。

（清順治）戊巳間（三十八、九歲）水連溢，辛卯（四十一歲）春，雨不止，麥豆浸死，魚肉鹽價相若。米斗至五錢，強者爲盜，弱者流亡。次年（戊子）自五月不雨，至秋七月，河流絕，井泉竭，運河底見，行不沾履，苗盡槁。二十三日乃雨。（按本次狀況與萬曆戊子時全同，故〈禱雨疏〉載：至今戊子爲一周甲子，水不逮萬曆間，然四歲連苦水，此或陰盛之效）秋失望，新米斗錢八百（同前）。

洎乎戊子（三十八歲）以迨乙未（四十五歲）七、八年間，水旱繼作。辛卯米石至五兩，餘年率三兩爲常。惟庚寅春米石一兩，己丑、乙未米石一兩六、七錢。（卷十七，〈狷士記〉）

辛丑（五十一歲）壬寅連旱，稍不及壬辰，米價稍賤，盜漸息。

甲辰（五十四歲）秋大水。米益賤，民財益匱，海寧婦女羣飲於先師殿。（同卷十七，〈桐鄉災異記〉）。

由上可知自崇禎間，先生三十歲始，至五十四歲，幾無年不有水旱之災，而先生於〈狷士記〉一文，特謂戊子迄乙未間，雖洊災連年，反無復賣妻鬻子者，餓殍亦無。此狀異乎明末，先生因釋其緣由云：「夫以承平之日，宿貯未虛，上有解仁，下有爲德，猶不能免於死亡，乃干戈四興，蒿萊盈目，兼以獺漁虎噬，膚髓均竭，哀乎遺黎，何自得延喘息，而流離鮮少，捐瘠罔墐，蓋強者爲寇，爲兵，弱者爲厮徒，爲僧道，去仁恩，喪羞恥，以至於斯也。亦世道人心，盛衰得失之一徵已！」（卷十七〈狷士記并記〉）此可見清順治、康熙間之民生疾苦如何，而人心之敗壞，亦因是可知也。故先生憫斯世斯民，大聲疾呼，閑邪崇正，亟亟以學術拯世道人心，允爲職志，實原於此。

先生〈桐鄉災異記〉一文僅述至五十四歲，其後見諸集中者，則自六十歲至六十四歲間，復凶歉連年。六十一歲，〈答葉靜遠〉書云：「敝鄉去夏水災異常，冬春以來，流亡滿目，其不亡者，彌覺凶險。」（卷二）〈與何商隱〉書亦云：「弟亦在待而舉火之列，又東來諸友莫不於祥有夙昔之好，所為內省而多疚也。敝里人情，洶洶欲動。凶歲多暴，宜無足怪……。」（卷五）六十二歲，〈答張佩蔥〉書云：「陰霖不已，蠹稈尚不遑收，先收者又不能種麥，麥秋之無望，已復可知，洊此凶災，人不堪其苦，而吾人猶自素飽于世，實疚于心。」（卷十一）六十三歲，〈與何商隱〉書云：「洊更凶災，至於今日，干累親友殆遍，幾於不能出門戶矣！先生屢捐廩米以相貽，■■在白下亦承遠念，十日前，無貳特來餽金，使數畝得以及時耕耨，以冀有秋。」（卷五）（按：呂留良之名以避諱俱用墨板）綜上所述，則先生自三十歲之後，經亡國之動亂，餘時非逃於寇盜兵戎，則困於天災人禍，歷此艱難，猶自振起，不有豪傑之志，何克如是哉！

（五）賦役繁重

明末，賦役之繁重，固不待言。至清季開國，定以萬曆間稅制為法，於天下生民理應較寬緩，然清承襲明制度，行一條鞭法，復於荒亂之際，不免有所流弊。鄺士元《中國經世史稿》論曰：「一條鞭法之實行，以往賦役之各項繁複項目取消，其始固便農民，及至末流，各種力役又再恢復，雜稅冗費名罷實存，使人民無形增加負擔，其困苦比前更甚。」且「一時總徵，民力且有不堪。工匠和富商、大賈皆以無田免役，而農夫獨受其困。」（第一章歷代田土稅制得失）故倘承平之時，民或可安，若一旦災祲洊及，則農民死於賦役矣！且征納之際，胥吏侵蝕營私，乃於民上下其手，則加派私徵，層出不窮。考其根本之病，則在官吏俸薄。故孟森《明清史講義》論曰：「自古官祗有俸，而俸恆不足以給用，不能無取盈之計。明俸尤薄，官吏取盈之道，自必於賦額加以浮收，公然認為官吏俸薄，此為應得之調劑。清初命其名曰火耗……行之既久，州縣重斂於民，上司苛索州縣，一遇公事，加派私徵名色既多，又不止於重耗而已。清承明季加派之後，國庫嚴禁加派，而地方不免私徵，其端既開，遂無限制。」（清第三章全盛，頁 477）故清初雖除遼、練、剿餉等加派，然地方吏治猶然明末故習，且水旱凶災寖尋，亂世詭黠，里胥復得乘勢漁利，故生民仍苦賦役之繁重。此先生〈狷士記〉所以有「干戈四興，蒿萊盈目，兼以獺漁虎噬，膚髓均竭，哀乎遺黎，何自得延喘息」（卷十七）之歎也。

先生集中〈書改田碑後〉嘗述明末賦役病民之甚云：「予因歎近數年間，

水旱接至，民之死於賦役者，不可勝計，其勢家子弟被縲絏而轉溝壑者相踵也。」（卷二十）國變後，賦役仍繁，貧士有田數畝，不善經理，往往不足供稅，而田畝多者，亦生活常苦匱乏，故先生於治生之道極重視，友人有忽於籌謀者，每勸諫以治本、勤勞，並代規劃。如〈與徐敬可〉書云：「仁兄承先世之遺業，故此四十畝，雖知其不可荒，而猶不甚汲汲爲意也。三吳之地，四十畝之家，百人而不得一也，其躬親買置者，千人而不得一也。況此田畝，毋論多寡，公私之仰賴恒於斯，子孫之興替恒於斯……胡可忽也……弟自戊戌朝夕相與以來，未嘗不怪仁兄以四、五百畝之產，而日膳之米，每歲憂其闕乏也。竊計兄之家口亦不甚眾，日用復不至於奢，其產亦不多所荒廢，水旱亦不歲歲相仍，何以衿肘之促，竟不能免也。孟子有曰：無政事則財用不足，或者得已不已之端，有幾項未塞者乎……」（卷八）至對通家子弟、後輩，尤教以田賦、家政之事，諄諄誨諭。此先生不得志，存王政於家之意也。而與友人信札中每及「賦役重苦，賦斂日煩」之語。如五十一歲〈與曹射侯論水利〉書云：「今日財匱民窮，賦役重苦。兼以風俗浮囂，盜賊不息。」（卷六）五十七歲〈與嚴穎生〉書云：「令子勤習耕事，以今之時，賦斂日煩，民生窮蹙，稼穡惟寶之意固不可忘，而子弟游閒浮薄之習亦不可不力反。」（卷四）另〈與陸孝垂〉書云：「聞仁兄一家大小，相繼而病，役事催科，日日騷擾，加以族人不時作抄，苦何可言……」（卷六）至於黠吏、猾胥、奸民之夤緣作惡擾民，先生〈與朱韞斯〉書嘗云：「蓋吾邑倉場之弊極矣！眞遠近郡邑之所無者。無論其他，倉夫頂首多至一百五十兩，凡邑之紳衿，以及公子、公孫、公兄弟，以及衙門之豪，無非倉夫者，良民其忍言哉！」（卷七）由上可證，清初賦役仍重，而處於水旱交祲、貪墨、強暴、苞苴大行之時，民遂已不堪，況又盜賊肆起，流劫不已哉！故先生云：「敝里夜夜流刧，竟不分貧富矣！……晝則催科之吏如虎，夜則弄兵之子如狼，生人至此，眞弗堪爲命矣！」（卷五〈與何商隱〉書）下段續述盜寇爲患，動亂相尋之況。

（六）寇盜肆虐

先生所居桐鄉，明亡後一年，清兵始至，故甲申（順治元年）以前之患在於災祲，此後方有兵革之難。先生〈先人畫像記〉文云：「天子壬午（三十二歲）……時歲連祲，飢殍載塗，人不自保，賴先業未失，饘粥粗具，以免溝壑，復幸長上政治清良，窮民不至相聚爲盜，親黨得以往復從容，詢訪得失。越二年，天下變亂，兵革蝟起，大江以南，始苦兵，嗣益苦盜，不能安於楊園故居者十有五年。每播越，奉以行，綏則雜以書冊，轉徙數四，貧困有加。」（卷十七）雖其時江南猶寧宇，不受干戈，然北方飽受外患，流賊塗炭，有知者已憂及之。先生三十二歲〈與岑漢明〉書云：「今日寇盜滿域中，大江以北，塗炭已甚，東南又事作矣！桑梓之地，岌不可保，稱安土者，二廣而已。按治其地，綏輯爲最。先生從容衙署，時出仁者之言，使爲長上者，惻然加意於窮民百姓，亦吾黨布衣行道之事也。」（卷九）漢明，貧士也。應官兩廣者之聘，爲僚屬，故先生出以此言。蓋先生雖少壯時，其心未嘗不在行道安天下，固非國變以後，始幡然有志經世也。三十三歲〈與徐文匠〉書亦云：「天下事故日作，帶甲之士幾滿天地，生民塗炭之至極。去冬金華寇作，震驚數百里，遠近皇皇未知所保，雖天子聖明，隨見殄滅，然民俗敝矣，思亂者多，數年之間，江南恐又非寧宇也。大賢生此，隆中之業，自當豫定，俟時而興，紓君父之憂、副蒼生之望，固乃期也。」（同上）及甲申，先生三十四歲，鄉井罹禍，寇盜縱橫幾二十年，先生携家轉徙避難，已如前述。至其時動亂之狀，〈桐鄉災異記〉文中敘云：「甲申始亂，五月稍定。明年春選妃（按當即弘光選淑女）江南童男女無不婚嫁者。夏五月，鄭兵逃歸，過皀林，人相殺，聚眾焚巨室，發墳墓，同宗兄弟行刧奪，搢紳主之。六月貝勒入浙，經皀林，令率丞尉、學博、父老及舉貢生員，獻牛酒，以邑降。是年，皀林鎮爲墟，人煙絕，盜乃大起，連歲勢益甚。東自嘉興縣嘉會都入桐鄉東西兩八都，無非盜窟者；西自歸安縣含山界入桐鄉二十二、二十三兩都，蔓延至二十四、二十五諸都。日夜刧殺，焚廬舍、掠子女，良民奔匿城邑者僅免。然催科急，田業荒，衣食靡給矣！訛言選西女，民大駭，亟配合，嫠婦嫁且盡。」（卷十七）當乙酉夏五月，南京不守，潰兵四下，人心皇皇之際，桐鄉父老有問計於先生者，先生因有〈保聚事宜〉一策。數年後，〈答吳仲木〉書中憶其事云：「前歲天下方亂，鄉里盜益起，弟嘗爲保聚之說，聞者欲之，或欲以弟身其事，弟以一念惻隱，未有以辭也。舉蓍自筮，得遯之咸，因之遂決意播遷，輾轉三、四，雖瑣尾之況，大有弗勝，而幸無凶害，且得無咎無譽于里井之中。」（卷三）蓋當時人心渙散，道德淪亡，士大夫無恥，先生於〈保聚附論〉中已知「其言迂而難入，其事格而難行，今得鄉先生者，請於御史大夫，御史大夫下檄而行之，則庶乎其可也。」（卷十九）事勢既有不能，先生終舉家避難於歸安矣。至清順治十年，先生記云：「元宵，縣官檄民盛張燈火，飲酒爲樂，至二十日乃罷。盜潛入，刧庫藏去，索盜不得，延及平民。其冬大凍，禽獸多死，旬日舟楫不行。是時有舉人富於財，母再適，弟行乞死。」十三年記事云：「丙申訛言又興，婚嫁不已。夏秋之交，邪人爲妖術，人大怖，家貯水火以伺，執邪人，妖乃絕。」（同卷十七，〈桐鄉災異記〉）以上可見，亂世人心風俗之偷薄，與民人之飽受荼毒。故先生於記後總論云：「壬午以前死於饑，甲申而後死於盜、於兵、於吏，舊鄉舊井，其忍言哉！」至於先生書信提及盜禍者，與吳裒仲論之最詳，以裒仲居澉城，在沿澥，恐事變多，而斯時裒仲亦欲延先生教其子姪故也。引數首以見先生之生活情狀。四十四歲（清順治十一年）與書云：「敝里近日盜勢益甚，每念古人入山躬耕，付理亂於耳目之所不及，今此事力有不能，已全無善策矣。」四十五歲書云：「五月初，■騎經過，騷刼殊苦，敝里幸不大掠，然室無居人者，十數日而復，韞斯兄父子相守，騎猝至，乃避追之一、二里，涉河乃免。此亦足徵所過焚如之一端矣！」（按集中提及清兵者，時因避諱而剗爲墨板）四十六歲書云：「別後，幾次欲發澉湖之棹，如有尼斯行者，初緣賤體冒暑，憚於遠途，已而盜勢日熾，百里以內，往往阻隔，不敢出門。前月十八之夜，敝里受刼十家而九，弟亦不免，雖家無長物，所失僅十餘金，然寒暑敝衣已罄盡矣！幸弟在家，亟携妻子遁匿，得以身免，而書籍猶幸無恙。」又書云：「自中夏別後，無月不思鼓棹而東，初以盜警，繼以擒盜之兵，爲害復甚於盜，道路幾爲不通。目下盜巢移遠一、二十里，而騎兵又將經皀林矣！」（以上同卷十）四十六歲一年，以吳裒仲敦請數年，故先生館其家，然中途盜勢日熾，與清廷派來剿盜之兵，相覆爲害，不能再往，先生乃連去書以致愧疚，並釋其由。此後，盜寇仍流刼四處六、七載，始漸息，然先生已較不受此威脅矣！

（七）教衰俗敝

明末，民生困窮，飢寒流亡滿目，兵燹干戈遍地，是以教化不行，禮義蕩然，廉恥道絕，而風俗人心，敝不可言，是以先生歎云：「風俗偷薄，人心離散，未有甚於今日者也。古豈有今年流寇縱橫二、三千里，長驅入京師，而無一人禦之者，明年■■縱橫二、三千里，長驅入京師，而無一人禦之者。今日禍已及南，鄉里之勢，岌岌不保，而樂變幸亂者，始自衣冠之族，先去民望者，倡自搢紳士大夫。嗚呼！可哀痛也已。」（卷十九，〈保聚附論〉之一）而至先生歿世，風氣之胥溺，日以益深，此所以先生擇善守正，見迂流俗，而終身悲歎不已者也。據先生集中所述，類舉敝俗數端，以見先生終生所痛疾者如何也。

一曰喪葬之弊。先生以爲違禮傷教，莫有如喪祭之甚，故嘗著〈喪祭雜說〉一文以辨其非，導正流俗之誤。其中尤惡者，在於沮葬之習，而以桐鄉爲甚，先生祖柩之厄於火，終身抱痛亦緣此弊。故先生敘其惡行云：「小則爲厭勝之法，大則至於斷港塞流，絕壕縱火，以至發久遠之墓，戮既朽之屍，破家結訟而未有已，雖宗族親戚不顧也。賊仁賊義，無所不至，亦可痛矣！」（卷十八）因惑於風水，而至此境地，誠爲可悲。先生四十歲〈與姚大也〉書亦述及一例云：「雲翃兄將欲舉葬，此仁人孝子之事，族人不敦宗好，反從而訟之，其曲在彼，誠有親者之所共憤，今既不容其葬，情亦可痛，而宮牆之蠹，反從而需索之，豈人子之欲葬其親者，誠有罪乎？」（卷十三）族人既已訟之，而有知士子竟欲藉此需索，可謂無恥已極。故先生另又輯《喪葬雜錄》一卷，以喻世俗之惑，復仿友人唐達葬親社，舉於清風里，並於歲會講習呂氏鄉約。〈清風里葬親社約〉補例之一云：「藍田呂氏鄉約，敦本厚俗，莫此爲甚。今日之集，特從流俗之極敝，人心之最溺者，先爲之導，宜於會日講明其義，使相輔而行，庶乎仁厚之風久而寖盛，異時即不立社可也。」（卷二十）即此可見先生之心也。

一曰事浮文，圖利達。當世之人，惟知博取科名，求利祿，罔顧名節操守，而無所不爲，致人心敗壞至極，產生種種惡習邪行，先生嘗痛心以言：「近代以來，惟知科名爲榮路，四民中，尊士而賤農工商賈。夫士也，果其稱先王，爲仁義，得志與民由之，不得志獨行其道，以是爲尊焉宜也。若乃工浮文以干進取，得則驕淫恣黠，靡所不爲，不得則詭濫荏滑，亦靡所不爲，廉隅不飭，名教敗裂，其不如服田疇，挾技藝，牽車服賈，身不失義者遠矣！吾不知今之爲士果何如哉！乃訑訑自尊，人亦羣尊之也，羞已！」（卷二十二，〈書里士事〉）甚且「自幼至長……父兄相勉，師友相長，舍是更無所用其心力，以是浸漬膏肓，竟不知禮義爲何物」（卷四〈與沈甸慥〉）故先生從事教育後學，每諄諄於此，勉以聖賢學問，實疚心此風寖長，必至孟子所謂人將相食之地也。

一曰彝倫攸斁。時值喪亂，宗族興訟者有之，父子兄弟不相顧者有之，甚至妾婦乘其夫，子弒其父，種種綱常蕩然之情狀，屢見不鮮。先生嘗云：「教衰俗敝，妾婦乘其夫，習不爲怪，人之父母鮮有以順正之義導其女子者，近見一、二同志，往往于夫婦之道殊苦，夫豈刑家之義未之講乎，要亦勢之極重難遽返也。」（卷三，〈答吳仲木〉）又云：「家邊習氣，先生所稔知也。一曰貪，至於父子兄弟不相顧。一曰很，惟以淩弱暴寡爲事，雖今日風俗人心，大概如此，而此地爲甚，率是以往，人道幾乎息矣！祥所以亟亟思去也。」（卷四，〈與邱季心〉）至於所以人情習尚如此不堪聞見，即不讀書識禮義之故。而父子兄弟既如是，宗族之相侵淩，重利棄義，更爲尋常之事。〈示顏孝嘉兄弟〉書云：「乘人孤寡老弱而肆其毒虐，在異姓稍有人心有所弗忍，況功緦之親乎！三吳故多衣冠右姓，既毀其室，思取其子，若此之事，亦不多有，然在君族諸人，固所宜然，無足深怪。」（卷二十四）至如宗族之間見「諸父而無後，其家苟富，爭爲之嗣，以據其所有，若貧，去不顧者皆是也。身苟富且貴，族人鰥寡孤獨廢疾者，不得復至其門。苟貧賤矣，遇族人粗給衣食者，輒生忮求，胥戕胥怨不已。」（卷十六，〈祠田經始錄序〉）凡此情狀，先生集中摭拾即是，可見其時人心胥溺至何境地也。

一曰囂競游惰之習，先生云：「方今世教崩夷，正氣淹沒……鄉黨之中，見聞所及，非無才辨聲譽，自命過人，考其立身本末，終不免羊質虎皮之目。」（卷六）蓋其時士人除讀時文，以取富貴之外，另則廣交游，奔走社事，作詩文、博取聲名，人人囂競追逐。故先生戒門人姚夏云：「陸氷修對其母舅張半海云：亦知不是好事，今無可奈何也。半海云：是何人拏你去。氷修無以答。吳仲木兄赫赫名場一、二十年，自去年斷然謝絕朋友，不知猶相牽附，春間致不佞書云，十年猶有遺臭。是可思也。豈是不佞一種迂廢見識，欲妨諸友英高進取之志，平氣以觀，斷乎有損無益，壞心術、喪人品，莫過於此。」（卷十三，四十三歲）尤有甚者「不讀儒者之書而談禪學，飢寒不務本業而事遠遊。家於戍里，如渝老再娶，忽有四媒，佩蔥典宅，居間至三十人。此皆流俗之習於非而不之覺者，即是以推，何可勝紀。」（卷八，〈答沈丹曙〉）故先生嘗謂，今天下之人，雖業在四民者，莫不中幾分游惰之習而士益甚。士子不能讀書，專尚魏晉風流，沈溺辭章靡曼之習，飽食終日，無所用心，羣居終日，言不及義，先生極痛心於此。嘗戒友人云：「竊見一載之間，緇流往還去其一，聲氣應酬去其一，詩文贈答去其一，雜書涉覽去其一，燕放閑適與夫博弈飲酒又去其一。人生精力幾何，日力幾何，堪此四分五裂也。」（卷八，〈又贈別徐敬可〉）又〈與姚大也〉書云：「鄉里之人，耳目固陋，無可與言者，其甚不堪者，不士不農，終日閑過，不知所爲。足下與游，亦多此等人，大足相戒。」（卷十三）以上種種現象，俱是忘本逐末產生之流弊也。

至於人情之詐僞，挾勢侵凌等，蔚爲習尚，舉世皆然。如先生〈與吳汝典〉所云：「聞二房年來產破已多，揆之里勢，自應盡行推出，使將來賦役之累稍輕。但里書之弊，不可勝言，以至買主之詭避，居間人之陰陽上下，知數人之營私蔑公，均所必有，自非悉心專力清查其間，未有不受其欺蔽者。」（卷十四）總之，當時社會風氣淪胥已極，種種頹敗險惡之狀，通國如一，欲縷縷指數，誠如先生所言「何可勝紀」也。然溯其本，實在學術不昌明，教化崩夷，是以人心胥溺不已，故先生之學，實冀從根本救起，以終底於家治、國治而安定天下也。

（八）結 論

先生歷經國變，半生流離於喪亂顛沛之中，支吾于疾疢苛斂之餘，飽受天災人禍，而自拔于流俗，終身韜晦，心念世亂，不忘儒者之志業，故乃形成個人特殊之學術。綜前所論，先生鑒於儒生貧士習舉業，取功名，別無治生之能，故重農桑，欲人讀書兼力農，知稼穡而不求於人，以立其志行，興禮讓、知廉恥。痛倫常之攸斁，是以重喪葬，欲人人親其親，使無不葬之櫬，而移風易俗，化成鄉黨，及於天下。憫民人苦賦役、天災，故講求水利。疾詞章聲利胥溺士子，故倡聖學。鄙士大夫之棄名節、喪廉恥，故重禮。惡子弟之輕薄纖巧、敗家亂俗，故重教育。哀舉世浮夸遊惰，不知返本求實，故尊篤行。以上皆先生親所經歷，乃因事制義，以解習俗之錮蔽，或辨析仁義，以迴世教之隳敗，總是欲從本根救治而使世道復古者也。

第二章　楊園之師友淵源

吾人立身處世，成學修己，師友關係至大。子貢贊孔子「夫子焉不學，而亦何常師之有」，孔子論友有損益之辨，以樂多賢友為三益之一，曾子以友輔仁，則自聖人以來，緒論備矣！是以今之尚論古人，必列「交游」一章，然或以見其聲氣之廣，或者彰顯其行誼，或以旁見時代社會之現象、學術之興廢，於義皆有可取，倘有聊備一格者，斯末流之弊也。

先生身遭國運變革之際、學風交替之時，隱約闇修，不標門戶、不講學、不以師道自居，伏處窮鄉僻壤，抱道自守，足跡不出一、二百里之外，所交大抵多是鄉黨自好之君子，隱遯守志之遺老，其人不過天下一隅之數，其名或有不見諸志傳者，述之，或疑不關有無。然則，揆諸時地，東南為人文淵藪，學術薈萃，鼎移時多潛德之士，詳而考之，固足表彰幽隱，裨補志乘闕漏，亦可見與於思潮，肸響後來者，不僅在於事功、學術顯名當世之數人耳。且觀其師友，益足以知其人，顧廣譽撰〈楊園先生從祀聖廟事實十二條〉，其一云：「鄉先賢年三十四，偕錢寅字虎，受業於劉忠介公，有春冬兩問目，歸來自信益篤，其後於忠介遺書中，采其純正者，編為劉子粹言。聞殉國變則哭之，後復往祭，肖像以歸。將歸，有贈劉子本序，大旨謂：子思作中庸，為繼述之至善，為君子之子若孫者，當法子思。子本為忠介孫故以勉之。復與忠介子汋伯繩書，欲以龍山書室祀忠介，而配以開美，敬師之道至矣！交游必極其選，中年後，往來皆肥遯士，於友樂受盡言，終身服膺不忘，而規友亦言無不盡，友或有過，輒引為己責。顏統士鳳，執友也，早卒。鄉先賢為之經紀其喪，藏弆其詩文，扶其老，掖其幼，禦其侮。其風義之敦如此。」（《悔過齋文集補遺》）

上述不過先生行誼千百之一耳，其他尚多，不勝縷舉，故述先生之師友淵源，實兼備前述數義，而此尤爲要者也。今據《全集》及史傳、方志所載，擇其要者，分類謹述如后。

第一節　父　兄

（一）張晦庵〔？～明崇禎三年（1630）〕

晦庵公，軼其名，先生之祖也。邑處士。生平存心仁厚，喜成人之美，每聞親黨中作一善事，輒勸助成之；聞一不善事，咨嗟不已，蹙然勸其勿作。子明俊，先卒，遺孤二人，皆幼，即先生與兄正叟也。家故貧，因開小肆於鑪鎮，以資薪水。先生《願學記》中云：「皇父未嘗習應舉之業，然最好學問，稍稍有暇，手不釋書卷。間有不明者，輒就履祥所事先生而問焉。每於先生講書時，輒靜坐別室聽之，或獨立戶外，講已，啓戶而入，與先生質問所疑，是以經書傳記而外，雖醫藥卜筮，星相詞曲雜說之屬，無不通曉。履祥方幼，嬉戲時，皇父戒曰：『何故不讀書，如我不曾要中舉人進士，然閒暇時，一刻離了書策，便過不得。』因曰：『愚而不學則益其愚，智而不學則失其智。』方時猶未深曉，自今思之，雖賢師何以加此？」（卷二十六）〈先世遺事〉記祖訓云：「凡作事無大小，一揆之理義情，庶幾無失。」（卷二十一）蓋自飲食立行，以及守身修業，與人交友之事，罔不有教。身歿時，先生年已二十。先生之得成理學大儒，蓋得於貽謀者遠矣！（參《全集》、蘇氏《年譜》、《桐鄉縣志》）

（二）張明俊〔明萬曆十年（1582）～萬曆四十六年（1618）〕

明俊，號九芝，先生之父也。邑增廣生。性至孝，事親順志無違。嘗赴省試，聞母疾，輒束裝歸，或勸以親疾未革，終場再行，公不聽，急歸侍養，會母病日甚，尋故，哀不欲生者三年。服終，就試，至前所寓室，泫然曰：念昔年聞病急歸之事。慘容如喪居者，又周月不已也。燕居之處，書二語曰：「行已率由古道，存心常畏天知。」書籍間往往書自儆勵語。雖久病，斆學不輟，邑中咸稱爲端士。遇親友吉凶，曲意周卹，不計有無。弟子家貧，不登其贄。嘗至邑，見故家子逋賦被械，因代爲之輸焉。臨歿，以不得終事親、報舊德爲恨，萬曆四十六年（1618）正月十九日卒於館所，年三十七。九芝公於先生五歲即授以孝經，七歲爲命名履祥，延師教之，並語曰：「吾名是兒，雖取與長兒名相類，亦欲其異日學金仁山先生也。」則可見對先生期望之深遠也。先生全集卷

二十一有〈先考事略〉、〈先世遺事〉二篇，記述父事。（參同前）

（三）**張履禎**〔明萬曆三十六年（1608）～清康熙十六年（1677）〕

履禎，字正叟，先生之兄也。少孤，與先生同受母訓，居父喪，哀毀如成人。崇禎十二年（1639），年踰三十，始補縣學生，時母已歿矣。兄弟同居怡怡終身。先生次子與敬從受句讀。因門內子女多殤於痘，考索治痘之方，遂通其術，治痘無一失者，親知勸其行道濟人，且可救貧。公語先生曰：「吾今日之術，雖自信不至殺人，但慮既行之後，子弟貧心易動，異時家門必有數醫出而爲害，祖宗栽培根本，一旦盡喪，非細故也。且衣食所需，餘年有幾而營營爲此乎？」自是，謝絕眾人之求，惟至貧不能延醫及親黨中懼爲俗醫所誤者，授方治之。每謂人曰：「災異之見，人知天所以譴告人主，其實天心仁愛，自天子至於庶人，無不在譴告之中。自古亡國敗家豈止一人之禍，而餘俱不及者。變亂一作，自上及下，殺身覆族者，常不可勝計，何可不遇災而懼。人主固當側身修行；公卿大夫當思責難陳善，不可則止之義；士庶人當思改過遷善，全身遠害之道，庶幾禍變之來，或可幸免。顧蚩蚩然若罔聞知，或乃喜談樂道，甚者肆其侈心，爲惡如恐不及，可謂不畏於天矣！」先生謂其深得〈洪範〉之意。於康熙十六年（1677）卒。（參《全集》、《桐鄉縣志》）

先生族譜不存，無得詳考其先世，明其淵源，謹述三人如上，亦可略窺門內仁厚、孝友、讀書好善之風，觀先生平生之立身處世，敬守弗替，《訓子語》中並諄諄闡釋其意以告子，若首條即云：「吾家數世以來，未嘗顯盛，衹有積善二字，家門守之，鄉里亦信之，此風可長不可失也。」（《訓子語上》、卷四十七）由此可知先生之善繼先志，而得之家門者深矣遠矣！

第二節　師　長

先生除於明崇禎十七年甲申（1644、清順治元年）春，如山陰問學劉宗周，著弟子籍外，前之所從，蓋皆蒙師，與先生後來之希志聖賢，影響似乎不大，然於先生之學問根柢、立身言行，則不無少益。至於鄉邑前輩、尊長，文集內甚難考知，《言行見聞錄》中所載雖多，然與先生有關係者實少。而《見聞錄》凡例雖訂有「長者姓字而不名，友姓字而名」之別，然先生行文，初尚從之，記載年代微後，則似亦無別，且先生謙沖自牧，凡年稍長己，往往從上例，故今敘師長一門，重爲考辨，擇其關係皎然者述之。倘以學問往來、道誼切磋者，竊謂無論長少，誼屬友人，當入學侶一節。謹述如后。

（一）孫台衡

孫先生台衡，餘姚人。萬曆間來桐鄉，以課蒙爲業，時郡邑中蒙師多姚江人，而台衡課徒誠篤，端方忠實，孤寒多所成就，延請者爭授館餐。先生七歲時，父九芝公特延致家中，命先生受業焉，適十歲後，始從他師。後台衡年老不能課徒，即寓居先生家中。清順治五年（1648）疾作，時盜發道梗，不得渡江，卒後，先生爲之殯殮。其家貧甚，招其子至，竭力助之扶柩歸。先生產業素薄，荒亂之餘，家境益窘，然於師友之間，百計助護如此。（《桐縣志》、蘇氏《年譜》）

（二）陸時雍

字昭仲，號澹我，桐鄉皀林鎭人。工詩文、尚氣節。髫年游泮，試輒冠軍。里有殺人中人者，白之縣令，聲頗慷慨，令目懾之，昭仲推案起，竟去不顧，令慚謝，事得直，遠近頌義無窮，而昭仲深自韜晦，閉戶讀書自若。以父三爲長吏，貧至不能轑釜，每下第，輒噭然而哭曰：「孺子雍而忘而父之食無糜乎？」知己爲之流涕。性不耐俗，人多避之，獨與周拱辰友善，各以千秋自命。崇禎初，天下多故，詔舉巖穴異能之士，昭仲與焉，然終不遇。久留京邸，館順天府丞戴澳家，澳以事被劾，援昭仲爲證，並逮之，在獄中著圜扉吟，卒於繫所。著作甚富，有《詩文集》、《楚辭新疏》、《古詩鏡》三十六卷、《唐詩鏡》五十四卷，又注《韓子》、《淮南子》、《揚子》等書。明天啓年間，館於錢店渡沈氏，即先生外家，先生從受業，每聞講易，則晝夜把卷沈吟，後著有《讀易筆記》一卷。並於歿後，爲之作傳，惜集中此篇已佚。先生《言行見聞錄》載云：「嘗侍坐陸師，主人以角黍、李子二器進，師命食，祥摘李食之。師曰何不食粽？對曰性所不嗜耳。師曰五穀之食，奈何揀擇取捨。因勉而食。自是，臨食輒念師言，穀食遂能進。」（卷三十三）此先生誌之終老不忘者。於此一事，雖是細微，亦可見先生之從善敬師，力踐篤行，自幼及長，至老無衰，所謂擇善不遺葑菲也。凡先生之爲學如此，而尊師之篤亦如是也。（《全集》、《桐縣志》）

（三）諸董威

字叔明，桐鄉人，乃先生之師而以兄女妻先生者。事親備極孝養，好義輕財，嘗捐數十金創新宗將軍祠，與里之慕義者置祀田，使僧供洒掃，祠以不廢。

先生十五歲從受業，負笈於甑山錢氏之鶴堂，與錢本一、錢寅、錢汾同學友善，攻經史，治制舉業。先生〈駇喻〉一文云：「予年十五，從董先生讀書甑山錢氏之順裕堂，同學者爲字虎、一士及其叔氏无寒，時四人年志各不大遠，師與友雅相樂也。」（卷二十三）文中記叔明藉母燕養子之事以喻孝，蓋先生爲揚師德而誌者也。叔明每舉馬援〈訓兄子書〉戒諸弟子曰：「須知古人立身醇謹爲本，不然，寧無畫虎不成之慮乎？」（卷三十一）其教法文行兼重如此。先生嘗見叔明之友陸君精篆刻，私學爲印章，叔明戒之曰：「小技不可學也，雖成，刻工而已。」先生以是不敢竟學，事載《言行見聞錄》。錄中另一則曰：「諸先生一日慨然歎息，祥請其故，先生曰：『年齒益加，此心益改其舊，如何？即若束脩之資，初時受之，實有不安，已而視若固然矣！今漸覺得惟恐不豐之意於胸中，豈非初心漸失，不自知其至此乎？』先生未四十時語也。觀其自檢之切，豈肯失於晚節者，惜甫五十，鬱鬱而卒。今祥之年，加先生八載矣！課授之業，猶不能已，每念斯言，未嘗不內疚於心也。」（卷三十三）此五十八歲時，憶師之言而記者，觀此，可見二先生持守之功夫矣。（《全集》、《桐縣志》）

（四）傅光日

字明叔，號石畬，四明人。深於易。崇禎四年春，先生二十一歲，同里顏統延明叔至家，先生就其塾受業。每講易必先畫象，嘗曰：「易者，象也。未有不知象而能知辭者。」又曰：「心愈用愈細，愈細愈明。」既兩月，偶以事歸，謂統曰：「汝與張子二人相友可矣！」遂不復詣塾，先生自是與顏統交最厚，以兄事之。（《全集》、《言行見聞錄》）

（五）劉宗周〔明萬曆六年（1578）～清順治二年（1645）〕

字起東，號念臺，越之山陰人，學者稱蕺山先生。明萬曆二十九年進士，天啓元年爲儀制主事，疏劾魏忠賢，停俸半年，後削籍歸。崇禎元年召爲順天府尹，累陞至左都御史，以言事激直忤上旨，削職爲民。歸二年而京師陷，徒步荷戈詣杭州，責巡撫黃鳴俊發喪討賊。南渡福王監國于南京，復故官，以大仇未報，不受職，自稱草莽孤臣，疏陳時政，劾諫權臣馬士英、阮大鋮不可用，不納，告歸，杭州失守，絕食三十三日卒，年六十八。其生平、志事，詳載《明史》、《紹興府志》，茲不贅。宗周始受業于許孚遠，已入東林書院，與高攀龍輩講習，馮從吾首善書院之會，宗周亦與焉。越中自王守仁後，一傳爲王畿，再傳爲周汝登、陶望齡，三傳爲陶奭齡，皆雜於禪。奭齡講學白馬山，爲因果說，去守仁稍遠，宗周憂之，築證人書院，集同志講肄，務以誠意爲主，而歸功於愼獨。且死，語門人曰：「爲學之要，一誠盡之矣！而主敬其功也，敬則誠，誠則天，若良知之說，鮮有不流于禪者。」（易簀語）宗周之學，鑒於王門末流狂禪之失，因以洛閩之教，救姚江之弊，故其志在折衷程朱與姚江兩派之間者也。（上參《紹興府志》卷五十二）明崇禎十七年甲申（1644）二月，時宗周謫爲庶民，隱於蕺山，先生偕錢寅至山陰問學，擇《願學記》中語質於宗周，冬，復以續得之語寄呈，即《甲申春冬問目》一書，並携《人譜》、《證人社約》等書歸示門人。《言行見聞錄》始記於甲申夏四月，蓋歸自山陰後所作也，故首條云：「山陰劉先生曰：『世人以六尺爲性命，吾人以性命爲六尺。』」即宗周言也。其後陸續載者，都三十餘事，自問學之言，至宗周言行，與其崇禎、弘光間立朝舉措，知者無不覼縷記之，先生於師門，斯可謂念茲在茲矣！集中另有〈上山陰劉念臺先生書并別帙〉（卷二）、〈先師年譜書後〉（卷二十）、〈告先師文〉（卷二十二）等。又觀先生與人論學諸書，即自有見，然言必稱師，尊師重道之意，盎然紙上，溢於言表，實有他人所不及者也。

（六）黃道周〔明萬曆十三年（1585）～清順治三年（1646）〕

字幼平，號石齋，閩漳浦人。平啓二年進士，改庶吉士，授編修。崇禎初，充日講官，遷少詹事。嘗上疏劾楊嗣昌、陳新甲、方一藻，召對不遜，失帝意，貶戍廣西。福王監國南京，起爲禮部尚書，南都亡，見唐王聿鍵於衢州，奉表勸進，拜武英殿大學士。時國勢衰，朝政多歸鄭芝龍，與道周不協。道周志在恢復，自請往江西，得義旅九千人，進至婺源，戰敗被俘，被執至南京，不屈遇害，時順治三年三月七日，年六十二。（《明史》卷二五五）道周邃於經術，精天文曆數、皇極諸書，其學大抵以致知明善爲宗，其他論居敬存誠、博文約禮、知性窮理、性涵動靜等，承朱子之說爲多。（吳康《宋明理學》）崇禎十五年壬午（1642），先生年三十二歲，秋，如杭州應鄉試，同友人見黃氏於靈隱寺。道周曰：「學者之患，莫甚於好名，吾三十以前，所讀書俱不著實，以其好名也，今日正是爲名所誤。君子之道，淡而不厭，淡者，道之味也。古人富貴貧賤，夷狄患難，處之惟一只是淡。淡則處富貴如無富貴，處貧賤如無貧賤，處夷狄如無夷狄，處患難也如無患難，滋味都一樣。」（卷三十一）先生誌之終身。另劾楊嗣昌及他數事，俱載《見聞錄》。

（七）沈羲馭

羲馭，佚其名，桐鄉人。正直清方，爲一鄉推重，素守介節，履跡不及公庭，不入富者之室，不阿貴者之容。中年喪室不更娶，雖最貧，不受非義之財，交友極誠信，其不正者，絕勿與近，受諾不宿，議論慷慨，必依古人，聞不平事，義形於色，經學溫故知新，教誨弟子不倦。崇禎十一年，盧邑令國柱講約于桐縣，先生特先期啓告眾人，各持公服，就講所，面舉請加羲馭禮，使士民知所矜式，文見卷十五。（《全集》、《桐縣志》）

（八）邱上儀

字惟正，無錫人。中武科進士，嘗任江西都司，後爲海寧衛參將，廉能惠愛，甚得民士心。李自成破京師，思宗自縊，海鹽發喪之日，上儀方病疽，不能起，臥門板加縗，舁置邑庭，叩首出血，哭盡哀，邑人莫不感泣。甲申國變之後，攜其子隱居於澉浦之邵灣，躬耕而食。一日徒步入城，父老識之，莫不嗟歎，或負米以行則相率爲之擔荷。嘗躬糞桑圃，山中人見之，駴曰：公自灌，得毋臭乎？答之曰：不臭，尚有臭於糞者。山中人不解其意，傳以爲笑。論爲將之要曰：「懷必死之心，出萬全之計。」其明德識見如此。先生嘗偕徐彬、善兄弟訪之於邵灣，留客，具飯惟菜腐。顧謂彬曰：「山中所有，惟是而已，弗堪澹泊，舟中美饌，可自進也。」彬曰：「先生見餉，過珍餚遠甚。」因歡笑而飽。（參《全集言行見聞錄》卷三十一、三十四諸條）

（九）諸雲芝

雲芝，佚其名，先生外舅也。卒於崇禎五年。事親備極孝養，其父芝亭公篤於友愛，每飲食，必念弟，雲芝輒請其叔共膳。每撤饌，必問侍婢親喜否？喜則亦爲加餐。親有怒，必跪請曰兒罪也，色霽乃起。親既歿，慟哭晨夕罔間，哀動鄰里。卜葬於皐亭山，大雪中，草屨翁笠，行十餘里，經營累日不知苦。與二弟友愛如其父叔，鄉人稱孝友。有友朱給諫，初任荆州司李，以書來招，辭之曰：「某雖貧，不煩遠念，姻友潘子裒亦君友也。幼孤與君同，母之大節與君同，君得祿以養親，而子裒不遇，無以供菽水，君盍損祿以養朋友之母乎？」給諫聞之，以百金贈，人咸服其高誼。（《全集見聞錄》、《桐縣志》）

（十）沈　芳

芳，先生之外祖也。能克家，好行德義。配費孺人，有賢德。先生幼年讀書於外家，受業于陸時雍，見畫司寫花鳥，師去，乃私取朱墨爲丹青。費孺人見之，怒曰：「汝無父，不讀書知好惡，汝他日將爲畫司求衣食乎？不止，必告知汝母。」先生終身不喜畫，緣此也。《見聞錄》中亟稱其淑德。（參《全集見聞錄》卷三十一、三十二諸條）

（十一）錢　濤

字飛雪，桐鄉甑山村人。少孤，奉母朱氏愛敬備至，母病瘖三載，飛雪侍疾不懈，年未艾，鬚髮爲白。幼受其仲父螺潭公教養，螺潭歿後，子亦繼逝，飛雪教育其遺孤。先生幼時讀書其家，飛雪母子視之如子姪，並與其子姪一士、汾、寅同學相契。故歿後，先生爲撰遺事（卷二十一、〈錢先生遺事〉），表其高誼。飛雪爲人，好仗公義，嗜慕才賢，遇鄉黨姻族間事，一以身任，未嘗委卸，任成敗如在己。遇故人若故人子，扶之以危，規之以義。其蒙師沈某父子相繼歿，貧，久不克葬，集同學醵金葬之。妹夫姚黃崇德生員，卒於京師，遺孤子二、孤女二，飛雪以其幼子夏及二女歸，撫視之，既長，爲婚嫁乃去。夏從先生受業，先生年譜即夏所撰也。飛雪固與先生父九芝公及外舅雲芝公善，素敬愛先生，嘗歎曰：「方今賢者，考夫而外，吾未見其匹。」因延先生至家，令幼子本寧、本懋、本卓受業，故先生自二十五歲起，館於甑山者前後八年。（《全集》、《桐縣志》、蘇氏《年譜》）

（十二）顏世傑

字楚先，桐鄉人，嗣子統爲先生摯友。性疾惡如仇，好仗公義。同里倪露歿，家貧子幼，世傑與友人歲以米三石、銀九兩，資其子讀書，教誨如子，露未葬，爲之葬，且及其母。諸雲芝（先生外舅）歿，亦時以粟遺之，以濟其寡婦孤子。年七十，母之緦麻弟尚在而貧者，歲周卹之以爲常，又致其來，衣食之，家難後，徙居崇德，每徵求急，亦爲輸納無倦。先是，其族多匪僻，而統遇之得其道，然世傑疾惡過嚴，每有乾餱之愆，族人憾之。故嗣子統歿而家難作，族人刼其資，火其居，世傑祖孫因訟之官，而避居語水。至是家難方熾，世傑乃延先生至其家，雖爲訓諸孫而百端倚先生護持，見怒於匪類，至欲甘心焉，然先生不顧也。蓋統與先生非尋常交，是以先生竭盡心力，一面教其三子，並助世傑理家政、謀禦侮，諸事紛然，幾至成疾。先生於友，斯可云生死無愧矣！（《全集》、錢馥校姚夏《年譜》）

（十三）錢福徵〔明萬曆二十四年（1596）～清康熙二年（1663）〕

字君除，號厚菴，本姓何氏，世爲海鹽人，乃先生摯友汝霖之叔。少負高志，博學親師，萬曆申寅附秀水學，天啓乙丑入南雍，試累蹶，不遇於時，年五十，作知非草堂於所居之西偏而休焉。爲人孝友敦誠，行義勇敢，事親能先意，盡其歡心。嘉言懿節，終身不忘。與弟極親愛，疾痛如一身。撫庶妹如己女，適嘉興方氏，夫死無子，家破，厚菴哀其早寡，歸養於家，及卒，爲之合葬，又撫其孤女，爲遣嫁。乙酉後，與兄子汝霖同居半邏，二十年叔姪志行若一，遠近稱慕。厚菴與汝霖慕先生德業，因延教其子，爲十年之約，先生雖允其半，實則館其家有九年之久。卒後，先生爲撰墓誌銘，載其生平懿行甚詳，並應其請，爲作〈求仁堂記〉。（參《全集》）

（十四）程臏生

號長年，徽之休寧人。少任俠，散萬金不顧，自萬曆中，隱於崇德之鄉，善以方藥濟人，遇富貴人，睨不顧。亂後，遯跡桐鄉，以醫給食，食不給，則閉門不出，亦不以告人，有餘，輒以濟人，無一金之宿。於書無不讀，讀必出特異之見，常歎曰：「官吏殺人，寇盜殺人，庸醫復殺人，人幾何數！」以道授弟子，未有傳其業者，與人言，復寡所合，因歎取《素問》論疏之，成《素問發明》一書，以救俗醫之失。先生有〈黃山先生素問發明序〉一文，以志其事。弟某，崇禎間嘗爲左良玉標下材官，國變後，流寓金陵，族人移書讓之云：「爾兄年逾七十，旅居無子，爾胡忍度外視，不以一子奉其老乎？」其弟即攜二子，以宗人書至，惟所置。長年曰：「事固宜爾，老兄弟初相聚，忍令少兄弟即相離乎？」居數月，報書宗人以次子某爲後，其弟攜長子以歸。素與先生之師陸時雍善，常往來論古今事，每不合，爭辨至面赤，別去猶未已，先生時年十三，因識之於塾舍。甚敬慕其爲人，後，時過訪，長年亦不拒，乃情日交好。順治十年癸巳冬，先生一病幾斃，羣醫束手，親知涕洟，長年爲治，一藥即愈。先生極信服其醫術，凡有疾惟用其方。（《全集》、《桐縣志》）

第三節　學　侶

一、早年讀書之友

先生交友，不論少壯，亦或中年之後，絕不苟交，交則必極眞誠，友若有過，必審度交誼淺深，以盡責善之道，言出以至誠而無不盡，尤無中道而相舍者。先生嘗自云：「弟生平無所益於朋友，但自維交遊未有中道而舍者，此雖君子不以遐棄，亦弟所兢兢，惟恐蹈不終之誚故也。」（卷九〈與孔文在〉書）此雖先生謙沖之言，然先生交遊之態度顯然可見，以故，即早歲所交文會之士，必以道義往來，至老不衰。如卷九所存與沈廷勸二書，一在三十三歲，以摯友顏統之逝，而辭沈氏社事召集；一在六十四歲，先生逝世之年，文中除對決然辭去沈氏固留，表達歉如之情外，更以道學與相砥礪。又如王庭之仕清，先生雖歎惋，然終不棄絕，於此可見先生交友之始終如一，敦篤重誼也。

今《全集》中，雖所存早年之友信函無多，此或歷經國亡喪亂散佚，或後來編輯有所刪諱，因不得詳考先生早年交遊往返之實。然據姚夏《年譜》所述，先生嘗「與同里邱衡輩相砥文行，曰存知社，遠則與王庭、朱一是、屠爌、黃三貢、李明巒、明嶅、董說、鄭雪昉、吳蕃昌及錢本一、錢寅曰敬盟。」〔註1〕則於其時，當亦是盛事也。今依《全集》與姚氏所記，尋繹其人生平而述之，亦見先生早年爲諸生時，雖不廢制藝，文以會友，然所交俱一時雄才俊異之士，而始終以道義相勗者也。

（一）錢寅〔明萬曆四十二年（1614）～清順治四年（1647）〕

字字虎，嘉興桐鄉人。祖嘉猷（螺潭、參前節錢濤）游太學，事呂涇野，稱高弟。字虎幼孤，母氏胡撫之。自總角即與先生爲研席交，《全集》卷二十一〈錢先生遺事〉云：「予成童與一士及无寒汾、字虎寅同學。」及長，志尚不羣，雅自期負，文行嘗欲過人。嘗曰：「君有爭臣，父有爭子，君父有過，臣子猶得以諫諍，若卑幼之與尊行，又自不同，尊行有過，卑幼引嫌不言，亦非也。」（卷三十一、《言行見聞錄》）故寅在家族，雖尊行過失，必正色言之。崇禎壬午年間，與先生嘗讀書武林山中；癸未冬，海寧舉人祝淵以疏救劉宗周被逮，字虎與先生偕送至吳門而別。次年甲申，復偕先生至山陰，受業於宗周之門。卷五十三《訓門人語》云：「先生語瑚曰：某甲申春與錢字虎渡江往見山陰先生，徒步山間，字虎未免有欲速意。余語之曰：吾腳下只有

〔註1〕參姚夏所編《楊園張先生年譜》二十四歲條下。其後蘇惇元重訂先生年譜，諱組社之事，略去社名。然考《全集》卷九與諸友人書，如〈答唐隣哉〉書有「客秋存知之集」、與李石友書有「同盟諸弟兄」等語，可知姚氏所述，誠有其事。且與諸友書中，每論及當時文社浮濫習氣，痛斥疾心，則先生雖有社事之舉，亦自與其時文會「隨聲而和，所爲氣誼，特一閧之市，酒食徵逐而已」（卷九〈與張允公〉書中語）之輩，迥然不同，故亦無需深諱若此，蘇氏或慮之過遠耳。又其中吳蕃昌恐是姚氏誤記，考其時吳氏年方十二，而先生年三十餘交祝淵，始見吳子也。

眼前一步。能以此語自持，則欲速之心不作矣！」宗周始固辭，連日請益，色喜，稱其質近自然，乃得納拜（按：董瑒編陸子全書蕺山弟子籍中無寅名），自是操履益謹，無何亂作，二、三年間，寇盜充斥，亦不廢學。卒於順治四年秋七月，年方三十四，宗族鄉黨咸悼惜焉。遺孤曬、昶俱幼，先生親視含斂，經紀其家。寅與先生計爲朋友二十二年，行止最親，故先生尤痛於心。云：「朋友死喪，何人不痛，至於憂樂之共，志義之合，而又少壯與同，中道相失也，爲痛彌甚。」（卷二十二、〈祭錢字虎文〉）先生集中除〈祭錢字虎〉、〈又哭錢字虎〉二文外，〈同學紀略〉一文中亦述其生平，並每於與友人書中道及其亡，悲悼不已。（參《全集》、《桐縣志》）

（二）錢本一〔明萬曆四十二年（1614）～？〕

字一士，號柏園，嘉興桐鄉人。清順治十五年歲貢，官松陽訓導。自幼喜讀書，晚益好學，雖貧窮病困，手抄口誦未嘗輟，其用心於善善惡惡之際，尤切切焉。康熙九年，江南大水，禾大無，三吳貧者，莫不毀祖居，伐墓木，習聞慣見，不以爲異，一士訓其子弟曰：「寧餓死，不可爲也。」壯年幕游四方，走數千里，訪名山遺賢逸老，遇佳山水，輒留連不置，爲文記之，論詩甚嚴。後卒於官，柩不能歸。本一爲濤之子，與寅爲從兄弟，少先生三歲，幼年即同學。先生與寅送祝淵至吳門，本一亦與偕焉。先生崇禎甲申〈送錢一士之西安序〉云：「予與一士同學以來，蓋二十年，未嘗隔千里，千里之隔自今始。」（卷十五）先生晚年爲序文集亦云：「予與錢子柏園，幼同師，長同業，嗣徽繼響之志，蓋亦未嘗無也。」（卷十六、〈錢柏園文集序〉）其晚年聞先生論學，欣然求理學書讀之，先生寓書云：「一士學道之志，及茲方發，不已晚乎？然以衛武觀之，猶然少壯，願此意勿衰也。」（蘇氏《年譜》）先生晚年，早歲交游，零落略盡，惟存一士，最稱老友，乃一士能幡然沈酣於理學，故每於致友人信函中，再三道及，稱慰不已。其事載《言行見聞錄》者尚多，不煩備述。（參《全集》、《桐縣志》）

（三）顏統〔明萬曆三十六年（1608）～明崇禎十六年（1643）〕

字士鳳，桐鄉人。讀書過目成誦，年少雋拔，不苟隨流俗，俗尚浮名，士鳳則身不入社，應科舉試，亦未嘗干人薦引。重然諾，言語切直，見人過，不相容。隱論古今得失，亹亹見本末。先生自二十一歲，就傅光日受業，自是與士鳳交最厚，以兄事之。士鳳高明勇斷，爲先生益友，相與朝夕切劘，嘗嘆云：「自吾得士鳳，而始聞過焉。」先生甲辰（五十四歲）〈示兒書〉中亦云：「少年徵逐，千百人中難得益友一二，吾三十以前，所交不愧三益者，惟顏家伯伯一人。」（卷十四）又云：「吾友士鳳有壁立萬仞之氣概，有青天白日之襟期。」（卷二十八、《願學錄遺》）推崇可謂備至。士鳳嘗以鄉試寓省城，時周鍾已舉於鄉，諸文士慕之，爭相過從，挾士鳳俱往，未行，鍾忽至，士鳳從門外窺之，曰：「此君盜虛聲、鮮廉恥，他日當無所不爲，不見可也。」嗣鍾至桐鄉，開門授徒，遠近至者踵相接。士鳳謂先生曰：「鍾爲人浮僞，誤天下蒼生者，必此人也，不宜爲所惑。君往見彼，則予絕君交矣！」（卷三十九《備忘》一）故邑中不識鍾者，惟先生與士鳳二人。後數年而鍾敗且死，如其言。先生於《備忘錄》記此事，因云：「人不可無直諒之友，予二十後得交士鳳，方知流俗之卑汙，其不失足於張溥、周鍾之門者，皆其力也。」（卷三十九）故崇禎癸未秋，士鳳訃至，先生爲之輟講，慟哭徒步至其家，經紀其喪，收其詩文，手錄藏之。至清順治乙酉顏氏家難作，手錄一冊，授門人姚夏曰：「士鳳著述，遼海鶴音，惟此而已。僕向以一冊藏之屋梁，一冊自隨，荒亂存亡不可知，今以一冊授子，他日歸其子鼎受可也。」（引蘇氏《年譜》）先生有〈送顏士鳳之金華序〉、〈顏士鳳詩集序〉二文，另其言行則散見集中，而先生至晚年所記《備忘》、《見聞錄》中，猶憶述其言也。（參《全集》、蘇氏《年譜》、《桐縣志》）

（四）倪露〔明萬曆十九年（1591）～崇禎十五年（1642）〕

字寄生，湖州吳興人。爲人峭直，於物無所好，好讀書，游佳山水。年三十，歷試奇聞神僊之事，遂學神僊，幾至死。見僧智河則學浮屠，蔬食苦坐，參究無生，亦幾死，自以爲有所得。已乃學道，於浮屠之習未能去，然稍別矣！每出，以書自隨，繙閱往復，祁寒盛暑不輟，有期登山者，疾必往，往必窮其幽，不避豺虎，三遇虎，不食。以是，吳興山水無目不及者。與人交多不合，合者至死不異，見過面折不少隱，故世俗亦畏與之交。凡客至，不飾酒殽，物隨有而具，曰：「來吾家者，君子人也。不以口腹之故責我，若以口腹見責，非君子人也，從此不至，亦無憾焉！」（卷三十一、《言行見聞錄》）家貧，嘗以青烏之術行，所得金錢，分諸宗族鄰里之不給衣食者。後思其害深，乃不復爲，雖所親怨望，終不顧。其後，所親因能自給自立，語及寄生，俱感激流涕。至朋友所贈遺，雖貧不爲他日計，鄰里宗族之貧於寄生者，與之兄弟，死者葬之，其無妻，則爲之妻。崇禎十五年冬卒，年五十二。

卒之日，蓋無以殮也，惟書數百卷及所著游記數種而已。顏世傑與友人爲之葬，並醵金資其子國求讀書。先生二十一歲交顏統，已而交寄生，時寄生年已四十餘，長於先生多矣！嘗戒先生曰：「君只本質好，學問之道全未是也。」（卷三十九）先生引爲直諒之友。晚年游閩，先生有〈寄倪寄生閩中〉一書。且死，以族譜屬先生，先生爲定其可考者九世，並作序授其子，迨歿，家貧子幼，先生攜俱館舍，教之數年，並爲作傳。其餘言行多載《言行見聞錄》中。（參《全集》）

（五）李明巒

字石友，嘉興梅會里人，縣諸生。善古文詩詞，與先生、錢本一交，以道義相切磋，嘗與本一、董若雨強邀先生同赴硤石山社、語水社。與其弟嘗小不愜，先生聞，作一書遺其兄弟共覽，石友得書涕泣如雨，深自刻責。己卯秋（先生年二十九），錢寅、本一兄弟偶有失，先生不能匡救，次日，石友聞之，正色責讓，若父兄然，先生引爲直諒之友，稱其能以微忽處取人之長。海昌祝淵抗疏論救山陰劉宗周，被逮，石友經營奔走，不遠千里。明亡，自梅會里赴義，同舉人周宗彝募兵守硤石鎮，兵敗還家，痛哭嘔血死。先生於亂後，爲文而弔之。（《嘉興府志》卷五十一、《全集》）

（六）李明嶅

字山顏，號蓼園，嘉興人，明巒弟。年十三，以文得錢謙益知賞，十七從吳偉業游，與兄石友、青來，兄子曉來，入復社爲眉目。崇禎十七年，年二十七，家貧遠游閩中，遂以福建籍舉順治元年鄉試，授古田教諭，以興復禮教爲己任，受知於巡撫佟國鼐，延掌書記。時閩有流民數千人入境，或疑爲寇，欲發兵剿之，明嶅力白其冤，皆得免。又土匪事平，將檄按閩士之脅從者，人情洶懼，明嶅謂國鼐曰：「此邦初定，猶新國也，宜用輕典，請廣招徠，以安反側。」鼐從之，於是諸生畢出復業，全閩以安。當擢粵中推官，引疾歸里，葺故宅蓼園居之，以教子弟，著述終其身，時復出游，閩粵吳楚燕齊，皆有游蹤。工詩文，嘗入蘇門山，與孫奇逢辨析理學宗傳，奇逢推重之。著有《樂志堂詩集》。（《清史列傳》卷七十、《嘉興府志》卷五十、《清詩紀事初編》卷七）

（七）岑　匡

字漢明，餘姚人。貧士，介直自守，不妄干人。訓蒙自子弟束脩外，不受銖兩。朱祁門、顧廉訪先後延之官署，錢給諫延之家，皆以嚴毅見重。家族眾盛，先業薄，兄弟共得樓一間，兄嫂居其下，漢明居其上，不安，久不娶，曰：未有田而娶，將求人不已。有田數畝矣，曰：未有居而娶，將終於無居。有屋數椽矣，曰：禮幣不可求人。既聘矣，曰：合宗族親戚，酒殽不可以不具。年四十餘乃克娶，其厲志如此，故平生矯矯言色之辱，未嘗受於人。（卷三十一《言行見聞錄》）今卷九〈與岑漢明〉一書即漢明崇禎十五年應顧廉訪之聘至兩廣，而先生贈之以言者。先生時年三十二，文中乃云：「郎君尚幼，夫人貧居，清苦可念，一二載之餘，便應賦歸。」則漢明年長於先生十齡以上。（參《全集》）

（八）孫爽〔明萬曆四十二年（1614）～清順治八年（1651）〕

字子度，諸生，石門人。幼穎悟，甫就塾，輒弄筆作小詩。後從新安程孟陽遊，詩文皆得其指授，以文字見稱薦紳間，弟子從遊頗眾。有其友死而無子，子度治其喪，雖微必躬臨之，其女未字，或以爲請，曰：「此吾友生時所不可者，奈何今日違之。」嘗曰：「今日處士寡婦實是一轍，婦人無夫，即禮法蕩然，貞靜自守者十不一二，但至佞佛則濫觴無極矣。士人號方外，即廉恥掃地，自愛其品者，亦十不一二，若入聲氣則靡所不爲矣。」先生年三十七館語溪四載，故人惟子度心志猶昔，訪於家，問所以不授徒之故，曰：「已絕意進取而教人舉業，是嫠婦爲人作嫁衣裳也，吾恥之。」先生因亦謝舉業之徒。今全集卷二十二有〈孫子度哀辭〉一文，先生謂其氣豪邁，弗堪摧折，申酉國變時，感憤伏闕，獻書幾千言，視天下事，靡不可爲，然邦國終於殄滅，以故抑鬱而終。著有《秋懷集》、《抱膝吟》。（《嘉興府志》卷六十、《全集》）

（九）屠　爌

字闇伯，嘉興縣諸生，少孤，善事母，鼎革後，棄舉子業，隱居教授。言無枝葉，行有規矩，詩亦雅正，不以風華見長，尤邃經學，弟子從游者眾。脩脯之入，輒以賑宗黨，家貧屢空，晏如也。著有大經堂集。先生二十八歲與闇伯訂交，〈與屠闇伯〉書溯其事云：「憶自昔年西山之上，見闇伯於稠人中，忽然心契，嗣是日深，聯以兄弟之好者，計六年於茲矣！」（卷九、先生三十三歲）此函中除道及因顏統之亡，無心參與裒露之集會外，並表疾心其時聲氣之習，更因顏統亡逝，而益加自反，欲與同志約爲責善之舉，以庶幾於古人之所爲。另先生嘗題其所居云：「霍原六聘山，焦先三詔洞，漁子定迷津，只莫桃花種。」則其人高致可以想見矣！（《嘉興府志》卷五十一、《明詩紀事》辛籤卷三十一、《明詩綜》卷八十一上、《全集》）

（十）王庭〔明神宗萬曆三十五年（1607）～清聖祖康熙三十二年（1693）〕

字言遠，一字邁人，浙江嘉興人。少家貧，杜門自守，日事詩古文。清順治六年成進士。歷官廣州知府、廣西左江道按察副使、四川按察使、江西布政使，調山西布政使。所至以清惠稱，以廉潔倡，屬吏令盡心牧養，慎出納，吏不得上下其手，郡邑肅然。及去，民歌思不輟。居外八年，未嘗與京朝官通一函，所遷皆極邊，即日單車就道。年六十一致仕。歸後，布衣芒屩，足跡不入城市。至民間利弊所繫，則力爭之。嘉秀善三邑田賦，舊有互嵌，聚訟數百載，莫能定讞，庭爲著〈嵌田論〉，設十二問答，剖析詳盡，人咸折服，議遂定。優游林下幾三十年，以著書明道自任。嘗以宋明諸儒，互有得失，因以己意訂正之，著《理學辨》一卷，意欲埽眾說之轇轕，破諸家之門戶，然好爲異論，兼取陸王。詩格閒澹，不傍古人，既歷任，凡山川風土、廢興治亂之跡、友朋離合之感，皆見於詩，五言清古，有陶韋之風。著有《秋閒》、《三仕》、《二西漫餘》諸草，卒年八十七。

先生《言行見聞錄》嘗載其言曰：「今之言氣節、言康濟者，率是浮僞，無濟天下事，濟天下事，必得幾輩篤實人。」其後，言遠成進士，將至廣州任，自慚，不敢直接與先生通候，乃寓書姚夏曰：「考夫尊師辱在盟好，今不才濫節，意當在割席之列，不敢通候，見時希爲致問。」（《全集》卷二歎馬二絕贈趙公簡注）迨康熙四年，先生五十五歲，言遠任江西藩司歸里，始造楊園訪先生，貽杯一、緞一，先生不受，固請力留之，因付門人藏，爲他日葬錢寅之資。（《清史列傳》卷七十、《全集》、蘇惇元《年譜》）

（十一）朱一是

字近修，海寧人。明崇禎十五年舉人。父履和，乙卯舉人，以經術聞。近修文名早擅，以詩文雄視一世，明祚既畢，抗迹行遁，避地梅里，屈志百里，尤以才略見長，嘗舉家餓四明山中，自署曰林居士、曰濇溪下農、曰梅溪旅人，曰欠菴者，殆謂所欠惟一死歟！歸欲披緇以老，而從游弟子力強之說經，因主文社太丘之交。秀水朱彝尊稱其古今詩不自矜鍊，而詞采斐然，音節清鏘，爲歷下四溟敵手。又善畫，嘗作江上數峯圖，澹遠空濶如倪董，怡人心目。與王价人、言遠昆季交好，詩品亦近，畫不多作，故所傳絕少。

著有《為可堂集》，與古大家爭衡，頗有可傳者，集中諸小記，妙極形容，頗有繪畫不能盡者。康熙中卒，年六十二。今全集中僅存一函，即先生於近修中舉次年所書，主在辭文會之集，亦道及近修獲雋事。（《杭州府志》卷一百四十八、《明詩綜》卷六十九下、《國朝耆獻類徵初編》卷四百七十七、《全集》）

（十二）沈廷勸

字子相，嘉興秀水人。拔貢，知新寧縣。兵燹後，人民逃避，城中僅十數家，廷勸招來安集，教以樹芸，民漸歸附。其後新寧裁併入梁山，遂名其故縣為沈公村云。補欒城縣，遷商州。以疾去，撰《身易實義》一編，歿祀鄉賢祠。先生崇禎末年，始與子相兄弟交，及先生逝世止，計為友三十餘年。（《嘉興府志》卷五十二、《全集》）

（十三）董說〔明光宗泰昌元年（1620）～清康熙二十五年（1686）〕

字若雨，號西庵，湖州烏程人。事母孝，畢生孺慕不衰。負異才，年十四補弟子員，旋食餼，出太倉張溥門，工古文詞，江左名士，爭相傾倒，而姿禀孤特，與俗寡諧。嘗受三易之學於黃道周。國變後，棄諸生，改姓名曰林蹇，皈靈巖僧繼起，名之曰元潛，屏迹豐草庵，宗親莫覩其面。精研五經，尤邃于《易》。方言、地志、星經、律法、釋老之書，靡不鉤纂。少未嘗作詩，酉戌以後始為詩，以寫其空坑崖海之音，樂府出入漢魏。丙申秋削髮靈巖，更名南潛，字月涵。雖遁於僧，顧癖嗜文字，老益篤，相與賞析者，若江夏黃周星、吳徐枋、金俊民、顧苓、吳江顧有孝、徐崧、烏程韓曾駒、嘉興巢鳴盛及先生，皆遺老，遁世无悶，而皆與若雨善。已主堯峯寶雲院，往來潯溪堯峯間，不常住持，甲子葬母畢，遂不復至，年六十七示寂吳之夕香庵，戒六子棄舉子業，以韋布終其身。其詩清淡荒遠，草書尤奇逸。

先生與董說相交極早，《言行見聞錄》「近代盛交遊」一條，記顏統未嘗與社事，且戒先生勿入社，其中云：「予嘗赴硤石山社，不滿，予又赴語水社，甚惱，幾見絕，後知為李石友、錢一士、董若雨所強，方解。」（卷三十一）又先生三十二歲〈與李石友〉書、〈與張允公〉書中均道及若雨之名，可知往來甚密，然今集中僅存一函，則先生年已六十時所與者也。依函中所云，則先生四十八歲館嘉興徐彬家時，嘗一夕晤言，此後未再謀面。先生去函主在勸其棄名利之心，勿「久托靈岩門宇，追逐時僧之後塵」。復以一士晚年向道，留意學問，為知己樂聞，而相勉勵，先生於友斯可謂始終不忘，善盡言責矣！（《湖州府志》卷七十五、《清朝先正事略》卷四十七、《全集》）

（十四）沈　槎

字星浮，號墨亭，桐鄉縣青鎮人。十三歲即補諸生。工詩文，善塡詞。當明季文社方興，與同里張超、孔自洙、張方起，號稱桐川四子，已偕邑人朱萬錡、石門錢人詡為六子。諸人多掇科第以去，而星浮獨屢薦不售。清順治十年，以恩貢入北雍，明年復下第歸，牢騷憤懣，終歲坐臥一小樓，每發狂疾，輒經月不省人事，逾時，仍博涉經史，謳吟不輟，年六十五卒。著作有補廣陵散、續逍遙游等劇，另各體詩、咏史絕句、塡詞計四十二種。先生三十三歲〈與沈星浮〉書云：「弟與兄交，未得稱最深，然屈指通名以來，蓋八年於茲矣！」（卷九）可知先生二十六歲時已與相識。其時星浮聲譽受毀，因投先生辨揭一文，先生乃勸其勿與人彼此相持，宜「聞譽則懼無其實，聞毀則樂知其過」以自勉自驗。（《桐鄉縣志》卷十五、《嘉興府志》卷六十一、《全集》）

（十五）孔自洙

字文在，別號行湄居士，桐鄉人。清順治六年進士，任刑部主事，擢兵部武庫司。時郡縣緝解梗化者繫獄，矜釋甚眾，出為福建提學道。清入閩，督撫以自洙才，委理軍需，運礮泉州，撫恤夫役，人樂為用，陞劍南布政參議，平巨寇吳賽娘等，尋遷荊西兵備道。以襄陽達武昌，江流湍悍，築長隄三千餘里，護民田廬。今全集卷九先生與書云：「弟與兄交有素矣！稱深者自今年始。」時在崇禎癸未，先生年三十三，可見亦是早年之交。因沈槎毀言日起，而號稱桐川四子，交若肝膽骨肉之自洙與張超兄弟遂相與棄之，故先生乃去書責其過。（《嘉興府志》卷六十一、《全集》）

（十六）備　考

邱允崎（字平叔、桐鄉、先生有傳）、張登（字子陛、山陰）、諸珂（字士鳴、桐鄉、先生內弟）、邱嶙章（字季連、桐鄉）、蔣薰（字聞大、海寧）、吳湛（字又鄴、宜興）、韓繹祖（字茂貽、湖州）。以上諸人據《言行見聞錄》所載，錄此備參。另如：邱衡（字瞻伯、桐鄉）、唐隣哉、王棐忱、張允公、徐文匠、吳文生、王章吉、屠來寧（字下枝）、許祥伯、潘澄伯等，與先生俱有書信往來，然其名與年里多不詳，亦錄此待考。

二、山陰師門之友

紹興劉宗周倡教蕺山之陰，祝淵先事之，崇禎十六年癸未（先生三十三歲）先生因交祝淵，乃於明年甲申請事劉宗周。於山陰師門問學中，亦與多士爲友，以切磋其學。據集中所載者，有朱昌祚、王毓芝、劉汋、陳確、沈昀、葉敦艮、吳蕃昌、趙廣生、王毓蓍、周璿、屠安世、鄭宏、祝淵、劉世鵾、陳誠忭、俞賡之等，然諸人或從師殉國難，或地隔遙遠，遯隱一方，故與先生往來頻數而交密者，厥爲陳確、吳蕃昌、沈昀三子也。以上諸子詳略各依資料所見列述如后。

（一）祝淵〔明神宗萬曆三十九年（1611）～清世祖順治二年（1645）〕

字開美，號月隱，海寧人。自父以上四世，皆舉明經甲科爲顯宦，故祝氏爲東海望族。幼有至性，讀書強記，過目不忘，崇禎六年舉於鄉，益砥志力學，行務醇謹。自以年少學未充，棲峯巔僧舍讀書三年，山僧罕見其面。十五年冬，會試入都，適劉宗周廷諍姜埰、熊開元削籍，淵以會試舉人抗疏救。帝得疏不懌，停淵會試，下禮官議。淵故不識宗周，既得命往謁，宗周曰：「子爲此舉，無所爲而爲之乎，抑動於名心而爲之乎？」淵爽然避席曰：「先生名滿天下，誠恥不得列門牆爾，願執贄爲弟子。」明年，從宗周山陰，禮官議上，逮下詔獄，進士共疏出之。未幾，都城陷，營死難太常少卿吳麟徵喪，歸其柩。詣南京刑部竟前獄，尙書諭止之。宗周罷官家居，淵數往問學。嘗有過，入曲室長跪流涕自撾。杭州失守，淵方葬母，趣竣工，既葬，還家設祭，即投繯而卒，年三十五。踰二日，宗周餓死。

淵身脩而清癯，容止閒肅，生平動諧禮法，儕偶相匡，動見肝膈，復善談說，便便典雅千言，聽者忘罷。善作小篆，楷法尤秀勁有姿，頗似董宗伯，工文章，期於稱質。

先生三十三歲與淵訂交（按：依蘇氏年譜所載訂交於此年。另參註 3），是年冬，淵被逮赴京，先生至嘉興相見，謂之曰：「今日之事，誠所謂友朋相愛之情，季通不挫之志，兩兼之也，此行勉哉！」又與錢寅、本一二人送之吳門。初，先生兄事顏統，至是，在吳門有復得一兄之言。而淵於先生亦甚敬服，嘗與陳確書云：「昨得張吉人兄來訊，深服其造履純篤，此眞吾輩之畏友也。」（《陳確集》外編）歿後，先生有弔祝開美一文，並時從友人處詢其子嗣近況，集中另有與淵長子書二封，勉其學問以克紹遺緒，光大先人。淵

之他事多散見集中，不能備舉。（《明史》、《碑傳集》、《全集》）

（二）劉汋〔明神宗萬曆四十一年（1613）～清聖祖康熙三年（1664）〕

字伯繩，山陰縣人，劉宗周之子。趨庭服訓，造次不踰。少通舉子業，宗周不令赴試，恐當道借此為情。崇禎二年，宗周官京兆，遇冊立東宮，恩補官生。日潛心於經史，凡名臣言行、聖學宗傳，習讀而身體之無餘力。宗周家居講學時，諸弟子聞教未達，輒私於汋，汋應機開譬，具有條理。嘗語葉敦艮云：「學問之要，只是於倫常日用間，事事不輕放過，日積月累，自然造到廣大高明田地。」自宗周殉節後，明唐魯二王皆遣使祭，廕汋官，俱辭。恪守遺訓，坐臥小樓二十年，邦君大夫聞名造謁，求一望見顏色不可得，所與接者，惟史孝咸、惲日初數人。順治九年，先生（四十二歲）至山陰，見汋蔬布如居喪時，勸之曰：「有疾飲酒食肉，禮三年之內猶得行之，若此，得毋不勝喪之慮乎？」汋曰：「不敢，吾大痛於心，不忍食也。必不得已，則異日當如教耳。」竟以布衣蔬食終其身，哀毀成疾卒。手輯宗周遺書數百卷，年譜二卷，皆精楷，數易稿，目為損明。另輯《儀禮經傳考次》五十三卷、《春秋集傳》十二卷、《史漢合鈔》十二卷、《歷代文選》十四卷、《文集》二卷。卒後，友人私諡曰貞孝先生。《全集》有先生壬辰冬〈與劉伯繩〉書，其餘言行亦載《見聞錄》中。（《紹興府志》卷五十三、《全集》）

（三）朱昌祚

字靜因，山陰人。年長於劉宗周一歲，求執弟子禮有年，不獲命。崇禎十五年（壬午）宗周奉詔北發，固請至泣下，宗周感其誠，因得內拜。先生崇禎十七年如山陰受學於宗周之門，見宗周次日，宗周命昌祚出延，退而至其家，遂與內交。祝淵至山陰時，嘗主其家。宗周評之曰：「朱生是個好人，但少喫緊功夫。」與張應鰲於師門最稱老友。先生甲申冬與書云：「祥春初見夫子道德之高深，與兄翁所養之純粹，退而自喜，竊以為子由之見黃河，不是過也。所聞至教，不敢一日去諸於懷。」（卷二）於書中並述讀先正書所得數語，三復不忘於日用功夫者以告，請其轉質宗周。（參《全集言行見聞錄》所載）

（四）周璿〔？～清世祖順治九年（1652）〕

字敬可，山陰人。少有志節，娶某氏，失婦道，出之，外氏訟，破其家，不能復娶。遊劉宗周門，從事性命之學，屢空不給，志不稍貶。及宗周殉國，遇門人祭期，敬可必至，與汋交益厚。先生初至山陰，敬可來邸，朝夕講論，有疑輒質之宗周。蓋宗周家居謝客，雖及門不得數見，故敬可日就先生求教。及先生四十二歲再至山陰，則已歿於館舍，主人賢，遂爲之葬。（參《全集言行見聞錄》載）

（五）王毓蓍

字玄趾，會稽人。爲諸生，跌宕不羈。已，受業宗周之門，同門生咸非笑之。杭州不守，宗周絕粒未死，毓蓍上書曰：「願先生早自裁，毋爲王炎午所弔。」俄一友來視，毓蓍曰：「子若何？」曰：「有陶淵明故事在。」毓蓍曰：「不然，吾輩聲色中人，慮久則難持也。」一日，遍召故交歡飲，伶人奏樂。酒罷，攜燈出門，投柳橋下，先宗周一月死，鄉人私謚正義先生。《全集》卷二十二〈弔王玄趾文〉云：「若兄從容致命，濯纓柳橋，豈非勇於取義，卓然不回者乎！昔予嘗交於兄，愧不能知兄，沒而慕兄之所爲，然猶可慰，以爲相得夫深也。」知先生與之或未深交，而集中除此弔文外，亦未見其他記載。（《明史》卷二百五十五、《全集》）

（六）趙廣生

字公簡，山陰人。崇禎十三、十四年，江南大饑，從祁彪佳賑饑紹興，山谷間足履幾徧。先生未遊山陰之前，已與訂交，〔註 2〕今集中有「歎馬二絕贈趙公簡」，詩後，先生記云：「丙戌秋，友人自越來，公簡寓書曰：惟陶徑管席可以自安。予拜而志之，不敢稍忘……今忽三載，公簡將遠行，因錄贈行……」（卷一）另則惟存書信一首，然考先生與友人函中，每及公簡行履，可知交往甚密，故先生《言行見聞錄》中載其轉述之言及生平事跡極多。（《全集》）

（七）陳確〔明神宗萬曆三十二年（1604）～清聖祖康熙十六年（1677）〕

原名道永，字非（又作匪）玄，後更名確，字乾初，海寧人。明諸生。少時，器韻拔俗，爲詩文，寄託深遠，具有情韻。善篆刻、擘簫、彈棋諸技，不以自詡。讀書卓犖，不喜理學家言，如是者四十年。性剛直，嘗發憤去鄉邑害。既與同邑祝淵游山陰之門，聞誠意愼獨之說，乃沈潛理學，皇皇然克

〔註 2〕先生遊學山陰在崇禎甲申，年三十四；〈與趙公簡〉一書在癸未，年三十三，首云：「郡中聚首越三日夕，自與兄翁交，未有相集之久，如茲晤者也。」（卷九）可知相交已久，故萬斛泉編訂全集，其信不在「師門問答」一卷中。然公簡亦從學山陰，誼屬同門，因列述於此。

己內省，不暇顧他事，宗周歿，確盡讀其書，於宗周之學，十得二、三，始見之論著，多有裨名教。居家有法度，天未明，機杼之聲達於外，男僕昧爽操事，無游惰之色，子姪力行孝友，雍雍如也。尤善議禮，從心之所安者，度時所可行者，變通古禮以教人。於凶禮尤痛斥地師惑人，爲異端之禍，乃倣古族葬之法，自擇地之乾燥者葬其父祖。家貧，有田八十畝，割其三之一以與寡妹孤姪。母喪，手書《孝經》百卷。耕田之僕死，哭之哀，食不重味。其於友朋一事稍乖，必正色相告，不爲姑息。屠爌、陸圻徵文壽母，確謂世俗之事非所當行。社集講會，明季最盛，確謂衎衎醉飽，無益身心。甲申以後，士之好名者強與國事，死者先後相望，確謂非義之義，大人弗爲，人之賢不肖，生平具在，故孔子謂未知生、焉知死，今人動稱末後一著，遂使奸盜優倡同登節義，濁亂無紀，死節一案，眞可痛也。晚以病廢，足跡不及中庭者幾二十年。

先生與確嘗同謁黃道周于杭州，相識當始於其時，〔註3〕於師門中可稱老友，先生以兄禮事之。今全集中與陳確書存六首，而確集中致答先生之書則十有四首，可見二人往來之密。確晚年著〈大學辨〉、〈性解〉、〈禪障〉諸篇，疑《大學》爲禪之權輿，論主姚江，持之甚堅，先生與友人劉汋、吳蕃昌、沈昀等均移書交諫，而確終不顧，尤與先生辯難不已（確集中與先生析辯《大學》者計六首，於同時諸人爲最多），以是二人論學終不合，然至老先生猶致書殷切問候，蓋先生交友始終不以他故而易初衷也。先生嘗二舉葬親歲會，均請確爲賓公，並以其所著〈葬論〉入社約，敦聘二書今存集中。確母九十大壽，先生有序賀之，文在《全集》卷十六。其餘往來之跡散見集中甚多，確之懿行亦載《見聞錄》中。（《杭州府志》卷一百三十八、《全集》、《陳確集》）

（八）吳蕃昌〔明熹宗天啓二年（1622）～清世祖順治十三年（1656）〕

蕃昌（一作繁昌）字仲木，海鹽人，麟徵次子，出後於司寇中偉爲承祧孫。博學能文，崇禎甲申，麟徵殉國，間行淮上迎喪歸，遂棄諸生，絕仕進。師事劉宗周，講求有得。與海寧陳確及先生探討精深，見諸踐履，作日月歲三儀以自範，爲閫職三儀範其家。嘗曰：「男子之才譬則女子之色，有之，是

〔註3〕先生與確訂交之年，《全集》、《年譜》中俱未明言。考《全集》卷二十四〈與吳仲木〉書云：「因念壬午之春，與仁兄同陳祝諸兄謁見石齋先生之日，去此忽已一紀。」所謂陳當指陳確，祝則祝淵也。時先生年三十二，其秋應杭州鄉試。

可憂懼，亦不幸事也，世乃以此驕人，正如女子以色驕人也。」嗣母查喪葬，盡哀盡禮，嘔血多病，猶時與弟謙牧論學不輟。族有貧者鬻女，贖歸，養爲己女，歲以米遺其父母，臨歿，遺命擇壻嫁之，恤其父母如故。戒子孫治喪，不作佛事，私諡孝節先生，著有《祗欠庵集》八卷。

先生三十二歲與仲木嘗晤面，嗣是十年未曾相見，今《全集》中與往返論學之書，亦始自四十二歲壬辰（陳確與仲木書亦始於此年），末至仲木逝前之年，計四年間存書二十八首。先生每與書諄諄勸勉，討論師門意旨，針砭其不足，而仲木則甚推重先生，二人論學極爲相得，惜其年不永，僅三十五而卒。先生甚悲痛，爲經理喪葬，以文弔之，並志其墓。先生《見聞錄》中除記其事外，尤多記其父祖爲官忠廉行誼及言論，對其一門孝悌忠義，深表嚮慕之情。又對仲木與從弟裒仲互讓繼產、置義田事，稱頌不已，《全集》卷十六〈祠田經始錄序〉一文，即專述此事（《見聞錄》亦載），而於仲木兄弟守喪盡孝，以至染疾而歿，亦爲表彰，譽爲近世希覯。（《海鹽縣志》卷十五、《全集》）

（九）沈昀〔明神宗萬曆四十五年（1617）～清聖祖康熙十八年（1679）〕

字朗思，本名蘭先，字甸華，浙之仁和人。明諸生，年十六，受知於提學黎元寬。昀讀書好古，時山陰劉宗周講學蕺山，渡江往從之。向來杭士有讀書社、小築社、登樓社，皆以詞章之業爲尚，昀亦與焉，至是遂爲正學，而應撝謙和之。室無容榻、桁無懸衣，披帙覽書，凝坐終日。以貧故，與父皆教授於外，及侍親庭，動循法度，不苟言笑。明亡，年二十七，即棄諸生，教授里中。其學以誠敬爲本，刻苦清厲以自守，推而至於事物之繁，天地古今之變，則以適於世用者爲主，其言無一不切於人心。專宗考亭，不雜金谿姚江之緒，力排佛老。每讀書，正容盥沐，如對聖賢，日有課、月有程，每月綜其所得，與同人相質難。聞四方之士有賢者，即書其姓氏置夾袋中，冀得一見，然不肯妄交，於取與尤介。嘗連日絕粒，采階前馬蘭草爲食，客有餽米者，不受，推讓良久，昀饑且憊，遂仆於地，客乃駭走。昀良久甦起，笑曰：「其意可感，然適以困老人耳。」以末世喪禮廢，輯士喪禮說，授弟子陸寅。初，宗周卒，承其學者頗滋諍訟，昀曰：「道在躬行，但騰口說，非師門所望於吾曹也。」歲展宗周墓，徒步往西陵，渡江以爲常。易簀之夕，門人問曰：「夫子今日之事何如？」曰：「心中並無一物，惟知誠敬而已。」卒年六十三，應撝謙經紀其喪，姚宏任斂之，康熙間祀鄉賢祠。著《宋五子要言》、《四先生輯略》、《四書宗法》、《七經評論》、《名臣言行錄》、《居求編》等書，並佚不傳。

先生四十四歲得讀昀與陳確辨大學書，為之服膺不已，於此年始得相識。〔註 4〕隔年夏四月，陳確與龍山諸子會先生、沈昀、朱天麒于翠薄山房，先生與論學極契合。《全集》卷十〈與吳謙牧〉書中述其事云：「四月初，辱龍山諸兄援止翠薄一旬，山水之樂，可謂渥矣……甸華、韞斯同舟而返，虹橋一夕，語多映心，茲遊之勝，無過於此。」其明年，復再會于龍山。此後數年，往返之跡散見與吳謙牧書中。另酬答書信二首存集中，則在先生六十與六十二歲時。（《清史列傳儒林傳》卷六十六、《碑傳集》卷一百二十七、《全集》）

（十）葉敦艮

初名蒨，字靜遠，西安人，邑庠生，以讀易艮卦有得，改今名。少務為博洽，後刻意講求理學。明季，棄舉子業，躬自耕稷，稍暇，則正襟危坐。聞劉宗周講學越中，負笈往從，宗周雅器重之，謂及門曰：「葉生，名教干城也。」教之曰：「學者立身，總不可自家輕易放了一些出路。」敦艮謹誌其言。性端重，每讀一書，必盥手奉置几上，再拜而後開卷，若先聖先師則四拜。晚以生徒日眾，設教靜巖，以知行合一之學，訓諸士林及其鄉里，雅俗均被其化，年七十三卒。所居石塘，去城二十四里，四十年不入城市。自謂見天光雲影，皆不覺怡然有得，故睟面盎背，望而知為有道君子也。晚貽書陸世儀討論學術，世儀喜曰：「證人尚有緒言，吾得慰未見之憾矣！」

靜遠與先生從師不同時，然及門為道姓名，是以久知先生，而素未謀面。迨奉親天年之後，乃於康熙三年攜子游學四方，往來三吳間，徧訪同志。時先生年五十四，館海鹽何汝霖家，靜遠因共陳確、許夼等過訪。復三年，訪友自婁東還，再與先生相遇，又至海濱訪何氏，道經語溪尋呂留良而歸。（事見卷十六〈寄贈葉靜遠序〉）先生謂其能尊所聞，因述所親炙儀刑於宗周者，與交勉焉。今集中存書三首，皆別後往復之函。（《清史列傳儒林傳》卷六十六、《西安縣志》卷三十三、三十八、《全集》）

〔註 4〕參《全集》卷三甲午年（先生四十四歲）〈與吳仲木〉書云：「前韞斯兄來，攜得西陵沈兄辨言一帙，一再讀之，為服膺不已……師門有人如此，眞吾黨之幸矣！愧恨于今獨未相識也。」又同年〈與吳裒仲〉書云：「甸華兄學問之純正，已見於〈大學辨〉一書，近於鸛山、園花二次相見，雖急猝別去，不及從容聞教……」（卷九）可知二人於是年始相見。

（十一）鄭 宏

字休仲，嘉興海鹽人，明謚端簡曉曾孫。與弟寶，字景元，俱試諸生，有聲譽，性英敏，善文，不羈小節而篤於友愛，子弟有失，互加懲責不爲嫌。宏蚤從宗周執弟子禮，崇禎壬午乃以其弟及門受業，比歸，宗周爲文壽其母。景元短世。乙酉後，絕意進取，躬灌園蔬養母，屢空晏如，不肯見富貴人，雖故人仕宦勿與通。敝衣草履，不以屑意，嘗徒跣行雨中，人不能識也。遇親舊逐喧者，亟避去，卒年五十六。據陳確文集卷十〈會永安湖樓序〉一文所載，先生與宏俱與會，其年長於先生，則二人嘗相見也。先生全集卷二十一有〈同學紀略〉一文述其生平。（《全集》、《清史列傳儒林傳》卷六十六）

（十二）屠安世

字子威，原名申，嘉興秀水人。十二作螢賦，父孝廉見而異之，年二十一，聞宗周講學，喜曰：「苟不聞道，虛生何爲。」以厥祖侍御《英風紀異》爲贄而內拜焉。宗周勉之曰：「著實思維，著實踐履，把身心整頓起來。」臨行，復命之曰：「子名臣之裔，果有淵源，行矣努力。」然科名之心未忘也，宗周既歿，遂棄科舉，從父兄偕隱於海鹽之鄉，病作，不粒食者十有七年，得宗周遺書，力疾鈔錄，反躬責己，無時或怠，嘗曰：「朝聞夕死，何敢不勉。」卒年四十六。安世生平亦見先生同學紀略一文及見聞錄中（今《清史列傳》所述，即據先生《全集》爲本）。於全集雖未能考見往來之跡，以先生有專文記載，因附於末。

另如王毓芝（字紫眉，會稽人，劉宗周之婿）、劉世鯤（字北生，宗周族子）、俞賡之（名不詳）、陳誠忭（字天若，山陰人）、沈中柱（字石臣，平湖人）、惲日初（字仲升，武進人）諸人，或嘗書信往返（均僅一首），或言載《見聞錄》，或與友人書中道及，然與先生交遊之跡不顯著，因錄此備考。

三、生平道誼之友

吳江沈日富撰《楊園淵源錄》，載先生生平執友僅顏統、錢寅、祝淵、凌克貞、吳蕃昌、何汝霖、沈磊、邱雲、屠安道、呂璜十人（見《清儒學案》卷五案語），而餘人不與。觀其所擇，均先生道誼相得之交，可謂不失先生之志也。蓋先生亦嘗自述取友之態度，〈與錢叔建〉一書中云：「不佞少壯以來，雖有幾輩朋友，然皆文章道義益我者也，未嘗有勢利之交。若見其人稍稍變動，便將遠而避之。今日死亡略盡，存者寥寥，十年以來，益用戒心，不敢妄交一人，雖以是見疑於朋友而不顧也。一介之士，必有密友，苟其賢者，一人二人已足，苟非其人，爲累不小。」（卷十二、年歲不詳）又六十二歲時〈與何商隱〉書云：「弟自壯歲以後……所交朋友，則自先生而外落落數人，通國耳目，無不共知，餘不敢汎及，自謂於此受益良多，近惟季心、韞斯兩兄嫌疑未釋，乃爲疚心耳。」（卷五）由上所述，可知先生擇友之謹嚴。然先生當日相識，尚有如施博、徐善等偏於良知之學者；亦有若呂留良、張園眞、許爺、吳謙牧等年輩稍後者，先生一以友道處之，尤盡心針砭其人偏失，示以正學徑途，勗以程朱義理。故今述先生道誼之友，似宜從寬而取。緣先生雖伏處草茅，然非棄世忘形天外之輩，則廣述諸人行止，益得見先生之篤志踐履於聖學，竭力修道，以守先待後，參贊經綸之全體，俱爲當世諸人所不可及也。

（一）唐　達

字灝儒，號永言，德清人。崇禎十七年貢生。研精理學及星歷、音律、象數諸書，一時執經問業者甚眾，所交皆積學力行之士。性孝友，貧不能葬親，乃創爲葬社，人皆效之。晚年隱於醫，注素問。所著詩文近百餘卷，臨歿，著〈鯤鵬上下解〉，越三日而卒，學者私諡淵靜先生。

先生三十二歲去書與訂交。此後往復論學，有儒釋異同之辨、論當世詩文弊端、商酌葬親約詞等書往來，函中並對其子出試，加以勸諫，又進規勿輕著書，尤請灝儒勿加譽揚，唯求相勉砭切，以企其所未至而庶幾於朝聞夕死之義。蓋先生國變之後，力求隱晦，不願同於流俗，聲聞於眾，是以對友朋之贊譽，均力止之也。先生四十歲時，見灝儒所作葬親之約，甚感此義行可使民德歸厚，破當世薄俗，乃增廣之，於四十三歲舉會于清風里，並作《答客記言》、《喪葬雜錄》等書，於是仁人孝子聞風激勸者，不可枚舉。四十五歲冬，再舉葬親歲會於甑山，以去冬函邀灝儒爲賓，見拒殊堅，故托詞葬社權輿於灝儒，以其爲主人，乃義理之至安，而固請之。灝儒創葬社一事，另載先生《言行見聞錄》中。（《湖州府志》卷七十五、《全集》、蘇氏《年譜》）

（二）沈中階〔明天啓元年（1621）～清順治十五年（1658）〕

字上襄，初名官虞，及髫始爲今名。德清人。幼穎敏，其父授以章句，數十行一過，隨覆背無遺字。崇禎壬午，踰弱冠，舉於鄉。時四境方禍亂，癸未後，息偃故廬，不談天下事，獨取河南、紫陽、象山、姚江諸子語錄味之，有得。曲巷鍵門，人跡罕至，父子輒相詰難，其暢樂甚於師弟。清順治九年，乘便轍客於冀，亦倦游，嗚咽而返。父病，上襄率諸弟侍湯藥彌歲，神慘骨立，及父卒，喪葬拮据，欒欒不能起。順治十四年十一月客於武林，抱疾歸，明年劬極告殂，年三十八。上襄之爲人，端軀瘠而目光黝發，口無漫言，與賓朋會集，但斂手默坐，疑若有思，一遇炎熱世態之徒，即引避告絕。接二三知己，辨析性學，竟日反覆，不厭所論。立身必以躬行爲當，平生不好虛譽，孤拔崚厲，正末世獨立不懼之君子。然几牖翛然，妻子凍餒，有時晨炊失供，不爲動容，其高蹤峻節，纘之古人不愧。先生自癸巳春季，年四十三與相交，甑山葬親歲會，上襄亦應邀爲賓。今集中有與上襄論學書，論喜怒哀樂未發以前、君子小人、格物窮理等義。（《德清縣新志》卷七、《全集》）

（三）沈　元

字德甫（一作孚），嘉善人。生而孤，長益窮困，又數遘奇疾，幾不克有其年。少嗜老莊乾竺書。高攀龍之門人周繼文嘗因講學至嘉善，徧訪篤實之士，遇德甫於僧舍，深愛之，勸以爲學，別去，復走書相勗，德甫感其知遇，因執贄受業，遂慨然志於正學，而不甘於流俗。周氏既歿，則過山陰謁劉宗周，而友祝淵，又數從燕人韓參夫游。清順治二年以後，造扁舟浮游三吳間，賣卜貿茶以自養，訪遺老之猶存，及幽棲之素士，相與講道論業於野田草澤之間。先生與施易修俱相引重，每講會輒相邀，足不入城市，惟講學刺舟來，會畢竟去。後隱於農，衣敝履穿不爲困，古貌古心，稱爲有道君子。

先生四十五歲館甑山，德甫與許元龍、徐敬可造訪，當時嘗有一番講論，先生四十八歲〈答沈德孚〉一札中即詳載其事，除闢姚江良知之學外，並提出若干觀點，乃先生自四十三歲大病以後，五年來之一番體驗。德甫六十歲，先生曾爲文壽之。歿後，先生聞訊，亦有詩記之，然其年月俱不可考。德甫因少時嗜老莊乾竺之書，受其影響，故先生雖極美其求友力學之志，然不免疵其學之有失。《言行見聞錄》載云：「沈德甫病中命其次子存以書來，惓惓以世道爲憂，學問爲志，無一語及私，是年六十有七，見《學蔀通辯》服膺不已，然德甫少不讀書，其於釋氏學已先入爲主矣！」（卷三十三）（《嘉善縣志》卷二十五、《全集》）

（四）沈磊〔明萬曆三十二年（1604）～清康熙十二年（1673）〕

字石長，湖州歸安人。幼警敏，長益端毅。喪亂後，貧不自存，以經術教授，出其緒餘爲制舉文，往往獲售，然意不屑也。其爲教敦寔詣、黜浮華，不言而躬行，交游多隱君子，與先生及同郡吳最契尤合，於姚江《傳習錄》各有辨證。性孝友，居喪不用浮屠，年七十卒，學者稱誠庵先生。

先生五十二歲因嚴文挺而見之，與訂交。石長甚推服先生，嘗與先生書贊云：「於季心、容巢兩兄間得驗知道力之高厚，與義勇之剛方，私擬以爲所養如此而所發如彼，眞孟子所謂浩然之氣直養而無害者也。去夏今春又得讀所寄渝安、爾造、穎生札，救朋友之急，必本於天地之立心，規同人之過，必推於學問之根原，命意措詞，一字不苟，以爲吾當世而求師程，微長兄其誰與歸。」（《聖清淵源錄》第九）先生乃以聞於宗周之言與交勉焉。另《言行見聞錄》中亦載其家世孝友，善事寡母之情。（《湖州府志》卷七十五、《全集》）

（五）嚴文挺

字穎生，湖州烏程人。少不知學，憑恃才氣，鄉人苦之，既自悔，折節學問，嚴儒釋之辨，謹出處之分，遇人好直言無所避忌。嘗過先生，見坐有俗客，即規曰：「君子不過亂人之門，亦不可使小人過其門也。」客去，復規曰：「君子不失口於人，不失色於人，愼之！」先生志之不忘。據《全集》所存書信考之，先生在三十九歲之前，已與穎生相識，然與穎生三函，俱爲先生晚年所書，早年往來之迹，實無可考。又依函中所述，穎生與沈磊、邱雲、沈伊、呂留良、何商隱、淩克貞等俱有往來。另此三函皆先生規勸其過失之書，而愛友之誼，誠如前引沈磊所贊，根本天地之心而推於學問之原也。（《全集》）

（六）吳　最

字人伯，歸安人。生有異質，比長，博通經義。甲申後，屛絕世事，不入城市。性至孝，父歿十餘年，語及輒流涕，養母盡色養，歲饑，中人食糠粃，最謀甘旨無闕。撫諸弟友愛，遇人婚葬事，傾貲勸助，家落至無以自給，裕如也。爲學不倦，與同志朱序齋、嚴三求、淩吉修、沈石長、徐還園輩，以理學相切劘。著有《飭身儀則》十四卷，先生爲作序。

先生四十五歲與訂交，引爲兄事之友。嘗攜其子及閔采臣，訪先生於僦舍，縱論至更餘而寢，幾忘賓主。采臣與其兄方中，師事人伯，敬而親之，服勤至死，人伯即卒於其家，方中兄弟爲之殯如禮。先生有〈弔吳仁伯文〉，稱其「始自崇禎之間，日與二三友人，講論程朱之學，越今二十餘年，切磋不舍。其自家庭以及鄉黨朋友，無異指也。夫爲學於眾人不爲之日，辨晰於羣相咻和之中，獨立而不移，謙和而善下，可謂篤信好古，敦善弗怠君子也已。」（卷二十二）可知人伯論學與先生同尊程朱，德行俱高，故先生崇譽備至也。若其往返同志：朱序齋、嚴三求、淩吉修、沈石長等人，先生集中亦屢稱及之，雖無書信往返（沈石長除外），然先生均識之，且友之也。（《歸安縣志》卷三十五、《全集》）

（七）邱 𤦎

字顗伯，桐鄉人，邱雲之族叔。躬耕事祖及父，祖、父歿，資其弟三人讀書，不替家學，孝友惇篤，稱於鄉。嘗於湖州𥓓溪買田二十餘畝，崇禎十二年，一朝召其主，告之曰：「爾山中人貧苦，田所以力生也，吾無事爾田，善自業之。」焚其券，其人不受，再慰諭而去。嘗曰：「凡作事，雖好，勿使人知之乃可，若胸中有要好一念，人便得而知之，即已不足爲好矣！」又曰：「人以非理加我，我以非理報之，施報雖有不同，其爲非理一也。」先生稱其以布衣躬耕，質行，雖未嘗讀書，而於義理思嘗過半。嘗詣先生自歎少不學問，今則老矣。先生因請其溫習少時所讀《四書》，舉《論語》孝弟爲仁之本之義與之言，顗伯躍然起別，退而從𥓓溪市茶（順治十年，家產爲盜所破），途中往返，日誦《四書》而有得。先生復勉之與其姪相互講論，更求進益。（《言行見聞錄》）

（八）邱雲〔明萬曆四十年（1612）～？〕

字季心，桐鄉人。爲人清剛直樸，勇於爲善，安貧好學，恃館穀以養親。崇禎十三年後，連歲凶荒，家益窘，其時父歿母存。季心旅食於外，念其母，未嘗飽。每數日，弟來告匱，季心竭力經營，俾得歸以養母，又損所食之半以食弟，主人聞之，益其飡飯，必辭。蓋不忍弟之不食而去，而又不欲以弟之故累人也。順治八年，米鹽翔貴，至米斗四千錢，鹽一觔六百，季心食無鹽嘗四五十日，意氣恬如也。明年春，舉一女，無衣，煖之以火。嘗誦吳康齋詩曰：「瓶頭有醋方燒菜，囊內無錢莫買魚，不敢妄爲些子事，只因曾讀數行書。」意所不可，未曾低眉就，朋友間以錢米周者，多不受。沈爾慥嘗欲割田贈之，不可而止。先生甚敬之，稱其矯然特立，困而不失所亨。嘗云：「予三十六、七交季心，規予曰：誠意在先致知，兄道理只從書冊上求，人情事物，如何不察。予固已志之。」（卷三十九、《備忘錄》）卷三〈答吳仲木〉書中亦云：「初交士鳳，得不出于婁東金沙之門；近交季心，知痛絕乎博弈遊談之習，皆朋友之助也。」蓋爲先生之畏友也。其言行散見先生《全集》中極多，往返書函今存四首。（《桐鄉縣志》卷十三、《全集》）

（九）何汝霖〔明神宗萬曆四十六年（1618）～清聖祖康熙二十八（1689）〕

字商隱，先世爲錢氏撫養，故冒錢姓，自汝霖乃復本姓。原名青，字雲士（或雲耜），號芸𣏌，海鹽人，明諸生。躬行孝弟，安貧樂道，隱居澉浦紫雲村，學者稱爲紫雲先生。幼孤，事母孝，母臨歿，顧而囑曰：「吾死獨念汝姊耳。」汝霖受命，待姊加厚，凡母所遺，以半與姊，及姊家有無緩急，靡弗身之。張白方璵會遠近士友于硤石周氏紫薇閣，相期以考德論學，其初來會者數十人，後漸少，而每期必至者，惟汝霖一人。師嘉興戚某，歿而無子，與同學葬之，後復徧招同學及同學之子，登壠致祭，樹碑其上，約與其後世守不忘。歲饑，出儲米以遺親黨。常言：「學者靜坐，宋儒以前未見有此種工夫，亦未聞有此種議論，恐終是從竺氏來。近代論學，與孔孟之言不同，大率以此。顏子心齋坐忘之語，本於莊子，人多以是爲稱，豈非習而不察。」又曰：「讀朱子，覺得程子之言尚有未盡處。」又曰：「詩文狂藥，少年不可令作。」又曰：「風俗之敝久矣！挽回匡救，責在吾人，縱不能起其衰而正其失，亦何至推波助瀾乎？」躬行實踐，至耄不衰。先生《言行見聞錄》載之甚詳。著有《紫雲遺稿》。

汝霖與先生志同道合，相交十七年。嘗語友人曰：「周程張朱一脈，吾輩不可令斷絕。」可知其爲學志向矣！先生嘗命子維恭受業於凌克貞、邱雲、呂璜、屠安道及汝霖，云數人「皆深造自得，敦善不怠君子人也，吾所深契，平生切磋受益爲多」，其見重如此。先生病革，以全稿託汝霖，及卒，汝霖經紀喪葬，率友朋弟子數十人會葬。今《全集》中與汝霖書信所存最多，計六十七首。其後有汝霖附跋，述二人相識緣起，並對先生崇譽備至。可謂先生之知交摯友也。餘詳見《全集》。（《海鹽縣志》、《全集》、蘇氏《年譜》）

（十）陸裕弘

字孝垂，桐鄉人。先生壯歲之交也。先生五十三歲嫁次女於其子幼堅，歸數年而寡，先生養其孤。卷十六壽周母吳太君六秩序中云：「小子張履祥敬與邱子雲、陸子裕弘、凌子克貞、朱子天麒、許子在明、吳子泰奉觴而進，祥長，因屬辭焉。七子者，地同志同，與周子皆學易。」另〈壽吳母序〉、〈壽凌老先生七秩序〉中，亦皆列此數人之名，可見俱爲一時道誼之交。今《全集》中與陸孝垂書有二十首，除以德義相勉，并及教子、持家、立身諸事，惓惓情誼，盎然紙上，俱見先生親戚情誼之篤重。(《全集》)

（十一）呂璜〔明萬曆三十六年（1608）～清康熙五年（1666）〕

字康侯，秀水人。爲人志尚高潔，剛直好義，勢利不以動心，先生深敬之。清順治十八年，與先生同館何汝霖之遺安堂，共論道誼，情交莫逆。明年冬遠游，不知所適。康熙五年，卒於睦州。先生有〈弔呂康侯文〉，在《全集》卷二十二。先生五十歲與訂交，嘗命子維恭從受業。(《全集》)

（十二）屠安道〔明萬曆四十八年（1620）～？〕

字子高，嘉興人。先生五十歲，館半邏錢福徵、汝霖家，因與訂交，有論格物之義一書。子高娶福徵次女，徵臨歿，託以教事，故與先生嘗同館遺安堂。呂康侯遠游之後，先生即命子維恭續受業於安道，從之數年。而子高亦使己子受學於先生。先生五十四歲有〈示兒〉一書，敘讀書次第以戒子，即應子高命而作者也。文中並稱諸人皆精通經學，爲當世人師。先生之讚語，另參前何汝霖條。其言載在《言行見聞錄》者甚多。(《全集》)

（十三）沈景哲

字幾臣，嘉興人。叔父無子，身嗣之。仲弟偶失母氏歡，幾臣聞，急歸，長跪請，母意未解，幾臣退而自撾，復長跪以請者累日，母悅乃已。兄弟俱循循守約，率禮不愆，非義不就。其五叔早世，繼嗣不立，越二十有六載，寡嬸病，既殆，幾臣與仲弟謀，迎至家，立從弟一人爲嗣，嬸氏因得正其終。又念先業已盡，從弟生生之計無所賴，欲分己半產授之，諸弟感焉，各損其產，得十畝爲從弟世業。母朱孺人卒，哀毀踰禮，水漿不入於口者五日。先生五十歲交呂璜，因並善於幾臣。璜卒睦州，幾臣以其先君所深契，乃慨然往謀其喪。先生有〈送沈幾臣之睦州序〉一文記其事。並爲幾臣之族譜作序。(《全集》)

（十四）巢鳴盛〔明神宗萬曆三十九年（1611）～清聖祖康熙十九年（1680）〕

字端明，號崆峒，嘉興人。五歲而孤，事母至孝，稍長，母或語父行、述父言，輒嗚咽幾絕，出入交遊，一咨于母。既婚，尺帛一錢不入私室，思有以顯揚及祿養。年二十始就塾，不歲餘，盡通其義。崇禎九年舉于鄉。甲申明亡，母亦歿。乙酉渡錢塘江，寓蕭寺以觀時事，見江東守拒失律，遂歸，即墓側構數椽，顏其堂曰永思草堂，閣曰止閣，而自號止園，跬步不離墓次，鄰里罕見其面。閣可望先壟，栽橘百本，繞屋種匏，制匏尊，作五言律以自喻。妻錢氏篝燈紡績，洎如也。持論勉忠孝，敦廉恥，仿司馬程朱爲家訓，著有《永思堂集》。康熙十九年，年七十而歿。長洲徐枋、海鹽陳恂〔註 5〕聞訃會哭，私諡曰正孝先生。先生館於何汝霖家，其叔臨歿，以教事託親戚鳴盛、安道及先生，故與鳴盛相識，其行誼亦載《言行見聞錄》中。(《嘉興府志》卷五十一、《碑傳集》卷一百二十四、《全集》)

（十五）曹　序

字射侯，石門人。歲貢生。幼折節爲學，敦倫範禮，言笑不苟，善屬文，能闡發經義，不專治章句。清順治十八年，夏秋不雨，三吳苦旱，高鄉禾盡槁，先生館半邏，五十一歲，見之惻然。有與射侯論水利書，議開濬桐鄉、石門、海昌、嘉興、海鹽等處水利，章程周詳盡善。(《石門縣志》卷八、蘇氏《年譜》、《全集》)

（十六）凌克貞〔明萬曆四十八年（1620）～清康熙二十九年（1690）〕

字渝安，烏程人。原名階，字亠膺，甲申明亡後，棄諸生，更今名。隱居教授，踐履篤實。與先生交三十年，共肆力於聖賢之學，情誼最篤。先生舉葬親社，延有學行者賓事之，自錢寅歿後，以克貞爲眾賓長。生平不輕著述，嘉言懿行，每散見先生集中。惟《四書大全》一書，憂其純駁並錄，力爲更訂，有成書，學者稱爲巷南先生。克貞爲學篤守程朱，嘗與先生書謂：學者入手，當思有著力處，便求超脫不得。又言：古今人物，史冊之外何限。修身立行，當懷遯世不見知之心；讀書論世，應具不受前人欺之見。見貧士不事課授，即不樂，或勸其治生，答曰：「授徒即吾之治生也。」先生卒，克貞爲序遺書以行，於先生之學問行誼推挹甚至。先生有壽克貞父七秩序文，在《全集》卷十六。(《嘉興府志》卷六十一、《湖州府志》卷七十五、《清史列傳儒林傳》卷六十六、《全集》)

（十七）王錫闡〔明思宗崇禎元年（1628）～清康熙二十一年（1682）〕

字寅旭，又字昭冥，號曉庵，又號餘不，又號天同一生，江蘇吳江人。性耿介，以志節自勵，乙酉以後忍飢杜門，歷二十餘年如一日。堅苦力學，

〔註 5〕《碑傳集》載巢鳴盛歿，聞訃會哭者，中列先生之名，先生歿於康熙十三年，先鳴盛六年卒。《碑傳集》所載有誤。

耽心文雅，博覽羣書，通經史諸傳注，多所發明，尤精天文律歷之學，扶疑糾繆，剖析無餘蘊。中年得末疾，兩手幾廢，後愈，嘗作〈天同一生傳〉以自託。明末，當徐光啓等修新法時，聚訟盈庭，錫闡獨閉戶著書，潛心測算，天色澄霽，輒登屋，臥鴟吻間，仰觀星象，竟夕不寐，務求精符天象，不屑屑於門戶之分，復發曆算書玩索，精思於推步之理。久之，則中西異說，皆能條其原委，考鏡其得失也。著《曉庵新法》六卷，考古法之誤而存其是，擇西說之長而去其短，據依圭表改立法數，識者莫不稱善，年五十五卒。

先生晚年與寅旭相識，甚稱美之，〔註 6〕嘗與書云：「先生、佩兄遠近相望，可謂南服之英賢矣！」（卷六）先生五十九歲仲秋，同張宣城、張企周至震澤，弔寅旭夫人之喪，弔儀白布一端。寅旭辭謝，先生因云：「某平生未嘗以虛禮加友朋。」寅旭不敢卻。先生六十一歲，命子維恭從寅旭受學。寅旭講學以濂洛爲宗，故與先生交往益密，嘗錄其與門人說《中庸》之語呈先生，先生閱之不答，問其故，乃告云：「說亦未見不是，但先儒發明已甚詳悉，吾人只宜體驗於心可矣！此等記錄，槩可不必，故某置之不答也。」（卷五十三）考寅旭與先生年歲相差十七歲，不可謂不遠矣！而先生友之，謙沖之懷，即此一端，得以想見也。（《國朝耆獻類徵初編》卷四百十七、《碑傳集》卷一百三十二、《全集》）

（十八）沈　伊

字尹同，湖州烏程人。先生四十二歲因友凌弘禧、凌克貞訪之。其後尹同時來函求正於先生。四十四歲，先生嘗有書與論《大學》、《中庸》之義，極精詳。四十五歲，先生館甑山，尹同嘗偕嚴文挺過訪，適沈元、許申、徐善、邱雲皆至，尹同整丰儀，邱雲見其指甲過寸，規曰：「天生此手當有用，豈衹令終日置袖中長指爪而已。」沈磊母喪，張佩蔥與尹同相之，一遵家禮，凡時俗非禮之禮，俱弗徇。尹同於其時亦有聲名，爲人所重。（《全集》）

（十九）周我公

字鳴皐，桐鄉人。幼孤，母吳撫育成立，強志力學，長足克家。甲申明亡，隱居養母，學務益晦，志務益勵，閉戶課子，非聖賢之書弗妄接，非義

〔註 6〕《全集》卷八先生六十一歲〈與張巖貞〉書別楮云：「曉菴先生學問人品，弟聞見不廣，據耳目所及，要亦不能數人。不知者以爲憤時疾俗之士，其知者以爲天文名節之英，未有深知其學，服膺其德者……弟垂暮疾厄中，幸得相與周旋一二載，始粗知之。」

弗苟取與。學《易》，讀〈太極圖說〉、〈西銘〉而渙然有得。與先生、邱雲、陸裕弘、凌克貞、朱天麒、許在明、吳泰，爲道義交，相與切劘。嘗於僧舍見舂者，旁人笑其愚。問之，曰：「適娶妻而母死。」獨居不御於寢，歲餘妻怨，求去，聽之。鳴皐爲先生壯歲之交，並與之結姻，以幼女字其子。先生四十四歲，其母逢六秩大壽，先生有序祝之。晚年，與先生見不合，尤以教子一節爲甚。今《全集》中存有與鳴皐一書，乃先生五十二歲所作，規勸其令諸子從師受學，以免失於教誨而他日不能克家。鳴皐不從，其後遂致長子決裂，趨於邪慝，先生於〈答陸孝垂〉書中，言之甚詳，沈痛不已。先生於五十九歲遣嫁幼女於其子。(《全集》)

（二十）朱天麒

天麒（《縣志》、《府志》俱作麟），字韞斯，初字正思，石門人。庠生，敦本尚實，正直自持，特立獨行，性耿直，遇越禮者，誚讓不避。事親孝，遭父喪，饘粥不食，哀毀骨立。妻譚氏失姑歡。天麒曰：「我不以婦故而負疚於母也。」遂出之。家貧，舌耕助膳，値歲祲，自啖糟糠，必求甘旨奉母，手調以進，母所欲，曲意承之，年七十如孺子慕。母年九十餘卒，麒哀毀如喪父，三年內，衰絰不去身，廬墓悲慟以歿，邑人皆稱其孝。先生與韞斯相識在三十七歲之前，〔註7〕亦可謂半生莫逆之交也。先生《備忘錄》中嘗載：四十三歲時，韞斯以《初學備忘》質於吳裒仲，吳氏有規語，韞斯因述其言以告先生。又載與韞斯一段問答之語云：「韞斯問予曰：『王祥何如人？』予曰：『孝子。』韞斯曰：『大節不足稱也。』又問曰：『王旦何如人？』曰：『宋之賢相也。』韞斯曰：『贊成天書可鄙也。公得志，將無類此等人。』」（同卷三十九）可見其耿介之性，故先生以爲直諒之友。晚年，韞斯與季心二人，於先生俱生嫌疑，忿而不解，先生彌縫其間，悲歎憂懼不已。〈與朱韞斯〉書云：「生平即無狀，未嘗不佩服久要之訓，至於親賢樂善之懷，則雖老疾猶不敢衰。而近年以來，氣色殊惡，死者已矣！生者五六七人，所謂半生莫逆者也，乃至妄生嫌疑。如以此身入於荆棘之林，使人動而得刺，不敢不局，不敢不蹐，非有自反不縮之愆也，非有獨立而懼之情也。凡以欲終前好，不敢蹈流俗之薄習耳。」（卷七）然而先生唯以修己不力自責，不敢怨尤于友也。此意另見《備忘錄》所載云：「季心云：考夫終爲韞斯所誤。韞斯亦憂予終爲

〔註7〕《全集》卷三十三《見聞錄》：「倪子有……丁亥冬，疾且深，予與朱韞斯、吳開三憂其身後……」考丁亥爲清順治四年，先生三十七歲。

季心所誤。竊謂二人俱愛我者，目前所見不能合一，故爲是過慮耳。實懼修己不力，自誤而已。」（卷三十九）而轀斯貧困，先生每爲憂之，亦每相與砥礪之。餘事俱詳《全集》中。(《石門縣志》卷八、《全集》)

（二十一）朱洪彝

洪彝（《桐鄉縣志》無洪字，先生《見聞錄》一作洪裕），字聲始，萬錡弟，大雅少子，呂留良之姊丈。生平篤信程朱之學，爲文不減歐九，爲雜著小品，奇詭要裊渟蓄，出入蒙莊、史遷、昌黎間，獨不喜作詩。家貧，拙於治生，隨意至友人處坐講古今，竟日不倦，其家具食食之，否亦論難泉湧，了不知餓，便至昏黑。家有二幼子、一弱女，早喪母，唯一房老與俱，則腸鳴如雷矣。桐鄉人皆以爲癡。嘗曰:「二程夫子，明道幾於化矣！吾輩不能學，伊川有轍迹可守，朱夫子之學，篤實精微，學者所宜宗主。」故生平非程朱之書不讀，爲先生所引重。有舉業師，年老，衣食不給，聲始每以金周之，相見雖至微未嘗虛也。且謂其子，世兄何不時過我一飯。冬，見其師寒甚，解所衣衣之。以崇禎壬午舉人，中順治辛丑進士，授山西廣靈知縣，以廉幹聞，任滿不能歸，逗留宣府以舌耕自給。(《桐鄉縣志》卷十五、《晚村文集》卷八、《全集》)

（二十二）呂留良〔明思宗崇禎二年（1629）～清康熙二十二年（1683)〕

字莊生，原名光輪，字用晦，號晚村，崇德人。未生而孤，幼有異稟，穎悟絕人，八歲善屬文，十三歲即與同里孫爽爲徵書社，一時名宿皆避其鋒。時國勢窳潰，內外交訌，留良慨然有經世之志，未幾，李自成陷北京，烈皇帝崩於亂，留良哭臨甚哀，於是散萬金之家以結客，往來湖山之間，跋風涉雨，備嘗艱苦，其詳不可聞，然怨家嘗以訐，從子亮公獨自引服，竟論死。順治十年，始出就試，爲邑諸生，康熙五年不入試，以學法除名。提囊行藥以自隱晦，後棄去，歸臥南陽村，向時詩文之友皆散去，摒擋一切，與先生、何汝霖、張嘉玲等，共力發明洛閩之學，編輯朱子書。康熙十七年，當道有宏博之薦，誓死不從，後郡守復舉隱逸，乃翦髮襲僧伽服以自免。僧名耐可，字不昧，號何求老人。留良自與生先交，益篤信朱子，故文似朱熹，翻瀾不休，善于說理，唯谿刻處，令人望而生畏。詩學楊萬里、陳師道，深情苦語，能令人感愴，以詩文論，誠黃宗羲勁敵，唯史學不如。卒於康熙二十二年，年五十五。

先生與呂氏夙有淵源，三十七歲館顏氏于語溪，已與留良之四兄瞿良相識，〔註 8〕留良亦早聞先生之名于其姊丈朱聲始，故自康熙三年冬，留良與黃宗羲兄弟、高旦中往來後，即欲延館家中，以求教益。然先生於何汝霖有宿諾，故遲至五年之後始應其請。館呂氏二年，先生六十一歲後，何汝霖與留良并以先生年老，不應復有課誦之勞，宜以餘年優游書籍，乃各具脩俸爲先生家用，請先生往來語水、半邏間，相與講論，住留任便焉。而留良善醫，先生晚年之病，往往賴藉其術而無恙。今《全集》中與呂氏一門，往來書信極多，《言行見聞錄》中載呂家軼事甚眾，而先生於留良之行止、學術影響尤非數言可盡者也。（《呂晚村文集》，《碑傳補》卷三十六、《清詩紀事初編》卷二、《全集》、蘇氏《年譜》）

（二十三）許嵛〔？～清康熙十二年（1673）夏〕

字大辛，海寧人。邑庠生。杞山先生元孫。父令瑜，崇禎十六年進士，知仙游縣，甲申國變，棄官歸隱翠薄山。自蕺山之教遠被海昌，嵛共一二有志之士，遵人譜爲省過之會，競相砥礪，陳確有〈諸子省過錄序〉一文記其事。生平落拓高寄，不問家人生產，屢空晏如。古文峭折如柳州，詩有江潭澤畔之意，慕宋所南翁，自號鐵函子。與姪全可并從陳確游，而先生與之爲友。確順治十二年會先生、沈昀、朱天麒于翠薄山房，即其居所也。據先生五十二歲〈與許全可〉書云：「念辱兄下交以來，十數載於茲……」（卷七），可知交往極早。今集中與大辛書存者三：一以規勸應加意生計，無令衣食得以奔走此身；一則戒其保晚節，勿長寓城市而汨沒流俗中；另則與論喪禮。均見先生愛友以誠之心。（《陳確詩集》卷五陳敬璋引州志隱逸傳注、《全集》）

（二十四）許全可

字欲爾，號悔齋，海寧人。令典之孫，十六爲諸生，後棄去，鍵戶隱淪，肆力於學，從陳確修蕺山證人社約，日有計、月有會，期於繩愆寡過，修業進德。母喪，哀毀骨立，鬚髮遽白。又探索史策，各有紀略，蓋學力老而益

〔註 8〕《全集》卷十四〈與呂仁左〉書云：「不佞棲息語溪之日，足下未生也。尊君年方少而志行有高於人，時賓客滿堂，而於不佞殊不落落，故僕亦雅愛重之。至壬辰之歲，攜家以歸，而尊君亦已下世矣！」文中所云尊君，即指留良之四兄瞿良。壬辰之歲爲清順治九年，先生四十二歲。考蘇惇元編《年譜》，三十七歲至四十歲，俱館顏世傑家，時顏統已卒，家難方興，避禍語溪。可知先生與瞿良相識於此時。又包賚著《呂留良年譜》謂呂瞿良或死於順治六年，亦可參證。另《言行見聞錄》記留良葬兄事云：「念恭（瞿良字）沒時，遺孤方一歲。」（《全集》卷三十四）。

勤云。今以《全集》所相與五書觀之，欲爾就教於先生者甚多。於其祖生前所治室宇園亭，雖門戶器具卉木之細，敬守之，一無改於舊，師友亦於故舊間求之，先生稱其善承舊德。(《陳確詩集》卷四注、同前)

（二十五）張　鼎

字恭佩，桐鄉人。家貧，四十餘，勉舉七喪。兄貧不能分其力，恭佩亦不望助於兄。鬻地者要以風水之說，厚有求，恭佩曰：「所擇於茲土，為其荒萊耳，若饜其欲，非力所及。」移他地葬焉，向背日月，一無所顧。嘗與德清許某交善，許羈窮之日，有無與共，相勉以善道，許官達，數進逆耳之言，不能聽，疎之不復與通。命其子執贄於先生，故先生與其書多教子之言。其營葬事，先生並為籌謀，迨晚年以不平之言，受匪人之辱，鼠雀之累，幾及半載，先生亦為去書朱韞斯，請知訟者教之，訟事以平。(《全集》)

（二十六）許　申

字元龍，新安人。少失父歡，不得近，偶於西湖與徐彬相遇，甚洽。彬邀以俱歸，讀書於家且教子姪。元龍煢煢，則從僧人往還，茹蔬耽寂，已無室家之計，彬勸之受學於施博，博與言人倫事物，志意翻然，遂乃修身謹行，有室有家。父歿，奉母居嘉興，撫其兩弟，弟成立，遷父櫬葬武塘之原，幽居教授。與嘉興沈善勝友，善勝病篤，元龍力勸其舉先人之葬。善勝初惑形家之言，則以先儒論葬諸書反復解辨，善勝內斷於志，扶疾畢五喪而沒，可謂愛友以德矣。(《全集言行見聞錄》)

（二十七）施　博

字易修，號約庵，嘉興秀水人。崇禎間庠生，少有遠志，篤學不事進取。時值患難，習靜有得，後讀《易》至家人卦，悟聖道不離倫常日用，乃一以務本為學，教人躬行為重，不尙空談。倡里人為朔望會，以求教於四方高賢，遠近有志斯道者，聞風踵至。長安曹穆欣、容城孫夏峯千里外馳書叩答。晚年學益粹，弟子日進，升座講學，環聽者盈戶外，多感奮有省。平生遠標榜，未嘗入社，年七十四卒。著有《姚江淵源錄》、《語錄》、《講義》若干卷。先生四十六歲館澉浦吳裒仲家，秀水俞周煒奉易修簡書，因許元龍謁見先生，請執弟子禮，先生不許。有〈答施約菴〉一書，據函中所述，先生與易修或即識於去年冬。易修隔年修族譜成，屬先生為序，先生稱其孝義世篤，統系源流不詳者，不假一筆。並云其學乃以一體萬物為心。與何商隱書中，先生嘗評易修及陳確信良知說之弊云：「乾初惡釋氏如探湯，而易修全力以赴之。易修深非學庸黜歸戴記之說，而乾初持之益堅。今日波流風靡之中，如兩兄人品誠不易得，而一種偏僻之見，各不可返，則以皆於良知之說深信不疑，而於居敬窮理四字，未嘗深致其力，故自以爲是，而不復有虛心求益之意也。」（卷五）然先生亦稱其持身謹嚴，一郡之中能爲其學者，要亦無人也。（《桐鄉縣志》卷十九、《全集》）

（二十八）徐　彬

字忠可，嘉興秀水人。貢生，世淳第三子。世淳殉難，詔立祠，時務倥傯，官未及也，彬推所居，爲父建祠，至今守焉。絕意進取，尚論古今理亂，著《原治編》。兼學醫，著《金匱要畧》。事繼母孝，撫兄子如己子，捐祭田建義塾，鄉黨稱其行。子煜，國學生，焻，上海縣丞，以廉能課最，補新興縣。

先生四十三歲與忠可之弟訂交，識忠可或亦在此時。先生四十八歲，忠可以施博書來招課其二子，先生與之約，以不拜客、不與燕席、不赴朔望之會三事自持，忠可唯唯，先生因是館其家一載。蓋施博當時集遠近人士爲朔望講會，故先生有斯言也。大抵先生與其弟敬可來往信函極多，交往似較密，以論及學術故也。然嘗偕其兄弟同訪邱維正於邵灣，先生五十歲館半邏，忠可兄弟亦曾造訪，且據集中僅有之書所云：「承惠良藥……一二十年來，每遇顛沛疾病，輒荷雅德，念無以稍酬萬一……」（卷七），則忠可於先生亦可謂誼篤而知敬賢矣！（《嘉興府志》卷五十一、《全集》）

（二十九）徐善〔明思宗崇禎七年（1634）～清聖祖康熙三十二年（1693）〕

字敬可，嘉興秀水人，世淳季子。太僕死難，仲子肇梁殉，長子肇森重趼燕楚白死事狀，叔子彬置祠田供祭祀，善最穉，年十一，值國變，避兵失恃，奔竄呼踚。長挾書策游，棄科舉不治，從學施博，精求致知格物之學，後入京師，居徐乾學第中，錢塘高士奇奉命總修春秋講義，善代士奇撰《春秋地名考略》十四卷，博引諸書，考究異同，砭正疏舛，頗爲精核，士奇因列己名奏進。晚著《四易》十二卷，於圖書博采諸家之論，而一本乎邵程張朱之說，又著《易論》。才辯縱横，頗浸淫於佛老，又有《莊子注》、《藟谷集》。晚作〈泠然子傳〉以見志，歿後，門人私謚孝靖。另著《家傳》、《流寇紀年》、《周髀密法會通》，《弧矢六宗疏》、《容圓寶珠網》、《璇室洞詮》等書。

敬可從學施博，於先生屬後輩，當先生四十三歲與相交，敬可年不過二十，然先生仍以友道待之，與為道義交，此可見先生謙下之德矣！先生嘗言，世人厚於自養而薄於先祖，豐於燕客而嗇於祭祀，惟善能虔祀事。先生舉葬親社，亦嘗請善為賓。先生四十八歲，敬可欲卜居於鄉，請先生補《沈氏農書》之未備者，先生因以身所經歷，與老農所講論者筆之。然敬可學雜，復好佛老，先生雖屢貽書規諫之，而敬可俱不能從。今觀先生所與筆札，計有三十三首之多，僅次於與何商隱者，其中茲茲以延師教子、屏絕二氏書、去辭章靡曼之習、遠聲氣應酬、博弈飲酒等勸諫，復細自家政之理、農佃之事，教營葬事、息交止游，大至立身處事、讀書求道功夫，無不一一誨諭之，先生用心實良深良苦也。（《嘉興府志》卷五十一、《清史列傳儒林傳》卷六十八、《全集》）

（三十）張園真〔明天啓五年（1625）～？〕

初字巖徵，改字炎貞，一作巖貞，〔註9〕青鎮人。少孤，母氏吳課之，恆夜績以資其讀，遂為名諸生。時海內文社方興，炎貞偕蘗持、耕煙兩兄追逐其間，文名日起。復與烏程淩克貞講求《易》義，寒暑不輟。明鼎革，方弱冠，棄舉子業，仰承母志，居然以遺老自命，自稱青堆布衣，徜徉山水間。性極孝，為母築高節寒香圃，常負母繞樹穿林，拈花枝以供色笑，見者誇為天倫樂事。母七十生辰，倩金孝章繪竹梅為高節寒香而貌母像於其中，徧徵名人題詠，一時題者甚眾。會先生倡明道學，遠近宗之，炎貞請益無虛日，其問答載先生集中。餘如湖郡嚴三求、康灝儒、嚴墓張佩蔥兄弟及里中潘雨時、淩逸津，一時過從論難，皆碩士也。有詩人沈雪樵者，賣卜戌上以養母，炎貞相與唱酬歌嘯，而雪樵貧不能給，時餽遺焉。讀書談道，老而不衰。嘗以《烏青鎮志》殘闕，閱三年編纂成。康熙時，欽定書畫譜頗采其說，晚年裒集明人文集百餘家，欲論次成書，未就而歿。今集中所存與炎貞書七首，其往來者尚有周我公、吳泰、朱天麒、邱雲、嚴文挺等。（《桐鄉縣志》卷十三、《嘉興府志》卷六十一、《全集》）

〔註9〕依嚴辰編《桐鄉縣志》考證，園眞舊名纁，年十七以戴纁名入湖郡庠。又云本姓許，先生與書亦嘗云其易姓爲許。至其字特先生全集作「巖貞」，首函下并有注云：「初字子淵。炳案：范刻淵下尚有本姓許，一字思江七字。」則其人名字極複雜。嚴辰乃云其母與顧亭林之母同有故國之思，而園眞獨能體親心，其兄則不識此義，故其棄諸生，奉母隱，實仰承母志。蓋古人於滄桑之際，往往變易姓名，自即隱淪，園眞奉母偕隱，特從許姓以自異於兩兄，殆即此意云云。

（三十一）吳謙牧〔註10〕〔明崇禎四年（1631）～清順治十六年（1659）〕

字裒仲，號志仁，海鹽縣澉浦人。麟瑞次子。甫成童，克樹立，弗替家學，弱冠，即棄諸生。十六七已不甘流俗之學，始聞釋氏之說而說，二十而盡棄之，整身勵行，學聖賢之道，窮理必擇其精，動止必要諸禮。事母朱以孝聞。教率孤姪曰夔、爲龍，一出於正誼，門內並敦義讓。初，中偉子太學卒，無子，應謙牧嗣，而生方一月，不能執喪，乃嗣蕃昌，麟徵命中分其產，約以長，二仲並繼。麟瑞卒，謙牧執人子之喪，比太學配歿，人謂宜喪三年，謙牧曰：「吾爲父也三年，爲叔也未之服，吾母在堂而人子養，叔母生也未嘗朝夕養，今歿而母之而因喪之，是利之也。」盡歸其產二百三十餘畝，而爲之服緦。蕃昌固不受，謙牧固以辭，乃以百畝爲小宗義田，以百畝爲大宗義田，以三十餘畝爲族人義塾之田，人皆謂二仲善繼述矣！先生《言行見聞錄》及〈祠田經始錄序〉并載其事。謙牧體素羸，治母喪葬，哀動行路。病間，手編父遺文成帙，卒至不起。每語人曰：「枉道以免辱，其辱更甚；枉道以求勝，其負更甚。君子不以一朝之忿，一日之難，而喪終身之節。」因病世之學者好言生知安行，卒底於無忌憚，遂以困勉名其齋，屬先生爲文記之，而朝夕從事焉。凡儒者當知之事，無不講求，尤以東京名節、鄒魯德行爲歸，雖享年不永，然其詣已如此。著《五子折衷》、《困勉齋集稿》、《繭窩集》。卒後，先生爲文弔之，且銘其墓。

先生於四十二歲冬過海上弔忠節祠，因訪仲木於澉浦，始與裒仲遇，時尚未相識也。而裒仲深切嚮慕，自是與先生相往還，繼之以書問，至卒，歲月無虛焉。四十三歲秋，朱韞斯以《初學備忘》示裒仲，裒仲曰：「山陰不脫姚江習氣，吾是以不敬山陰，看來考夫不脫山陰習氣。」韞斯述以告先生，

〔註10〕先生《全集》爲弟子姚璉所編，姚氏於《願學記》附跋云：「先生授徒三十餘年，鮮有從事實學者，惟壬辰歲得裒仲吳子，丙午歲得佩蔥張子，二子雖未納拜，然穎敏力行，受道之器，眞有如伊川之晚得尹與張也。」（《全集》卷二十六）故姚氏編葺遺文，以答張佩蔥及吳裒仲各書合爲一卷。自姚氏視之，或將二人均比於門弟子也。其後同治間，萬斛泉重編《全集》，於凡例云：「又答門人張佩蔥各書，姚本與答執友吳裒仲同卷，未若范刻自成卷帙爲善。」並謂姚璉爲先生高第弟子，則特以吳裒仲爲執友而非門人。考其實，張佩蔥雖屢求納拜，先生未嘗許之，并姚氏兄弟等人，均不受其弟子禮，而以友道處之。故一比於門人，一視爲執友，未知孰當。然先生與裒仲從兄仲木，先後師於劉宗周，有同學之誼，則裒仲年雖少，以先生之友視之，於義或亦無礙。且考之《年譜》所載，裒仲未嘗有執贄納拜意，因列其名於本小節之末。

先生服其知言，並謂少年見理端的，實僅見此人。裒仲識先生之次年，即欲延先生館於家，以教子姪，而先生感其誠，勉力於四十六歲應其請。裒仲年雖少，然所見甚高，先生引爲畏友，而裒仲亦服膺先生不已，故與先生可謂志同道合。陳確〈大學辨〉出，同人交相移書諍之，先生與裒仲亦去札救正，而陳確每謂裒仲與先生義無彼此，尤可知二人論學之相得也。（《海鹽縣志》卷十五、《全集》、蘇氏《年譜》）

（三十二）備　考

先生不苟交友。頻於往來，而先生引之爲益友、畏友者，雖落落不數人，然先生謙己下人，取善不遺葑菲，故常年館於各地，亦皆識其郡邑賢豪，或有慕誼而來者，亦所在而是。今考集中書札、記錄所載，稱引人物極多，或無信函存諸集中，然確皆相熟而嘗論學；或有函札往復，而其人不見傳志者，并列於后以備考，然亦不克一概無遺焉。

邱嶙章、字季連，倪鋐、字子有，高雲翃（名不詳）俱桐鄉人。張璵、字白方，鄔日強、字天則，一字行素，彭孫貽、字仲謀，皆海鹽人。錢允康、字愷度，吳孟度（名不詳），吳泰、字開三，曹叔則（名不詳），皆崇德人。薛珩、字楚玉，高以永、字子修，朱洽六（名不詳），均嘉興人。計善、字廉伯，嘉善人。沈丹曙（名不詳），秀水人。徐介、字堅石，仁和人。蔣薰、字聞大（傳在《嘉興府志》），查雍、字漢園，祝兼山（名不詳），皆海寧人。凌弘禧、字吉修，趙燮、字二理，俱烏程人。沈士毅、字爾慥，朱心、字念時，皆歸安人。許瑋、字晉臣，德清人。吳湛、字又鄴，宜興人。高斗魁、字旦中，寧波人。惲日初、字仲升，武進人。

其餘若：斐紹岐、計需亭、丁子式、祝元祐、吳彪甫、姚林友、嚴三求、賈子周、孫商聲、許在明等，其名與年里俱未詳。

第四節　後　學

明崇禎年間，東南文社盛起，紛紛各立門戶，擾攘無已，先生二十以後得交顏統，知流俗之卑污，相戒不與社事，尤深病其時講學者徒騁口辯，以沽虛譽，故授書而外，於來學之士未嘗受其拜，一以友道處之。若清順治十三年，先生四十六歲，秀水俞周煒奉施博簡書來謁，求納拜，先生固辭，並覆書云：「弟平日所爲歸斯受之而擾擾焉曰師曰弟子者，特以求食之故，資其束脯，以苟免飢寒而已……非有所謂孝弟忠信，英才教育之責也。若過此以往，而欲妄比於橫經正誼之義，多見其廉恥道盡，陷溺其良心而不覺矣！是以嚮承語溪吳兄開三及敝邑顧子上蜚，常不見察，而欲執是禮相加，弟堅不敢承，非獨於恭藻兄爲然也。若猥蒙不鄙而以兄弟朋友之道相始終焉，則弟雖愚陋，懿德之好，亦竊深焉，何敢自外。」（卷二十四）由此可知其前即有欲執弟子之禮者，然先生始終堅拒不受。此固緣先生深懲當時講學濫觴已極，故欲杜門卻贄，以身示範，挽天下之頹風，然亦可見先生盛德謙己之心懷矣！晚年復有張嘉玲屢欲執贄納拜，雖先生不許，而嘉玲猶誠懇不已，上書極哀惻，並轉求先生至友淩克貞、何汝霖代爲祈請，先生終不許。姚璉問其故，先生云：「某平生餬口四方，授書之外，未嘗納拜正師弟之稱，蓋見近時講學之風，始於浮濫，終於潰敗，平日所深惡此，而暮年躬蹈之乎？且佩蔥兄學行可畏，亦不敢當也。」（卷五十四）先生道明德立，足爲人倫師表，然於此一事特擇之固而拒之嚴，至老不移，故姚璉兄弟及諸欲請執贄者，因而不敢再申此請矣。然先生於來學者，每誘掖激勵，至於再三，誨之必由其誠，終日答問娓娓不倦，絕非所謂獨善以求自高者也。故若此眾雖不得正師弟之名，受教則誠有其實，且俱以門人自居，固宜別敘一節，然體先生之素志，乃絕不欲絲毫落於標榜形跡，故今以「後學」爲目而包舉之，當亦先生所可也。

又先生家貧，一生處館訓蒙以供不給。大抵皆同志好友延之於家，以教其子弟，先生雖自歎不德，且從遊少當於意而無以益人，每內省而深愧於心，與友人書中並時常因此自疚。然先生執友何汝霖嘗曰：「汝霖奉叔父命，敦請授業從弟，先生諾之，自是寒暑晨夕，動止語默，汝霖叔姪兄弟，以至親朋之有意過從者，無不涵泳春風中，即僮傔佃傭，一日經事左右，各雍雍有自好之色，信乎君子之益人家國爲不可量也。」（卷五〈何商隱跋〉）王錫闡亦曰：「君子以教思无窮，容保民无疆，楊園有焉！」（《國朝文匯》卷六張嘉玲〈上商隱何先生書〉引）斯可知先生教化之功也。而先生訓子書中則自云：「幼年同師之友與師之子，義分自與尋常不同，苟無大故，子孫猶有世講之誼。若讀書其家，叨受厚情，尤宜中心弗忘，王考讀書南莊陸家，臨終尚惓惓言之。父成童以往，讀書甑山錢家，故平生於董氏子孫與陸氏、錢氏、顏氏兄弟叔姪，相與較厚，本王考之志也。詩云：縱我不往，子寧不來。今當反此，縱彼不來，我寧不往……」（卷十四、〈示兒〉）故今全集中與諸家故人之子筆札極多，惓惓以其先人之志誨告，悃款以道德義理相勗，尤諄諄於立身持家之道，必期各能繼述其先人志業而爲克家子弟方已。先生之於友道，誠可謂盡而不愧死生矣！至於後輩請益，亦一本至誠，謙沖虛懷，勉以忠信篤敬、學問至道，先生之扶植造就後進，殫心與力如此也。凡上所舉，皆見先生之盛德教澤，淑人淑世，因具所聞，敘其後學也。

（一）**張嘉玲**〔明崇禎十四年（1641）～清康熙十三年（1674）〕

字佩蔥，號岵瞻，吳江之嚴墓人，遷居青鎭。諸生。少以才藻見，銳意進取，一日赴鄉試，見士入闈者必先露索，二人夾持之，遂去，終身不應試。居家造次不違禮。既與淩克貞、先生游，幡然向往，厭薄時趨，一以程朱爲宗。執父喪，三日不食，小祥之內，蔬食水飲，菜果不入口，三年之中，衰麻不去身，未嘗沐浴入內室。先生聞而敬之，佩蔥遂從克貞執贄以見，以喪禮爲問，請以師事，先生不許，後六年，致書何商隱，乞正師弟之稱，先生終不許，仍以友道處之。嘗稱其潁敏誠篤、精勤嚴密，同學之軼倫絕羣者。又嘗作序贈之，有曰：質敏而志剛，行修而氣下，肫肫乎有德君子也。〈與錢一士〉書曰：「近得畏友張佩蔥，庶慰日暮道遠之懷，以其能策勵頹惰耳，吾人德業不及後生，大爲可恥。」（《全集》無此書，依蘇氏《年譜》所引）佩蔥家有八喪未舉，一身任之，與弟嘉瑾行誼相勗，友善尤至。佩蔥資敏，故於諸從游所詣獨粹，世比之黃勉齋，其講學排陸王而宗程朱，嘗曰：「象山陽明學術之可憂，本爲賢智之過，今之言陸與王者，皆出於愚不肖之不及，所以爲患愈深。」（卷三十四）方欲有所論著，病作遂卒。今《全集》先生所與書有二十三通，並有答佩蔥問《易》、質疑，及答其《涇野內篇》疑問諸書。康熙八年，佩蔥及弟宣城携家將歸故居，先生因爲序贈之。其餘言行亦載先生《見聞錄》中。另佩蔥嘗述從游先生時，先生訓誨之語，今編爲《全集》卷五十二《訓門人語》一。（《桐鄉縣志》卷十三、《清史列傳》儒林卷六十六，《全集》）

（二）**姚瑚**〔明崇禎十三年（1640）～清康熙五十一年（1711）〕

字攻玉，號蟄菴，吳江人。早喪母，五歲隨父出就館舍，自幼莊重，有成人之度，長而好學，不事科舉。平生坦白眞摯，不事藻飾，與人無欺。早歲喪偶不娶，教後生以氣節爲先，而後入堂奧，每語及世道變革，人心學術所關，未嘗不流涕被面，愷惻動人。素不治生產，晚歸遯野，益貧困，深衣幅巾，日棲遲老梅下，雖日昃不舉火，恬如也，以壽終于家。

性耿介，不苟取與，表伯某溺水，救之甦，某德之，酬以金，瑚不受。復欲佐聘幣，辭曰：「婚姻大事，禮幣雖薄，當自具，豈可受助於人。」先生極稱之，《見聞錄》述其事以風世。瑚初爲姚江之學，默坐沈心，自謂有得。一日，邂逅王錫闡，極論儒釋之辨，授以《近思錄》，且曰：「張楊園先生當世眞儒也，祖述孔孟，憲章程朱，四方學者宗之，如泰山北斗，盍往見焉。」瑚聞之喜，即因錫闡謁先生於楊園，執弟子禮。先生嘗稱其清苦嚴毅，甚可畏。自是遂翻然棄異學，以爲得所依歸。時先生倡道東南，以興起斯文爲己任，一時同志往來，年高德劭如烏程凌渝安、海鹽何商隱、歸安沈石長，以及王曉庵、嚴穎生，皆多聞博洽，氣節偉然，瑚周旋其間，從容陶淑，識益廣、學益進，氣質渾厚，眞摯坦白，洞澈中外。與張佩蔥契最厚，庚戌、辛亥（康熙九、十年）館佩蔥家。辛亥之秋，上書先生，問爲學之方，累千餘言，懇惻動人，先生感其誠，復書慰諭，瑚守之不敢忘。康熙十一年，先生六十二歲，延瑚課子，瑚移家寓焉。妻潘氏德性溫恭，舉止端重，館舍湫隘，爨室隔簾箔，終歲肅然不聞人聲。先生嘗稱其夫人之賢，歎其德化爲不可及。先生卒後，佩蔥相繼淪喪，瑚懼師傳之失墜，與弟肆夏搜訪遺墨，彙輯成編，嘉惠後學。性樸茂，不喜爲文詞，教授五十餘年，未嘗課舉業一人，可謂得先生之遺風矣。病世之學者徒事空言，而不本諸躬行，以爲不明乎善，不誠乎身。以《通書》爲宗，研精極思三十餘年，有會於邵子元會運世之論，借以闡明太極圖說，極爲詳悉，號曰《困學編》。自謂發前人所未發，恨不及質之先師云云。嘗語陳梓曰：「楊園先生完人也。某等實不該稱先師，某自反一無知識，大不稱楊園弟子也。」（《陳一齋先生文集》卷五）其記錄從游先生所得諸語，今編入《全集》卷五十三《訓門人語》二。（《聖清淵源錄》第九、《陳一齋先生文集》卷一、《全集》）

（三）姚　璉

字肆夏，與兄瑚同師事先生。先生嘗告之云：「他人爲學，苦其不前，兄則憂其過銳而不量力；他人患其一得自安，輟多於作，兄則憂其一事未終又進一事。二者均足爲病，根原則一而已。」（卷十二〈答姚四夏別紙〉）先生晚年所選錄《朱子文集》、《語類》及《讀書》、《居業》二錄，璉俱抄出選目，惜後來編輯先生遺書，皆未刊入。其問學之語，今編在全集卷五十四《訓門人語》三，於先生言行細微，在三人中所述最爲詳審。先生歿後，璉爲纂輯遺書，較讎搜補，反覆再三，編集語錄則片詞隻語，均搜輯無遺，並商於先生執友何汝霖、凌克貞而定，守之弗墜，於先生遺書之傳，厥功最偉。故其兄瑚曰：「舍弟雖是口耳之學，然卻是先師功臣，先師遺集非舍弟蒐輯，今日范北溟先生雖欲刻，不可得矣！」（《陳一齋先生文集》卷五）

（四）顏鼎受兄弟

字孝嘉，一號初陽子，桐鄉人。諸生，士鳳長子。少負異質，通十三經，九歲能詩，得句曰：「輕風搖翠竹，微雨滴黃花。」爲朱竹垞所稱賞，賦詩以贈，有桐鄉顏氏子，才大最能詩之句。弱冠游庠，搢紳家爭延致之，環皋比而聽者席常滿。嘗游楚南，適逆藩拒命，耳其名，徵爲五經博士，孝嘉遁入衡山，易服爲羽士，乃免。寇平得歸，事後母甚孝，學使者以德行旌其門。幼時受業於先生，初先生二十三歲即館其家兩年，其後三十七歲復應其祖父之招，課孝嘉兄弟四年。蓋先生與其父爲兄弟之交，故於孝嘉亦特爲親厚，有答其論學十二則，謂於相知之前，未嘗悉意言此，同學之子，雖時與之言，而未嘗託之於書。又謂兄弟以世疏，朋友以世親。實推其父之交情而期望之者至深且遠也，故先生六十歲時，猶與書以戒勉之。（《桐鄉縣志》卷十三、《全集》）另其弟鼎孚、字予重，鼎愛、字祖儀，鼎爵、字子樂，俱同受學於先生。

（五）錢本寧兄弟

本寧字恪臣，本懋字雋萬，本卓字子固，桐鄉甑山人。父濤，字飛雪，即本一之父也。先生幼時讀書其家，撫之如子姪。先生自二十五歲始，即館其家，前後有八年之久。先生嘗答姚璉云：「某亦不就枕席者十餘年……予壯年館甑山錢氏，徒亦眾，每夜必更三四番輪侍，而某則未嘗寢也。」（卷五十四）知除錢氏兄弟外，尚有極多受業之徒，然不得考知也。本寧兄弟之事，先生《言行見聞錄》云：「錢子本寧、本懋、本卓，父飛雪先生歿後，家頗落，事母沈孺人必有酒肉，不以貧故不勉，左右順承，友愛靡間。三子從予遊最久，對之嘗有慙色。乙未（先生四十五歲）三月往袁花，舟人具述之，書以志喜，益以勉其所未足也。」（卷三十二）本卓從先生遊，時年最少，先生因爲字子固，並爲說贈之。《全集》中今存與子固二書，諄諄以教子、農桑之事相勉，俱見先生惓惓關愛之心也。（參《全集》）

（六）姚夏〔明天啓七年（1627）～？〕

字大也，號兩溪，石門人，諸生。爲先生高弟。生平敦崇實行，年五十遭親喪，猶終日嬰嬰作孺子泣，哀毀骨立。嘗追述先生生平事蹟，作爲《年譜》，雖紀年多舛，然後人得據以考證者，端賴有此，於先生亦有大功也。夏爲錢濤之甥，呂留良爲其表叔。據夏《年譜》自述：「先生二十五歲館於甑山……甥姚夏方九歲而孤，先生器之，幼時雖未執贄門下，然每見必慰卹教之，異他子弟。」又云：「三十三歲復館甑山，姚夏以家難自語水來，依外王母、舅氏以居，至是始執贄，歲具束脩之禮，先生堅不受。請其故，曰：吾喪父如子之年，我從諸先生讀書此堂，亦如子今日，向辱子外王母憐我幼而孤也，每手爲櫛髮、授飲食，命童婢勤瀚滌、侍寢興，視通家孫如己孫，此德未能報，今子方依外氏，我於子報子外王母也。夏泣告外王母、舅氏，亦流涕感謝焉。」今《全集》所存與姚大也書，始自先生三十六歲至先生之歿，計得二十三首，於門人中可謂最多，而終一生以教誨之，可見先生與大也往來之繁密，且愛之深也。（《桐鄉縣志》卷十三、姚夏《楊園張先生年譜》、《全集》）

（七）錢　曬

字日嚴，桐鄉人，先生摯友錢寅長子。寅卒之日，曬與弟昶俱幼，先生爲親視含殮，經紀其家。數年後，其宗人有爲里胥者，以浮役嫁累，先生不平，乃率曬、昶訴籲於公庭，後得清理，先生作〈再哭錢字虎文〉，大哭而焚之柩次。先生四十一歲歸自語溪，僦居鑪鎮錢氏，以教兒子嗣九，并授徒焉，時曬亦在同遊，踰三年，兒子死，先生去家館甑山，念之感愴不能自已，因詮次增補當時教言，爲《初學備忘》二卷以授曬。先生六十一歲，曬欲葬父，因爲籌劃以助其成。〈與姚大也〉書云：「……不知日嚴兄弟景色如何？念切、念切。歲前爲日無幾，日嚴家葬事何以料理，賣田有主乎？凡事豫則立，病者不能努力，全望足下爲之主張耳。目前急著，唯有服藥、治葬二事……葬事則唯僕與足下兩人可仗而已。衰暮之夫，終年旅食，自謀不暇，復欲爲少者憂勞，長歎如何！」（卷十三）觀先生之言行，可知其於故人之後照護關懷，無有不至也。

（八）吳曰夔

字汝典，號好修，海鹽人。父晉書，吳謙牧之兄，早卒，汝典與弟爲龍，字汝納，俱幼，家門凋謝，叔謙牧年方十六、七，率導之無闕失，並延先生教汝典兄弟。先生嘗稱汝典天資醇美，汝納英分過人（卷十〈與吳裒仲〉書）。汝典弱冠，即蔚然爲儒宗，叔謙牧復早卒，汝典總家政，撫其孤，恩誼備至。工詩書，有《物表亭集》。先生受謙牧之邀數年，於四十六歲方能應其招，以教汝典兄弟，而盜作道梗，因不竟年。然考今存與汝典十三函，首自謙牧卒年，其勉勵教導，斯可云詳且盡矣！不論學問進取、紹述交友，亦或持家撫育、結婚喪葬、力田耕桑、賦役冊務等，無一不及，汝典之克紹箕裘，實先生教誨夾持所致也。又《全集》前附有〈楊園先生文集序〉一文，署云「歲在乙卯春正月既望、瀓川門人吳復本拜撰」，則當亦爲吳氏子孫，然未知出何人之後也。復本抄錄自先生長子所藏文集，其後海昌陳敬璋據以爲本而編成《未刻稿十二卷》。(《嘉興府志》卷五十七、《全集》)

(九) 俞周煒

字恭藻，秀水人。善文辭，有美志，而少無師友，赴順治八年鄉試，中式焉，已而慚悔，作詩皎皎明月篇以見志。先生四十六歲時，因許元龍申謁於瀓浦，以是詩爲贄，請納拜，先生固辭，復因吳裒仲以請，先生終不許，留一宿別去。其秋卒。貧不能葬，友許元龍、徐馭霞爲斂金葬之。(《全集》卷三十二)

(十) 徐煜兄弟

煜，字重威，嘉興人，彬之長子。先生四十八歲應其父之招，教課一載。嘗謂其生質素厚，志趨亦欲向上，所苦不免流俗之牽，又其叔善及施博俱治良知之學，郡中風氣頹蔽，故每遺書以惕勉之。今全集中與煜函有十四封，其有所進益，先生必嘉勉之，更示以學問之道。煜亦時造謁先生求教，並呈函問學，極見上進之意。先生病則與其父遺以良藥，先生甚感其德。《言行見聞錄》嘗載云：「徐子煜，嫡母林爲羣尼所惑，蔬食衣緇，徐子憂焉。會林疾，徐子齋宿，告於祠堂，與其弟焻長跪涕泣而請，林感其誠，爲易常服、肉食，疾亦尋愈。」(卷三十二) 弟焻 (《嘉興府志》作煌)，字抑威，後爲上海縣丞，以廉能課最，補新興縣。先生〈與徐重威〉書中嘗云：「令抑威弟尚宜多《讀書》，少涉外事爲主，日涉外事不但壞人品地，雖於家道亦弗宜也。」(卷十四) 可以知其失也。又焻與先生無書信往返。(參《全集》)

(十一) 錢汝中

字子大，海鹽人。福徵之子。先生五十歲時，福徵與從子汝霖慕先生德業，因延課子，館其家遺安堂，時福徵年六十五，汝中甫十齡。逾三年，寢疾將卒，與先生爲十年之約，先生允其半，故先生館半邏最久，前後計爲九年。子大惑於細人，不力學，先生〈與何商隱〉書云：「令弟年來可憂之勢日進，意必有陰爲牽誘者，將來決裂，正未有底，但荒於嬉猶可言也。目前爲挨排歲月之計，終恐不得不一離家門，否則同心兩三人豈能勝暗中機穽乎？

舌敝耳聾，徒深怨惡而已。」（卷五）故先生百計護誘，循循善導，竭盡心力以教之，即去而館語溪後，猶時時與書諄復丁寧不已，期以德義自珍，而保世承家，勿貽他日之悔。(《全集》)

（十二）姚斯行

字仲聞，崇德人。家貧，嘗贅於某氏，季弟亦出繼於所親。伯兄有寡嫂范，攜其孤，撫於母家。父母老，惟叔弟一人在室，仲聞以喪偶而返，季弟亦返，三子鰥居，父母恆憂之。仲館於外，叔季耕桑以養，稍積束脩之資，先爲季納婢，勿良，遣之，別爲之娶，又爲叔先娶。孤姪已長，娶而歸。父母歿，終喪，乃圖己娶事，年四十餘矣，刻苦敦厲如此。先生年四十四歲，居鑪鎮教授，仲聞介其叔姚夏申謁先生於客舍，先生許爲忠信士。嘗名其所居之堂曰愛日，揭二古語書於座隅，曰：「天下無不是之父母，世間最難得者兄弟。」懇先生爲序，先生因有〈愛日堂記〉之作，申明孝友之義而勉之。仲聞能力行人倫節目，切實向裏，故先生云其生質好，做得一分功夫，當人二分，然生於鄉曲，少不學問，將不免固陋，故欲其友吳泰、朱天麒以相輔相成。先生之裁成後學不遺餘力，常如是也。(《全集》)

（十三）張言雅

佚其名，桐鄉人。先生年三十六館鑪鎮族兄彬家，言雅年弱冠來從游。入世未深，資足爲學，初於先生言雖不能盡從，從違者半；志雖未能盡出於古，而古終勝今。從學越月，告先生曰：「始聞先生言而疑，見先生行而疑，今聞世人之言而駴，見世人之行而哀。」先生勉之。其後力學，於先生之言，無不悅服，能受過責，未嘗拒於色。不數年而歿，先生悲憾，爲文祭之。(《全集》卷二十二〈祭張言雅文〉)

（十四）呂葆中兄弟

葆中，初名公忠，字無黨，呂留良之長子。主忠，字無貳（依先生與呂氏兄弟書推斷），留良次子。今《全集》所錄與呂家兄弟書計十八函，專與葆中者六首，與無貳者一首，餘五書則皆同與二人者。另六首爲與呂仁左者，仁左名至忠，乃留良四兄瞿良之子。少孤，留良教撫之，後偶惑一妓，遂至流蕩，留良嚴加禁督，始而懟憤，終迺悔悟，末年翻更勤儉，家賴不破。先生所與六書，均爲勸誨之言，仁左因幡然檢束，與先生書有「自後當潛心以聆訓誨」之語，先生乃以始終一意，敬慎弗違，而克善其終更勉之。(包賚《呂

晚村年譜》、《全集》)

(十五) 張元光

字恭默，桐鄉濮院人。諸生，從先生游，以滋培德性、崇尙實行爲本。居家未嘗有疾言遽色，每教人以存忠信、篤孝友、敦詩書、務勤儉，人感化之，年七十餘卒。(《桐鄉縣志》卷十五)

(十六) 備　考

1. 祝翼乾，原名乾明，字鳳師，淵之長子。先生有與祝鳳師二書存集中。有云:「世好之誼，謂宜篤於他人，故雖久不相見，朋游往還，未嘗不詢訪動履。」又云:「表彰遺集於當世，不若遵守遺訓於身心，其爲紹述箕裘爲益光耳。」(《全集》卷十二)

2. 董載臣，佚其名，崇德人，與呂氏有親戚之誼。嘗受學於呂璜。先生年五十九，載臣申謁於留良之廓如樓，隔年，執經東莊從先生受學，將歸，名其齋曰始學，先生爲記贈之。(《全集》卷十七〈始學齋記〉)

3. 張俟之，從先生受讀，其同學爲之請字，先生字之曰仲修。爲說以贈之。(《全集》卷十八〈張仲修字說〉)

4. 吳賓來，名里不詳。年十六七從先生學，資性敏快，聞先生言，即明意旨所在，先生念之不忘。(《全集》卷三十九《備忘錄》一)

5. 陸幼堅，先生友裕弘之子，娶先生次女，數年而歿，先生養其孤。全集今存與書三首。先生與其父函中，極贊美其人。(《全集》、蘇惇元《年譜》)

6. 周山甫，據先生與周鳴皋、陸孝垂及與之二書中判斷，似即周鳴皋之子，娶先生幼女，其人先生甚有微言。(《全集》)

7. 其餘如:沈祖綬(幾臣弟)、王言如(淩克貞弟子)、孫爾大、施龍友、曹友眉、鈕亦臨、胡世繩、黃無奇、孫永修、胡次嚴、陳霜威、錢叔建、吳又韓、程邇可、陸霞生、沈敬夫、朱復公、錢晦仲、錢範可、屠虞來、董理涵、吳象六、張企周等，名里俱不詳，除象六、企周外，先生均有書以勉勵學問立身也。

第五節　私　淑

先生雖逃聲匿跡，不求聞知於世，然卒後，聞風嚮往興起者，乃絡繹弗絕。不僅鄉黨好修君子，紹述先生之學，以飭其身、謹其行，而爲末世薄俗之砥柱；甚且數千里外，名公鉅卿來宦於先生之鄉，得讀先生之書者，均流連嚮慕，必欲發潛德之幽光，以致其崇極之意。故先生雖困窮於生前，亦欲自甘於隱逸，畏聲利於當時，然而積厚流光，終難晦於世，故身歿之後，歷久而彌彰，海內敦品勵學之士，無不知所嚮往也。迨清同治十年，終以浙江學政徐樹銘之奏請，而從祀文廟。雖然此或非先生之志，可謂實至而名歸矣！誠若吳晞淵（先生之友裒仲子）所云：「楊園先生盛德而無後，此不可以常理論，將來兩廡之下，俎豆千秋，未嘗無後也。」（《陳一齋先生文集》卷五）而吳氏見幾於百數十載之前，亦無忝爲故家子弟而知先生者也。今尋繹史志所及，述私淑一節。然爲存原貌而利行文，凡遇先生名諱處，概依諸人傳記所舉，不復更從尊稱。茲略按各人年代先後纂輯如下：

（一）范鯤〔清順治十四年（1657）～清康熙五十年（1711）〕

字北溟，海昌人。少事舉業，爲諸生，名噪庠序，性剛正，尙氣誼，士黨倚爲重。後忽翫《易》有得，喟然歎曰：「天地閉，賢人隱，吾何爲哉！」遂棄青衿，易古衣冠，潛究洛閩諸書，所造彌粹，交吳江姚瑚昆季，得楊園遺稿，熟體之曰：「紫陽之後，一人而已。」因編次其集，慫恿諸交契及門下協力梓之，凡數十餘卷。〔註 11〕楊園生明季亂世，闇修獨善，世罕識其名，自此書出，人始知姚江、語水之外，固有洛閩正途。窮鄉末學，多所興起，此其功也。與澉水吳子元復（即裒仲長子）往來最契。北溟制行醇篤，居恆一遵古禮，嚴氣正性，貴游子弟，靡不慴服。平生喪祭特虔，講求紫雲灰格之法，精密無遺憾。峽川張莘皐，篤實士也。喪母哀毀逾制，以葬事就商，至嘔血數升，北溟感其誠，爲擇地于伏獅之陽，躬犯霜露，董役數月克竣。迨北溟歿，莘皐爲營窆穸，撫其兩孤，久而不倦，人兩賢之。

贊曰：自紫陽以後，歷魯齋、河津、餘干諸儒，淵源不絕，而集其成者惟楊園。然表章遺書，昌明楊園之學，以覺來者，非先生（北溟）誰克任之。烏呼偉哉！少汨舉業，獨能翻然振起實學，躬體力踐，不爲空言，非豪傑之士而能然乎！（陳梓〈范蜀山先生小傳〉）

〔註 11〕《陳梓文集》卷五錄有「諸先生遺言」，記其言曰：「余向時科名極熱，每一學使者至，取其所拔文七篇，熟誦七千徧，取冠軍如拾芥耳。後乃大悔，有志於聖學。……聞楊園張先生之名，因訪姚君肆夏，得遺集大快，元明諸儒，楊園集其成矣！今已慫恿同志登諸棗梨，以惠來學，亦一暢舉也。」另范氏所刊參見前第一章第二節。

(二)張朝晉〔清康熙十一年(1672)～清乾隆十九年(1754)〕

字莘皐,晚自號北湖,學者稱北湖先生,海鹽橫山人,居海昌之硤石鎭。六歲謁祖姑徐,賜以新衣,卻不服。十二歲補弟子員,十三歲居父喪,讀《儀禮經傳》、《溫公書儀》、《文公家禮》,參考異同,造次必依於禮。三十八歲居母朱碩人喪,勺飲不入口,從母諭之曰:「若不勝喪,獨不爲先人大事計乎?」乃強起,食粥以治喪,迨營葬事,歐血數升,仆於地良久,藥之而甦,服除,遂不就試。曰:「向者冀老母得祿養爾,今博科名何爲者?」此北湖終事父母,樂志肥遯之大略也。北湖少從范鯤遊,即手鈔楊園全集讀之。謂《言行見聞錄》乃古聖賢畜德之功,子朱子序《小學》而以嘉言善行終篇,《大學》之格物,《中庸》之擇善,率由此道也。學者觀此編,其於樞機倫物之際,有以得持循用力之方矣!〔註 12〕乃刊板藏於永思樓。永思樓者,北湖奉先世神主之所,四時之祭,必前期齋宿,忌日則素服致哀。凡祭器及儒先手跡經史諸書皆藏焉。暮年不戒於火,急登樓從烈燄中抱神主以出,《言行見聞錄》及自著手稿多燬,惟所輯楊園未刻稾存。北湖既服膺楊園之書,由楊園而推之當湖,知其同源而合流,晚年猶手寫《䓁濱日鈔》以教學者。楊園嘗倣德清唐灝儒葬親社約,遠近多遵行之,北湖於三十年中,三舉葬會,貧士得葬者九十餘家。又創望墓祭田以祀始祖及二世墓地之失考者,立仁孝園以收族之貧不得葬者,其措置規條,大率本之楊園。楊園後人五棺未葬,乃約周旦雯、許醇夫及諸同學,鳩金印行蜀山所刊《全集》,餘二十金,屬姚希顏董其役,灰沙附築,并楊園主穴亦加灰沙于甎墎外。楊園無後,繼族孫文明貧不能娶,創會約同人爲之覓婣。於戲!北湖之於楊園,未嘗親受業其門也。既志其學而師法之,又周恤之如此,此非特可以式薄俗也,亦足見正學感人之深。而以儒林宗派論,北湖之於楊園,不異其適嗣矣!且夫楊園當明季異學充塞之時,確守朱子之學,以深明乎天人合一之故,而力踐夫道器不離之實,與凌渝安、沈石長、何商隱,切劘究習於荒邨僻壤中,毅然以繼往開來爲己任,然未嘗號召生徒,通聲氣於四方也。苟聞而興起者,無蜀山與北湖之深知篤好,以廣其傳,則雖任道力行如人齋者,何自而得私淑耶,蓋人齋之生,後於北湖已三十年,其去楊園稍遠矣!卒能蒐輯遺書,闡發義蘊,北湖啓之也。(錢泰

〔註 12〕《言行見聞錄》以下一段文字,刪節自朝晉所爲識語,全文今見先生《全集》卷三十一《言行見聞錄》目次之後。其識語作於「庚寅孟秋」,時在康熙四十九年,朝晉三十九歲。

吉撰〈事狀〉）

（三）刑志南

字復九，號梅亭，歸安邑諸生。幼謹敕，弱冠，爲功過格自砥。聞山陰《人譜》獨不記功，欲取以自證。時蟄菴姚子館菱溪，復九晉謁，請觀譜。蟄菴曰：「子欲求道，有先師楊園遺書在。」復九奉歸讀之，恍然曰：「名節者，道之藩籬，非棄舉子業不可。」遂謝試事，由楊園溯之伊洛，盡得其縕。注《小學》爲四書章圖，其他經史，皆一一考典制、辨疑似，括爲歌訣，以便初學。居恆嚴肅，雖盛暑，衣冠如泥塑人，蠅集額間，不手拂也。夫人仲氏有淑德，晨起，各整容爲禮，或兩案相對鼓琴，子孫旁侍凜然，聞者莫不敬羨。晚以姻戚飛語受污，益自刻厲，集古人行事見誣流俗者以自白。嘗曰：「人特患不如古人，多口何病哉！」卒年五十，子二。平生著述合數十卷，苕中學者多宗之。（陳梓撰〈刑梅亭先生小傳〉）

（四）陳于上〔清康熙十四年（1675）～清康熙五十三年（1714）〕

初名樂，字夔一，號櫟夫，秀水諸生。陳梓之伯兄。生而醇樸，九歲能作文，弱冠，讀《南陽講義》，慨然有志於正學。於書賈得楊園《訓子語》，篤信之。既從錦邨訪苕中諸前輩，私謂諸公既親炙楊園，不應工舉業、博科第，欲訪其高隱弟子，不可得。時蟄菴姚子適來館幽湖，公大喜，挾刺不敢進，盤旋於門者三日乃入謁，與語，大悅。次日復命梓偕往，姚子爲說太極及楊園遺事，慷慨流涕。公顧梓曰：「小子亦少悟耶！」時梓年十九，自幸聞所未聞，歸讀《孟子》陳代一章，遂絕意進取。公曰：「老母在，盍稟諸。」因叩之先孺人，孺人曰：「讀書本豈爲科名哉！」公意乃決，不復命梓試。公勤於鈔錄，凡經史先儒書。悉纂輯同異。如紫陽、金溪、姚江、白沙、語水尤悉力辨難，質之克軒、梅亭、蜀山三先生，反復紬繹，以會其歸。然獨不喜著述，曰：「所難者躬行耳，口耳何爲哉！」亦喜作詩，庚寅（1710）館故山，得山水之趣，始事吟咏，然出語便自成家，見者謂撚髭數十年不及也。初患疝，一日晨起，朗誦《近思錄》，午餐後疝忽劇，夜遂不起，急投藥無及矣，時年四十。（陳梓撰〈先伯兄櫟夫先生家傳〉）

（五）陳梓〔清康熙二十二年（1683）～清乾隆二十四年（1759）〕

字俯恭（一作俯躬、頫躬），又字古銘，一作古民，號一齋。先世餘姚人，隨父兄僑寓秀水濮院鎮。弱冠，偕兄樂謁姚蟄菴先生，蟄菴名瑚，楊園先生高弟，教以正學，歸讀《孟子》陳代章，遂絕意進取，以閑邪崇正為己任，雍正二年舉孝廉方正，不就，又舉博學鴻詞，上書力辭。清苦嚴毅，篤學不懈。私淑楊園先生，為之重輯年譜、作傳。著《四書質疑》、《志仁困知記疑》、《詩文集》。書法晉賢，學高行古，詩與北地李鐵君鍇齊名，有南陳北李之號。生平為人坦直和易，不苟言笑。除問學蟄菴外，並從范鯤、吳晞淵、刑志南諸前輩游，與張北湖、祝淦、許慕迂講論楊園之業。晚年無子，歸老故鄉。學使雷翠庭為其受業弟子，嘗以紙鳶詩寄之，雷讀之心動，即日移疾去。乾隆二十四年卒于餘姚之筠谷，年七十有七。(《碑傳集》卷一百二十七、《桐鄉縣志》卷十五、《陳一齋先生文集》)

（六）周　瞰

字旦雯，號緩庵，桐鄉濮鎮人。諸生。舉止方正，排斥佛老，私淑楊園，講學一宗朱子。以樸實力行為務，得古籍及儒先性理書，晨夕玩味不釋手。閒事吟詠，必發明濂洛關閩之理，不與騷壇爭勝也。嘗與范巨川、陳古銘拜楊園墓，出古鼎爇香，並捐資修墓，士林多之。(另參（二）張朝晉條。)其「瞻拜張楊園先生遺像」五律云：「濂洛再傳薪，天心寄此人。撐持徵道力，恬靜葆天眞。曲徑花爭豔，空庭草自春。寒風儀範在，千古照常新。」(《桐鄉縣志》卷十三)

（七）范時濟〔清康熙二十年（1681）～清雍正九年（1731）〕

字巨川，號波輿，順天人。父官於杭，家焉。五歲入成均。少穎悟，長而好學醇謹。所至爭延為弟子師，牆舍不能容。年三十喪偶，不復娶。媚亞間有美而豐于奩者欲壻之，毅然曰：「吾有二子，復何求哉！」歲癸巳，年三十三，館幽湖，訪陳梓於蓼莪堂。梓贈之楊園遺書，閱竟，攝衣冠，拜且泣曰：「吾生平為功過格，今乃大悔，學人第當訟過耳，此書吾奉之終身矣！」攜樸被過梓，論古人出處行誼，經史疑難，數夕不倦，遂與梓訂兒女之昏。巨川博極羣書，為文敏捷，千言立就，試輒不售，其盟友、門下博科第、登仕籍者纍纍，泊如也。後應故人官山右者課子之招，隔年客死山右。(陳梓撰〈范波輿傳〉)

（八）潘瀚〔？～清康熙六十一年（1722）〕

字起濤，號漁莊，越人，寓禾之梅涇。少聰俊，工篆籀，長嗜書，嘗傾資市簡籍，日夕流覽不輟。又喜學琴，每月夜坐高齋，焚古鼎，作箕子操，望之飄飄若神仙也。好客，與陳梓交獨厚，每談論輒神契，相視而笑，旁觀莫測也。篤信楊園、語水之學。僦居，新構一樓爲家祠，仿朱子禮立四龕，將設主修祀，會瘵疾，賫志以歿，年三十餘。（陳梓撰〈潘漁莊小傳〉）

（九）祝洤〔清康熙四十一年（1702）～清乾隆二十四年（1759）〕

初名游龍，字貽孫，世爲海寧名族。乾隆元年舉人。生周晬而孤，年四歲，母課之識字，首舉人字，詔之曰：「人須是頂天立地。」洤不敢忘，因號人齋以自志焉。少長，勵志勤學，六經四子而外，深嗜理學諸書，讀楊園先生集，謂其昌言貞教，與朱子先後一揆，足以正後儒偏詖之趨，而續古聖微茫之緒。用是蒐輯遺書，手爲訂定。既復秉朱子《近思錄》義例，采輯《備忘錄》精要，以爲一編，名曰淑艾，志私願焉。洤之于楊園，可謂盡心焉耳矣。寧化雷鋐視學兩浙，極力表章楊園，皆洤導揚之力也。楊園嘗謂三代而下，羣言淆亂，折衷於朱子而可矣！洤篤信斯言，故生平於朱子之學講習最深。由楊園而上遡朱子，掇取《文集》、《語類》精到切要之言，亦遵《近思錄》例，分十四門編次之，爲《下學編十四卷》。洤之學，由楊園以溯洛閩，粹然一出於正，若靜悟良知之說，則深惡而痛絕之，然不好爲爭辨以涉門戶之私，惟日孜孜於倫常日用，戚族鄉鄙之間，以盡其分。用力於敬，須臾不離，家居對妻妾，與游處王公大人間無異容。嘗授經淳藩及衍聖公第，莫不以嚴見憚，或勸少貶，曰：「師道固如是也。」當時若陳相國蓮宇、雷副憲翠庭、傅少尹謹齋、陳布衣頫恭，皆忘年略分，與之爲道義交，觀摩講習，終身無間。卒於乾隆己卯，年五十八。（錢馥撰〈祝人齋先生小傳〉）

（十）朱坤〔清康熙五十二年（1713）～清乾隆三十六年（1771）〕

字中黃，又字正甫，秀水人。以舉人補蕭山教諭，保舉授博平縣，以疾歸。爲學不務詞章，服習有宋諸儒之言，私淑鄉先輩張履祥氏，校勘其遺書，鋟刊《備忘錄》，寧化雷鋐爲序之。並有〈上督學雷公請以張楊園合祀陸祠書〉。稱弟子於鋐，常以書往復，講論不已。在蕭山上書言縣之西江塘宜改築石塘，以資捍禦。長山閘、龍口閘諸處，宜脩濬以利導下流，反復數百言，洞悉機宜，未允行。後十三年而西塘潰在博平，值高宗南巡，縣官當治道。坤騎匹馬，從四五人往相視，而縣人已爭荷畚鍤掃灑之具，先坤所行處，道悉平治，其民易使如此。大興朱筠誌坤墓，謂古之學者，而當世之循吏也。著有《靈泉筆記》等若干種。（《嘉興府志》卷五十二）

（十一）朱　芬

字蘅佩，嘉興人。乾隆六年省試，以奪解被放，棄舉子業，寢食三魚堂諸書，茫然不知入道之門。明年，陳梓贈張楊園先生文鈔，讀之，覺從入有路。復因陳梓見祝洤，得洤所刪輯全集手稿，於乾隆二十一年鋟刻全集竣事，寧化雷鋐時爲兩浙督學，因爲序之。餘參前章第二節、二、(二)、嘉興朱芬刊本條。(〈全集序〉)

（十二）徐　棖

字虞風，海鹽花瀆里人，諸生。與陳一齋遊，得聞楊園先生之風，志行修飭，動必以禮。一齋歿，無後，遺文散落，手爲繕輯成編。他若淩渝安、沈誠菴、王曉菴諸先生遺集，皆有手錄本。子皆諸生，確守遺訓，不替舊德。所著有《四書集說》、《楊園先生年譜附錄》諸書。(《碑傳集》卷一百二十七)

（十三）沈堯咨

字飭臣，號山臞，桐鄉濮鎭人。諸生。少慕楊園之學，家居以孝弟爲先，設教里中，從游甚眾，縣令蔡可遠特舉優行。詩學本諸從父海鷗，時有明心見道之言，著有《晚盥集》。(《桐鄉縣志》卷十三)

（十四）沈德棻

字樹馨，號松巢，桐鄉鑪鎭人。乾隆三十年舉人。世以易學名家。弱冠游庠，慕楊園性命之學，宗其緒餘，仿《學蔀通辨》例，區分派別，薈萃成書。學使者雷鋐以理學自任，以松巢說經爲一邑冠，擢置優等。鄉舉後，不與計偕，授徒以老。(《桐鄉縣志》卷十三)

（十五）于文懋

字丰珊，桐鄉人。充乾隆四十一年歲貢，少慕洛閩之學，後得楊園集，讀之曰：「道在是矣！」潛心體味，所造甚深。(《桐鄉縣志》卷十三)

（十六）張繼栻

字景南，號敬軒，晚號蔬坪，桐鄉人。乾隆二十六年歲貢。官淳安訓導。生平仰止楊園之學，一步趨亦有準繩。嘗輯桐邑先哲遺詩，名曰《質亡集》。後宋小茗廣文選《桐溪詩述》，頗資採錄。官淳安時，創修海忠介公祠，復於祠旁拓室數椽，顏曰學海，會諸生修業其中。(《桐鄉縣志》卷十三)

（十七）楊　謙

字子讓，號未孩，嘉興人。郡庠生。讀書不屑章句，慕程巽隱、張楊園之文章理學，往復於柞川桐溼上者二十餘年，生平博極羣書，箋注《曝書亭集》行世，著《朱竹垞年譜》、《木山閣詩鈔》。（《桐鄉縣志》卷十五）

（十八）周　幹

號古軒，寄居震澤鎭。弱冠游庠後，志在研求性理，不專事科舉之學，學易三十年，成《易庸》一書，於宋學頗有所得。中年無子，深自引慝，每值家祭，齋戒致虔，其丁內外艱也，闇居讀禮，三年不入內寢。生平不善理財，見人厄則傾囊以助，若自忘其境之嗇。臨終，遺命嗣子勿用音樂、勿作佛事，違者以不孝論，人咸謂其眞心學道，足以私淑楊園云。（《桐鄉縣志》卷十三）

（十九）蔣　元

字大始，號澹邨，平湖乍浦人，諸生。自少潛心理學，謹偱繩墨。家貧授徒。手抄儒先書，積卷盈帙，寒暑不輟。讀《近思錄》有得，悉發先儒書，辨析同異，一折衷于朱子。篤信楊園先生，謂程朱之學不被良知剝盡者，賴此一陽之復，陸清獻繼之顯于世，吾黨私淑，舍楊園其誰與歸。遇有詆毀程朱者力斥之。晚困甚，所居僅蔽風雨，嘯歌自適，無戚戚容，蓋中有所得然也。坎坷以卒，年六十餘。著《古文載道編》、《人範六卷》、《救荒書》、《叢桂堂雜說》、《詩文集》等，另有《楊園先生年譜校定》。（《平湖縣志》卷十七、《碑傳集》卷一百二十七）

（二十）錢馥〔清乾隆二十二年（1757）～清嘉慶元年（1796）〕

字廣伯，號幔亭，海寧路仲里人。性謹訥，不樂仕進，早棄舉子業，沈酣經籍中，凡傳注疑義譌文，一經尋索，必得其解，尤善六書音韻之學，從周松靄春講求字母，多所悟入。與周廣業（字耕崖）、陳鱣（仲魚）、陳敬璋、吳騫（兔牀）相切磋，學日進。盧文弨刊叢書，聘主讎校，詳審異同，一無譌誤。儀徵阮元督學浙江時，聞馥名，招之就試，不應。嘗取濂溪詩意，自號綠窗，於是遠近以綠窗布衣目之，馥欣然終身焉。自題所居曰小學盦，謂漢志載史籀倉頡等十家爲小學，宋人輯小學書，專言明倫立教之旨，必兼漢儒宋儒之說，而小學之義始備。少時得楊園集讀之，服膺不倦。楊園墓荒蕪已久，扁舟往拜，芟除荆莽，就墓傍居人屬爲防護，再拜欷歔而去。於姚陳兩家所輯楊園年譜，時辨證其同異。平生言行不少苟，所寢枕，鐫銘詞以自警，不愧衾影，蓋庶幾焉。以力學得瘵疾，年甫四十而歿，門人錢塘邵書稼爲訂遺稿。其〈書楊園先生年譜後〉一文云：「馥兒時聞長老言楊園先生之爲人，即心竊慕之。歲壬辰（時年十六）得《備忘》、《近古》二錄及《訓子語》、《初學備忘》四種讀之，嚮往逾摯，遂加意購求其遺書，迄今雖尚未得其全，而讀過者亦不下十餘種。孟子曰：頌其詩、讀其書，不知其人可乎？竊不自揣，嘗欲爲先生作年譜……。」又爲〈楊園先生贊〉，詞云：「於維先生，艱難持正，閑道闢邪，希賢希聖，近守程朱，遠宗孔孟，清獻陸公，後先輝映。（按原注謂末二語公手蹟作五百年來，未有其盛）」又集詩贊云：「楊園之道，碩大且篤，必宋之子，以似以續，續古之人，以作六師（注：以先生追配宋五子則爲六子），我不見兮，悠悠我思。」（以上同引《小學盦遺書》卷四）可知其嚮慕之深，推崇之至也。（錢泰吉撰〈錢廣伯小傳〉、《小學盦遺書》）

（二十一）陳敬璋〔清乾二十四年（1759）～清嘉慶十八年（1813）〕

字奉兹，號半圭，海寧人。郡庠生。小時，父咸備語以族祖乾初先生確之遺事，稍長，得桐鄉張楊園先生集讀之，於是私淑乾初、楊園終其身。讀書必手自鈔錄，盛暑祁寒不離硯席，明季諸老述作，編纂幾數十百卷。乾初遺著散佚，訪求參校而手錄之，積六七寒暑，編成四十九卷。從錢馥鈔楊園未刻文目，後得嘉興丁誠之、海鹽吳應和所錄本，釐爲十二卷，摹考槃獨寤圖於卷首，朝夕披誦，又訂楊園生平爲年表，以副本貽丁子復，未幾，寓館火，其手錄本皆爲祝融收去，兩書幸存。奉兹日可寫一萬字，見異書輒手鈔，屢燬于火，晚歲猶插架層疊也。

性剛直，嘗上書學使者，有所指陳，不得達；已而友人應會試，移書某御史，條列當世務，亦不得達。人咸駭怪，然奉兹平居言動實循謹。曾重次千文爲勵志篇，中云「頓顙入見，願助乂康」，而終以「密約審幾，本乎謹獨」，其志可見矣。

甫成童而孤，母查嫻詩書，教奉兹有法度，奉兹亦能得母歡。母晚歲失明，侍奉彌謹，嘗爲耕養圖以寄意，自爲之記。嘉慶癸酉，奉兹卒，年五十有五。母年八十，尚存，同人咸賦詩以哀之。平生篤于友朋之誼，於錢馥尤爲同志，共訪求楊園先生遺文佚事，參互考訂，不遺餘力。馥卒後五年，奉兹爲文誡其二子，詞意懇至。（陳確集引《海昌備志》卷十七〈陳敬璋傳〉、《碑傳集》卷一

百二十七）

（二十二）李汝龍

字海門，嘉興梅會里人。諸生。幼篤內行，能爲古文辭，經史瀏覽即得大意。專心濂洛之學，日有課程，嚴自刻厲，與丁子復同硯席者三年，子復兄事之。時俱年少氣盛，謂前修階級可層累而進，後子復爲饑所驅，汝龍亦爲二豎所苦，纏緜藥裹，年未四十而卒。著有《楊園年譜發明》、《寸碧山堂詩文集》。（《碑傳集》卷一百二十七）

（二十三）丁子復

字見堂，號小鶴，嘉興人，貢生。古文得歸震川家法，兼工詩，平居，肆力於古，學有本源。跋徐氏二十四家文鈔，持論精當。海昌查氏重脩《新舊唐書》，時沈氏炳震原撰〈安祿山傳〉，已佚，復仿補之，兼任校勘，尤多駁正。弱冠，與蔣元、錢馥、李汝龍、陳敬璋及海鹽吳應和交，頗聞先儒之學，後讀楊園先生集，益嚮往之。其後饑驅四方三十年，諸人相繼殂謝，唯存應和、子復二人。因取蔣元所著《楊園先生年譜校定》、錢馥與陳敬璋所著補訂，并取姚氏原本、陳梓重輯本，參考得失，刪冗補漏，質諸應和而定去取，成《楊園先生年譜合訂》若干卷，并述前諸人行誼，附之于後。（《碑傳集》卷一百二十七、《嘉興府志》卷五十一）

（二十四）方坰〔清乾隆五十七年（1792）～清道光十四年（1834）〕

字思臧，號子春，晚更號朔夫，顏其居曰生齋，浙江平湖人。嘉慶二十一年舉人。少從武康徐熊飛爲詩，兼治古文訓詁，後篤志程朱之書，毅然行之，雖貧病交迫，不顧也。道光十年，攝武義訓導，非其義一介不取，爲教恪遵《小學》、《近思錄》，反覆曉解，士子翕然信從，執經問業滿庠序。時郡學楊道生、湯溪學、沈寶齡並以理學倡諸生，二人出入姚江，坰寓書規之，不少假借也。以繼母喪歸，邑中耆老以爲百年來所僅見，攀留不已。十四年選授錢塘訓導，未抵任卒。入祀鄉賢祠。與同邑顧廣譽交契，慕楊園先生之學，偕廣譽重訂《楊園先生年譜五卷》。又欲錄周程張朱及勉齋北山敬軒敬齋楊園清獻遺言，兼取念庵景逸，爲學準一書，未成而歿。平湖自陸隴其後，乾隆間有蔣元，力扶楊園清獻墜緒，然謹循繩墨而已，至坰潛思力行，以詣其極，尤妙契前賢無愧色。（顧廣譽撰〈方子春先生行略〉、《平湖縣志》卷十七、《清史列傳儒林傳》卷六十七）

（二十五）顧廣譽〔清嘉慶四年（1799）～清同治五年（1866）〕

字惟康（《清史列傳》作維康、《平湖縣志》作豫康，今從其《文集》行狀），號訪溪，晚又號愼子，平湖人。咸豐元年薦舉孝廉方正，會寇難未赴廷試，二年舉優貢生。廣譽自幼慕其鄉楊園、清獻之爲人，刻意勵行，晝之所爲，夜必書之於冊。及長，得元程端禮讀書分年日程，依其法以讀經，又晨夕紬繹朱子《小學》、《近思錄》及《五子全書》，窮探力索，身體而力行之。時競尚漢學，獨廣譽以程朱居敬窮理爲本，以之自勉，即以之勉人。與同里方坰爲道義交，常挈家就坰白華書舍，朝夕講論，及坰歿，奔護其喪，復爲醵金刻其遺書。生平於制舉業不苟作，每試輒冠其曹。學使吳鍾駿尤以經術文章相契重。既絕意仕進，益肆力於古，自漢唐以來，儒先疏義，並宋元明諸儒，暨張楊園、陸清獻各遺書，博觀約取，反己自得，而精力尤萃於《毛詩》。家貧，授徒自給四十餘年，晚主講上海龍門書院，誨人尤以正心術爲先，卒於書院，年六十八。入祀鄉賢祠。

按：廣譽既與方坰合訂《楊園先生年譜五卷》，道光十九年，復交蘇惇元，盡資所藏海昌元刻《楊園全書》，以助其更訂年譜。咸豐間，受柞溪沈綺霞、訪仙之託，有〈代柞溪同人募修張楊園先生墓啓〉之作。同治初年，左宗棠任浙撫時，立意奏請楊園從祀兩廡，乃由浙紳陸以恬屬廣譽撰從祀聖廟事實十二條。另見其文集中復有〈張楊園先生寒風伫立圖記〉一文，綜觀之，可見其嚮慕浸淫先生之學之深也。（《悔過齋文集》、《清史列傳儒林傳》卷六十七、《平湖縣志》卷十七）

（二十六）蘇惇元〔清嘉慶六年（1801）～清咸豐七年（1857）〕

字厚子，桐城人，國子監生。天性孝謹，少失怙，客遊養母，極孺慕之誠，母卒，哀禮交致，不入內、聽樂、飲酒食肉者三年。葬祭必精，考禮經國制，爲〈安厝錄〉、〈家祭約儀〉、〈宗祠規儀〉，敬謹遵行，其後廣之爲《四禮從宜》一書，修於家以正習俗之非。乾嘉間，海內學者以博綜爲聲，號曰漢學，力毀程朱，獨方東樹著《漢學商兌》明辨之。惇元年三十即心好朱子學，名其堂曰儀宋，復師事方東樹，博究儒先之言，凡少異程朱者皆不取。最後篤好張楊園先生書。以爲自宋以來，得朱子正傳者，西山、魯齋、敬軒、敬齋、整庵、當湖六人，楊園書純正平實，介乎諸儒之間，而精詳親切殆尤過之。體用兼備，巨細畢舉，因纂訂《年譜》，奉爲儀刑。并勸其師東樹啓學使沈維鐈奏請從祀孔子廟庭。後又詣桐鄉謁楊園祠墓，稽志乘、訪求逸事，復交平湖顧廣譽，假所藏海昌元刻全書等，因將年譜復加更訂，多所增益，重易其稾。惇元經學文章宗方苞，於是又編《望溪年譜二卷》。其爲人嚴正守禮，家甚貧，一介不妄取與，嘗佐治粵東，有關吏持重金，屬爲請事，峻拒之。道光三十年詔舉孝廉方正，里人以之應，固辭不就。所著有《遜敏錄》、《欽齋笥記》、《詩文集》等。（《碑傳集補集》卷三十八、〈重編張楊園先生年譜後序〉）

（二十七）吳儀洛

字遵程，海鹽人。諸生，力學篤行，私淑張履祥。嘗歷遊楚粵燕趙，徵文考獻，不遺餘力。留四明讀范氏藏書，所寓目者，輒能暗寫。中年欲以良醫濟世，博覽岐黃家言，遂精其術。所著成方切用，傷寒分經，闡明仲景，發西昌喻氏所未發，采入《四庫全書》。又著《春秋傳義》、《周易註》、《本草從新》等書。（《嘉興府志》卷五十七）

（二十八）崔德華

字蓮舫，海鹽人。庠生，居邑之徐塔村，少讀書硤川丹井僧房，潛心理學，私淑張楊園，補輯其年譜，採錄未刻諸書，多姚陳兩家所未備。著有《秋聲山館詩鈔》。今中研院史語所藏有《秋聲山館手抄楊園年譜》（錢馥校定）一卷及陳敬璋所纂年表，中有「博陵蓮舫氏」鈐記，蓋即德華所手錄者也。（《嘉興府志》卷五十七）

（二十九）戚人鏡

字蓉臺，錢塘人。嘉興二十四年進士。少孤，母蔣教之成立。官京師，與善化唐鑑友，爲程朱之學。累遷翰林院侍講學士上書房行走。督學黔陽時，講明義利，示以體用，刊《小學》、《人譜》諸書，使士知趨向。生平寢饋於稼書、楊園兩先生之書，涵養純熟，識量宏遠。嘗欲歸讀書求義理，必自信而後出，以母樂京師，不果。道光九年遭母喪，哀號無晝夜，溢米不下咽。襄平相國蔣攸銛語人曰：「吾弔人多矣！未有如蓉臺之哀者。」竟以毀卒，年四十七。（《杭州府志》卷一百三十八）

（三十）賀基鞏

字裕垂，秀水人。以進士授新鄭縣，治尚清淨，不爭紛擾，而凡有關利害者，必竭力爲之。舊例每年買穀數百石納府，倉民苦之。基鞏力請于上官，得永免。期年大治。未幾遘疾，士民爲泣禱者踵相接。及卒，縣人賻之，乃

克舉喪。(《嘉興府志》卷五十二)

(三十一)沈昌寅兄弟

昌寅,字升伯,秀水人。昌寅與弟昌宇少受業於同里賀光烈,昌宇先舉雍正甲辰鄉榜,以師及兄未雋,仍共下帷讀書,不赴禮部試,丙午、己酉以次捷,乃就計偕。明年,昌寅與弟同登進士,昌寅授刑部主事,補盛京工部主事,未久,終於任。昌宇字泰叔,會試第一,廷試第二,授編修,典廣西、河南、山西試,提督廣東肇高學政。粵中前有惠學使士奇,士林尸祝之。昌宇復條列規則,使之易循,人翕然悅服,稱復得惠夫子云。昌宇兄弟素友愛,自兄之歿,抑鬱不自勝,歸,不數年亦卒。(《嘉興府志》卷五十二、又按:賀、沈諸人私淑楊園,據《清儒學案》引沈日富《楊園淵源錄》所載)

(三十二)備　考

另有側聞先生遺風,或與友人講論先生之學,或重修葺祠墓,校印遺書,或官於江浙、桐鄉,慕先生行誼,爲表彰學術遺德者,就傳志、別集所見,列諸于後,以備考焉。

1. 陳世僔

海寧人,陳確族姪。校先生《喪葬雜錄》,並撰〈小引〉曰:「辛卯之夏,得讀楊園先生《喪葬雜錄》,心怦怦不能自寧,蓋以先君子謝世,已踰小祥,尙未獲吉兆以安厝之,亦因擇地之艱難……先生遭壬午之變,創鉅痛深,故於喪葬之事,不憚言之反覆,且廣爲採輯,以挽習俗而救人心……願與天下凡爲人子而喪其親者,共勉之也。」(《全集》卷五十一)

2. 汪森〔清世祖順治十年(1653)～清雍正四年(1726)〕

原名文梓,字晉賢,號碧巢,桐鄉人。警敏嗜學,康熙壬子恩貢。家本有華及堂,復營碧巢書屋,築裘杼樓,藏書萬卷。與海內名流詩筒往還,文采風流,一時照耀吳越間。又營小方壺爲別業,奉母游讌。宦粵十年,累擢戶部江西司郎中,克盡厥職,晚年乞歸,築知足軒,與兩昆季從容談讌,居鄉多行義舉,人食其德。康熙四十八年嘗校刊《訓子語》公諸同好,其跋曰:「考夫張先生居桐邑之楊園,讀書談道,以程朱之學淑後進,鍵戶著述,晏如也。間一至城,必過先大父晤語,余時纔弱冠,從旁竊窺之,見其古貌古心,意甚慕焉。……海昌蜀山子以所藏《訓子語》二卷寄示,閱之,味其持己接物,承前裕後,一切人情事理,覼縷詳贍,非獨先生之子當遵而不失,

即凡爲子者，皆可作座右銘也……。」（《全集》卷四十八）

3. **陳克鑑**

海寧人。嘗校《初學備忘》及《補農書》，撰〈補農書引〉，推本先生述作之意。

4. **陳世倓**

《全集》卷四十三《近古錄》前有鹽官陳世倓引，曰：「……使學者讀是書，而有得於修己治人之方，且由是而進之以濂洛關閩之微言，聖經賢傳之奧旨，於以展其經綸，維持世運。俾君子幸而得聞大道之要，小人幸而得蒙至治之澤，登斯世於唐虞三代之隆，不難矣，豈特近古而已哉！是則删訂此書之深意也夫。」

5. **吳士銓**

海寧人。《備忘錄四卷及錄遺》，原由姚璉輯校而成，吳士銓嘗參訂。前後均有識言。前云：「……先生年彌高、德彌邵，所見益眞，《備忘》一書，純粹以精，比於《讀書續錄》，今列之《全集》之首，俾世之學者，奉爲正鵠云爾。」（《全集》卷三十九）

6. **陸隴其**〔明崇禎三年（1630）～清康熙三十一年（1692）〕

初名龍其，字稼書，平湖人。少即講學，專宗朱子，以居敬窮理爲要。家貧，非義不取，年逾四十，成康熙九年進士，授江南嘉定知縣，累官靈壽知縣、四川道監察御史，後以劾歸，卒諡清獻。（《清儒學案》卷十）與友人書曰：「張考夫先生遺書未有刻本，前偶見其《備忘》一冊，篤實正大，足救俗學之弊。」（《楊園全集》諸家評論引）《松陽抄存》卷下曰：「張考夫亦極稱實錄譏陽明警敏機械之言，謂當時士大夫中固多有識者，考夫、東莊之論陽明比予更嚴，予初未見實錄耳。」（四庫全書）

7. **周　梁**

字好生，金山人。諸生。與清獻游，以道義相切靡，著有《困學錄》。寧化雷鋐〈困學錄序〉曰：「余向見當湖陸先生集，多與周好生書，心知陸先生劘切道義之友有周先生……唯桐鄉張楊園先生之學，當湖起而若合符節，先生宗仰楊園，與當湖相劘切，故粹然一出於正……」（《經笥堂文鈔》卷上）

8. **朱澤澐**〔清康熙五年（1666）～清雍正十年（1732）〕

字湘陶，號止泉，江蘇寶應人。少勤學，得程氏〈讀書分年日程〉，即尋次序，刻苦誦習，深信朱子居敬窮理之學。雍正中，直隸總督薦舉賢良，辭不應。講學錫山，一時學者多從之遊。年六十七，吟邵雍詩，怡然而逝。著有《止泉文集》、《朱子聖學考略》、《王學辨》等。（《清史列傳儒林傳》卷六十七）雷鋐序楊園張先生年譜曰：「余向見寶應朱止泉先生集，論當代儒者，首推楊園張先生，在京師得友人手錄遺書，循環讀之，益信止泉之言不爽。」（《秋聲山館抄本年譜》）又曰：「向見陸清獻公衞濱日鈔極推楊園張先生，繼見寶應朱止泉遺集，論學術稱楊園爲最醇。」（《經笥堂文鈔》卷上〈張楊園先生全集序〉）

9. **陳宏謀**〔清康熙三十五年（1696）～清乾隆三十六（1771）〕

字汝咨，號榕門，廣西臨桂人。雍正元年舉鄉試第一，旋中進士。累遷監察御史，以言事受世宗知，爲官三十年，開府九省。乾隆二十八年遷兵部、吏部尚書，拜東閣大學士。乾隆三十六年，以老病再疏辭職，以太子太傅致仕，高宗賜詩以寵其行，卒於山東韓莊舟次，年七十六，入祀賢良祠，諡文恭。（《碑傳集》卷二十七）取先生所著《學規》及《訓子語》，入其所編五種遺規中，並分別爲序。〈學規引〉曰：「楊園先生學術純正，踐履篤實，伏處衡茅，係懷民物……讀其遺集，不能不想慕其人，而歎其未見諸施行也。學規二則，雖止爲勉勵學侶之語，而於讀書制行之大端，切己反求，固已本末兼該，徹上徹下工夫全在於此。」〈訓子語引〉曰：「先生以躬行所得爲訓子之語，事不越於日用倫常，理惟主於忠信篤敬，實爲立身行己之極則，所宜家置一編者也。」（《四部備要》《五種遺規》）

10. **雷鋐**〔清康熙三十六年（1696）～清乾隆二十五年（1760）〕

字貫一，號翠庭，福建寧化人。少受學於漳浦蔡世遠，後復從學方苞。雍正癸丑成進士，改庶吉士，高宗即位，召上書房授皇子讀。散館時，因病未與試，特授編修。先後督江蘇、浙江學政六年，教士敦實行、去功利，衡文取雅正，一革舊習，刻陸清獻及張楊園先生年譜以風示學者。累官至左副都御史，以母老乞養歸，乾隆二十五年，母喪未終，以勞毀卒。（《清儒學案》卷六十六、《國朝先正事略》卷十七）乾隆十六年，鋐視學浙江，爲先生墓更立鉅碑，題曰「理學眞儒楊園張先生之墓」所著《讀書偶記》卷三曰：「近於同年友傅謹齋處，得張楊園先生集讀之，其言平正切實，直接薛胡之脈……。」（《四庫全書》）今《經笥堂文鈔》尚有〈張楊園先生全集序〉（按實爲朱坤所刻《備忘錄》，非全集也）、〈重鋟楊園先生全集序〉（祝洤輯訂本）、〈張楊園先生傳〉等文。

11. 平湖屈芥舟

名何烱，本諸父志，刊刻先生全集于嘉慶二十二年。又方坰《生齋文藁》卷二〈書屈芥舟手鈔人範後〉曰：「憶正月中，先生至予家，諄諄言楊園未刻藁當擇其尤者付諸梓，而屬予摘錄其篇目。」（《方學博全集》）

12. 李宗傳

屈芥舟所梓全集有桐城李宗傳序曰：「桐鄉張楊園先生初亦從學念臺之門，後由薛文清、胡敬齋，上溯程朱統緒，以窺孔孟淵源，所著《經正錄》、《備忘錄》、《願學記》各書，回瀾救弊之功甚大。」（〈全集序〉）宗傳，字孝曾，號海颿。居官慕羊叔子，政事清明，時稱白面龍圖，嘗權平湖縣事，交屈芥舟。

13. 梁溪周鎬

著有《犢山類藁》。嘉慶二十三年序張楊園先生全集（亦屈刊本），其略云：「余讀嘉興府志至桐鄉張考甫先生傳而慕之，欲求其書不可得，後讀陸清獻呻吟語疑，至政本寬嚴一條，引先生之說，清獻當代儒宗，崇正黜邪，不肯一字輕許人者，而獨推重先生之言。丁丑冬，乍浦路擇齋持先生全集見贈，凡十六種。余大喜過望，敬受而熟讀之，其言有體有用，而切實平近，皆本躬行心得之餘，非務著述爲能事者。先生雖及蕺山之門，獨能力挽頹波，明正學於舉世不明之日，上繼洛閩之緒，下開清獻之傳，志稱朱子後一人，允矣無愧。」（〈犢山類藁序〉97～98 頁）則嚮慕亦可謂至矣！

14. 吳德旋

字仲倫，江蘇宜興人，諸生。著《初月樓文鈔》十卷、《續鈔》八卷、《詩鈔》、《聞見錄》等。有〈張楊園先生傳〉，其言曰：「予舊聞張楊園先生爲陸清獻公所推重，而未嘗見其著述。道光十六年，予與桐城蘇惇元厚子相遇於鄞江，厚子篋中有先生全書及門人所訂年譜一卷，予幸獲借觀，因次爲傳。」（《初月樓文續鈔》卷六）

15. 方東樹

字植之，桐城人。著《漢學商兌》、《昭昧詹言》、《詩文集》等十數種。清道光十六年，門人蘇惇元自浙攜《楊園全集》呈示，且盛言當從祀孔子廟廷，因間謁學使沈維鐈，啓告以宜奏請從祀，並爲刊布遺書，極蒙維鐈嘉諾。

復惜陳梓所訂《楊園年譜》未盡善，乃屬惇元重編之。隔年書成，並為序之，謂近代真儒惟陸清獻公及張楊園先生為得洛閩正傳。其序在所著《儀衞軒文集》卷五。(〈重編張楊園先生年譜序〉)

16. 汪家禧

字漢郊，仁和人。著《東里生燼餘集》三卷。撰〈楊園張先生墓表〉，云：「東南、復社諸人所萃也。先生之生，其地同，其時又同，而能自拔于流俗，其反身密踐，期自得之學，實足興起在後之人。故我朝正學，推陸清獻公，亦私淑於先生，是可謂守先待後之醇儒矣……某嘗讀先生之書而未能有得也。謹揭其大略，以表於先生之墓，俾承學者知所觀法焉。」(《東里生燼餘集》卷三)

17. 唐　鑑

字鏡海，湖南善化人。生平學宗朱子，篤信謹守，無稍依違。官京師時，倡導正學，蒙古倭仁、湘鄉曾國藩、旌德呂賢基等皆從鑑問。鑑以有明王學，講良知、矜捷獲，足亂聖道藩籬，著《國朝學案小識》十五卷。以陸隴其、張履祥、陸世儀、張伯行四人為傳道，餘為翼道、守道，而以張沐等為心宗，於孫奇逢亦致不滿。曾國藩、何桂珍、竇垿皆為後跋，後賢基復取其書進呈御覽，皆推服甚至。(《清史列傳儒林傳》卷六十七)

18. 邵懿辰

字映垣，一字位西(或蕙西)，浙江仁和人。與蘇惇元、高均儒往來講學。著《半嚴廬遺文》、《日記》、《位西先生遺稿》。有〈張楊園先生傳〉一文，論曰：「楊園先生將葬祖而櫝室為盜所焚，長女適非人，為所毒殺，其所遭視生人特異，老年妾生二子，迨歿後，相繼以夭而訖無主後，又神道之不可究測也。然宋元以來，率以近代儒者祔食於孔氏之庭，如先生殆毫髮無愧，而後之王者所必取也。然則天所以賦之亦優矣！」(《全集》)懿辰撰文在道光十八年，時年二十有八。

19. 高均儒

字伯平，浙江秀水廩生。道光十六年冬，蘇惇元重編張楊園先生年譜後序曰：「惇元曩讀三魚堂集，當湖先生稱楊園先生書篤實正大。去年夏在杭州，友人邵映垣懿辰亟稱先生書，出先生與人論學書數篇，讀之深以為快，同購求全書，久不獲。其後至嘉興，友人高伯平均儒為購得《初學備忘》、《訓子語》及姚大也所述《年譜》，讀之極歎其親切動人，而求全書益急，今年春復至杭，購得《備忘》四卷，伯平又為購祝人齋選訂全書十六種，并借鈔本遺稾六種（《願學記》、《問目》、〈示蒙士圖〉、〈百自箴〉、《喪祭雜說》、遺文）。」同治年間，復重校刊蘇惇元所纂《年譜》梓行。今當歸草堂所刊《年譜》後有其跋文，署年同治四年六月二十八日。

20. 嚴　辰

字芝僧，號達叟，桐鄉人。積十數年之力，聚百數十種書，旁徵博引，獨力纂成《光緒桐鄉縣志》。於人物志特尊先生，為立兩廡先儒一門，冠於人物志之首。並仿《平湖縣志》專為陸隴其列道學一門，亦以楊園先生之師友與親炙私淑之弟子，別列一卷，題曰「道學源流」。其凡例一曰：「人物志道學源流一門，實為楊園而設，嗣因訪得吳江沈日富所著《楊園淵源錄》一書，足相發明，即為附刻志後，以廣其傳。」（《光緒桐鄉縣志》）志中錄同治三年呈左宗棠懇奏請楊園從祀文廟之公呈，即嚴辰所撰。其時為從祀之事奔走，署名公呈者，尚有：陸以恬、沈祖懋、章鋆、顧廣譽、高均儒、董耀、王書勳、楊文杰、蔣光焴、應寶時，張景清、張鼎、高學志、徐恩綬、丁丙等人。

21. 其餘官於浙省桐邑而為先生立主崇祀、修墓立碑，以表彰先生之道者，若李廷輝、蔣攸銛、黎恂、宋咸熙、帥承瀛等，具見第一節生平所述。

第三章　楊園之思想淵源與治學歷程

第一節　楊園之思想淵源

思想德行之形成，其緣眾多。自人之生，孩童蒙昧以至少壯成就學問，凡目之所見、耳之所聞，與夫身之所處，無不有大小輕重之影響也。舉大而言，溯古至今，學術遞嬗之間，代有所擅長，此時世使然也。至地分南北而學有不同，則風土習俗所成也。降及鄉邦典型，族風故家，師友濡染，典冊涵泳，皆於個人學養，具化育轉移之力。雖豪傑之士，秉彝有良，師友具在簡策，無文猶可興起，然豪傑豈有天自生成者乎！亦顧其所資者如何耳。方明季之末，宗社鼎移，王學靡世之際，先生長育於窮鄉草野，克立希賢希聖之志，讀書力學，不移於流俗，不溺於異端，處顛沛疾厄之間，抗志不屈，閑邪守道，挽狂瀾於既倒，卒能成就一家之學，無忝於所生，有功於後世，則其所資者果何如哉！知人論世，不恃空言，欲明先生志業，不能不知也。故時代、學術、環境，既論於前，先生切身所陶鑄鎔裁者，且述於后。

一、淵源家教

先生出生於書香之家，自祖父以來，皆喜讀書，然於學問並無所淵源，世族中亦無義理成家，或中第為官者，據自序族譜云，散處桐鄉各族「入國家以來三百年間，為孝義、節行及明經士時有之，未有登科為顯仕者。」，而文中於自家祖先亦無特別闡敘其德業者，可知先生之學並非紹述于家族。然受父祖所影響者，求之《全集》追述，則不少也。

先生之父名明俊，號九芝，爲桐鄉增廣生員，斅學爲業，天性至孝，友愛仁厚。先生年五歲，即親授孝經，七歲使就傅讀書，並取名履祥，欲先生異日能學金仁山，此事於先生印象極爲深刻，故卷二十一〈先世遺事〉一文中，先生特敘其語，以兢兢遵守，繼先人之志爲事。另由錢馥校本年譜十四歲條下所載：「姚氏年譜初本云：『時先生未有字，一前輩字之曰長吉，先生自題一聯于室曰：願爲金履祥，不學李長吉。因更字吉人，後一字考夫。』」尤可明先生後來學問趨向理學，其淵源之一在此也。先生於〈先考事略〉又述其父「生平持二語自勗云：行己率由古道，存心常畏天知。」（卷二十一）此則與先生後來聞蕺山慎獨之教，往從問學，或亦有相應之關係。全集卷三十七《初學備忘》下語兄子云：

> 凡人父兄師友之訓當敬守之，終身勿忘。汝王考蚤喪，予幼不聞教訓。二十餘，始於門生間傳習二語，有云「行己率由古道，存心常畏天知」。三十餘，往山陰從劉先生學，見其書堂壁間揭曰「讀書有方，在涵養本原，以得作者之意，使字字皆從己出；做人有要，在謹凜幽獨，以防未然之欲，庶時時遠於獸門」。吾日常念之，不敢稍忘。今以告汝，汝能本此以學，是即吾之家學也。

由此，可見先生之讀書修身皆有其父之影響，故〈示兒〉書亦云：「王考（即明俊）有言：人無父親，固多流落底，亦有興起底，只要讀書守本分耳。」（卷十四）而先生皇父之喜好學問，手不釋卷，通曉經史傳記、醫卜、雜家，戒先生嬉戲等，皆先生所念念不忘，惕勵終生者，其事已述第二章第一節張晦庵生平中，茲不贅言。

先生幼年失怙，不廢學業，雖賴王父尚在，而賢母之教，尤爲關鍵。已略述第一章第一節。先生嘗云：「子生，父教固重，母教亦惡可少。哀哉！履祥不得聞父之教也，今恐恐然，不敢以不好修者，幸先慈之教耳。」（卷二十六《願學記》）下又自註云：「先慈之教，祥一未之能，若言言能行，則亦庶幾聖賢之徒矣！」（同上）故三十一歲時，逢母忌日而不能歸執祀事，乃掩涕追憶母氏教言云：

> ……曰無畏惡人而欺無能者。不侮矜寡，不畏彊禦也。曰德於己者不可忘。無德不報也。曰毋憶人之短。不念舊惡也。曰非勞不可貨取。見得思義也。曰有餘施及窮人。周急不繼富也。曰修身宜日上，日上無止。君子上達也。曰寧下人，無驕人。謙謙君子，卑以自牧

> 也。曰無辱及於汝父。守身爲大也。曰須親美德，近正人。事其大夫之賢者，友其士之仁者也。曰宗族親戚朋友毋遠。親親也，故舊不遺也。曰毋求人，毋倚勢。正己而不求於人也，毋倚勢作威也。曰表與裏唯一。圭璋特達也。曰愈己者學之。見賢思齊也。曰好學敦善，不愧於祖宗。毋念爾祖，聿修厥德也……。

總先生所述者計四十九條，以上僅摘部分耳。詳考先生行誼立身，實皆不踰越於此，可知先生之篤於孝，能繼先人之志，且有善必稱母也。又《訓門人語》中姚璉嘗疑「先生壯年亦習舉業、應科試，而學問之事厥功何由？先生曰：予念先孺人之訓有曰：『孔子、孟子只是兩家無父之子，惟有志向上便做到大聖大賢。』又曰：『汝須做人行道上人』予自少至老，遵奉此訓，慄慄危懼，不忍忘遺體之重而已。」（卷五十四）依先生自述，尤可顯見母教所影響於先生者如何也。至其教子賢節，《光緒桐鄉縣志》卷十八據楊園集增訂舊志述之頗詳。其評云：「……每泣諭二子曰：『人惟此志，孔子、孟子亦是兩家無父之子，只因有志向上便做到大聖大賢，汝若不能讀書繼志，而父九原安得瞑目。』楊園之終成大儒，實母教有以基之……於此見孺人教子持家可爲世法，卒年四十五。崇禎己卯，邑中公舉節孝，旌表門閭，縣令盧國柱贈額曰鄒國遺風，實足當之無愧。」洵可謂得其情實也。故先生自少立志爲聖賢之學，後來溯程朱而祖述孔孟，實得力賢母之薰陶教誨。

由上所言，可知先生之思想德行，秉受於家教者實多，大抵於年少時志意持身，已確立無失，故後來恪守母教而力行之，從師問業，窮研精進不已，乃學得以日造廣大精微，終能卓然表見于世，成一代大儒，配享聖廟也。

二、根柢四書五經

晚明諸儒疾王學空疏，聲氣末流，學問均返本就實，植基經史，一時蔚爲風氣，迨清初避世，大抵屏居著述，湛思覃力於詩賦、古文、注疏諸經解及儒先理學諸書，是以著作浩富，汎濫海宇，幾人有其說，家有其集，此觀時人碑傳志狀，抑目錄、文集所載，可考其概，故清代乾嘉樸學之興，實沾溉於此，其規模蹊徑亦已開啓於斯時也。先生處於同世，究心經籍，沈潛涵咏，與諸大儒無異，識見融通透闢，亦皆洞察時弊，足箴其失。然先生治學雖重經史，固與所謂博學宏詞，或拘跼於注疏詁訓者不同，尤病時人以一得自高，濫于著作，故《備忘錄》中嘗論其失云：

經書從先儒發明已極詳盡，但能擇其善者而從之，優柔厭飫，期於自得，不當復有著作，徒亂人意，無益於學也。好立文字是學人一種通病。(卷四十)

萬事萬理，俱經古人發揮，無有餘賸闕欠，善學者擇而識之，以蓄其德可也。偶有一得，沾沾自喜，殊不知久爲簡編間舊物矣！甚者前人之所唾棄，而已方寶而私之，多見其陋而已。(同上)

知先生於流俗之輕易著書立說者，實不予苟同，故不欲空言著書，日常唯厭飫經籍，資其菁華，得其理義，以涵養身心性命，而求踐履篤實，不失聖賢之道。爲友人何商隱所作〈假道學說〉一文中云：

君子學術自有源流，立身固有本末，以詩書禮樂爲歸趣，以孔孟程朱爲法則，居則求明其理，動則求合於義，本諸心，見諸行事，或出或處，或默或語，要之無所失道而已，人知之如是，人不知亦如是。孔子曰：「知我者其天乎！」孟子曰：「君子反經而已矣！」修己之不力，沒齒無所聞，是可憂也。(卷十八)

足見先生治經旨趣所在。而經術之研求，義又不僅於此，其顯晦與否，實與世道興衰，有莫大影響焉。故先生云：

經義晦蝕，其效爲夷狄之禍，自古已然。楊墨充塞仁義，而秦以西戎荼毒天下，楚漢之際，死者無算；晉室清談，以老亂易，而五胡雲擾，中原淪沒；王安石立新義，黜春秋而靖康之禍作。(卷二十七《願學記》)

蓋先生實鑒於明末士子讀誦《四書》經史，空泛不實，僅取以爲舉業之資，至終其身，不知道理所在，導致中原陸沈，夷狄禍作，乃特重經學，欲因此而撥亂世，返正道也。由是而論，先生之重經，其心固與流俗所以重相懸甚遠矣！故《備忘錄》云：「經世本於經學，乃眞經濟也。名臣奏議等書，各得其一斑耳。《文獻通考》、杜氏《通典》及《衍義正補》，總不外《四書五經》之義。」(卷三十九)從上所論，吾人可知先生之學，其根柢首在《四書、五經》也。

先生一生教學，爲子弟說經，故於諸書義理，得潛研反覆，融貫通達，且字字句句必從身心體驗，日用行習亦無非經義之發揮，而深造自得之語，則往往散在全集。或存乎友朋切磋之函，或在於砥勵後學之札，抑或載在語錄，志以自省自儆，然不另爲經義注疏之作也。近人張舜徽氏著《清人文集別錄》，辨章學術，稽考數百家，其論先生之學即曰：「履祥不言經學，而於經學最深，不事注述，而闡發羣經大義，皆得其要，且能引歸身受，見諸躬行，此其所以卓也。」（卷一頁 15）洵切實之言也。如論治經有曰：

> 凡治一經，必兼通他經，而後一經始得通曉，蓋文義有彼此觸發者，亦有詳略體用互爲條貫者，若耳目逼窄，心思也便推廣不去。譬諸行路，容足之外，俱無所用，然行路者，必就周行，若徑僅可容足，鮮不躓矣。又如舟行，容楫之外，均無所用，然乘舟者，必濟巨川，若港僅足容刀，鮮不膠矣！今日經學全廢，其習一經者，只記誦得幾許時文，以應制科一日之急，其經之要旨大義，茫無所知，即其盡讀五經者，亦不過侈記覽，爲辭章而已，於身心全無所得，程子所謂卻是不曾讀也。經如何得通，宜其人才之庵鄙也。（卷三十六《初學備忘》上）

> 服藥不用單方，恐溫涼甘苦，久而偏勝，則因藥而致他疾有之。學者讀一家之書，守一師之說，其弊亦往往類此。（卷三十九《備忘錄》一）

> 今人率詆漢儒附會經傳，漢人於經之義理，雖有未當，然每事猶知準以經義，殊不如而今，一概蔑棄典文也。（卷四十一）

由上可見先生讀經，雖重其義理，然並無墨守一家之說，必多方擇求善本參較，而得其至當，且於各經仔細審慎考索，時有融會貫通之見也。故張舜徽評曰：「此識此議，至爲通核，足以發人深省。其後乾嘉諸經師，多固守一家之義，而注述之業，尤爲龐雜，履祥皆不啻預覩其失焉。」（《清人文集別錄》卷一、頁 15）至於《初學備忘》一條所論，尤可見清初學子讀書之弊，而先生之操危慮深時刻弗有不存焉。

先生既謂經世本之經學乃眞經濟，方爲君子學術源流所在，可因此而立身，不失其道，以移風俗、救人心，故讀書自當以經學爲第一義，然經學所以能經世，乃在於其所載俱爲聖賢之言語行事，故從而求之，即可得其心，而經世始有根本也。《備忘錄》云：

> 聖賢之心，天地之心也，仁之至，義之盡也。聖賢往矣，欲求其心，舍四書六經所載聖賢言語行事，何從而求之，求之不得，安得不輾轉反側，寤寐思服乎！今謂六經俱我注腳，不必讀書者，其爲邪說何疑。（卷四十）

至其所求既在聖賢之仁盡義至，故經書又以《四書》爲本。先生云：

> 《五經》文字是一部《四書》注釋，讀《四書》而天下之理畢矣！然不熟經文，則《四書》之義未能達，雖有一、二處通明，亦私智穿鑿而已。（卷四十二）

又先生五十四歲示兒書指點學習次第亦云：「《四書》，聖學之淵源，義理之統宗。《六經》義理互相發明，不治經則書義不能通達，異說足以奪之。《易》是家傳一經，尤當加意。」（卷十四）意與《備忘錄》所說相同，故讀書雖以《四書》爲先，然欲求通達，則《六經》自不可缺，此先生「經世」經學之論也。至於以《易》爲家傳之經，考《年譜》、《縣志》，俱不曾言及先生之祖與父擅《易》，先生自身學《易》，則始於十二歲，受業於陸時雍，依年譜所述「晝夜把卷沈吟，題於《易經》之前頁曰：戒之，戒之！寧得魚而忘筌，無買櫝而還珠」，可見先生極用心，當甚有所獲。及二十一歲復從傅光日受業，光日深於《易》者，雖僅親授二月，然先生得友其弟子顏統，相與切磋，想必獲益極多。今觀全集中，裒然成冊者，於經書中唯《易》有之，且完成在壯年問學劉宗周之前，雖僅爲筆記性質，乃先生「讀《易》時偶有所得，記於冊首，以備不忘」（卷二十九〈姚璉序〉）者，然亦可見先生於易學情有獨鍾，尤費苦心，而一生出處語默去就之際，亦往往不知覺間，合乎易理也。故示兒書中或因此竟以《易》爲家傳經學矣！

三、潛沈文史諸子

先生少時習舉業，年十五，應童子試，即補縣學弟子員，故〈自題制義序〉云：「予自受書即從先生求朋友而學制義之文，既以爲庶幾其道矣！」（卷十五）蘇惇元《年譜》亦謂先生年十五從諸董威受業，與錢无寒汾，錢字虎寅，錢一士本一同學友善，攻經史，治制舉業。當時先生雖承庭訓，有效法孔孟之志，故能力學不輟，然考其實，於聖賢境地之追求，其門戶途徑，恐尚未有明確之概念，乃於制義視之極重，以爲「朝廷所以取士，與士所以發揮聖賢之指者皆在焉，苟爲而不至，是未覩乎聖賢之旨也，雖有伊尹、呂望之具無由自進於朝廷，制義非小道也。」然以天性喜好經義之探討，於科舉得失之心甚淡，故雖治舉業而以潛心經史爲主，欲由斯而得聖賢之旨意也，遂因此奠定後來學問之根柢。故先生嘗云：

> 余自少至壯，雖習舉業，應科試，然得失之心甚淡，性又喜讀經義，

總一歲之功計之，於經史上功夫多，文字上功夫少，三十以前，凡經書當讀，文史當看者，亦約略矣！（卷五十四，《訓門人語》）

歲甲戌（二十四歲）……，一旦以其舊聞棄且盡，不爲文者三載，日求前代遺書，上自周秦，下迄昭代，經傳而外，子史文籍雖不能盡讀，亦無曠歲，其微文淵義，意旨法度，雖無從傳習，亦竊有會，復攷洪永迨今風氣之盛衰正變，與諸名家才術之大小淺深，亦稍領其要略而究其源流。丁丑以愛我者勸，復爲文。（卷十五，〈自題制義序〉）

由前引二文中，可知先生三十歲以前，於經傳子史文籍，均十分用其心力。尤以二十一歲喪母，守制三年間，自覺地悔悟昔時流俗舉業文字之淺陋，因於二十四歲後三年間，盡棄舊學，而返求本原，自先代遺書中，探討聖賢之奧旨，以求其至者。竊以爲此時讀書，其心志與視野當已較往日深刻。且依《訓門人語》中所載，先生與姚璉問答云：爲學不就枕席者十餘年，約略始於此一期間，則先生之抗志強學，與思想轉變，正相配合，故於舊習經傳，得以溫故知新外，所瀏覽子史文籍，亦必汲其華實，廣益無方，因此發爲言詞，乃充滿自得自信之意矣！〔註1〕

茲詳考《全集》，知先生之學，根本於《四書五經》外，得力甚深者，在於史學。諸子文集則其餘事耳。讀史所得，著爲專論者，如卷十八〈周民東亡說〉，卷十九〈張子房論〉、〈漢文帝論〉、〈王成胡騰論〉、〈張邦昌論〉，卷二十〈書留侯世家後〉、〈書宋理宗事〉等，另則卷三十讀史，讀史記偶記之裒輯散論成卷者亦是，其餘有關史識，論歷代政治變革、王政興衰、史冊人物，俱散存《願學記》、《備忘錄》二書中。先生論史有云：

學者須是經之義理，通貫浹洽於中，然後讀史，以考見其得失，見

〔註1〕卷十五〈自題制義序〉云：「昔司馬遷作《史記》五十萬言、班固作《漢書》八十萬言，然或因之先世，或補自後人，或採摭古文而仍其辭，或彼此互見而同其語，其寔自爲不越十有餘萬，今數載之間，本乎時之猝作，以言其胸中之所覩，不敢勦說，無與雷同，遂積十有餘萬，雖小道，亦足以質諸天下之士矣！其得列於千百，使後起者求其至，而置之數人之中與否，則存乎朝廷，非予之所知也，予所知者，不違聖賢之指而已。」可見先生於此期讀書所得，極具信心。文後復自評云：「壬午（三十二歲）作也，辭多矜夸，今日對之，自覺可恥，然意氣豪發，今日此種意思殆弗可復，使當時盡去時藝，并力學問，十餘年以來，應有可觀，存此示戒。」則後來專力道學之後，自悔之詞，然由先生自言，亦可知其時之力學如何也。

時之升降、人之情僞，雖萬有不同，世變而道不變。觀之古，有以驗諸今；見之前，可以信諸後，方爲有益於己，不然玩物喪志而已，徒疲精神，虛費歲月，猶其次也。(卷四十一，《備忘錄》)

又云：

讀史不徒考其成敗得失，須有思齊內省之志，方爲尚友古人之實，不然博學宏詞而已。(卷二十五，《問目》)

又云：

凡看史到一番大治亂、大變革處，先須立個主意，朝廷施爲措置當是何等，君子出處進退當是何等，然後見得自家學問淺深，與古人行事得失處，不然盡熟二十一史，臨事只是茫然。(卷二十七，《願學記》)

由此可知先生讀經論史，俱以益己身心、充實自我爲準，蓋儒者之學，內修諸身，有諸己，而後外可治諸人，理世亂也。故先生教人常云：「雜詩雜文總是無益，不宜多作，廢卻光陰，當以潛心經史爲主，經史之中，又當以經爲主。」(卷十三〈與顏孝嘉〉)；「史書不可不看，亦不必多看，讀史只以驗經而已。」(卷十二〈與孫爾大〉)，總欲人治學俱能反求諸己，以《四書五經》爲根本，進而爲聖賢之徒。此實因當時教衰俗敝，學風空疏淺陋，先生思矯其敝，故如此苦心言之也。且史書儘有失實之處，倘專力於治史，不能準以經義，則或流於博學宏詞，徒疲精神歲月，或反受其欺而玩物喪志也。故先生〈與何商隱〉書嘗論其失云：

讀書學問之一事，就讀書而言，經其本根，史其枝葉也。史至後代，尤枝葉之枝葉矣！大約三患均有，事失情實一也，是非不足勸戒二也，淫詞蕪說三也。生平惟范《唐鑑》不得一看，以爲恨事，若司馬史、兩漢書，少壯常喜讀之，今久不然矣！(卷五)

此先生自道讀史之心得也。史漢二種因其時代早，爲史籍之祖，故特留意焉，餘則《通鑑》、《通典》、《通考》、《綱目》諸書，先生亦皆仔細看過也。平情而論，先生於史極爲用心，以遭家國之變所致也。雖教示於人，言各有偏重，然其意則一也。至晚年〈答姚攻玉〉論治學功夫中云：「若夫經之與史，雖有緩急輕重之序，亦難截然分而爲二，蓋經以立其本，史以驗其用，理則一也，宜乎並進其功。」(卷十二)可謂文辭圓融，最爲得當無失。

先生之學，主在修己治人，故極重經史，此於《全集》所載斑斑可考，至於諸子百家，則少時涉獵與否，其詳不可得知，見諸集中亦未有肆力講求者。大抵明清之際，除受王學影響，老釋盛行外，諸儒鮮有能究心諸子者，且以諸子不軌於中正之道，若老莊荀墨諸家，素來已爲儒者所拒，比爲異端邪說，害道亂世，故先生亦嚴斥之，如《訓子語》云：

> 書籍惟六經諸史、先儒理學，以及歷代奏議，有關修己治人之書，不可不珍重護惜，下此，則醫藥、卜筮、種植之書，皆爲有用，其諸子百家，近代文集，雖無可也。至於異端邪說、淫辭歌曲之類，能害人心術、傷敗風俗，嚴拒痛絕，猶恐不及，況可貯之門內乎？（卷四十八）

置諸子百家之說於可無之列，至於當時佛老混同，淆亂正道，則先生亦嘗辨析其中得失，大抵皆就根本差異之處論說，雖爲數不多，然考察精審，均中情實也。下錄論諸子者二條，概略可知先生之識見如何，卷二十五《問目》云：

> 諸子論事物處多有精當，及至性道便乖離者多，所謂觀流而忘源，舉末而遺本，故其治天下必流而之於名法也。

卷二十六《願學記》又云：

> 諸子論性，只在氣質之麤，甚者從習而言之，所以紛紛也。子思孟子則純粹以精矣！以其從繼善說來。

至漢代以後百家記言，及昭代雜誌，先生讀後有感，評述成章者，如卷二十〈書春秋繁露後〉、〈書理桐拙操後〉、〈書綠雪亭雜言〉一條、〈書許淮陽紀異後〉、卷二十四〈書馬融忠經後〉等是也。〈書馬融忠經後〉論曰：「大都漢儒多有妄自尊大，如揚子雲作《太玄》，便以擬《易》，作《法言》，便以擬《論語》之類是也。」故先生以爲「當削去經字，列之漢文中，與繁露、法言諸書並行，要不爲於世無裨」。若此之類，或先生泛覽所及，取資以砥礪學行，陶淑耳目性情耳，非專意治之者也。

先生詩非所長，今存詩一卷，朱彝尊稱「間作韻語，不沿安樂窩頭巾語」（《明詩綜》卷八十下），《晚晴簃詩匯》卷十一選詩亦曰：「音旨和雅，亦見寓託」也，大抵有感於衷，以抒發情志者也。至若流俗詩酒相會以邀浮譽，靡精竭神，以爭奇鬥巧，則固先生所疾也。嘗論詩云：「詩不必求工，興會所至，偶然成文可也，無病之呻，無樂之笑，可恥矣！」（卷二十六，《願學記》）卷三十五〈澉湖塾約〉亦云：「古人詩歌遊泳寄託，前喆不廢，特畏溺情喪志耳，餘力涉之，亦興觀之助也。」先生於詩，既以爲興觀之助，故讀多而自作則少。間考集中所述，則嘗得《百一吟》詩卷，其序云：「俗之詩眾矣！予竊惡其寄志獿也，子蕃先生小石爲山、隙地爲圃、抱書種菊……予於苕行舟次，得而讀之，少陵野老之悲，彭澤歸來之趣，不自知其欲動也。」（卷十六，〈百一吟小序〉、四十八歲），又卷二十〈跋西台慟哭記〉謂少讀謝翱詩百餘章，晚年得時人周青士、王介人詩，則歎其不遇師友，教之正學，遂僅以詩自鳴於世（卷二十，〈題詩存後〉），《訓門人語》張佩葱所記云：「玠從先生往震澤，先生讀古詩云：『雨腳風聲滿樹頭，隨身簑笠短羊裘，柴門猶道牛歸晚，江上風波未泊舟。』」（卷五十二）另稱美白沙之作得詩經遺旨，引杜詩而贊少陵學識過人，敬淵明之高節志行，自其詩文以見，錄古詩以惕勉門生等，凡此皆先生自少至老藉詩以爲游藝之資之實也。其實先生所讀何限於此，卷二十六《願學記》嘗自述云：「每苦妄念難釋，偶閱詞曲，得沒來由三字，不覺爲之渙然。」由此可知詩歌寄託，儒者不廢，理學家迨非如後人想像一般拘滯嚴肅也。蓋其所志在彼不在此，故不得作者自述之言，實無以量其淺深如何也。

至先生文辭所取資，陳梓〈楊園先生文鈔序〉云：「吾友耕餘過我春風堂，誦楊園先生文，歎曰：『其理周、程、張、朱，其人韓、柳、歐、蘇，薛、胡孰能兼哉！』」（山東尚志堂刻〈張楊園先生集前序〉）故陳梓作先生小傳稱「古文得八家神髓」（《陳一齋先生文集》卷一）可知先生潛研所得，夙爲前人推許也。觀先生自道，則與姚璉嘗云：「經書、典籍，文字之祖，邈不可攀矣！左騷史漢而下，諸大家雖文字卓然有不可及，然義理亦醇疵互見，今子欲通文義，固未有出於所鈔《朱子文集》者也。朱子之文，至大至博，至純至粹……」（卷五十四《訓門人語》），「漢時奏疏，論事最爲切實，不可不讀，韓、歐、曾諸大家文字，亦當擇而兼讀之，又如宣公奏議、《東萊博議》、《大學衍義》諸書，俱不可不讀。」（同上）此爲先生晚年之論，讀此，則知先生之得力，豈局限於所謂八大家者哉！另四十五歲〈與吳裒仲〉書，論蘇軾之學云：「乃若蘇氏之學，則原本於《國策》，其爲學者之禍，甚於柳氏，柳氏詞章而已，蘇氏則詖淫邪遁，無所不至矣……弟二十時尚喜讀蘇文，《國策》則向不喜讀，然亦幼失先人，以至於此。」（卷十）蓋年少之時，志趣未能卓然不惑，故瀏覽廣博，非若後來純以理義而斟酌去取也。今《全集》中所載，如卷十八〈後愛蓮說〉、卷二十〈書北征賦後〉、〈跋西台慟哭記〉（按因得《晞髮集》故見此文）、〈白兔賦引〉、〈梅花賦引〉、卷三十〈讀諸文集偶記〉（按：存柳宗元、歐陽修、李綱三人札記）等，皆先生潛泳諸文籍有得而作者。綜上所論，知先生自少壯以來抗志力學，十餘年不就枕席，孳孳於文史諸子百家，廣覽博取，含英咀華，所得極深，影響於學問、思想者亦甚大且深遠，不可淡然視之也。

四、涵泳宋明諸儒

先生自幼至老，篤信聖賢，一生究心經義，晚年尤體驗親切，而於宋明諸儒所著論，則參綜匯通，年至老耄，手不釋卷，以爲程朱博大精醇，故體之切而信之深。然最初實從姚江、龍谿一派入手，後得讀《小學》、《近思錄》，治學方向始漸轉爲程朱一派。雷鋐撰〈張楊園先生全集序〉曰：「先生少嗜姚江，中師蕺山，卒歸洛閩。」（《經笥堂文鈔》卷上）作傳亦曰：「自少用心於《小學》、《近思錄》、經史諸書，往見念台，自謂有得。念台大節彪炳，其學於程朱有出入，先生初宗之，既而恪守程朱，輯《劉子粹言》，於師門有補救之力。」（同上卷下）均紀實之言也。《備忘錄》中自述云：「予二十三、四以後釋氏之書，已絕不入目，蓋篤信先儒之言故也。然於陽明、龍溪之書則深信而服膺之，以爲聖賢地位，蓋可指日而造其域矣！後讀《近思錄》，以及程朱諸書，漸覺二王之言，矜驕無實而舍之。」（卷三十九）此先生爲學資採宋明諸儒之大略也。

茲再稽考《全集》，鉤玄摘要，以見先生爲學融會眾說，驗乎身心之實況。蓋先生早年爲學實自姚江一派入手，卷六〈與張白方〉一書中言之甚詳：「弟自二十以後，因讀《龍谿集》，憬然有動於心，始知舉業之外，有所爲聖賢之學，進而求之陽明致良知之說，已而得白沙、敬軒之書，則亦讀之不厭。」可知先生青年時期從事良知之學，所用心諸書。後來得《近思錄》讀之，於是趨向乃漸轉變，而平生用功最深者則在《小學》、《近思錄》二書，故晚年語門人云：「某平生用力《小學》、《近思錄》爲多，稍有得益亦在於此。」（卷五十四，《訓門人語》），先生初實由此識爲學之方、理義之要，故後來於初學者，每舉此二書相示。另於眞德秀《大學衍義》一書，先生嘗云：

> 眞西山《大學衍義》，觀其用心，直是欲致君爲堯舜之君，使民爲堯舜之民，學者不讀此等書，眞猶正牆面而立也。吾初時爲學，亦只茫然，後來得見《近思錄》、《大學衍義》，方識門庭户牖所在。（卷四十一，《備忘錄》）

可見此書影響先生甚大，故於人前亦屢屢言之，如答門人徐重威書云：「西山先生《衍義》，曾熟看乎？先生有言：此人君爲治之門，苟有用我，執此以往。然實則士人爲學之門也，修己治人，原無二道。」（卷十四）以上三書大抵爲先生早年熟讀詳究者。故後來進求諸儒之集而觀覽其全，上取漢唐，下并宋明諸儒奏議及《文獻通考》、《通典》等書而讀，皆肇基於是也。三十四歲時，〈答吳又韓〉一書中嘗云：

> 當於吾儒安身立命之旨，究竟一番，而於古人經世濟物之方，粗爲料理。先其急者，則《性理》、《綱目》、《大學衍義》、《文獻通考》諸書，不可不讀，從此得力，然後宣爲文辭，發爲議論……（十三）

卷二十二〈祭張言雅文〉亦云：

> 自歲丙戌（三十六歲），子之親不以予爲非，進鄉之諸友與子從事予……惟子也畏往來之雜，則書陽明客座之箴，畏俗學之移，則揭紫陽白鹿之規。予言士節不立，由於知勢利而不知名義，懲今之弊，宜讀東漢之書，生於東南，地不嫻弓馬，天不授膂力，適得逢世會，宜文臣致主，於唐學陸宣公，於宋學李忠定公。文皇帝命集《性理全書》，靖難之後，人才淹鄙，所集雖不足成所命，聖學梯航，亦在於斯，考亭夫子不得行其撥亂反正之志，於南宋之日，春秋大義，寓諸《綱目》，讀諸書，學問之大端具矣……，惟子也，予言脱於口，輒求其書觀玩之。

觀上引二文，可知先生早期所詳究用心諸書之概況。其餘若卷二十〈書清江巽隱兩集後〉，謂「《清江集》四卷，《巽隱集》四卷，家無藏本，求之里中，數年未之得也。夏四月，適於吳興書肆雜帙中得之，爲不寐者累夕，喜而志其歲月。時崇禎十三年之初夏也。」時先生年三十，觀得書之喜，而景慕鄉先賢之深，思異於流俗之志，躍然紙上也。又三十三歲時，集朱子訓學齋規、白鹿洞學規、司馬溫公居家雜儀、朱子增損呂氏鄉約四種爲《經正錄》一卷，則鑑天下之亂，欲因學術而正綱常，復禮義，以拯世亂也。又卷三十九《備忘錄》中云：「已丑、庚寅（三十九、四十歲）之間，友人有謂予忠信者。……蓋前時實從姚江入門，後來雖知程朱之書爲正，畢竟司馬溫公、劉元城之集，著力處重。」另據蘇惇元《年譜》所載，先生三十二歲讀《濂溪集》，三十三歲令門人讀《小學》、《近思錄》及《顏氏家訓》，凡此皆先生早年所嘗研閱之書也。

三十四歲，先生往山陰問學劉宗周，歸來，持《人譜》、《證人社約》等書示門人。中年之後，雖治學一歸於洛閩，仍篤師友恩誼，從事抄撮蕺山語錄，校讀宗周遺書，以得之於師者，與同門友人相勉。至於濂洛關閩儒先之書，則必多方求獲，沈潛反覆，熟味詳玩，以洞察其義理。蘇惇元《年譜》五十九歲條記云：「先生館語水數年，勸友人、門人刻《二程遺書》、《朱子遺書》、《語類》及諸先儒書數十種，且同商略，迄今能得見諸書之全者，先生力也。」語水主人，即呂留良也。因有意治洛閩之學，故來聘先生教學東莊，先生以其殷勤請之再三，遂應之。乃勸呂氏勿選刻時文，宜多刻儒先文集，故其所刻實皆先生指導之也。《訓門人語》亦有一條記云：「予六十歲時，商隱贈《二程全書》一部，予受之，欲待商隱六十而贈之。」（卷五十二張佩蔥記）蓋先生雖未明言所讀者為何，然觀此亦約略可知也。且先生因家貧，故不得不從人借書，如四十三歲〈答吳仲木〉書云：

> 兄所藏書有《司馬溫公集》、《許魯齋集》、《吳康齋集》否，有則暫假一看，一兩月後，即附返也。敝里固陋，弟家貧，不能置書，故不能免於遠求耳。（卷三）

又〈答徐敬可〉書云：

> 承子脩兄假以涇野先生書，何啻百朋之錫，古人君臣朋友每有相見恨晚之歎，弟自傷固陋，老而無成，若十年二十年前得此，何至悔吝之積，多如今日哉！（卷八年歲未詳）

另六十一歲從孫商聲借得《童蒙訓》、《月川集》二書抄錄，從鈕亦臨借《胡瑗集》等皆是。至於舊讀或新獲之書，其有駁雜不純者，亦整理抄撮，摘其精要以自勵。若四十五歲〈與吳裒仲〉書云：

> 館舍去家三數里，塵雜稍遠，課習之暇，因得展閱先師語錄，及元城、康齋、涇陽三先生集，摘其精要，將抄錄成帙，以資淬勵。（卷十）

又卷三十有《讀許魯齋心法偶記，讀厚語偶記》，五十七歲有與何商隱輯《近古錄》一書，取陳良謨《見聞紀訓》、耿定向《先進遺風》、李樂《見聞雜記》、錢袞《厚語》四種書，擇其善言善行醇正者編定之，以資則效。可知先生一生於宋元明諸儒緒論，日孳孳以默識心通，未嘗因困頓疾厄而損其志氣也。及至逝前數年，仍努力不輟，批《傳習錄》以維斯道，以覺來學。並就所讀《朱子文集》、《語類》、《讀書錄》、《居業錄》諸書，一一選錄其切要精粹者，欲編定成集，以示後學。惜選甫卒業而歿，不能竟其功，月川、康齋二集則猶未及選也。

除此之外，先生所讀之書尚多，見諸記述者，如四十七歲〈答陳乾初〉

書謂嘗讀龜山先生集（卷二），卷二十〈題劉忠宣公遺事〉、〈書聖途發軔後〉、〈書羅豫章誨子姪文後〉、〈書六戒後〉（韓參夫著），卷三十九記陶石簣從祖陶庸齋著《正學演說》等，顯示先生皆曾涉獵其書。又知交朋友爲故家子弟，先人著論傳家，其益人身心者，先生莫不求而讀之，可見先生瀏覽之廣博也。然〈答沈德孚〉書嘗云：

> 沈先生年高無暇博涉，只將語孟詩書，正文本注，熟玩精思，看道理方無病痛，本朝人著述概宜屏絕，惟《讀書錄》、《居業錄》二書純正，其他不足觀也。祥少無師友，泛濫此中，虛費光陰，擾亂見識，痛悔無及。（卷四）

則極痛悔於昭代之書，博涉太過，故晚年於明代諸儒，唯推薛瑄、胡居仁爲純正，反覆誦讀而已。然先生之學或亦因能擷采眾說之菁華，棄其糟粕，是以能辨析入微，致高明醇正之境地也。

五、切磋師友緒論

先生自少不隨流俗，讀書知慕鄉邦先輩，有嗣徽繼響之志。〔註2〕故雖性耿介，不苟交與，然未嘗不惶惶於求師取友也，若崇禎間，聞德清唐達之賢，求友之意，積累有年，於三十二歲致函云：「每念古人之學，莫不傳于師而成于友，是以間歲以來，雖不能遠有所事，而凡百里以內之賢人君子，莫不敬而問之，即不得見，中心嚮往蓋無已也。二載以前，側聞德音，私心輒願見，出其所聞，用質有道。」（卷四與唐灝儒）可見先生擇友嚴謹，交必以道義相切磋也，且先生性善取人之長，讀書則篤信聖賢而法象之，故於師友益人學問處，亦深有體會。嘗告張佩蔥云：

> 舜典稱舜爲濬哲文明，孔子曰：德爲聖人。孟子曰：舜爲法天下，可傳後世，此皆稱舜之爲聖人也。至其所以爲聖人者，則在舍己從

〔註2〕參卷十六〈錢柏園文集序〉曰：「吾鄉自國初基，清江巽隱兩先生並起，一以詩文鳴，一以道德顯，蓋一時人傑也。嗣是賓興孝秀，甲乙之科，未嘗乏絕，能樹立不朽者，抑何寥寥。神宗皇帝期，李尚寶、錢中丞同時而顯，然以方諸古之作者，已不能無遜焉。此鄉邦典型，所以往往而絕也。予與錢子柏園幼同師，長同業，嗣徽繼響之志，蓋亦未嘗無也。」可見先生年少有志，效慕先輩。後來每歎鄉邦繼起乏人，故於學者屢舉此意以勗勉之，如《初學備忘》之末條，諄諄告於後學，晚年語張佩蔥，〈書清江巽隱集後〉一文，及與友人書函中均一再道及。

> 人，好問好察，取諸人以爲善，聞一善言，見一善行，若決江河，沛然莫之能禦，所以人要虛心。（卷五十二《訓門人語》）

於此先生實深切體會而服膺終身者也。故卷四十二《備忘錄》自云：

> 吾平生自顧無他能，所克自信者，惟好善二字。自幼至老，嘉言善行，一聞於耳，一接於目，即終身不敢忽忘。詩曰：「心乎愛矣，遐不謂矣，中心藏之，何日忘之。」

噫，斯可見先生虛己容物之心無量矣！而先生爲學往往能得師友之益者，其原本在此也。故於後生進學，必告以師友之義。卷三十六《初學備忘》云：「學問必由師友而得，人無師友，質雖美，固陋而不知不足；不美者，非僻而自是。故曰：道義由師友有之。然擇之不可不慎也。」卷四十《備忘錄》亦云：「師友，平時雖不見顯然之益，然講論道義，修整衣冠，自不知邪慝之日消，而非僻之日遠，則其爲益也大矣！」即欲學者從賢師良友切磋，祛傲慢邪僻之氣，以改過遷善，而成其學問也。

考先生爲學，一則篤信聖賢，師友古人也，一則好善不已，師友今人也。《願學記》嘗云：

> 吾人爲學，今人與居，古人與稽，一不可廢。蓋不稽古，則無以考古人之成法，識事理之當然，而心智亦無由開明矣！然非明師良友以正其得失，則所學者，不免失於氣質之偏，見仁謂仁，見智謂智，而無以得乎大中至正之矩，甚者，師心自用之弊，蹈之而不自知矣！（卷二十八）

此實先生自道爲學之經驗，而以淑人淑世者也。故《願學記》、《備忘錄》之作，師友古人所得也。《言行見聞錄》所述，師友今人之實也。而先生既識師友於學問之重要，故壯歲稽古自學有得，仍渡江問業於山陰，執所得以求師就正，其原因在此也。其與當時流俗之徒往往山陰求師，未見一面即自稱宗周弟子，以取聲名者，則迥然有天淵之別。蓋明末姚江良知說泛濫天下，舉世汩沒，學術大裂，人心陷溺已極，師資無人，其時唯蕺山以紫陽之學矯救，趨向較正，而道德名節爲天下宗仰，可師者此一人耳，故先生以爲「斯道未墜，或在於斯」〔註3〕也。而於問學歸來後，遂有「吾自見劉先生以後，自信

〔註3〕卷十五〈送顏士鳳之金華序〉云：「先輩程巽隱一旦舍鄉黨學於金華朱氏，以金華朱氏得考亭夫子之傳也。當是時程公在金華最久，是以道義顯於國家之初。今之之金華者眾矣！未有爲此志也。……抑復有如東萊仁山其人立身行

益篤」（卷二十七《願學記》）之語也。雖劉宗周之學，和會朱王，根本姚江（依黃宗羲之看法）而先生後來宗法程朱，然先生既嘗執弟子禮，故終生篤師友之誼，善則稱師，且懲世亂，於師門儘力表彰其道德行誼及工夫踐履之實，對宗周心意玄遠之論，則避而不談，此意於卷二十二〈告先師文〉、卷二十〈先師年譜書後〉、卷十六〈寄贈葉靜遠序〉諸文中所述師門之學，見而可知也，故先生從劉宗周問學，所獲大多爲原來自得者，在躬行篤實一面爲多，觀「自信益篤」一語，可明也。

至於友朋規箴，先生均能虛受而反己自克，納善改過，以變化氣質，而滋益學問，且誌之終身，筆之於冊，隨時自惕，並述以告同志，期相觀取善，互得切磋之益，而表彰朋友之德。先生記述朋友相規之言者，散見於集中，亦有同一人言語，反覆再說者，可見先生能實受朋友所勸而痛改己身習氣病痛，故思及輒書，遂有此重出現象。《備忘錄》中嘗有一條，綜諸友針砭語而述之，甚可明朋友切磋影響於先生之治學者，茲以全文迻錄如下，以徵其實，餘所述者猶多，不煩贅舉也。

> 人不可無直諒之友。予二十後，得交士鳳，方知流俗之卑汙。其不失足於張溥、周鍾之門者，皆其力也。其言曰：誤天下蒼生者，必此人也。君往見彼，則予絕君交矣！已而交寄生，其言曰：君只本質好，學問之道，全未是也。予雖應之曰：要我學二氏，決不可得矣！然心實服其言。常至予家，謂予曰：竟如寓舍，何也？聞而愕然思之，實於事物不甚經心，然不能改也。三十六、七交季心，規予曰：誠意在先致知，兄道理只從書冊上求，人情事物如何不察。予固已志之。又數年，癸巳，韞斯以予《初學備忘》質之裒仲。裒仲曰：山陰不脫姚江習氣，吾是以不敬山陰，考夫看來不脫山陰習氣。韞斯述其言告予，予答之曰：吾於先生之學，未能得其萬一，況敢言脫乎？然未嘗不服裒仲之知言，少年見理端的，僅見此人。韞斯問予曰：王祥何如人？予曰：孝子。韞斯曰：大節不足稱也。又問曰：王旦何如人？曰：宋之賢相也。韞斯曰：贊成天書可鄙也。

道，以守諸先以俟諸後者乎？紹興劉念台倡教和靖書院，斯道未墜，或在於茲，予欲問業，貧不澤遊，志而未逮，士鳳歸來，曷迂道秦山之陰，先予請見焉，以益廣其所得也。」由上下文義可知，先生或以爲蕺山倡程朱之教，矯姚江之弊，能上繼朱子之道者也。

> 公得志，將無類此等人。予曰：古人好處正學不來。渝安云：考夫規模寬大而力量不足。斯言蓋往年聞之鳴臯云。種種皆藥石之言也。恨不能從而改之，慚負良友深矣！（卷三十九）

先生之學，固自修自省工夫甚力，而日進月異，然由上所言，得於友朋切磋之處，正不少也。且從善而改，又不僅取資於朋友，雖惡我之人，言有中己隱痛處，亦深思而自警。《初學備忘》記云：

> 大抵好我者之知我失，必不如惡我者之知我失之深，而中人能深察惡我者之言而改之，則庶乎其寡過矣！前有朋友於某縉紳前，言祥忠信人。縉紳惡我者也。曰：不明乎善，不誠乎身，安得謂之忠信。予聞之，深服其言中予之病。又有工人私相語，謂祥用財不刻。中一人曰：他是尺裏寬、寸裏緊。予聞之，常念其言，臨財出入，益不敢萌貪吝之私。（卷三十六）

可知先生於逆耳之言，亦莫不取以爲修省之助，故始能成其大德，而學問精進不已也。然先生雖好善如流，擇而固執不遷者亦有之，如卷四十《備忘錄》云：

> 我平生特惡炫己長而彰人之短。炫己長，近於無恥，彰人短，近於小人，不樂成人之美。蓋自幼年奉先慈及先外父雲芝先生遺訓，守之四十年矣！雖爲季心之所深疑，屢見規益，不能改，亦不欲改也。
>
> 友人規予平日於人稱許太過。予思之，誠有然者。但當今之世，人欲橫流，肆惡無忌，苟一言一行之善，豈非天地之心不容泯息處。安得不一分作幾分咨嗟歎賞，誠不能自已。且使其人聞人之稱許，而更好行其善。或是旁人聞人有善而願慕之，亦欣然爲善，皆不可知。若必曰：此事善，他事未必善，今日善，他日未必善，甚而謂其事善，其心未必善，從而深求刻論，疑而不信，處心亦不仁矣！（卷四十一《備忘錄》）

觀此，可知先生孝篤仁厚之心矣！儒者處世，以補偏救弊爲職，秉天地之心，與人爲善，以迴狂瀾，挽世道，此正參贊天地實事也，而世人往往不知。蓋從古至今，賢哲之存心、作爲，即當世君子亦難旁測而明也。

第二節　楊園之治學歷程

晚期諸儒治學，因遭亡國慘痛，故志在經世致用，終生懷孤臣孽子之心，故勤勉恒久，至老不衰，此於第一章第三節俱已詳述。先生治學精神，要不外是，而於學問之際，尤虛衷納善，時時以堯舜顏曾之德，自勵自勉，嘗云：「擇善人而交，擇善書而讀，擇善言而聽，擇善行而從，是初學切要功夫，從此造乎精微，總不外擇善二字。」（卷二十八《願學記》）此點於前節亦述及之，故先生爲學，所以能日造廣大精微，除秉弘毅之志，踏實之功，處困益堅，窮老彌篤之精神外，主要乃在好善、擇善一念，終此身拳拳服膺毋失之故也。蓋先生孤貧力學，有志聖道，而少習舉業，二十從事姚江良知之學，及得《小學》、《近思錄》讀之，乃漸悔悟，體味濂洛關閩之書，壯年後復問業蕺山，修慎獨之學，既而篤志程朱，脫洗舊染，粹然一歸於正，上接薛胡之學脈，以溯濂洛關閩，而祖述孔孟。思想之發展，實數經轉折，乃達精醇高明之境地也。茲因年代先後，分段析述，一則表現先生向道誠篤，精進不已之志力，另則於思想轉化之歷程，得以井然就秩，弗有錯亂，而先生思想臻於純熟之實況，亦朗然可知矣！

一、早年之教育環境及思想

（一）少年時代從師之影響

據《年譜》所載，先生二十三歲，館顏士鳳家，爲先生教學之始。在此以前，所師事者有四人。曰孫台衡、陸時雍、諸董威、傅光日。諸人生平已述第一章師友淵源中，不煩再贅及。今就有關者綜論之，以見先生少年時期從師所受影響如何。孫氏爲先生啓蒙師，餘姚人，先生父九芝公以其端方忠實，故特延之，命先生受業，此爲七至十歲所從之師。《全集》中，先生無特別記述者，亦不詳所讀何書，大概依時俗之習，不出《四書》、《五經》範圍也。及十一歲以後三年，受業於陸時雍，陸氏工詩文，尚氣節，崇禎初，嘗應詔舉巖穴異能之士，著作極富，有《詩文集》、《楚辭新疏》、《古詩鏡》、《唐詩鏡》，又注《韓子》、《淮南子》、《揚子》等書，先生從之受業期間，《年譜》特舉十二歲，先生讀《易》之潛沈用心，然閱《全集》，先生所爲詩文，亦有離騷之體，及引用《揚子》之言者，則除易學外，先生於詩、文亦受陸氏極大之影響，惜先生爲陸氏所作傳文已佚，否則更能明白其淵源。

先生十五歲後，從諸董威受業，諸氏事親極孝順，爲人好義輕財，後以兄女許先生爲妻。據《年譜》所云，先生與同學友善，攻經史，治制舉業，諸氏且以馬援〈訓兄子書〉戒門人須立身醇謹。可見此期間，先生所從事之學。今據《全集》所及者推測，先生受其影響，當亦甚大，蓋先生之學，除根柢于經學外，於史學所得亦極深，則此時從師所習，先生雖未嘗言，然其發端之功，絕不在少也。至從《言行見聞錄》所載，戒先生學篆刻與述自檢之功一事，想來對先生持身、立行亦有潛在之影響也。先生最後所師傅光日，深於易學，僅從之兩月，然自《見聞錄》所載，則對先生學《易》極有助益，且因此而交於顏統，影響先生後半生甚爲深遠。

綜上所論，先生少年時期，所從諸師，不必論其學所至如何，但就人品而言，俱有過人處，與先生後來所述當時流俗之師、無節失行者，實有天淵之別。況諸人所學，各有所長，故此一時期，對先生後來之發展，其影響有不容忽視者，大抵於修身諸細行，大端已無所失，先生終身不喜畫，不學丹青、篆刻小技妨業，均爲此時受於師之影響，而最重要者，實在奠定《四書》、經史、文學之根柢，尤以《易經》之學，影響最爲深遠。

（二）早期之思想概況

先生秉承庭訓，自幼至老，篤信聖賢，而於《四書》正文集註，尤信之深體之切，〔註4〕然二十歲前習舉業，於眞正聖賢之學，猶屬茫然，觀〈自題制義序〉云：「予自受書，即從先生求朋友而學制義之文，既以爲庶幾其道矣！辛未、壬申，草土之中，習業離播，忽念後之學者，代爲聖賢之言，朝廷取其能爲聖賢之言者而進之。然則朝廷既以聖賢待士，士之爲此以待朝廷之進，要當有其至者，而鄉之所學，皆非也。然疑信時半，未能盡棄。」（卷十五）則似以爲聖賢之道盡於制義文字耳。迨辛未年，先生二十一歲之後，王考、慈母相繼喪亡，乃能靜心思考，稍覺俗學之非。蓋流俗制舉之學，據先生所述，不過如此：

> 吾聞之蘇子，士不能自成，其患在俗學，俗學之患，枉人之材，窒人之耳目，誦其師傅造字之語，從俗之文，才數萬言，其爲士之業盡此矣！今之俗學，又不盡此，一師之說不能究，一家之言未能修，飾其衣冠，以阿聲譽，童而習之，至老死不悔，嗚呼！其無成也何惑，予用是悔且恥。（卷十五、〈送錢一士之西安序〉）
>
> 神廟時世教方壞，蒙士《四書》一經正文讀竟，即讀《國策》、《莊

〔註4〕卷八〈與徐敬可〉云：「祥自維衰暮無聞，所可爲知己道者，從幼至今，惟有篤信聖賢四字，而於《四書》正文集註，尤所謂信之深而體之切」。

列》、三蘇文字幾種書，作爲舉業，以取世資，是以生心害政之禍，至今猶烈也。弟二十時尚喜讀蘇文，《國策》則向不喜讀，然亦幼失先人以至於此。少年讀書比之擇術，習氣之中人，惟讀書爲最深，此種文字不可不戒也。（卷十〈與吳裒仲〉）

故欲從流俗之習，其學甚易也。且二十一歲正與顏士鳳、倪寄生（二人規戒語，見前節所引）結交之時，故先生因此尤有所反省，然猶未能盡知其非，迨後來二十四歲得《龍溪集》讀之，始知舉業之外，尙有聖賢之學也。於是乃因王學而進求爲聖爲賢之功夫。至於釋氏之書，在此之前，涉覽偶及，大概亦無所禁忌，〔註 5〕此先生初期於聖學之體認也。

依前節所述，先生二十四歲後，雖知聖學另有門徑，然於時藝仍未棄絕，直至三十二歲仍應杭州鄉試，且於是年完成十餘萬字之制義，頗爲自得，及三十四歲春，問學于劉宗周，據《見聞錄》所載云：

履祥見劉先生之三日，坐語久，先生問：「舉業用功乎？」對曰：「朝廷方以之取士，童而肄之，亦不敢不盡心，但平日讀書，則未嘗專力於此。」（卷三十一）

則似猶存進取之志，大概其時國家未亡，尙得緣此自進於朝廷，以勠力王室，不負所學也。至夏五月，聞思宗殉國，先生遂不復有此心矣！〈與吳又韓〉書自云：「僕自初夏以來，進取之志，久不置胸中，非能遂於當世恝然，自顧無具，亦愈見天下事不可爲耳。」（卷十三）由上可知，先生從習制藝，求用於世，至全然棄去之始末。

先生後來矢志聖賢之學，自然對此時期所事者，不免悔其妨礙學問（參註 1）。其實，先生得失之心甚淡，生性復喜讀經義，時時不忘慈母之訓，故既知另有聖賢之學，乃篤信而夙夜從事矣！然先生此期之思想極爲駁雜，約而言之，其途轍有三：首爲時藝之學，次及良知之說，後乃因《近思錄》，泛覽濂洛關閩之書，然此三者錯綜交雜，固未可截然斷以期限也。茲爲求敘述簡明，避免淆亂，不得已，遂分三段而述之。以上既述先生時藝訖，次論從

〔註 5〕卷十五〈自題制義序〉謂甲戌年盡棄舊聞，甲戌，先生時年正二十四歲，又卷四〈答丁子式〉書有「二十四五聞良知之說而喜之」之語，卷五〈與張白方〉書則云：「弟自二十以後，因讀《龍谿集》，慓然有動於心，始知舉業之外，有所爲聖賢之學。」另參卷三十九《備忘錄》記「二十三、四以後，釋氏之書，已絕不入目，蓋篤信先儒之言故也，然於陽明龍溪之書，則深信而服膺之。」綜此數段以觀，則二十四歲乃先生思想轉變之年。

事王學時期思想概況。

（三）出入王學之時期及其影響

先生二十四歲得《龍溪集》，初識聖賢之學，即由此入手而夙夜從事，斯時極深信而服膺之，且志高氣盛，故以爲聖賢之域，可以指日而至。當時先生之體會的是如此。故來日爲學，一遵程朱之後，於姚江之失，辨析入微，極自悔往日之過以戒朋友，然亦不諱言此時篤信之深也。卷六〈與張白方〉書云：

> 弟自二十以後，因讀《龍溪集》，憬然有動於心，始知舉業之外，有所爲聖賢之學。進而求之陽明致良知之說，已而得白沙敬軒之書，則亦讀之不厭，斯時志高氣盛，以爲聖賢可以指日而至，然反之於心，廓然蕩然，若無所依據之處。既數年，乃得《近思錄》而讀之，因而漸有事於濂洛關閩諸書，意中竊喜，以爲若涉大水之有津涯，與歷谿山之有塗梁也，然反己自顧，則徒傷流俗之日深與氣質之益錮，回思昔日聖賢可爲之志，則又忽然不知其何所去也。

此與白方第一書也，其年代據〈全集後跋〉，萬斛泉以爲大約先生年在四十、五十以外。白方亦習良知學者，故本札後段析論紫陽、陽明之學得失以規勸，而前段自述爲學，論從事王學過程乃較詳，詞氣亦較緩和，不若他書之厲。〔註 6〕然先生後來雖云有悔，於王學實未能絕然去之，依卷一惜往日詩之一云：「此心非果欲爲狂，信謂維皇授我良，讀罷遺經旋內省，始知厥疾中膏肓。」（時年六十一）蓋晚年自悔之語，而詩下自註云：「嘗爲良知之學十年故云」，可知數年後，雖逐漸有事於濂洛關閩之書，亦漸覺二王之言，矜驕無實而舍之，然治學尚偏重於王學也。且依年數推之，則三十四歲問學蕺山時，猶在此十年之內，〔註 7〕故〈上山陰劉念台先生書〉云：

> 敬啓，祥幼罹孤蹇，不知學問之道，二十餘，稍聞先正緒論，則竊說之，然未知所從事也。既而得龍谿先生集與朱文公《近思錄》而

〔註 6〕如卷四〈與丁子式〉書，謂從事良知之說後，即云：「由是信其所知以出，日常接物，動多過失，甚至得罪名教，猶以心之所安，不知愧恥，天牖厥衷，尋復自疑……始悔昔者所爲，皇皇以求，率皆懸空想像，有同繫風，枉費心力而無實益者也，非特無益而已，長傲遂非，殆莫甚焉！」則直痛陳其弊害，情詞亦迫切也。

〔註 7〕卷十一〈答張佩葱〉書第十九首云：「商隱先生委批《傳習錄》，此等文字屏而絕之，不接耳目者二十餘年。」時先生年六十二，以其數推之，則此時於良知說尚未屏棄也。

> 讀之，始知聖賢之果有可爲，由是習見習聞，及身之所行，日有愧悔，所謂天誘其衷，不自終於陷溺也。己卯之秋，忽有悟於志氣之義，以爲志帥氣則爲君子，氣勝志則爲小人，繇是、日用之間，每求志之所以帥氣者，至庚辰（三十歲）於陽明先生所言良知，體之較切，氣旋覺有退聽處。又一年，偶有見於人品之有君子小人與治術之有王霸，其辨只在誠僞，而於孟子所謂怵惕惻隱爲誠，內交要譽惡聲爲僞，以是自省自考，惟恐其入於僞而不進於誠也。壬午，讀《濂溪集》，則求所謂主靜之說，得之白沙之言，動亦靜，靜亦靜，無將迎，無內外，心知其然，然亦未能親切也。(卷二)

所述進學歷程，尚依違兩可之間，思想實未能滙通，無有統緒也。以上詳迻原文，不嫌費辭，主要在於表明先生受王學影響極深。故後來先生雖力讀程朱之書，思想逐漸眞確，然猶不自覺間，沾染其習氣也。此據卷三十九《備忘錄》所載曰：「己丑、庚寅之間……季心愛我者也，規予曰：『欲誠其意，先致其知，當努力於格物功夫。』予思之，深中予病，并佩服之，蓋前時實從姚江入門，後來雖知程朱之書爲正，畢竟司馬溫公、劉元城之集著力處重，自此則一意讀程朱矣！」庚寅，先生已四十歲，然因早年受姚江影響，故偏重司馬溫公立誠功夫，與當時論大學只講誠意，表面有相通之象，乃產生旁人一種誤解，而先生爲學向來主張盡除習氣者，〔註 8〕遂自此一意讀程朱之書。又四十三歲，先生《初學備忘》一書所載，吳裒仲見之，猶指摘於其間，〔註 9〕謂有不脫姚江習氣者。可知先生雖自云爲良知之學十年，而其影響遂有如此深遠也。以上就先生從習王學經歷而論如此。

先生從事良知之學，亦循其法而習靜坐，據《見聞錄》所載師生問答所及，談靜坐事者二條，內容互有詳略，迻錄如下：

> 崇禎甲申春，見劉先生於越，先生問曰：「亦嘗靜坐乎？」對曰：「無事時便靜坐。」先生曰：「有益否？」對曰：「自謂頗得力。」先生微笑曰：「若說不得力，便是欺也。」又問古人主一之指曾理會

〔註 8〕卷二十五《問目》補遺云：「習氣不脫，難以言學，譬如羈鳥在藩，終不能翺翔於天地也。」此或猶對流俗之習而言，至卷二十七《願學記》三十四歲後所記一條云：「學問到自知不是時，須是全副拋下，從新做起，若只是去泰去甚，留些根在，他日仍復長起，適足以成其文過飾非之習，不濟得事也。」則所論嚴正不易矣！

〔註 9〕參前節五，所引卷三十九《備忘》，人不可無直諒之友一條。

> 否……。(卷三十一)
>
> 履祥一日侍坐先生，先生問曰：「嘗靜坐乎？」對曰：「讀《龍谿集》時嘗學之。」先生曰：「有益否？」對曰：「寧心定氣，漸覺清明在躬，謂無益則不可，但日用之間，人事相接，安得可以靜坐之時。」先生曰：「然謂之無益，亦屬自欺。周子曰：無欲故靜，……祥以是稍知靜坐之失。」(卷三十三)

按文義顯然第二條專論靜坐得失，所記較詳，而第一條雖略，亦有助瞭解全貌。蓋先生讀《龍谿集》時已學靜坐，且甚覺得力，然平日事務忙碌，則苦無閒暇，僅能於無事時爲之，故蕺山乃就動靜根源以解，因使先生自此稍知靜坐之失也。至從師山陰所得如何，當別專章討論，茲不贅。緣先生《全集》中所有資料，三十歲前者甚少，而涉及王學之敘述尤少。故今欲究其詳，頗嫌寡於實證，而靜坐既先生習王學時所作功夫，亦極有得力處，乃特先敘之如上。至於先生遺集論從事王學實得之處不多，其原因在於先生後來追述從事良知學階段，均自悔語、批評語多，論實際情況者少。一則從師之前，思維根本雖以良知爲主，然讀《小學》、《近思錄》，與得《龍谿集》時期，相差不過二、三年，故思想難以單純解析。又姚璉纂集遺書之時，於先生早期所作，凡涉姚江習氣之說，一概裁去所致也。

先生少年時期治學之狀況，前已細述，由是吾人可知，其時固未識所謂聖賢之學爲何，然先生禀承母訓，一心欲效法孔孟，且自以爲從制義而庶幾其道。學問經幾位先生調教及努力，亦卓有小成，故表現極有自信。至二、三十歲間，交顏統諸友，脫於流俗，此際誠如先生自述「斯時志高氣盛」也。觀三十二歲時〈答唐隣哉〉書云：

> 弟數載以前，意頗狂肆，謂海內人士，約略有盡，將來歲月，即得中壽，猶春秋三十而餘，讀書學道，何事不可，豈獨不讓今之人。(卷九)

卷十四與呂■■兄弟書亦云：

> 不佞自維二、三十歲時，志雄氣盛，未嘗不以奮乎百世爲心。

可見當時先生之志力剛毅弘遠，過於世人也。故晚年戒顏統之子云：「每念足下兄弟之病，率坐悠忽而不能奮發，少年光陰，大都虛度，僕與先尊君疇昔意氣，卻似過此。追思二、三十歲時，胸中目中儘覺有過人處也。」(卷十三〈與顏子重〉)先生既有奮乎百世，不讓古人之志，故此期間復得龍谿之學，可謂如魚得水，乃信聖賢之域，舉足可至也。今觀《願學記》所存早年之語，雖已經姚璉刪去染有姚江習者，然論及心志，果眞俱有賢聖可至之氣概。如云：

> 吾家曾祖、祖父年皆七十，唯先子不及耳。履祥今年三十有一，行己大端，自度不懼走失，從此以往，至曾祖、祖父之年，尚有四十餘載，孜孜不已，日愼一日，何患不到聖賢地位。
>
> 或曰子之學道，能至堯舜乎？余應之曰，必眉八采而目重瞳，余則何望焉，如不以此，吾何爲獨不可？（同卷二十六）

則「壯年志高氣銳，眞有顏子有爲若是之意，亦足以見先生志之所立矣！」（姚璉註語）此時先生年三十一，正上劉念台書中所謂「庚辰於陽明先生所言良知體之較切」之後。當然若此等浮夸語，先生晚年絕無有，且必指爲習姚江之弊端者也。故六十歲時〈答徐重威〉書云：

> 良知之言，於初學之士，志卑氣苶及沈酣流俗而不能自拔，頗有激發處，未爲無益，但其病根已伏於此，是以君子惡之。僕三十年前，無有名師良友指示學問之道，亦嘗努力從事，恐不衹若足下今日所謂烱然者。久而悔其無所得，且將入於蔽陷離窮而猶自以爲是，不覺其非也。逮後，遜志於濂洛關閩之書，於先聖遺經，反覆潛玩，始慚向之高趾遠目，指日聖賢之態，始於無恥而極於無忌憚，皆其有以長己之驕，而益己之慝。是以痛捐夙習，以求一日之當乎理道，於今茫然若涉大川之無所止泊也。然此習心既已深錮，尚苦乘間竊發，爲存心修身之害，願足下鑒此，勿踵厥失也。（卷十四）

於此書中可見先生年三十時，於王學當極有得，然晚年則對其時之學，嚴厲指責矣！

至於先生論述偏重姚江之習者，存於早年所著《願學記》，先生原稿有三百六十條，乃二十九歲至三十二歲間讀書所得，今《願學記》三卷，自卷一後半，皆姚璉所輯續錄，與先生摯友何商隱、凌渝安審訂無有濡染者，始行錄出，此部分「姑闕之」者爲數多少已不得知，至於原稿三百六十條中，依姚氏後序所言，刪去語涉姚江者計三十八條。故今得見其說原貌者唯《問目》一書耳。上二書已介紹於第一章第二節，於此不煩再述，僅就《問目》中，先生晚年自批不脫姚江習氣者，舉其原文，選錄代表性數條，以見先生於王學一系之思想。

甲申《仲春問目》云：

致知則四體五官方爲己有，不然，與廢疾者均耳，甚者，與路殣何異。自批云：言致知而不及格物，則汩沒於良知而不覺者也。○刪去。

全於獨知難揜處，用力於此一恕，何往而非可恥。自批云：亦不脫良知二字。

致知格物之義，朱子謂：窮致事物之理，以全吾心之知。象山謂：去一己之私，始得本體之明。故以格與格君心之非格同義。陽明先生是象山而非朱子。祥謂二說固不可偏廢，蓋本體既明，則天下之理自見。自批云：若此則格物在致知矣！且本體亦何由而遽明乎？若未能見得，則事事物物上去窮即所以求明其本體也。合內外，自批云：知只有一箇知，豈有內外。兼本末，方爲無失，王先生或亦矯枉之過否？自批云：象山言之是處，總不能出朱子之範圍。當時於朱子之書未盡讀，故所見如此。○刪去。

先儒嘗曰：聖門未嘗諱空如，孔子空空，顏子屢空是也。朱子恐其近於禪，故以空空歸鄙夫，屢空爲空乏，蓋諱言空如也。自批云：今亦不記何人之言，恐非先儒語。祥以爲絕四，便是空空；不遷怒，不貳過，便是屢空。舜禹有天下而不與，亦是此體，但不易到得。自批云：此則惑於邪說而不自知其失者。空空作悾悾解，信實無知之貌，謙辭也。屢空對貨殖而言，非空乏而何。

理與氣合而爲心，故過欲爲存心，縱欲爲放心，存心故氣配道義，而清明在躬，放心故牿之反覆，而至於禽獸。自批云：理與氣無可分，如何可合。○此條刪去。（以上同卷二十五）

《仲春問目》諸條，俱選自《願學記》中，在先生年二十九至三十二間，正研習良知體驗較切時期，所論應極可代表先生對王學思想之認知。然取《問目》、《願學》全書以觀，就理氣心性本體直接討論者，畢竟不多。大抵先生此時亦讀宋儒四家之書，另則厭惡流俗高談心性，說玄道虛之習，故所從事體認者，偏於治學工夫一面。故綜上所錄諸則，除表明先生有時尚不免惑於王學末流之邪說外，主要在於就誠意做工夫，直論本體，缺格致一段，所謂涉姚江之習者在此也。蓋王學之精髓，異於程朱者，固在論大學以誠意爲本，主「格物爲誠意工夫」（《傳習錄》徐愛記），心外無理，心外無事，而主要精神實在合心性理爲一，統攝於良知之說，直探心體。至王學末流，所主誠意工夫，不免空守本體，放言高論，雖入於精深奧妙，終無篤實工夫，其極且摻融禪學，入於釋道。先生嘗評當時空談心性者云：

> 吾見今之言心者，輾轉反覆，只說得色不異空，空不異色之語。其言性者，輾轉反覆，只說得蠢動皆含佛性之語，所謂竊釋老之似，亂吾儒之眞。噫！夫子所以有紫朱之惡！（卷二十六、《願學記》、三十一歲）

可見先生對流俗風尚之疾惡。故先生從事良知之學，僅是自誠意做工夫耳。而當時鑑於心學空疏之弊，故於朱王學術，求其相異，自以格物，誠意爲準，其實先生爲學實驗諸身心，自與流俗習良知者有別，然當時觀念如此，故先生後來自道：

> 百餘年來，論學者率以誠意爲主，予從事於此有年，季心謂予曰：「不明乎善！不誠乎身，君功夫卻倒做也。」聞之憬然有省，又見朱子論昌黎〈原道篇〉，引《大學》至誠意止，不及致知格物，爲無頭學問，篤信斯語，因是日用之間，深體格物之義，乃實有見於大學之道格物而已矣！自下學爲己至於窮神知化，一以貫之也。（卷三十七《初學備忘》下）

以故治學之方向，乃自誠意著力，轉以格物爲主矣！此種觀念從甲申《冬問目》自評語中亦可見知。其一云：「欲知善之爲善，不善之爲不善，自非格物何以知之，從誠意說起，是習於姚江而不察也。」（本文略、卷二十五）又云：「至此方有格物二字，然又以誠爲先。」（同上）以上乃先生自表層分判己失。然陽明既合心性爲一，先生所論亦有心性無分者，《冬問目》中存有一則云：

> 今人乍見孺子將入於井，皆有怵惕惻隱之心，嘑爾而與之，行道之人弗受，蹴爾而與之，乞人不屑也，此爲動心。人能充無欲害人之心，充無穿窬之心，充無受爾汝之實，此爲忍性。忍性者，不失其本心而已。自批云：張佩蔥曰：忍性與動心應有分別，此條俱屬動心事，未見忍性。蓋緣當時從事心學，不知有此失也。大抵失處非經朋友指出，終身汩沒不之覺察。辛亥暮春記。（同上）

辛亥先生六十一歲，門人張佩蔥錄《問目》一書，請先生批閱點正，故先生記其年月以志之。由此可見先生從事王學，受其影響極深也。

（四）體驗宋儒義理之時期及其思想

先生治學，雖自龍谿入門，然旋得《小學》、《近思錄》，乃漸覺爲學有持循之方。故〈答丁子式〉書中謂二十四、五聞良知之說，喜而夙夜從事，由是信其所知以出，日常接物，動多過失云云，其下遂云：「天牖厥衷，尋復自疑，適得《小學》、《近思錄》讀之，漸覺有所持循，因而進求濂洛關閩諸書，由繹數年，心漸虛，理亦漸顯。」此先生自述治學趨向轉變之關鍵，在《小學》、《近思錄》二書。〈上山陰劉念台先生書〉亦云：「得龍谿先生集與朱文公《近思錄》而讀之，始知聖賢之果有可為」。然此二札中所述年代俱模糊籠統。〈與張白方〉〔註10〕函中，雖對從習諸書，言之較詳，其序自龍谿、陽明而白沙、敬軒，「既數年，乃得《近思錄》」，然亦不明言年代，且將從事陸王與程朱二系之時期，截然分為兩段，故若僅參核三札以究之，於先生此期思想實況，終不得而明也。今考《備忘錄》中有一條云：

> 予年二十餘，《小學》之書尚未之見，崇禎八年，頒此書於學宮，坊間刊行，始得讀之，復幸天啓其衷，求《近思錄》讀之，然後稍知為學之門。嘗歎世教之衰，自七歲就塾，即授《四書》，旋復授經，師之為教，弟之為學，無非舉業文字而已。卻不知經書之傳，是何道理，皇帝頒行《小學》，繼及濂洛關閩六子之書……。（卷四十）

崇禎八年，先生時年二十五，由上所述，吾人可知先生得讀《小學》之書乃因皇帝頒行《小學》之故。後文又云陸續及於宋六子書，於是與「張白方、丁子式」二札中所道「進求濂洛關閩諸書，由繹數年」之語，亦得到明澈之根據。至於《近思錄》一書，卷二十〈書近思錄後示兒〉文云：

> 汝父二十五、六求近思錄不可得，寢食以思，適賈人持至，喜若賜自天者，因得讀之，雖非善本，然卒賴以粗知為學之方，理義之要，自是覆讀經書，不至若昔之日，茫如涉川之迷津筏矣！無何復為友人借去不返，更求別本，喪亂之餘，竟二十餘年弗之遘也。

由上可知先生獲讀《近思錄》，最早亦不越二十六歲之年。故求師蕺山前之期間，先生於宋儒所言義理，大約亦只是逐條體會，其主要功夫則在反求乎《四書》、《五經》，而驗證於心耳，尚未構建一完整系統也。此據上山陰劉宗周書中自道為學要點，「所謂志帥、致知、立誠、主靜種種功夫」（書中之語），可以證知先生進脩之功在逐點累積而深入，而所作工夫大體是偏內心一面者也。另晚年答張佩蔥第一函中，亦嘗自述為學之歷程云：

> 某自幼孤寒，迨長，學不出於鄉閭，加以家無傳書，耳目蔽塞，貧

〔註10〕文見前（三）147頁。

窮，二十以外，輒課誦力食，詩書師友之道，殆將已矣！天牖其衷，偶於《近思錄》、《小學》而深嗜焉，因漸及於濂雒關閩諸賢之書，由是，自幼所習經書，始克通曉一、二，學問之道，粗知向方，然自大亂以來，播遷竄越，歲無寧處，舊業荒於寇戎，精志摧於愁困。（卷十一、五十六歲）

細味其言，則可知甲申大亂以前，於濂雒六子之書，尚是博取以歸本于經書無誤也。至此札異於前三函者，爲省略事良知一段。蓋先生信札每視對象不同，所言亦自有別，佩蔥篤志向道，年富力學，前於良知無有濡染，故先生略之不言。前一小段，雖自謙之語，固實情也，先生於他函中，并集中多處亦時常發露此意，實以學問嘗蹈姚江之塗，枉費心力時光，故深自懲悔也。

綜前所論，可知先生自二十五、六得《小學》、《近思錄》讀之，深嗜有獲，因漸及濂雒關閩諸家，迨三十四歲問業山陰前，治學功夫主要在潛玩體味宋儒理義之論，而參融聖賢經書，以匯通其源流。此點尤需注意，蓋不論宋或有明諸儒，雖各人才學有淺深，稟賦有優劣，所造不同，其講學讀書，皆自以在繼承、發揮孔孟聖賢之道，而最後目的即欲達到聖賢之地位也。然各派末流或反爲師門言語所困，乃不能逾越其限也。而先生自少所立志已極遠大，故此期厭飫優游諸家之論，實藉此疏理聖賢語言，以求聖人之道也。觀二十九歲始所作《願學記》，第十條即云：「祖孔子而宗顏曾，再世無敝。」（卷二十六），則可得先生之意也。且既於濂洛諸書體驗益深，乃漸離棄陽明良知習氣矣！

欲明先生此期之思想概況，則自不外《願學記》一書。今本《願學記》計三卷，卷二、三爲姚璉所輯先生三十四歲以後記錄，自不應闌入此一時期，併於下節討論爲宜。至於卷一除刪去涉姚江之習者不可知外，已入《問目》者，可並取觀，而姚璉續鈔之八十一條，以及問目補遺，願學錄遺二部分，俱先生三十三歲前所記，均可作爲了解此期思想之根據。究其內容而言，可別爲三：除理會宋儒之論外；一在志意之鍛煉，以自惕自勵，堅定修道之心，其語多嚴峻奮厲，可見先生勇猛精進之志；一則由於體驗聖賢之言有得，繼續對當時俗學惡習，排拒愈深，進而於王學末流之蔽，辨析愈明也。茲析述如后：

1. 體驗宋儒之義理

據〈願學記前序〉云：「自張夫子爲箚記之語，前正率多作之，履祥魯昧過人，閔凶自幼，長幸有悔，竊事先傳，雖知固習疎，罔與至教，然一言幾道，皆先聖賢、良師友之錫也。」〈後序〉則云：「卯之歲，秋既暮矣！撫時發省，悼昔者於志有未篤，而學多所遺也。」（同卷二十六）吾人依其意，即可明先生所「願學」者爲何？蓋自前節述王學思想所引〈自題制義序〉一文，已知二十四歲至二十七歲間，先生嘗棄舊學，研讀周秦以迄昭代典籍，此乃得《龍谿集》而識聖賢之道，所引起之反應。故今於得《小學》、《近思錄》數年後言「志有未篤，學多所遺」，又法張載爲讀書箚記，則其所遺者爲何學，亦從而可知矣！故《願學記》原稿三百六十條中，雖不免有語涉姚江之習氣者，然總姚璉所闕及《問目》者，大約不越五十條，其餘則大半爲體究濂洛關閩諸家思想之心得也。摘例並說明如下：

卷二十五《問目》云：

> 程子曰：人於夢寐間，亦可卜自家所學之淺深，如夢寐顛倒，即是心志不定，操存不固。祥久不侍先生，兼多離索，直諒之言，嚴切之教，不能時時聞，惟以此自鏡，深省得失，良爲有驗也。
>
> 觀先儒語錄，竊識其爲學之方，其言道理處，不敢急急。……故祥於《近思錄》識其言有教、動有法、晝有爲、宵有得、瞬有養、息有存。而於《朱子語錄》，識其不一其內，無以制其外，不齊其外，無以養其中，靜而不存，無以立其本，動而不察，無以勝其私諸語，已不能學其萬一也。
>
> 學伊川而失，恐流爲愿人，學象山而失，恐流爲無忌憚。

卷二十六《願學記》云：

> 橫渠云：譬如延蔓之物，解纏繞即上去，今宜常思此身所被纏繞者，而勇決以絕之。
>
> 頑鈍只是無恥，薛敬軒云：開卷便有與聖賢不相似處。可不勉乎！（按：卷六〈與張白方〉書謂求陽明致良知說，已而得白沙、敬軒書，亦讀之不厭。故特舉出此條）
>
> 常想茂叔胸中如光風霽月，則樂亦在其中矣！
>
> 漢唐以來諸儒都只狂狷之士，惟濂溪、明道有中行氣象。
>
> 周子明通，程子篤實，張子勇決，朱子精密。

以上所選，皆明指其名而綜論者，所謂讀其書而不知其人可乎之意也。另卷二十八《願學錄遺》雖僅三十餘條，論及人物者則不少，除上列諸儒外，尚有康齋、陳白沙、蔡虛齋、李挺之、陸梭山、象山等，可見先生此期涉獵之博襍，思想成分實是雜而體系亦無定準。

先生嘗自言平生於《小學》、《近思錄》用力極多，深有所獲，因識爲學之門徑，故此期論述，大致遍及《近思錄》所列十四綱目之範圍，而於義理之體驗，直接得諸近思錄啓發者，亦皎然可見。茲擇其要，述之如下，從而可知先生於宋儒所論之心得如何也。

1. 誠無爲，太極也。幾善惡，姤、復之端也，惟精惟一，舍此則亦奚所致其力矣。（卷二十五《問目》）
   濂溪曰：誠無爲，幾善惡……（《近思錄》卷一、頁 4、商務人人文庫版）
2. 喜怒哀樂之未發，寂然不動，吾心與天地同體也；發而皆中節，感而遂通，吾心與天地同用也，體備則用自全。（同上）
   伊川曰：喜怒哀樂之未發謂之中，中也者，言寂然不動者也，故曰天下之大本。發而皆中節謂之和，和也者，言感而遂通者也，故曰天下之達道。（同上頁 5）
3. 墨子兼愛固是無差等，楊子爲我，子莫執中，亦只是無差等，聖人之所以異於三家者，只是等殺不亂，吾人所患，惟是權衡不定於胸中，則輕重之間倒行而逆施者多矣！（同上）
   伊川曰：楊子拔一毛不爲，墨子又摩頂放踵爲之，此皆是不得中，至如子莫執中，欲執此二者之中，不知怎麼執得、識得，則凡事物上皆天然有個中在那上，不待人安排也，安排者則不中矣！（同上頁 17）
4. 謂學爲頓悟，不由漸達者，此言非也，周子曰：士希賢，賢希聖，聖希天。（卷二十六《願學記》一）
   欲志伊尹之所志，當志范希文，欲學顏子之所學，當學朱考亭，日漸而進，自有所不能已矣！（同上）
   濂溪曰：聖希天，賢希聖，士希賢，伊尹、顏淵，大賢也……志伊尹之所志，學顏子之所學……（《近思錄》卷二頁 29）
5. 先儒嘗教人尋仲尼、顏子樂處，祥以爲必本於辨義。蓋不能辨義則不能知命，不能知命則不能安土，不能安土則不能樂天。顏子居亂世……（卷二十五《問目》）

明道曰：昔受學於周茂叔，每令尋顏子、仲尼樂處，所樂何事。（同上卷二頁 47）

6. 東西南北，惟所命之而不能無怨尤，於志爲不忠。惟所命之，而不能有爲，於學爲未至。朱子謂：兵隨將轉，馬逐符行。漆雕開，吾斯之未能信，蓋或以此。（同上）
   明道曰：曾點漆雕開已見大意，故聖人與之。（同上頁 50）
7. 懈意一生，便不誠（卷二十六、《願學記》一）
   明道曰：懈意一生，便是自暴自棄（同上頁 51）
8. 有妄，由於有欲，理本无妄（同上）
   伊川曰：動以天爲无妄，動以人欲則妄矣，无妄之義大矣哉……（《近思錄》卷二頁 40）
9. 朋友之益，不特勸善規過，但觀摩嚴敬之際，其益已無方矣（同上）
   明道曰：朋友講習，更莫如相觀而善工夫多（同上頁 48）
10. 人不立志則不得不以氣爲用，氣盛而盛，氣衰而衰。姜公業立於暮年，曾子斃正於易簀，只是志勝。註：讀程先生語錄中已有此意。（同上）
    明道曰：學者爲氣所勝，習所奪，只可責志。（同上頁 52）
11. 但將義理沈潛反復，自能日新又新。（同上）
    橫渠曰：義理之學，亦須深沈方有造，非淺易輕浮之可得也。（同上卷三頁 98）
12. 聖賢語言固是一滾說出，看書須是切實通達，直上直下，支離不得也。（同上）
    明道曰：《中庸》之書是孔門傳授，成於子思孟子，其書雖是雜記，更不分精粗，一滾說了。今人語道，多說高便遺卻卑，說本便遺卻末。（同上頁 111）
13. 不能存養，道聽而塗說也。道聽塗說，只是無恥。（同上）
    明道曰：若不能存養，只是說話。（同上頁 132）
14. 嚴威儼恪，所以定心氣也。（卷二十五《問目》）
    伊川曰：嚴威儼恪，非敬之道，但致敬須自此入。（《近思錄》卷四頁 151）

以上徵引《近思錄》諸家語與先生所論，比照而觀，可以見先生之心得也。至於朱子之言，先生亦默識心通，反己力求以自得，如卷二十五《問目》云：「靜時無功夫，動時全不得力，動時無功夫，靜時遂無主張。存養爲靜時功夫，省察爲動時功夫。」顯然即朱子靜養動察之旨。而稱其語以美之者，亦所在而有，若云：「朱子曰：大抵吾黨於貨色兩關打不透，更無話可說也。至哉言乎！書曰：惟王不邇聲色，不殖貨利。聖人之德，亦如是也。」又云：「朱子曰：寬大中要規矩，和緩中要果決。愚常以此言爲絃韋。」（同卷二十六）由此可見，先生確因《近思錄》而體驗宋儒義理之言，於理學家所研討之各論點，均一一實際去驗諸身心，而見其違合淺深，以求自得，且此時對於朱子亦明顯表現尊信之意也。至歸本乎經書，參證聖人之道者，其例隨引文所及，大略可見，不復別舉。

先生既由《近思錄》，進窺濂洛關閩諸家之書，故此期思想雖雜揉良知之習，然於宋儒義理潛玩日久，且有見當時王學末流之弊，遂覺爲學應以聖賢爲師，始能避免師心自用之失，《願學記》中述其意云：

> 規矩、方圓之至；聖人、人倫之至，爲學不師聖賢而師己意，其敝將有不可勝言者。（卷二十六）

故論心則有云：

> 古人之書，古人之心也，其言皆吾心所有之理，故讀之可以得吾心之本然，其未有得者，心有所蔽也。
>
> 心之眞實无妄之謂誠，戒愼恐懼之謂敬，不偏不倚之謂中，無悖無傾之謂正，總之只是一心，猶之唐、虞、夏、商、周，名雖不同，只是一箇天下，就其惻隱而言曰仁，羞惡而言曰義，辭讓而言曰禮，是非而言曰智，亦只是一心，猶之春夏秋冬，時有不同，只是一個天地。（同卷二十六）

正表明不可信己心之意，而所言亦僅一普通義，非陽明良知本心之特殊義也。論性則云：

> 人之性無不善，一雜於氣，更雜於習，則有善有不善，是以須擇執，擇之不精，執之不固，蓋有自以爲善，而不知已爲習氣所用者矣！
>
> 氣質有生而已定，若欲變化，愚者使明，柔者使強，自非百倍之功不能，若只求彼善於此，即爲自棄，非父母生我之心也。（同卷二十五《問目》）

雖未直接提出「氣質之性」之名，已見有此意也。其餘若云：

> 曰執中，曰存誠，曰主敬，及其成功一也。
>
> 程門四字教，學者舍此更無學法，蓋下學上達，此爲一路學問，但憂志不篤，功不密。
>
> 天下之理，不翕聚則不發散，間常推之，體先於用，陰先於陽，知先於行，內先於外，諸若等類莫不皆然。
>
> 盈天地之間者，氣而已。天地萬物，一氣之所感也。吉以吉應，凶以凶應。政教得而時和豐，軍旅興而災厲作，人也天乎？何尤。（以上同卷二十六）

均可見先生此期於本體論方面理會宋儒之所得，其說雖不能貫串圓融，表現一明顯之體系，然思想上與陽明之學，已是相去絕遠矣！

2. 志意之鍛鍊

先生潛研經義，熟玩宋儒講論之道理，首先窮致於志氣之事，〈上山陰劉念台先生書〉云：「己卯之秋，忽有悟於志氣之義，以爲志帥氣，則爲君子，氣勝志，則爲小人，繇是、日用之間，每求志之所以帥氣者。」（卷二）此爲先生踐履功夫之端，所謂自窮理致知而力行於日用之間，操存而涵養也。《願學記》云：

> 日用之間，非志勝氣，則氣勝志。志勝則氣亦見其清明，氣勝則志恒受其昏沮。孟子曰：「持其志，無暴其氣。」易曰：「敬以直內，義以方外。」功夫如此，方央持得定。（卷二十六）

此先生體認之大端，故日用之間，每以之操存，自驗諸身心，乃涵養充盛，而有所見，發爲言語、文辭矣！若云：

> 今人臨事，則終夕不寐，醉飽，則晨而思寢，志氣之勝，亦一驗也。
>
> 今人臨事，屢日夕不倦，事已，肢體厭倦，只是志不立之故，志勝則不厭怠矣！（同卷二十六）
>
> 有死而後已之志，則能必有事焉而勿正，心勿忘、勿助長也。今不能勿正勿助長勿忘，俱是志不足。（卷二十五《問目》）

皆確有獲於心，驗於事，而有此自得之言。且屢書自警語以砥礪心志，如《問目》中云:「一日不學，則此身一日陷於不肖，虧體辱親，莫甚乎是，敢不黽勉？」又如《願學記》中云：「身不行道，豈不仰愧俯怍。」，「且務事事過人，無藉口中行而流入愿人也。」又云：「以有爲亦若爲期，以半途而廢爲戒。」，「行事之際，常思其終；接物之際，宜戒其薄。」等均是，故此期言辭之中，往往表現一種奮發、勇爲、凌厲之氣。列舉數則以見先生志力如何。《問目》云：

> 臨事但論當爲不當爲。當爲則奮然爲之，若稍瞻前顧後，即一無所濟矣！
>
> 行己之道，當如良玉美珠，雖未出水土，珍貴之質自定，若蔦與女蘿，非有所依，不能自踰尺寸，賤矣！

《願學記》亦云：

> 吾與聖賢同此身心，同此日月，如何不學！
>
> 學者須實下進德修業功夫，不然終日講學，道聽塗説而已。
>
> 以待來年之心爲學，學之所以無成也。甚者，乃待其子，可嘆矣！
>
> 吾輩事業當從得百里之地而君之，皆能朝諸侯而有天下想出。
>
> 任道拯時溺，興文起代衰。（註）：自題居室，兼贈姚林友。

以上所論，乃先生學道，實下進德修業功夫於立志者。其次在於辨誠僞，以自進於君子，而明王道之治。〈上山陰劉念台先生書〉自述三十一歲時所作功夫云：「又一年，偶有見於人品之有君子、小人，與治術之有王霸，其辨只在誠僞，而於孟子所謂怵惕惻隱爲誠，內交要譽惡聲爲僞，以是自省自考，惟恐其入於僞而不進於誠也。」（卷二）故《願學記》中亦云：

> 與君子交能使人厚，與小人交能使人薄。與君子交能使人誠，與小人交能使人僞。愼哉！誠僞厚薄之際，可以省己，可以觀人。

可見此時所體驗力行者，在於誠其心之事也。其餘辨君子、小人者，如云：「君子其心可測，其身不可測，小人其身可測，其心不可測。」又云：「君子之心猶淵之泉也，小人之心猶鼎之湯也。」又云：「取聖人之言以治己之謂君子，取聖人之言以詆人之謂小人。」（同卷二十六）等皆是，先生所記甚多，不能一一備舉。本於二者異同之明辨，故事事物物均立誠而求當於義理，其議論確切卓然者，若曰：

> 神一則全，全則覺，覺則知來，雜則失，失則昏，昏則惄忘。故曰：至誠如神。亦曰：清明在躬，志氣如神。言致一也。（卷二十五《問目》）
>
> 曰執中，曰存誠，曰主敬，及其成功一也。（卷二十六《願學記》）

以爲無可如何而止者，皆恝然也。其極爲申生之死，孝子不忍出也。或曰：何術以處之。曰：惟誠而已。誠則順親有道。（同上）

中孚信及豚魚，況人類乎？不見信於人，只宜自反。（同上）

須是重門洞開，毋掩其不善而著其善也。（同上）

天佑人助，衹是一誠。（同上）

至於論述政事之語亦極多，此或因讀真德秀所著《讀書記》，有所體會之故。《願學記》中述其事云：「真西山《讀書記》成，語其門人曰：此人君爲治之門，苟有用我，執此以往。吾輩讀書，苟無執此以往之具，漢人所謂匿生書主人耳。」故先生於讀史之餘，不徒考其成敗得失，尤辨其施政之根本，以思齊內省，上體三代聖王之法，中究歷代興廢之政，下論昭代政事之弊，靡不條分縷析，得其誠僞之情也。其論云：

夫子論從政曰：因民之所利而利之。竊以三代之下，不必井田封建而可以爲治，蓋本乎此。（卷二十五《問目》）

爲民上者，奉法二字，亦足以殘民，周書曰：無倚法以削。以君陳之賢王，猶以爲戒，然則法也者，固當義以裁之，亦當仁以行之歟！（同上）

自齊桓晉文以來至於今，皆殺無道以就有道者也，皆不教而殺者也，有甚有不甚耳。（卷二十六《願學記》）

國事之敝，患在公卿大臣養交避罪，而無實志以求通才。噫！豈獨秦之所以亡哉！（同上）

凡此概本先聖之言，以察人事之理，依於仁義之至，以審當世之變者也。雖僅舉其一、二，固可知先生誠從事於進德修業功夫之實矣！

3. 別流俗之非

先生既篤志於道，故對於當時馳騖之污習，橫流之邪說，乃嚴立藩籬，不爲所惑，決然棄絕。《願學記》自云：「人於異端邪說，不能如探湯之惡，則於斯道，亦不能有朝聞夕死之志，外物之誘也亦然。」（卷二十六）此正表明先生篤學之態度。故於義理潛玩有獲，則於流俗種種弊端，見之愈著，如評當時聲氣交游之習云：

今之學者，不特實不如古，即名亦不如古。古之聲聞千里之外應之，今之聲聞千里之外求之。（卷二十五《問目》。按卷二十六、一條與

此同）

今之取友者，以易合爲開誠，以圭角爲深隱，勢必讒諂面諛之人至，祥以爲小人未有圭角者，未有難合者。（同上）

歐陽永叔云：惟君子有黨，祥竊以爲不然，君子未有立黨者，立黨則雖公而亦私，爲害於國家非小。（同上）

世之學者，徒事虛名，盡忘實學，交游二字遂爲大患。始初一、二人，未必意其如此。至於今日，所謂動其本者，不能靜其末，推獄作俑，負天下之重名，爲眾人之師友，不以道德相勉，孳孳勢利是務者，跖之徒也。（同上）

蓋明末結社，黨爭甚烈，故先生疾之深而拒之嚴也如此。又評當時王學末流空疏詖遁之病云：

致知者，所以爲力行也。今人言致知多不及力行，恐是好言精微，反遺平實否。（卷二十五《問目》）（按卷二十六有「今之學者多言精微，反遺却平實」一條，可與此參證）

以顏子純粹高明之資，猶必非禮勿視，非禮勿聽，非禮勿言，非禮勿動，後人資不如顏子，又無夫子以爲師，而云無循節目，恐日用之間，無所持守也。（同上）

謂三教一源者，猶秦檜之主和議，外邊雖文飾，實是降虜，借彼說以明吾道者，猶玄宗之用安祿山，所用者小而所害甚大。（卷二十六《願學記》）

孔子門人三千，尚嘆不得中行而與，今人初學，輒言中行，此是作僞口實，道聽塗說，未之學也。（同上）

未能有士君子之實，而傲然自以爲聖人，無恥孰甚。夫聖，孔子不居，色取行違，居之不疑者，何不反而思之。色取行違，居之不疑，本於好名而至於無恥。原校：問目止有末三句。（同上）

近世有謂心苟不著，渾如赤子，則視即爲明，聽即爲聰。愚謂无妄亦有匪正，以爲赤子有妄，不可，以爲赤子皆中節，亦不可。晦翁之言終是無弊。（卷二十八《願學錄遺》）

先生此時尚從事良知之學，故雖漸及濂洛關閩之書，思想實是雜取，乃於陽明本身未有顯然之批駁。〔註 11〕然對姚江末流則不假寬容，截然目爲異端，有害正道。而蕺山既取程朱以救正良知之弊，故先生於《問目》中，亦舉其末流之病以質，乃獲蕺山許可，而先生因於此益能自信所見無誤也。至「錄遺」一條，結論以朱子之言爲正，亦顯示先生思想中，程朱一系已逐漸抬頭。（參註 10）

至於二氏之學，先生夙志所不喜，而王學末流混儒佛、談老莊，既已爲先生所鄙，故論斥之餘，於二氏及儒家分野，亦隨學識漸進，加以嚴判明辨。如云：

> 堯舜相傳以來，只一中字，子思子添一和字，便見吾儒開物成務作用，二氏不得而亂之。後世所不至以君臣父子之天下，相率而出於夷狄禽獸者，賴乎此耳。（卷二十五《問目》）
>
> 二氏之說於未發之前亦有似是，但已發一段，作用則非，所以無父無君而爲禽獸也。（卷二十六《願學記》）
>
> 嘗言釋氏有體無用，非也。未有有體而無用者。天下無無波之水，亦無無水之波。（同上）

可知先生此期思想雖未純粹，然爲學一以聖賢爲師，不爲流俗種種邪說暨楊墨申商之異端所惑，且於二氏之說嚴辨摒絕，故學問趨向已是端正，規模則大體樹立矣。

先生三十三歲撰《經正錄》序嘗云：「天下之亂，何自而作乎？大經不明，邪慝肆起，上失其所以教，下失其所以學，浸淫既久，習俗遂成，政事不能救，以及此禍也。夫綱常者，經世之本，一失則爲夷狄，再失則爲禽獸，以古準之，百世不改。比之人士，始於就學，暨乎升庸，詞章聲利，胥及於溺，敦本之道，闕焉不求。」（卷十五）先生既有見於大經不明，教衰俗弊，士子失其正學，溺於聲利，以致民彝泯滅，天下衰亂。故於當時俗學與師友道絕

〔註 11〕評論陽明之說者，見諸《願學記》及錄遺中各一條，意同而文小異。《願學記》云：「陽明以朱子比之楊墨而云滿街都是聖人，以朱子爲楊墨不待言而明。滿街豈便都是聖人，須說滿街都可以爲聖人方無弊，不知當時學者何以遂和之曰：今日出去，見滿街都是聖人也。」（卷二十六）錄遺一條以羅汝芳喜以「捧茶童子」講道，先生舉以爲言，而云：「總之，陽明之教，其流終不能無弊，即滿街都是聖人一語，已自有弊了。……今之街猶古之街也，滿街果然都是聖人否。」（卷二十八）此據末流之弊，以論其失，雖未如後來嚴斥力拒，然不免有所微辭矣！

之弊，亦痛切指陳，其論云：

> 古之學者，終身一師，故弟子得專其所以爲學，而師亦得盡其所以爲教，以是傳習源流，具有本末。今之學者，如六國游士，朝秦暮楚；又如魏其武安賓客，權勢盛則趨之。身之爲學而如是者，自賊者也。使其子弟爲學如是者，賊其子弟者也。（卷二十五《問目》）
>
> 世衰道微，父兄之教不先，子弟之率不謹，是相率而遠於人類也。哀哉！（卷二十六、《願學記》）
>
> 近世朋友書札往復，徒及起居鄙俗，而無學問相勉之意，非古人之道也。（同上）
>
> 古之學者，猶中夜嬰兒失其母，今之教者，猶建鼓而求亡子。（同上）
>
> 今之師弟朋友，懷利以相接而已。噫！猶爲有師弟朋友也哉！（同上）
>
> 今之習尚，聞學道者，輒指其作僞，相與訕笑。噫！是猶愈於不恥不仁，不畏不義者矣！（同上）

觀此，則可知先生所以用心於保植善類，勉子弟以義理，爲天下得人才之旨矣！故其教育後學則云：「我輩門人益進成就之懷，能不時切，父兄之意誠篤，子弟雖甚無志，不可棄之。子弟之意誠篤，父兄雖甚無禮，亦不可棄之。」（同上）殷切之意，溢於言表，仁人用心，殊不可及也。

先生此期治學規模，《願學記》自述云：「既要廣大，又要充實，既要高明，又要深邃。履祥自省，爲學於高廣處，亦有見得，但深實分數少。譬如三間空堂，雖見開闊，却無文飾之美，器用之富，不足觀也。乃棟宇尚有未定，常苦風雨漂搖，可不黽勉。」（卷二十六）所言八、九誠中其實，先生知己可謂深矣！「狂簡志大而有所略」其是之謂乎！而觀論述所及，於先生身處何世，生當何時，所志何事，所用何心，莫不可了然于胸次，而益以知先生學之所至，與精進之漸矣！

二、問業蕺山時期之思想

甲申先生三十四歲，仲春至山陰受學於劉宗周之門，擇《願學記》中語百又一條（卷二十六〈願學記附跋〉）以質，皆自己卯二十九歲後「窺測所及而未敢信者，求正其是否」也。故前嘗謂先生帶業從師，所獲大抵俱是原所自得者。而先生之從學蕺山應是與祝淵有關。二人結識之年，不知何時？據卷二十四〈與吳仲木〉一札云：「念壬午之春，與仁兄同陳祝諸兄，謁見石齋先生之日，去此已忽一紀，今日之志行，視昔時爲何如？即自前歲，弟弔開兄而後，從塩城至澉，與兄相見，隨與裒仲同訪乾兄之日，去此又忽三秋。」文中陳祝諸兄，以上下文義推之，即陳確、祝淵二人，而崇禎壬午，先生三十二歲，則相交或自此年始耶？至於蘇惇元《年譜》謂交祝開美於三十三歲，不知以何而言。大約見黃道周時，相交未深，至癸未三十三歲，淵以抗疏論救劉宗周獲罪，乃執弟子禮于宗周，朝夕請事，學日進，是年冬暮淵被逮問京師，先生至嘉興相見並送之吳門，識始益深，故因淵之推介，次年乃就蕺山問學也。《言行見聞錄》嘗記其事云：「……始予兄事顏士鳳，甲申士鳳沒，開美學益進，交亦益深，長予一月，由是，在吳門有復得一兄之言，遂因開美請事於劉先生。」（卷三十一）此爲先生從師蕺山之經過也。（餘參第三章第一節五）

（一）蕺山思想之特質

宗周之教，對當時先生所學，確有一引導融貫之作用，不可加以輕忽，故先生終生推尊宗周，除德性涵養充晬，敦篤倫理有以致之外，其原因在此也。然先生後來畢竟與宗周趨向不同之思想系統，而宗周所影響於先生者爲何？先生後來論師門之教，與師門旨意違合如何？凡此俱須吾人進而考察，方足見其情實。當時呂留良嘗以此事語陸隴其曰：「考夫雖師念台，而不盡從其學，考夫之於念台也，猶朱子之於籍溪、屏山、白水乎？非延平之比也。」（《松陽抄存》卷下頁16）故蕺山思想在當世學風下所呈現之特殊型態，宜先省察，表而出之，始能獲知先生所取舍於蕺山思想之實義。

宗周之學，約而言之，在誠意愼獨也。黃宗羲〈子劉子行狀〉中敘蕺山學術曰：

> 先生宗旨爲愼獨，始從主敬入門，中年專用愼獨工夫。愼則敬，敬則誠，晚年愈精微，愈平實，本體只是些子，工夫只是些子，仍不分此爲本體，彼爲工夫，亦並無些子可指，合於無聲無臭之本然。從嚴毅清苦之中發爲光風霽月，消息動靜，步步實歷而見。（《劉子全書》卷三十九）

其子汋作年譜，于六十八歲絕食而死下，綜論曰：

> 先君子學聖人之誠者也，始致力於主敬，中操功於愼獨，而晚歸本於誠意。誠由敬入，誠之者人之道也。意也者，至善棲眞之地，物在此，

知亦在此，意誠則止於至善，物格而知至矣！（《劉子全書》卷四十）

均明指其爲學宗旨所在。今人牟宗三《從陸象山到劉蕺山》一書，汲取西方哲學觀點析論其學術內涵，謂蕺山之學與胡五峯爲同一義理間架，乃承「北宋初三家之由中庸易傳回歸于論孟」而來，與象山陽明之別在於歸顯於密，即自心學良知之顯教歸於愼獨，意根最微之密教。因責梨洲未能眞識其師之學，於愼獨之獨特精神與獨特義理間架，全然不知，故蕺山學案顯得無綱領而雜亂。至論蕺山踐履造詣境界則云：

在此方面，其齋莊端肅、凝斂寧靜之風格大類朱子。但不同於朱子者，朱子是外延型的，而蕺山是內容型的。朱子之底子是即物窮理，心靜理明。蕺山之底子是誠意愼獨，「從深根寧極中證入。」黃梨洲說他「從嚴毅清苦之中，發爲光風霽月」，其嚴毅清苦類朱子，而底子不同也。（第六章〈劉蕺山的愼獨之學〉頁486）

而其結論則以蕺山歸諸陸王、胡爲一大系，屬自證本體，工夫爲逆覺之路線，而以伊川朱子爲歧出，落於異端他律道德者。牟氏之論係自蕺山著述以分析其學理，極爲精深嚴密，故得明白指出蕺山學術之內涵，實欲融攝陽明良知教于誠意愼獨之學中而期作到歸顯於密者。（其詳細內容參所著書第六章）蓋牟氏純就學理以論思想爲一哲學性之思考，故歸納其系統如此。然依宋明儒者治學之期嚮與體證，其情緒實皆欲上繼孔孟之眞精神，而世代時勢人心有別，各人質賦高下淺深不同，故各人學術之宗旨功夫因相別異，且每以時變而論學之精神亦相左，則此亦造成後人研究之困難，不能無見仁見智之殊。若錢穆〈讀劉蕺山集〉一文，其論點則與牟氏絕然相異，錢氏所論乃舍心性原理而重時代風氣，直探蕺山治學補偏救蔽之心緒，以述其學術淵源精神趨向者，茲擷其要點述之如下：

是蕺山論學，乃謂由程朱而陽明，故主以陽明上參程朱，而達於孔孟，與王門後學，必以陸王程朱分宗，謂惟陽明乃始直得聖傳，而反使陽明良知之學，陷入於禪學窠臼者大不同，故蕺山實亦主由王返朱者，故又極推東林。（《中國學術思想史論叢七》）

是蕺山論有明一代儒統不廢薛胡，其論有明一代道統治統之合一，則尤拳拳於東林之顧高，此乃其論治論學之最大著眼處，而以學朱子講紫陽爲終極，固並不有絲毫朱王門户流俗之見存其心中也。（同上）

此見蕺山之講王學，乃別具一番苦心，治佛學者多言王，乃即以王學拈之，並不如王門後學只認王學爲聖學之唯一途徑也。……則蕺山於王學，自謂多疑，而竊自附於羅整菴之與顧東橋。凡其自立說，皆當於此窺之，自不當目蕺山爲王門之嫡系傳宗也。（同上）

是當時之禪學，乃承王學而起，不入虎穴，不得虎子，蕺山之講陽明，乃求由此返之程朱，返之孔孟，而即以闢禪，而又直稱孔孟程朱曰心學，尤爲特出之見。（同上）

由上所引錢氏諸論，吾人可知蕺山處良知末流，釋氏猖狂之時，乃不得不姑與言陽明之苦心，而治學則欲以程朱矯其流弊，自陽明上溯程朱而至孔孟聖人之域也。

牟氏以西學作客觀之解析，錢氏則自吾國學術傳統，進入古人內心情境，作融貫之體會，故二家於蕺山學術思想所映現之面貌結果，可謂趨向二極化，然責梨洲未得師門宗旨，則二人皆同有此議。錢氏引黃梨洲〈子劉子行狀〉中綜述蕺山思想綱領云：

先生發先儒所未發者，大端有四：一、靜存之外無動察。二、意爲心之所存，非所發。三、已發未發以表裏對待言，不以前後際言。四、太極爲萬物之總名。（按：此錢穆之引文，僅舉綱目，其下梨洲之說明俱略去）。

此四端乃梨洲吸收繼承蕺山思想者。劉述先以爲「非梨洲之深於此學，眞正進入蕺山思想的解釋學之環，絕不可能將蕺山之學約爲四端，由內而外，成爲一貫，其次第由工夫論之實存體證開始，終於演發而爲宇宙論之玄旨，恰正是宋明儒學之眞血脈，足以表達蕺山思想之特色。」（參劉著《黃宗義心學的定位》第一章）然錢穆則評曰：「此其言靜存動察，言已發未發，言太極，皆直承濂溪二程朱子來。其謂意爲心之所存，則又承靜存動察，已發未發諸辨來。然如梨洲所舉蕺山論學，終不免偏在陸王心學之一邊。與余此篇所引，兼治統道統，上自方正學，下及東林高顧之旨，終自有辨。」（〈讀劉蕺山集〉）

其意以爲蕺山所論一概承自宋儒發展而成，與陽明無涉，與劉氏說法不甚相侔。然文中對梨洲抨擊之意，則顯而可見。其後復引行狀諸文，各自有評，而最後之結論，涉及梨洲全本《明儒學案》撰述宗旨，乃錢氏對梨洲是否得師門宗旨之總評，亦表達對蕺山論學眞正精神之意見，具述如下：

〈行狀〉又曰：「先生常語義，陽明之後，不失其傳者，鄒東廓羅念菴耳。」

> 梨洲晚年為《明儒學案》，時主江右王門，即承此旨而來。然其持論，殊不免仍陷於程朱陸王宗派門户之爭論中，而未能自拔，因奉陽明為有明一代理學之中心，而尊蕺山，則若為王學之殿軍焉。其言曰：「識者謂五星聚奎，濂洛關閩出焉。五星聚室，陽明子之說昌。五星聚張，子劉子之道通。豈非天哉！豈非天哉！」其言固未斥濂洛關閩於儒統之外，其推尊蕺山不為不至。然實於蕺山論學之糾矯王學以欲上反之於濂洛關閩之精神，則湮沒而未彰。其同門惲日初，並以高劉二人為正學，而梨洲力辨之，必謂高忠憲未脫禪門路徑，蕺山則醇乎其醇。然蕺山固極推景逸，此二人同為當時學風有自王返朱之傾向中之特出人物，故治晚明學術史，於此兩人當特加注意。梨洲知惡講堂錮習，而轉治經史實學，亦從此學風轉變而來。惜乎梨洲不自知。必於高劉兩人分高下，似不如惲日初之轉得師門宗旨。故其晚年所為學案，亦僅可為治明代儒學者一必要之參考書而止，其於明代儒學之始終流變，乃及各家學術之大趨嚮，及其於儒學大統中輕重得失，離合是非之所在，則頗少窺入，而仍以宣揚王學為其書之最大宗旨，則恐決不可謂其有合於師門蕺山之精神也。（同上）

此錢氏依蕺山立教存心處而言，故論其學則上推之濂洛關閩，且於蕺山自矜有得之誠意說，亦以為可就其原有理論衍生而出，不必如後人所言，轉手於陽明。故對黃宗羲及所著學案嚴厲指責其缺失：不應存門戶之見，不善會師門精神，益啓陽明之說而歸之師，遂躋蕺山而為王學殿軍，則此豈蕺山講學立教之本心哉！

以上據蕺山弟子黃梨洲所述師門之學，及今人之研究，可以得知蕺山為學之要旨。蓋蕺山師許孚遠為湛甘泉一脈，又與東林之說，初亦從事程朱主敬功夫，其後鑒於王學末流猖狂空疏，亂學術，敗人心，傾天下，思欲矯之，然一時積弊已深，勢重難返，故亦與之說陽明，旋創獲愼獨誠意之學，乃平日所見，遂一一與先儒牴牾，故於程朱陸王各有論斷，然其自意亦以為得前人所未見，可補聖學之不足，使後學得以因此而明正學奧蘊，不失孔孟聖學之旨也。然其說與陽明之論，畢竟有相承處，啓後人之疑竇，至論為學功夫，則取程朱之窮理致知，承濂溪之太極圖說以著《人譜》，明踐履之實功，著〈讀書說〉以救正姚江末流束書不觀之習氣等，皆強調力行細節實務，此則與程朱之旨相合。總而言之，蕺山論學，以時代關係，未嘗嚴拒陽明，且復倡言程朱之學，可謂明末「矯王返朱」風氣之過渡者，故蕺山歿後，門人於其學，遂意見紛歧，議論不已。其中黃宗羲或可爲宗主陽明一派之巨擘，而先生則主張程朱一系之典型也。

（二）蕺山學說對楊園之影響

先生問業蕺山，未及一月而歸〔註 12〕取《人譜》、《證人社約》示門生，自謂有得。據前所已述諸點，吾人可知先生大抵自蕺山處印證以往所體會之道理，故乃益有信心，而對於宋儒義理亦由逐層之默識心通，掌握其要，而漸構成一整體之系統。然先生問學之日雖短，亦從蕺山處獲得極多啓發，且於慎獨誠意之教有所領略。先生自山陰受學歸，是年夏四月始記《言行見聞錄》，其中不僅對宗周行誼，點滴纂輯，且於問學所得，記載極爲詳細，茲條舉如后，以考先生所得之師門者若何。

卷三十一《見聞錄》云：

> 崇禎甲申春，見劉先生於越，先生問曰：亦嘗靜坐乎？（按：靜坐說已述前一之（三）節）……又問古人主一之指，曾理會否？對曰：誠則一。先生曰：何以得誠？對曰：以敬。先生曰：從誠敬做工夫便不謬。
>
> 劉先生曰：須是理會坐下工夫。先生語學者，每及此語。履祥起問先生，所謂坐下工夫，儻是目前身心切實處否？先生曰：亦是。
>
> 祥既見劉先生，出《願學記》求教。先生甚喜，問曰：爲此幾年矣？對曰：自己卯秋，胸中若有會，因横渠先生有云：胸中有所見，即便劄記，不記則思不起。念窮居獨學，雖或有見，疑信半之，以是隨其所得，輒復書此，以就正師友，今日正欲先生示以得失。先生手受曰：徐觀之。祥因退。次日，先生問曰：所記云：學象山而失者，其流爲無忌憚，是則然矣。其云：學伊川而失者，其流爲原人，何居？得非以其規矩繩尺而言乎？對曰：然。先生曰：敬義夾持，

〔註 12〕先生甲申二月渡江至山陰問學，爲期甚短。考卷十五〈送錢一士之西安序〉云：「自頃予也渡錢塘至會稽，見劉夫子以歸，而一士適赴徐子之招，越富春，抵三衢，詢其返也，秋以爲期，夫自春江方漲，百卉具芳，暨乎歸來，金風作矣！萬物將休，踰三時，去二百有餘日。」以其數推之，在蕺山不越一月也。

> 便無此失矣！
>
> 劉先生曰：學者最患是計功謀利之心，功利二字最害道。祥因言平日甚苦學問不能日長月益。先生曰：今將奈何？對曰：日日打算，月月打算，歲歲打算，必求視前有進，不然則恥，庶幾不至退落。先生曰：此亦計功謀利之心也。必有事焉而勿正、心勿忘、勿助長也。工夫恁地做去，如何打算得？祥聞之悚然。
>
> 劉先生曰：事無求可，功無求成，惟義所在而已矣！事必欲求可，功必欲求成，功利之習所以深也。
>
> 祥侍坐於劉先生，因言及於禪學……，先生曰：然。所以吾只辯義利，不辯儒釋。若是義，雖釋亦可謂之儒，若是利，雖儒亦可謂之釋，其分別存乎一念之微，不在外也。
>
> 履祥見劉先生之三日，坐語久，先生問舉業用功乎？……凡考試也有見錄時，亦多有不錄時，每思得失未必係乎文字。儘有文字過於履祥底，往往困窮，儘有不及底，也便通達，即自己文字得意時不錄，不得意時反錄，可見小小得失，自有莫爲而爲，莫致而至，非人所能爲。履祥所以篤信定命，不敢妄求，先生然之，色有微喜。

卷三十三《見聞錄》三又云：

> 履祥侍坐於先生，請問立命之說。先生曰：說在孟子。身心性命，莫要頭上安頭，性命之理，具於吾心，功夫只是存其心而已，此心操存舍亡，若能全得此心之理，在我便有個欛柄，做得主張了。履祥因舉程子富貴不淫貧賤樂，男兒到此是豪雄以質，先生頷之，而曰努力。

觀以上所引諸條，大抵皆是宋儒義理一般課題，並未涉及陸王爭執之重點，即末條立命之說，蕺山所論雖純就「存心」而言，以貫徹性命之理，意偏良知一系思想，然先生則舉程子之語以質，顯然於蕺山以心爲欛柄之意不相應也。故先生於蕺山思想之吸收，絕大部分實在於印證體驗自濂洛關閩之義理，由此可知。而蕺山之不辯儒釋，爲文不避釋氏字面，後來亦招物議。先生〈答吳仲木〉書中云：「先師平日文字中，多有釋氏字面不爲避忌，想此種書，亦不禁絕也。弟習而忘之，近得邱季心兄切責，始瞿然有省。季心爲天下後世慮至深遠。其言曰：惜其人已沒，弗及面陳而改之。他日當錄一通致左右，或亦以爲先師之直臣也。」（卷三）蓋是時在蕺山子汋編輯遺書初成之際，陳確、吳仲木等俱參與校訂〔註 13〕故有此討論之函也。亦見先生於此亦微受蕺山之影響也。而先生出以質之蕺山者，既多蒙許可，其後爲教亦多信而舉此以告學者。如卷二十四〈答周鳴皋〉書，時年四十二，云：「憶弟初見先師時，即以事無求可，功無求成二語爲教，且云求可求成，功利之本根也，臨歸，拜別之時，諄諄以尊所聞，行所知爲勉。」至晚年訓門人姚瑚爲學之道，亦本師意謂宜「如天之暑往寒來，無驟運，亦無暫停，又如雞之抱卵，不急不舍，則勉勉循循，而自有所至矣！」（卷五十三）又如乙酉（先生年三十五）春劉蕺山復先生書嘗曰：「今乾坤何等時，猶堪我輩從容擁皐比而講道論學乎？此所謂不識人問羞恥事也。」（卷二〈上山陰劉念台先生書附書〉）故先生後來與吳仲木論師門學問即舉此相告，勸其韜晦隱遯，勿近聲聞，而告祝淵之子鳳師一書，則更云：「師門微指，職重闇修，苟其慕善如飢，去不善如疾，日用之間，皇皇焉求其自慊而無自欺，則閉戶息交，正賢者之先務。」（卷十二），可見先生於師門「尊所聞，行所知」之訓，實奉行不失也。至於蕺山所著《人譜》、《證人社約》，除以教門人外，且極力推廣。四十三歲〈與吳仲木〉書云：「先師《人譜》及《證人社約》，幸各寄一、二十冊，遠近士友聞兄改刻此書，屬弟求取者甚眾，然此書流播人間，不特先師教澤益以深廣，亦今日人心之幸也。」（卷二十四）年五十〈與何商隱〉一書亦云：「郡中諸兄，如易修、敬可、子修、晉臣、元龍俱未得《人譜》看，乞以六、七冊附往贈之……贈之即以規之也。」又書云：「袁黃功過格竟爲近世士人之聖書，故欲假《人譜》之論以藥石之，可省幾許唇舌，竊以爲不擇人而投之，總之，斯人之徒，不有益於此人，必有益於彼人。」俱可見先生淑世淑人之心也。

至於先生實受蕺山影響者，卷三十三《見聞錄》所記尚有二則，顯然在當時先生對義理未能融貫一氣之際，蕺山所論，頗有積極之作用，使先生於向時所用工夫，有融會冰釋之感覺。一曰動靜說，錄云：

> 履祥一日侍坐先生，先生問曰：嘗靜坐乎……周子曰：無欲故靜，吾人日用苟其有欲，動固動也，靜亦動也，苟其無欲，靜固靜也，動亦靜也。無可以靜坐之時，而去求靜，便是欲也。又曰：天下何

〔註 13〕參《陳確文集》卷一〈寄劉伯繩世兄〉書云：「易抄、語錄、會語俱送考夫兄處，未返。確於先生語錄亦略有參訂，欲私質之吾兄，非面晤不能。」此書在甲午年，先生四十四歲，〈答吳仲木〉書亦約在此年或前一年。

> 思何慮，無非靜也，須知何思何慮，非不思不慮也。又曰：動靜二字終當以靜爲主。周子云：定之以中正仁義，而主靜立人極。人極非靜不足以立，又恐人誤以靜爲靜，故加定之以中正仁義七字，乃是定而后能靜也。祥以是稍知靜坐之失。

此動靜說，爲蕺山根本濂溪發展而來，即上節黃梨洲〈子劉子行狀〉所述師門獨創之第一點「靜存之外無動察」之論。然依先生記述之語，乃因論靜坐工夫而有此引申，與梨洲所述之詳細深入相較，則蕺山告語先生者，實即體驗之結果而言，未涉及本身理論之內涵，故先生雖與聞師說，其結果乃止於「靜固靜，動亦靜」一語，此於後來與吳仲木論操存之法一書中可見，別在下節討論，此不贅。先生既受蕺山指點動靜之義，乃覺有「怡然理順之樂」，〈上山陰劉念台先生〉書云：

> （上半段已見前引）……今歲春得見夫子。不以祥之不肖，不足以辱至教，反覆啓誨，誠哉天地父母之心，惟恐一物之不得其生成，一子之弗克肯構也。且於祥所出以質之夫子者，多見許可，益勉以弗生退阻。臨行諄諄，復以體認動而無動，靜而無靜爲言。退而思之，渙若發蒙，於前所謂志帥、致知、立誠、主靜種種功夫，一旦會歸於一，眞有怡然理順之樂。（卷二）

可見當時先生所受影響極深也。其二曰，道心即人心。錄云：

> 先生嘗問履祥人心道心，平日如何體勘。對曰：心之本體，只有仁義禮智，所謂道心也。自夫目之欲色，耳之欲聲，口之欲味，鼻之欲臭，四肢之欲安佚，而後人心生焉。人心漸重，道心漸輕，竊謂危微精一，用力全於姤復之際。先生曰：心一而已。人心之外，別無所謂道心。此心之妙，操存舍亡，存則人心便是道心，舍則失之，其流至於禽獸，亦是此心爲之，所以功夫要一，一者，誠也，致於一則誠矣！又曰：此心之體，若是但能爲善而不能爲惡，固不必戰兢惕厲，若是但能爲惡而不能爲善，亦不必戰兢惕厲，惟其操之則能爲善，舍之又能爲惡，所以要朝乾夕惕，因吟邵子冬至子之半，天心無改移，一陽初動處，萬物未生時之句。又舉繫辭幾者，動之微，吉之先見者也。而曰努力努力。祥當時猶分聲色臭味之類爲人心，而不知聲色臭味之各當其可，即爲道心也。其勢出此入彼，我欲仁斯仁至，亦無漸重漸輕之數也。

蓋蕺山思想本包會朱王二系，故其發先儒所未發者，亦往往爲融攝朱王言語而進一步推論之結果。就本條先生所載而考之，朱子嘗云：「心一也。操而存則義理明而謂之道心，舍而亡則物欲肆而謂之人心。自人心而收回便是道心，自道心而放出便是人心。頃刻之間，恍忽萬狀，所謂出入無時，莫知其嚮也。」（《文集》卷三十九〈答許順之〉二十七書之第十九書）「凡事莫非心之所爲，雖放僻邪侈，亦是此心。善惡但如反覆手，翻一轉，便是惡，只安頓不著，亦便是不善。」（《語類》十三）而陽明答徐愛問亦曰：「心一也。未雜於人謂之道心，雜以人僞謂之人心。人心之得其正者即道心，道心之失其正者即人心，初非有二心也。程子謂，人心即人欲，道心即天理，語若分析而意實得之。今曰道心爲主而人心聽命，是二心也。天理人欲不並立，安有天理爲主，人欲又從而聽命者？」（《傳習錄》上）

由此可見蕺山思想，實汲取朱王之言，而加以自身「誠意愼獨」主張衍化而成。故上節錢牟二氏歸納蕺山之思想，遂見仁見智而趨於兩極。然若以梨洲所述，此理論乃包含於「太極爲萬物之總名」條中，劉述先著《黃宗羲心學的定位》一書嘗謂梨洲於師說「就大原則而言，他的確把蕺山的思想徹底內化，而且加以進一步的發揮，似乎並未違背他由蕺山處繼承來的那些原則。」（參劉著第一章頁 29）而梨洲內化之結果，自將師說推向王門心學一系。而先生此期思想雖染良知之教，大抵涉獵宋儒義理爲多，然尚無體系，故當時蕺山之論，確予先生極大之影響，至於後來，本程朱一脈之理論發展，乃對師門之學，有所修正而加意維護，而謂蕺山所主即窮理致知之學也。

先生問業既有所得而歸，於師門愼獨誠意之學，亦嘗努力從事，觀甲申《冬問目》寄質蕺山諸語及《願學記》二，三十四歲後所記，不難考知先生確有意於體驗蕺山所教。然從前段之敘述，吾人可知先生問學期間甚短，蕺山未必能將其學之內涵解說明白，且授予先生者爲《人譜》、《證人社約》二書，其偏重之處，顯然可見。而古人治學謙下虛衷爲本，往往不切切於表暴其學，施教則因人所至而應機指點，故師弟非相從日久，往覆討論，往往不能得知師門宗旨之全貌，即能知之深，從之久，然學者亦未必能得師門原旨，如朱子之從習延平正如是也。故先生於蕺山所論「獨體，意根」精深幽微之旨，〔註 14〕實不相入，而所體會終歸本於《大學》、《中庸》原書，然先生之

〔註 14〕據牟宗三、劉述先二位先生之研究，蕺山思想較陽明尤內斂，歸顯於密，則可謂精深幽微也。

從誠敬作功夫，特重愼獨，不能說無蕺山之影響也。以下自《問目》、《願學記》與先生諸說而證明之。

卷二十五甲申《冬問目》云：

> 好善，惡不善，是意誠，其好善惡不善是誠意，好以善，未嘗作好也，惡以不善，未嘗作惡也，此之謂動而無動。當其未有所好，好善之體未嘗不存也，當其未有所惡，惡不善之體未嘗不存也，此之謂靜而無靜。

此條顯然自陽明言良知之喜用好善，惡惡比喻，混合仲春聞師言誠意、動靜之說而來。蕺山論學問工夫原以「凡分內分外，分動分靜，說有說無，劈成兩下，總屬支離。」（劉汋著《蕺山年譜》六十六歲條下）故於本條蕺山評曰：「此處實無動靜可分，並無無動靜之見可著。」而先生晚年自批云：「欲知善之爲善，不善之爲不善，自非格物何以知之，從誠意說起，是習於姚江而不察也。」唯著意於是否習染姚江，對蕺山所評則一無回應之語，或者乃不以蕺山之說爲然也。另有云：

> 視聽言動之非禮者，固足以引其心，然必其心先有不正者以爲之主，故引之而輒往也。滅賊須從巢處擣，東支西應，徒見狼狽，恐無泰宇收功處也。（同前）

此條蕺山評曰：「所主是誠意，所以正心者也。」正發揮其學說之旨也。故凡先生論及「心」處，蕺山必以「誠意」爲評。從此亦可知先生雖受業而歸，然於蕺山之說「誠意」實未能相入，故蕺山評語屢以此二字點正之也。

至於愼獨工夫，先生原自以之爲家學，其意俱述第一節淵源家教一段中，故從師山陰之後，於此工夫尤加意焉。今考《春問目》中所記如：

> 鬼神具吾心也，故戒愼恐懼，即仁人之享帝，孝子之享親。
>
> 幽明生死只是一理，愼於獨，所以能通幽明、一生死。
>
> 學問未論高下淺深，先辨誠僞，誠則青天白日是此人，夙夜寤寐亦是此人。僞則大庭廣眾是一人，暗室屋漏又是一人，所謂譬諸小人，其猶穿窬之盜也。何可不謹。（按此條在問目補遺中）

皆是問業前之體會，蕺山於此三條俱有所評，第三條尤鄭重言之曰：「此即所謂人鬼關也。故愼獨工夫最爲喫緊。」故先生因其指教，返家亦默體師意而用工夫。卷二十六《願學記》二有云：

> 思慮不起，鬼神莫知，喫緊工夫，全於此際用力。

只獨之不愼，便是閒居，爲不善無所不至，試思一念不愼，長多少過惡來。一陽初動處，萬物未生時，此際工夫，煞是緊要。

養氣功夫全在愼獨，仰不愧、俯不怍，則塞乎天地之間。

庸言之信，庸行之謹，造次必於是，顚沛必於是，此爲愼獨之學。

第二條下並自註云：「本劉夫子之意而推言之。」可見先生從師問學之後，於所謂師門之學，俱嘗努力從事，奉蕺山「尊所聞，行所知」之訓，切實篤行，然於蕺山論學之深微處，則不相得，故見諸言語者，俱與書、經原典參證之心得而已，無有玄妙高遠之論也。

（三）楊園對蕺山學說之修正

蕺山論學以誠意愼獨爲宗旨，其關鍵實在《大學石經古本》，據蕺山答先生上書別帙曰：「石經授受未明，似不當過於主張，闕疑之見良是。但愚意《大學》之教，總歸知本，知本歸之知止，已經景逸諸公拈出，卻不知誠意一關，正是所止之地。靜安安慮，總向此中討消息，初經僕看出，因讀石經，不覺躍然。頗謂斷非蔡中郎所能勘定，況豐南禺先生乎？學者得其意可也。」（卷二）則可知蕺山釋《大學》一書受東林影響極大，因此而求其所止應在誠意一關，後讀僞本《石經大學》〔註 15〕得到印證，遂喜之而信以爲大學之道誠意而已，其功夫則全在愼獨，故又倡人極說，著《人譜》以爲道德修養實踐之依據，使內外連成一氣。蕺山既由此而論《大學》，故其所見「一一與先儒牴牾」（劉汋著年譜六十六歲下語），進而「發先儒所未發者」（黃宗羲行狀語），

〔註 15〕參程元敏〈大學改本述評〉曰：「嘉靖間甬東豐坊突出《大學石經古本》，鄭曉得之同邑許仁卿家，極爲表章，實乃僞書……人心厭繁，思息爭久矣，忽聞有魏世古本出自豐氏，遂競相傳告，然其作僞手法太拙，旋即爲人識破。惟僞本已取得倖有地位，故海塩吳秋圃著〈大學古本通考〉發其覆，大儒劉蕺山翻曰：『言而是，雖或出於後人也，何病？況其足爲古文羽翼乎？』蕺山參魯齋本及石經本，別爲改本……。」（《學庸論文集》頁 86）文中所云吳秋甫，名麟瑞，官至御史中丞，即先生友吳謙牧裒仲之父也。故先生四十三歲〈答吳仲木〉書嘗云：「秋圃先生格物之義，亦古人所未發，《石經大學》之爲僞本，不必言矣！先儒疑有錯簡，今據古本讀之其不能無疑，固古今人之所同。」（卷三）蕺山因贊成《石經大學》，故有此「言是、何病」之語，然因出自僞造，手法太拙，故先生疑其源流不明，文句割裂，而上書質正，蓋不知蕺山之本意，實欲佐證其自創誠意愼獨之説也。按蕺山改本見所著〈大學古文參疑〉在《劉子全書》卷三十六。又蕺山創誠意説之原因，劉述先以爲乃針對陽明而發，由王學末流之反激而起，其意見所著《黃宗羲心學的定位》第一章頁 17。

其根本原因均在此也。先生從蕺山問業，聞其主《石經大學》，乃有所疑而上書質云：

> 自昔相傳，惟《古本大學》，程子疑有錯簡，故爲分經傳，而朱子述之，陽明先生欲去章句而復古本，其意蓋以尊經也。《石經大學》，不知其源流所自，固已不能無疑，而高氏又有知本要義之論，後有作者，惡知不更有所更張乎？是則《大學》一書，將爲古今聚訟之端也。祥竊謂古本自屬舊傳，程朱章句，固自可尊可信，石經失其所傳，似未可盡信……與其表而章之而不免於後人之惑，不如闕疑，亦爲不失尊經之意。祥按夾漈鄭氏曰：……由二家之說觀之，則《石本大學》，或亦未是蔡氏之經，而亦不能無訛，若使果爲蔡氏本，程朱時何以不出，況程朱於古之遺經，博求廣論，莫不敬愼精詳，又非窮鄉末學，淺見寡聞者比也。竊謂石本直可闕之不論，夫子以爲於義有當否？（卷二、〈上山陰劉念台先生書別帙二〉）

由上函所述，吾人可知先生於《大學》實尊信程朱之本，故於石經考證其源流，深斷當時傳本絕非蔡邕校刻之原貌，諫正蕺山勿表章石本，啓後人之惑。然蕺山因僞石本足以證成其說，故雖以先生言之眞確，不得不曰「闕疑之見良是」然猶有所辯解，觀其言則尙將石本年代推至蔡邕以前也。此自是蕺山矜其創獲，乃有此誤也。故先生五十歲時，於書後附識云：

> 復古本是姚江一種私意，大指只是排黜程朱，以伸己說耳，今試虛心熟玩《大學》之書，謂文無闕，終不可也，謂簡無錯，終不可也，謂經傳辭氣無異，終不可也，則知章句之爲功不小矣！石本自是近代人所作僞本，先生後來亦病其割裂，不復主張矣，庚子中夏履祥識。（卷二同上）

文下又自註云：「病其割裂，不復主張，聞之世兄伯繩云，亦載年譜。」其實自蕺山復書，至絕食殉國，相隔不過半年，先生之記錄果眞，則當是先生有諫正之功，否則即曲爲師門諱也。至於指責陽明復古本，則因其時先生思想一以程朱爲歸，乃對早年信札所述加以修正，而於朱子章句則稱美其功，不敢復言尊信之意，此或先生熟玩有得，於《大學》之文亦嘗更動其次序，非全然信從之故也。

蕺山既以誠意愼獨施教，矯救王學之偏，而其說則博綜宋明諸儒，又「主以陽明上參程朱，而達於孔孟」（錢穆語）議論復僅辨義利而不嚴別儒釋，故卒後「說者多以禪宗加入」，「禪人袷子，競爲劉子之言，證人之教，亦非其眞」〔註16〕而門人亦遂各執己見，諍訟宗旨。（參一、蕺山思想之特質）

湯脩業〈惲先生日初傳〉中嘗論其況曰：

論學重知行並進，以格物爲先，而防檢精密，大旨不離愼獨。與劉孝子汋刪定念台諸遺書，復編粹言，曰《劉子節要》。時念台弟子實繁有徒，而浚恒求深，流弊不少，惟先生踐履篤實，出處皎然，與錢塘沈蘭先旬華，西安葉靜遠敦艮，桐鄉張考夫履祥並稱劉氏功臣云。（《碑傳集》卷一百二十七）

全祖望所撰〈沈先生昀墓碣銘〉亦云：

其學以誠敬爲本，刻苦清厲以自守……力排佛老……蕺山身後，弟子爭其宗旨，各有煩言，先生曰：道在躬行，但滕口說，非師門所望於吾曹也。〔註17〕（同上）

上引二文，自諸人學術宗旨而言，大抵偏向程朱一系，且俱踐履躬行君子人也。故知蕺山言意根獨體之論，雖欲矯救當時王學末流之弊，然所歸本之「意」，較陽明言心復深入一層，其說不免爲禪門假借，而諸門人篤實躬行，守《人譜》愼獨之功者，承其矯救之意以推，遂走入程朱一系，先生即屬此派，另欲固守師門言意之旨者，可以黃宗羲爲代表，而康熙乙丑丙寅間，太倉王公掞始刊劉子遺書，與黃氏同校勘之董錫、姜希轍〔註18〕及董標（嘗著

〔註16〕謝國楨《黃梨洲學譜》曰：「蕺山講學浙東，甲乙之後，嗣響久絕，說者多以禪宗加入，太沖倡蕺山之緒，爲力辯之。」（頁94）又曰：「自時事搶攘，蕺山證人講會，垂虛二三十年，禪人袷子，競爲劉子之言，證人之教，亦非其眞，太沖乃與同門友姜定庵希轍、張奠夫應鰲兩先生復爲講經會。」（頁114）按蕺山以誠意之旨，通貫諸儒，自成一說，其學駁，復講陽明之學，或者前後施教之重點，不能無偏，故啓後來門下之爭訟也。

〔註17〕《清史列傳儒林傳》卷六十六〈沈昀傳〉云：「其學以誠敬爲宗，以適用爲主，專宗考亭，不雜金谿姚江之緒，於二氏則辭而闢之……宗周卒後，傳其學者頗滋諍訟，昀曰：尼父言躬行君子，若滕口說以求勝，非所望於吾輩也。」文詞小異而意同。

〔註18〕海寧陳確亦師蕺山，學宗陽明，有〈大學辨〉、〈性解〉、〈禪障〉之作。歿後，黃宗羲爲作墓誌銘，據今《陳確集》（1979出版）編者按語謂梨洲文集中，乾初墓誌銘共四篇，初稿未涉學術問題，重撰本則以乾初「於先師之學，十得四五」引錄乾初原文特多，改本則認爲僅十得二、三，最後改本則篇幅更短，引乾初原文益少。可以想見梨洲與乾初論學之旨乃由近而漸疏也。近人錢穆《中國近三百年學術史》黃梨洲一章附論陳乾初之學，劉述先、《黃宗羲心學的定位》第六章亦論之，劉氏以爲乾初之學於師門所得甚淺，甚至連蕺山並

心意十問、十疑以質宗周）則可歸入此派。黃氏康熙三十二年序《明儒學案》中所述，頗能表現此派於蕺山思想之主張。其文曰：

> 羲幼遭家難，先師蕺山先生視羲如子，扶危定傾，日聞緒言，小子矍矍，夢奠之後，始從遺書得其宗旨。而同門之友，多歸忠節。歲己酉，毗陵鄆仲昇來越，著《劉子節要》。仲昇先師之高第弟子也。書成，羲送之江干。仲昇執手丁寧曰：「今日知先師之學者，惟吾與子兩人，議論不容不歸一，惟於先師言意所在，宜稍爲通融。」羲曰：「先師所以異於諸儒者，正在於意，寧可不爲發明。」仲昇欲羲敘其節要，羲終不敢。是則仲昇於殊途百慮之學，尚有成局之未化也。

歲己酉爲康熙八年，序中所言惲仲昇即日初也。自二人爭「先師言意」之旨，〔註 19〕暨湯氏傳述日初論學，可以顯見此二派之趨向絕然相異。而宗羲尤以獨得師門宗旨自承，故頗訾餘眾之才識低下，不足以得師學精髓。先師蕺山先生文集序曰：

> 先師之學在愼獨，從來以愼獨爲宗旨者多矣！或識認本體而墮於恍忽，或依傍獨知而力於動念，唯先師體當喜怒哀樂一氣之通，復不假品節限制，而中和之德，自然流行於日用動靜之間，獨體如是……，故其爲說不能不與儒先牴牾，先儒曰意者心之所發，師以爲心之所存，人心徑寸間……然泰州王棟已言之矣……先儒曰未發爲性已發爲情……師以爲指情言性，非因情見性也，即心言性，非離心言善也……夫盈天地間止有氣質之性，更無義理之性……師於千古不決久疑，一旦拈出，使人冰融霧釋，而彌近理而大亂眞者，亦既如粉墨之不可掩矣！……先師丁改革之際，其高第弟子，如金

反之，故陳確雖受業蕺山，已脫略開心性學之線索。按陳確著〈大學辨〉，有〈告山陰先生文〉，自以忠於師門，然其論學終不能無背師旨，故蕺山弟子二派之外，確或可自成一系。至其立身持家皆有可法，先生嘗稱美之，與其子及海昌後學兢兢證人社約之教，則亦不可謂有背師教也。

〔註 19〕《明儒學案》卷三十二述王棟之學中亦特舉蕺山意說以指責惲氏。文曰：「昔者，先師蕺山曰：『人心徑寸耳，而空中四達，有太虛之象，虛故生靈，靈生覺，覺有主，是曰意。』故以意爲心之所發爲非是，而門下亦且斷斷而不信。於是有答董標〈心意十問〉，答史孝復商疑。逮夢奠之後，惲日初爲《劉子節要》，尚將先師言意所在節去之，眞索解人而不得。」（〈教諭王一菴先生棟〉頁 732）。

伯玉、吳磊齋、祁世培、章格菴、葉潤山、彭期生、王元趾、祝開美一輩，既已身殉國難，皋比凝塵，曩日之旅進者，才識多下，當伯繩輯遺書之時，其言有與雒閩齟齬者，相與移書請刪削之，若惟恐先師失言，爲後來所指摘。嗟乎！多見其不知量也。此如成周王會、赤奕陰羽、萊幣獻書，而使三家學究，定其綿蕞耳。昔和靖得朱光庭所抄程子語，以質程子，程子曰：某在何必讀此書，若不得某之心，所記者徒彼意耳。和靖自是不敢復讀。古之門人不敢以爝火之光，雜於太陽，今之門人，乃欲以天漢之水，就其蹄涔，不亦異乎？（《南雷文定後集》卷一）

此序前半述蕺山之學，以愼獨爲主，貫通先儒，故不能無牴牾。宗羲另著〈子劉子行狀〉中，發明師門創獲，較此篇所述尤有系統而詳細，可見宗羲以學術研究方法，整理蕺山遺書之成果，將其師思想徹底內化，並有進一步之發揮，使之更近似陸王一系。而後半痛責其餘諸門人，欲刪削師說，納諸洛閩之範圍。取與惲日初傳相與比觀，顯然所詈即先生一派人。另行狀中「南都而後，門人問學者，先生曰」後之一段文字，即蕺山復先生書中之語也，極屬湊巧。而明史本傳載蕺山「且死，語門人曰：學之要，誠而已，主敬其功也。敬則誠，誠則天。良知之說，鮮有不流於禪者。」（《明史》卷二百五十五）此爲其易簣之語，（按：亦載《明儒學案、蕺山學案》）明指良知之說非是，而學歸誠敬爲要，宗羲〈行狀〉中即不載此語。故宗羲雖以蕺山思想之眞正繼承者自居，然實際雙方何者得師門之指，其是非則仁智互見，難於論定，即至近代猶有異論也。（參前述蕺山思想特質牟錢二氏之說）故今述蕺山二派弟子爭論概況及宗羲所主師學畢，次述先生之言，以見二家說法之異同，從而可知先生於蕺山思想修正之處何在。先生五十七歲（康熙六年）〈寄贈葉靜遠序〉一文中，爲述師門之教以相勉。其說與梨洲文集序之論，迥然相異，極可代表所謂「劉氏功臣」一派之主張。而此年適梨洲與同門友姜希轍、張應鰲，復舉證人講會于越中，以申蕺山之緒，亦極巧合也。今迻錄先生之說如下，以作比較。

變亂以後，師友之道，不忍言矣！昔之嘗及先生門者，多隨世故以變，其有不變者，死亡略盡，未死者，非流於異端，則傲辟放恣，於師門之指，不復顧也。其能尊所聞，不至喪敗者，要不數人，其數人又不復相見，論其指趣，與其所得，與其所至之淺深遠邇，漸恐先生之教，久將失傳，使後人不能無疑，固吾黨小子之罪。況吾人所爲望先生而希萬一之似者，猶射之鵠的，匠之規矩也。嘗學於先生，不識所以爲先生，可乎？敢以昔者所聞爲學之方，用力之切，與所親炙儀刑而不忘者，粗述其槩，與交勉共守焉，亦後死者，宜有事也。

夫先生所示爲學之方，居敬窮理之目也，所示用力之切，愼獨之旨也。蓋世之學者，務外好夸，騰口無實，襲良知之詭辨，以文其棄義嗜利之奸，其歸至於決名教而鮮廉恥。先生病之，而以生於越鄉，浸淫之敝已久，非可旦夕以口舌救，又不欲顯爲異同，啓聚訟之端，故與學者語，但舉程朱之教，使之主敬，以閑其邪，窮理以求其是，且謹凜於幽獨，辨析於幾微，嚴之義利之界，別之闇然的然之趨。有志之士苟能於此有得，自於彼有棄，而不蹈近代邪詖之習，以貽天下來世之憂，此及門之友所共聞也。

若夫先生立身之峻偉，海內有耳目者，皆所覩聞，然或舉其大者遺其細，得其末者失其本，雖及門之友有未之察也。竊見先生之爲人，在中庸則曰中立不倚，在論語則曰躬行君子，在孟子則反經而已。是以其事親也，生事盡其力，死事盡其思；其事君也，進則矢責難陳善之義，退則懷食息不忘之誠；其處僚友也，不爭不黨，人自莫敢干以私；其臨下也，不矯情，不干譽，亦自不能忘其德；其居家也，閨門之內，肅若朝廷；其居鄉也，貴而益謙，長而彌遜；其律己也，一介不苟於取與；其接物也，嚬笑不妄以假人。至若取善不遺細微，一言幾道，即舍己而從之，省身不懈幽獨，一念偶動，必致察而澄之，是故其處也有爲，惟讀書與教學，然恥皋比橫經之習；其出也有常，必難進而易退，益勵羔羊素絲之風；其涵養之粹也，溫乎如玉，而嚴栗之意，未嘗不存；其爲義之勇也，決若江河，而從容之度，未嘗有改。至於毀譽之來，寵辱之臨，以及生死存亡之故，則固一豪不以動其心，纖芥不能移其分者也。

嗚呼！先生一生修身履道，固已日月齊光矣！吾黨玷於門屏，念離函丈以來，星霜亟換，不覺去壯就衰，反己內省，平日功夫……葉子意氣猶盛，來日猶多，願益堅厥志，益勵厥操，益遜志伊雒之深源，勿徘徊於兩可，益脫屣敝俗之酬酢，無虛擲其歲年，于以光大

德業，有耀師門，雖使異代聞風興起可也。（卷十六）

以上引文將其別爲四段，首段謂師門之指，知者不數人，恐久將失眞，遺來世之惑，此與梨洲〈先師文集序〉後半所言適參差互敵。二段舉蕺山學之大綱，於其立教以程朱矯姚江之存心，闡發無遺，與前述錢穆〈讀劉蕺山集〉一文之旨意相同，錢文立論適可佐證此系之主張。三段則對蕺山躬行之實加意敘述，並引孔孟、中庸之語以美之，此必先生有意爲之者。可以證成蕺山自著《人譜》，親身踐履之實，內外如一，顯微無間也。末段復以「遜志伊雒，勿徘徊兩可」告葉子，實有言外不盡之意。蓋蕺山亦言陽明之學，而先生必因其救弊之意，提舉誠敬愼獨之論學要旨而略其內涵，並進一步發揮其意，納諸程朱範圍之中。此與梨洲詳述獨體，意根內涵，細舉牴牾先儒說以表彰之，而略言行誼之德，正有南轅北轍之殊，故梨洲校輯蕺山遺書，爲序其集，不免言激情切，痛訾極詆此派之弟子也。（參前揭梨洲序文）

前述〈寄贈葉靜遠序〉一文，所論適與黃宗羲〈先師蕺山先生文集序〉可相映照，顯見二人對維護師門學術之苦心及主張乃絕異其趣。然此文爲先生晚年之作，而先生於蕺山學說救正之意，早於四十二歲赴山陰弔祭所爲文中，已可明見。卷二十二〈告先師文〉云：

> 本朝至隆萬以後，陽明之學滋敝而人心陷溺極矣！……學術於是乎大裂，東林諸君子，救之以紫陽之學，卒不能大正於天下，則以胥溺之久，未可以歲月變……先生起而立誠以爲教，本之人極，以一其趨，原之愼獨，以密其課，操之靜存動察，以深其養，辨之闇然的然以要其歸，而復敦之以踐履，閑之以名節，使高明之士既得與聞乎至道，而謹厚者亦得循循於繩墨之守。蓋世儒之爲教也，好言本體而先生獨言工夫，多逞辭辨而先生率以躬行，崇尚玄虛而先生示以平實，先立同異而先生一以和平。其言心也，或以爲無善無惡，先生以爲有善有惡，其言性也，或以爲形氣未屬，先生以爲不離形氣，此皆有功聖門而先儒所爲一揆者也。……至於中原陸沈，邦國殄喪，以身殉道者所在而有，考其人則亦無非先生教化之所及已。

於告文前半，先生亦舉當時蕺山立教之時代背景而言，以明蕺山矯治王門末流之旨意，中則綜述師門學術要旨，復表明蕺山爲教救正流俗之實，後乃頌言施教之成果。玩其辭，審其意，與前引寄贈葉序所述，其旨先後一揆也。至於本篇述蕺山學術雖較詳細，然亦皆舉其與「先儒所爲一揆者」而表彰之，使不踰越洛閩範圍，而復不失蕺山立教論學大指，先生於師門之曲成維護，亦可謂備極苦心矣！

蕺山歿後，其學既不免爲釋氏假借，滋生流弊，故後來梨洲有證人講會之再舉（參註 16）以紹述宗周，鼓動天下，而招先生「名士」之譏。蓋當時人心陷溺至極，競趨富貴利達一路，時俗以道學爲諱，而海內聲氣交游之風復盛，學人徒以能著述善講學爲高，不及篤實躬行，先生既懲聲氣末流之弊，復以生處亂世，違俗自立，無益有損，故本蕺山所教，闇修踐履，惟與同志數人切磋往來，維繫正學，守道淑人，以求傳之後世，不欲涉講學聲氣之習也。而於蕺山言「意、獨」之處，既啓當時紛爭，爲釋氏、良知張本，遺來世之患，故每爲辭以解。《備忘錄》五十四歲時記云：

> 世人虛僞，正如鬼蜮，先生立教，所以只提愼獨二字，聞其說者，莫不將獨字深求，漸漸說入玄微。竊謂獨字解，即朱子人所不知而己所獨知之處，一語已盡，不必更著如許矜張。吾人日用功夫，只當實做愼之一字。（卷四十）

又卷二十〈書某友心意十問後〉云：

> 竊謂誠意二字，意字不必講，只當講誠字，在學者分上還只當講求所以誠之之方，而實從事焉。如善如何而擇之精，如何而執之固，在我何處是擇焉而不精，何故卻守之而不固，一一請從先生發明，方爲有益也。予初至山陰，朋儕中亟稱某友於先生之門有誠意十問，又有誠意十疑……因思此友平日都是從禪門尋討消息，於日用功夫全無頭緒，執此以往，將終其身而無所得也。噫！弊也久矣！又妄意此友胸中本無所見，亦非實有所疑而後發問，衹因先生以誠意爲教，立此十問題目，強設疑端，以足其數而已。不然，何以十端之中，竟無一語眞切著裏之言乎？

於此可見先生於師門修正維護之意，實欲學者拋棄玄遠空論，而切實於力行也。於董標所設十問，先生俱一一辨駁，擇要錄數則如下：

> 問意與心分本體流行否？譬則水也，流亦是水，止亦是水，何分之有。問意屬已發，心屬未發否？意只是心之意也。已發此心，未發亦此心，若此分屬益無謂矣！問一念不起時，意在何處？意在心。問從心不踰，此時屬心用事，還屬意用事？心用事便是意用事，意用事便是心用事，此等閒言語說他做甚，豈所謂切問乎？徒費口舌，

枉用心思，此之謂飽食終日，無所用心。噫！（卷三十）

由上之批語中，可知先生於蕺山「意爲心之所存非所發」之論，爲黃宗羲所發揚者（參註19），實未能苟同，故仍不違先儒舊說也。另蕺山語錄，當時弟子得之，各有節要，惲仲昇刪去言意所在，黃宗羲譏其於殊塗百慮之學尚有成局未化，不肯爲其書作序。先生大約與仲昇意趨相近，故《備忘錄》有云：

士友間多有求劉先生語錄全本看者，予謂只要實能從事，不必求多。即若塾規所示一二語，如常思一日之間不負三餐茶飯否？及力矯浮薄之習，當以寬厚溫恭爲載道之器，且試猛省，做得來做不來，行得盡行不盡。（卷四十、五十五歲記）

至於《人譜》則云：

或疑《人譜》所列百行之過，難以一一省察。答曰：先生特舉此類以示人耳，若欲一一防之，則誠有所不勝防，即使盡能防，此外豈不更有所失，其要只在謹閒居以愼獨，愼獨則不必一一而防之，而過亦可寡矣！（卷二十七《願學記》）

故先生於眾人所好玄遠之處，則爲師曲意諱之，於眾人所畏踐履之難處，則以師門宗旨迴護之，噫！可見先生之心矣！

關於蕺山之動靜說，先生四十三歲與吳仲木論存養工夫，申述師說云：

辱諭操存之法，先師靜坐說更無遺義矣！大易動靜不失其時，周子則曰：動而無動，靜而無靜。於此用一番把捉功夫，正恐愈把捉，頭緒愈紛，勢不能以須臾也。程子所謂滅于東而生于西也，否則朱子所謂昏昏地睡去也。是以程門相傳，惟有主敬一法，而後人看主敬又太費力，是以先儒復解之曰：但得心存斯是敬，勿於存上更加功。蓋心之爲體，原是整齊嚴肅，原自光明洞達，由於欲動情勝，此種體段遂至放失耳。通書云無欲故靜，此爲探本窮原之論。主於敬則自無欲，無欲則不期靜而靜，靜固靜也，動亦靜也。薛敬軒先生常呼主人翁在否，即此意也。若胸中持一敬字，即已爲敬字束縛，正如先儒所論溫公之失，不得已尋個中字來放著也。冰釋凍解功夫做去，自有此種意思，非可期必，非可強求，必有事焉而已。日月相推而明生，寒暑相推而歲成，亦自然之理。功夫不著緊則不進，太著緊則有進銳退速之患，不優遊則不安，過優遊則有因循荒怠之弊，此中消息，正如日月寒暑，無驟進，亦無暫停，在善學者得失

> 淺深自知之耳。弟所竊聞於師門如此。(卷三)

於此段議論之中，顯見先生所言正爲程朱「涵養須用敬」之旨。而據前「蕺山思想對先生之影響」一節之敘述，蕺山與先生論靜坐之得失，並未以「主敬」爲根本功夫，即此可見先生於師說修正之處。至首言用把捉功夫，恐頭緒愈紛，實即先生未問業蕺山前，求周子主靜說時己身所遭遇之困擾也。其餘論無欲，必有事焉工夫，則俱本之蕺山所告。進而言，主敬功夫亦爲蕺山論學主旨，依先生《見聞錄》所記與師論靜坐處有二，其中一條並未涉及周濂溪學說，下半即緊接「主一之指」之討論，蕺山便曰：「從誠敬做工夫便不謬。」先生論操存之法，融合敬與無欲，與此條記錄或不無關係，故若謂先生之語俱本于蕺山，亦不可云有誤也。若與黃宗羲子劉子行狀「靜存之外無動察」一條相較，則先生與仲木所言操存僅爲其理論之半，並未語及動察一邊之功夫，且宗羲所述「靜存動察」，主要在發明蕺山「獨體」，故云心常惺覺而不可以動靜言，云省察即存養中最得力處。此與先生文中所言「心之爲體」之義，實不相同，故自黃氏所整理之蕺山學而言，先生于其根本處猶未觸著也，就此觀點而論，則先生之思想實與蕺山不相入也。

先生問學山陰之時，得于師門而後來修正者，述之如上。至有當時弗聞，蕺山歿後，校錄遺書，乃見而喜之，旋復改之者，爲「喜怒哀樂未發」一說也。四十五歲與沈上襄論學書云：

> 去冬所諭喜怒哀樂未發以前一段疑義，弟初於先師語錄聞其說而悅之。已而證之朱夫子與湖南諸公一書，深悔前時所見之失，因以爲定論，而反而求之日用之間，事物未感，此心寂然不動有以具眾理而應萬事者。但吾人以憧憧往來之心急卒求之，是以未之見耳。然欲求見此體，則又非如釋氏瞑目却慮之可庶幾也。易曰：天下何思何慮。又曰：君子思不出其位。吾人功夫之用，竊以宜從思不出位，莊敬持養，而不使放心邪氣得入焉，則能時行時止，而無所往而非天理之流行矣！（卷四）

按先生抄謄蕺山語錄，大約爲四十四歲六、七月之間。《全集》卷三有〈答吳仲木〉書，述及此事（未標明月份），同年另書註明八月者，首云：「先師語錄二冊，乾初兄書稿三，伯繩兄書稿一，附致伯繩兄書一，謹緣韞斯兄之便奉上。」則當是已抄錄完而返致仲木也，故與沈上襄書有於先師語錄聞其說而悅之語。然未隔一年，先生已悔而改從朱子之說矣！又此書下有註曰：「照後改本」蓋當時先生語有未融通處，故於五十八歲時張嘉玲即就此書所言提出質疑，並請示語錄之說，先生乃爲述師說，並刪改如前文。〔註20〕

先師以喜怒哀樂爲四德，如天之有四時，未發已發爲氣機之流行，循環不窮，中是中氣，和是太和，存發總是一機，中和渾是一性，無前後際之可言。（卷十二〈答張佩蔥之二十七〉書）

蕺山語錄論中和說者極多，黃宗羲《明儒學案》卷六十二蕺山學案亦錄之。先生之說蓋擇其要目而述，然與宗羲〈子劉子行狀〉「已發未發，以表裏對待言，不以前後際言」一條底下所述，雖有詳略不同，其旨則俱全矣！可見先生於師門之學，亦能把握其要義也。然蕺山之學，固因矯王學末流之弊而發，至其說本身亦自不能無流弊，故先生終明辨擇善，而不肯滿足於師說也。答佩蔥書後又云：

竊見近日學者多言未發之中及寂然不動及洗心退藏等功夫，及考其平日言語行事之際，其當理者甚鮮。是以恪守敬軒先生存心不失爲中，行事不差爲和二語，以爲準的。（同上）

則可知先生痛懲時弊，既舉世空虛好玄，如洪水猛獸，將率人類以相食，則救以篤實，自是當務之急，乃不得不進而遵程朱，抑陸王，故蕺山猶尊陽明，而先生則必欲深論其流害而闢之矣！然則先生云：

延陵同學語予曰：「先師於陽明，雖瑕瑜不掩，然未嘗不深敬，而子何疾之深也，得毋同異。」予曰：「何傷乎！孔子大管仲之功，而孟子羞稱之，彼一時，此一時，道固並行而不悖也。」（卷四十二）

可謂推尊其師也。故於蕺山遺書之刊行，意見亦與黃宗羲相左。梨洲必欲全遺集之原貌，故康熙二十四年校刊梓行時，序後云：「依伯繩原本，取其家藏底草，逐一校勘，有數本不同者，必以手蹟爲據，不敢不愼也。」（《南雷文定後集》卷一〈先師蕺山先生文集序〉）於請刪削遺書之門人，則極力斥責其不知量，而先生本愛師之誠，於蕺山未符先儒諸說，不足爲法後世者，則欲諱而藏之。卷九與沈子相論《古易鈔義》一書云：

又承論及先師山陰先生古易之書，前以氣力不續，不能奉答，於今

〔註20〕參卷十二〈答張佩蔥書之二十七〉校語。「事物未感此心寂然不動」原作「此心原自有寂然不動之際」，「莊敬持養而不使放心邪氣得入焉」原作「以還其何思何慮之天」，「無所往而非天理之流行矣」原作「無所往而不得其所爲未發者矣」。佩蔥於後二詞有所疑，故爲說以質，先生答之，因自謂原來之詞實「妄爲測度之語，眞是可恥耳」。

> 思之，此書竊疑未論其詳，不當爲先生傳布於世也。蓋祥於甲申仲春見先生於蕺山之宅，聞先生有易義之書，請而讀之。先生曰：「此往時作，不足觀也，吾欲改而未及。」自此距先生殉道，不過一載有餘，未聞有所改正，然又非程子易傳，尚冀有進，未欲遽傳之意。則今日及先生之門者，當體先生之意，本伯繩之志，敬守其書，藏而勿失可也。何必亟亟行世，以爲先生重哉，況先生輕重，豈在書之傳不傳哉！

考《古易鈔義》一書，於崇禎十六年癸未九月，祝淵、吳蕃昌與陳確同至山陰受業，蕺山猶以授陳確（見陳敬璋輯乾初先生年表），事隔數月，先生請讀則拒之，未知其理何在？豈以先生精研易經之故耶？又據文中所述「伯繩之志」，則汋當亦不欲此書傳佈者，然先生既聞師命，故於遺書之刊行，嘗與吳仲木論云：

> 先師著述極富，不忍不傳，然亦不必盡傳，要當擇其精要者先行，其餘則存乎力與夫事勢而已。濂溪明道著書不多，道理未嘗有虧欠處，書之存亡備缺，與身之出處進退，亦只一般。大行不加，窮居不損，君子自有定分，全不繫乎區區之間也。若以資後學之階梯，則守其一言，通其一書，足以上達無難，亦無俟讀其全書也。（卷三〈答吳仲木〉、四十三歲）

由上所言，則知先生於蕺山之著作，實有所保留，而舉濂溪明道之道理弗有虧欠，則其言外之意，從可知也。然以敬師，故不敢顯言，則先生之爲師諱而曲成，與宗羲之揄揚，又未知孰是孰非矣！

三、思想之轉化時期

先生從師蕺山之後，續體究濂洛關閩之書，故於陽明良知說乃漸悟其非而漸棄之，另一方面，於宋儒思想中檢擇，遂漸形成一較完整之思想體系。然三十九歲受邱雲諫正以前，先生自云尚非一意讀程朱之書也。故此時期之思想，可謂自駁雜而醇粹之轉化階段。其實由前之已述者，吾人得知，先生至四十二歲立論之時，尚偶涉良知之習也，然此由受其病過來者，是以有此失，非有意識爲之也。故今以四十歲爲斷，就先生所言，董理其轉變之跡象，以明此階段之思想大略如下。

（一）對陽明良知說之摒棄

先生自言為良知學十年，以其數計之，約至三十四歲問業蕺山之間，姚璉整理《願學記》後附跋，亦道及此意，可知先生漸有事於濂洛關閩諸書，乃於王學漸悟其失，而捨棄之，不復從事，或即在此一年。然其後於論學之際，其習氣沾染，或猶不免，已俱述如前，茲不贅。今閱姚氏所錄《願學記》（存三卷），其序跋謂於原稿有所刪節外，對卷二、三十四歲後之記錄，則語焉不詳，並未明言有刪汰之事，故今就記錄諸語而觀，雖未見有如《問目》中所載涉姚江之習者，然不能肯定其實際狀況如何也。唯可知者，或先生於見山陰之後，已感覺良知之學有弊，意欲棄去也。故三十四歲所記有云：

> 學問到自知不是時，須是全副拋下，從新做起，若只是去泰去甚，留些根在，他日仍復長起，適足以成其文過飾非之習，不濟得事也。鼎之初爻，取象於顛趾出否，其義可玩。（卷二十七《願學記》二）

或者即指良知之說而言。又一條則云：

> 或問大學之道，至誠意而已矣，何以又先致知？曰：知吾心之本然，然後可誠，不然所誠何者？又問：何以又在格物？曰知者，知此理而已，不然所知何者？（同上）

進言格物致知之必要，可見先生論學雖尚未篤信「大學之道格物而已。」〔註21〕亦覺止「以誠意為主」實有不足也。蓋自三十九歲聞邱季心規語之後，先生始一意讀程朱之書，此期間思想猶在所謂「遜志濂洛關閩之書，於先聖賢遺經，反覆潛玩。」（卷十四〈答徐重威〉書）之時，故雖言致知格物，語猶渾淪，不如思想成熟後之縝密精當也。然先生既努力從事宋儒之書，於此進之愈深，體驗愈切，乃於彼去之益遠，故自三十六歲以後，對於陽明良知功夫，遂漸多指責。卷二十七《願學記》二云：

> 致良知功夫，到得盡頭自是恰好，但恐未能恰好，則便有過不及之蔽，若於此堅執自信，其為害蓋有不可勝言者。又況所知未必皆良，而一旦以習知為良知，則其不至於小人之無忌憚者幾希矣！此窮理之功，所以為不可少也。

此條為先生三十六歲所記者，明白提出應以「窮理」功夫對治良知之流弊，

〔註21〕參卷三十七《初學備忘》下「百餘年來論學者率以誠意為主」一條，其文已具前引，在二節一之（三），出入王學時期一段中。又同段中所引《備忘錄》三十九歲聞季心規語，乃一意讀程朱書一條，亦可參考。

可知於朱子說法必已逐漸尊信。至於先生所見良知學之病，亦十分客觀，足中其失。劉述先撰《朱子哲學思想的發展與完成》第八章論道統之建立中，嘗述象山之學，謂其本於孟子，應歸之於儒學正統，然其學太粗略，故局限不足處有三，其一曰：

> 象山之存養似孟子之養吾浩然之氣，英氣迫人，正大光明，而艱難困苦，細密精微之體證則不足。本心之體驗誠然是人同此心，心同此理。但人因氣稟、私欲所限，常常不能發現自己的本心，就是聖賢也往往要不斷追尋，兜了好多冤枉圈子，最後才終於體悟到吾道自足……見道既眞，則又當知，道理雖一，具體表現出來的則還是要通過自己氣稟的限制。象山是反時流而有所擔當，自卓然有所立，然過猶不及，他與門人自信過堅，須知道德擔負並不窮盡天下所有事，不該自信處自信，乃不免發爲一種粗惡之氣。朱子要人注重氣稟，要人窮理，雖落在第二義，却並沒有錯。事實上也確得要有法子砭劑對治陸學末流之狂肆才行，只不該誤斥以爲禪耳。（頁 475～476）

劉氏以現代詮釋學分疏宋儒內部義理，具有卓識，此段所論象山之失，移以視陽明，亦頗貼切，尤其王學末流至明末清初，猖狂無忌，更甚於象山之徒，故先生乃有「至於小人之無忌憚」之斷言也。三十七歲又云：

> 知行合一之說，至於今日已不能無弊，世之終日坐論而鮮有見諸行事者，率坐此患。非誠無以救之，非晦無以養之。噫！夫子所以思躬行君子也。（卷二十七）

則鑑於當時學者之失，以責陽明之說也。三十八歲云：

> 本朝學者，薛胡二公可云充實之謂美矣！或疑陽明，曰：試細味以能問於不能，以多問於寡，有若無，實若虛，犯而不校數句，其病根盡見。曰：豈無所得而能若是？曰：韓子云得其所得，非吾所謂得也。（卷二十八）
>
> 陽明才高而德薄，故無所往而不見其驕吝。（同上）

由上所引諸言，可見先生自始初之尊信不疑，努力從事，以至辨析王學之失，進而論評其人，全然否定之過程。三十八歲所記在《願學記》三，指責陽明之病者尚多，可見先生於良知學愈是後來愈覺其流弊，故終篤信程朱居敬窮理，始爲無失，而提出「祖述孔孟，憲章程朱」之主張矣！

（二）宋儒思想之精進融通

先生既從事聖學，經多年之探討追尋，工夫日密，體道益深。自問業山陰歸來，信心愈強，志力勇猛，復感世亂道微，人心胥溺，正坐學術不明，遂有仁爲己任之志，故甲申《冬問目》云：

> 凡爲戴天之人，皆有斯世斯民之任，皆當以先知覺後知，先覺覺後覺，故孟子曰：能言距楊墨者，聖人之徒也。猶云：見無禮於君者擊之，若鷹鸇之逐鳥雀也。申胥一身可以存楚，楚雖三户，可以亡秦，天下事在人爲之，豈論勢之盛衰強弱哉！惟其道而已矣！（卷二十五）

此則先生感人心敗壞，尋至家國滅亡，夷狄爲禍中原，學術實爲重要關鍵，而儒者欲止世亂，以求將來國家復興，根本之務，亦唯學術人心而已。故《問目》又云：

> 天下有三重，曰政事、曰學術、曰風俗，三者俱敝，未有不亂且亡者。何以救之？曰正人心。人心何以正？曰舉直錯諸枉，知心則知復矣！（同上）

然人心之正，必繫乎學術，始竟其功，故先生又云：

> 學術壞而心術因之，心術壞而世道因之，古今不易之理也。孟子：生於其心，害於其政，發於其政，害於其事，是本心術而言；作於其心，害於其事，作於其事，害於其政，是本學術而言。欲正人心，先正學術。故曰：乃所願則學孔子也。又曰：楊墨之道不息，孔子之道不著。又曰：入則孝，出則弟，守先王之道，以待後之學者。又曰：君子反經而已矣！無非此意。（卷二十七、《願學記》二）

先生之學，既本斯志，故今究其學術思想，必先明乎此，而後可知先生亟亟於闢良知，辨異端，正學術，實其來有自也。且治學必以聖賢爲法，終歸至程朱一系，亦勢所必然者也。先生於良知學之棄絕，已述于前，然此攸關先生論學之要，其詳宜另闢專章討論，於此暫略。餘則分述如下：

1. 辨異端

先生前期於異端之辨，大抵以王學末流之弊，俗學邪僻之失爲主，於儒釋分別，間一及之，亦未深入，本期則既於宋儒義理體驗甚深，有繼任聖學之志，故對其時釋教盛行，混同心學，毀敗正學，邪說暴行，泯亂民彝，潰決夷夏之防，憂患無已，乃於儒釋之分野，不得不先明辨嚴拒也。故三十七歲始，多有就二家學理深入析其同異者，先生此時自述云：

> 佛入中國一、二千年以來，其間固多豪傑之士，因世教不明，一旦失入於此，後來就彼處做功夫，亦有過人，於道理綽有見處，但其所見是者，適吾儒之所本有，其與吾儒異，便已不成道理，故曰：吾道自足，何事旁求也。（卷二十七）

昔張載謁范仲淹，得《中庸》而讀，不足，復浸淫釋老，無所得，乃反求諸六經，始知吾道自足。先生則於釋氏書夙棄絕，唯以篤信聖賢，就先儒論說，深思有得，故於其是非之際，亦自瞭然于心，遂直信吾儒之道，不假外求，實不必復讀其書，始能明辨也。先生有言曰：

> 儒佛之辨，先儒已詳言之。今之爲禪，要無異於昔之禪，今之爲儒者，亦豈能過於昔之儒。且將先儒之論，尊而信之，深思力行，以求吾儒之所是，則彼所謂非者，當有不待辨而明者矣！若於此既無所得，而亟亟焉求彼之異同，以爲口說之資，甚者，讀其書而論次之，則必有如程子所謂，自家已化爲禪之患矣！（卷二十八）

其下又自註云：「東林諸公，多失於此」，可見先生之言多因時弊而發也。蓋學術之際，既多淆惑，不能垂憲百世，爲法將來而無弊，乃不得不辨析細微，於流俗敗壞心術之種種言論，一一明指其失而嚴拒之，並示人以正途，首宜尊信吾儒，自立大本，庶幾免於陷溺也。故除嚴辨儒釋外，對於似是而非，亂聖賢正道之邪說，亦莫不加以駁斥，先生歸納當時種種悖道之說云：

> 昔之異端在正道之外，今之異端在正道之中。孟子闢邪說以正人心，正以聖人言仁義，楊墨亦言仁義，同是堯舜，同非桀紂，而所以不同處，則有淄澠白黑之判。今之爲邪說者，莫不假託聖人之言，以文其說，猶所謂傅會經義也。約而言之，蓋有數種：曰知行合一，曰朝聞夕死，曰殊途同歸，曰體用有無，曰權以濟經，曰大德不踰，小德出入，曰未發之中，曰求其放心，曰孔顏之樂，曰盡心知性，曰寂然不動，退藏於密。若此者，探本窮原，不出於釋老，則出於功利，否則調停兩可，執中無權而已。學術不明，禍亂肆起，率以此也。種種看破，方不爲所惑亂。（卷二十八）

援釋闡儒，借儒論禪之習，早於宋時已蔚然成風，故朱子汲汲辨析，嚴分域界，迨明末袁黃、李贄倡三教一門，儒釋大閑決裂，先生患其「濫觴不可界限，學術之禍，中於世運，夷夏之閑，亦至盡決，率獸食人，人將相食，未知何時而已。」（卷二十八《願學記》三）蓋其禍害猶過朱子之時，故先生於此種詖遁之辭，必嚴正指斥其非，決不許可調和折衷之論也。茲舉其二以爲例：

> 孟子言求放心，今之異學亦言求放心。孟子言人之所以異於禽獸者幾希，今之異學亦言人之所以異於禽獸者幾希。然孟子說幾希處，下文便說明庶物，察人倫，行仁義，是人能行仁義，禽獸不能行仁義也。孟子說求放心處，上文先說仁、人心也，義、人路也，是求放心者，求不失其仁義之心也。異學只空空說箇求放心，存幾希，不知所以爲仁義分別，別處正自天淵。（卷二十八）

> 或言靜中不見天地萬物，渾然與天地萬物同體，此之謂未發之中，此之謂退藏於密。此境莫只推與禪家。予謂君子敬以直內，未發之中，畢竟與禪家空寂有別，若只是冥然空寂，如何能發而皆中節。（同上）

由上可見先生讀書細心處，至解求放心，則較朱子更直接。〔註 22〕而於儒釋實虛之不同亦能把握無失也。故吾人可知先生辨異端即欲以正學術、明聖學，亦孟子所謂能言距楊墨者聖人之徒也。

2. 正學術

先生以爲國家覆亡，緣於學術不明，經義晦蝕，故風俗敗而人心陷溺，然今欲正人心，則必先正學術，而後人才可盛，至化能流，乃可撥亂返治，故於學術異同辨之不遺餘力，闢邪說，距詖行，實欲使人得以去利而懷仁義也。先生自道其意云：

> 或謂學術之異同，不必致辨，若同是堯舜，同非桀紂，則雖門徑有異，其與聖人未嘗不殊塗而同歸也。予曰不然，今所汲汲欲辨者，正在同是堯舜，同非桀紂之際，楊墨充塞仁義，正以其言仁義，告子賊性，正以其言性，自非大中至正之道，則雖伯夷之清，柳下惠之和，君子不由也。若是桀紂而非堯舜，則亦不必與之辨矣！（卷二十八）

且誣民之邪說，既莫不假託聖人之言以文其說，故學術不止宜辨之明，且尚需辨之早，否則一中其禍，見理不明，終身將爲大害也。所謂「學者起足第一步，須是路頭不錯，此處一錯，無所不錯。」（卷二十七）故先生主張從事學問，首宜明辨，審其邪正，《願學記》云：

〔註 22〕《四書集註》，朱子釋曰：「愚謂上兼言仁義而此下專論求放心者，能求放心則不違於仁而義在其中矣！」朱子於此處終不肯直接指實。

> 魚目混眞，碔砆亂玉，無物而無似是之非。如仁義一也。孟子於其間辨出楊之義、墨之仁，又辨出五霸之假仁義，而曰：仲尼之徒，無道桓文之事者。又曰：楊氏爲我是無君也，墨氏兼愛是無父也。邪説誣民，充塞仁義也，毫釐千里，至於如此，學術之際，辨之不可以不早也。（卷二十七）

於此可見先生之辨異端邪說，實懼其混淆是非黑白，亂聖賢之道也。且其時學術分裂，較昔尤甚，遠在宋代伊川已嘗歎曰：「古之學者一，今之學者三，異端不與焉。一曰文章之學，二曰訓詁之學，三曰儒者之學。欲趨道，舍儒者之學不可。」（《近思錄》卷二）先生既以斯道自任，欲正學術於天下，故於此亦不能不先矯正之。三十四歲時與顏孝嘉論學書云：

> 爲學只一件事，非有歧也。今人不知，爲應舉者，則曰科舉之學；爲治道者，則曰經濟之學；爲道德者，則曰道學；爲百家言者，則曰古學；窮經者，則曰經學；治史者，則曰史學。噫！學若是歧乎？夫學，一而已矣！理義之謂也，聖人先得我心之所同然也，吾唯從事於我心之所同然，修之於身，則爲道德，見之於行，則爲事業，發之於言，則爲文章。事親從兄，此理也，此義也；敷奏以言，明試以功，此理也，此義也；爲法天下，可傳後世，此理也，此義也。中庸所謂溥博淵泉而時出之，孟子所謂學問之道無他者，此之謂也。今人所見差異，是以終日讀聖賢書，而臣弒其君者有之，子弒其父者有之宜哉！（卷十三）

由於世人所見差異，致學術碎裂，彝倫攸斁，故先生以爲必歸諸理義，篤信聖賢而後可，同書告顏孝嘉亦謂「學必以聖賢爲師」，可見此種觀念，自山陰問學歸來之後，已確立不移也。以故，凡不能深信不疑而自立其說者，皆是心之義理不能同於聖人，乃氣拘物蔽之結果，倘執之成癖，則將至乎蔽陷離窮，而爲肆無忌憚之小人矣！先生論曰：

> 若自立主張而以校論往古，求其得失，則雖聖賢經典，皆可生疑議之端，此近來心學之弊。若以古昔聖賢遺經懿訓，立爲規矩繩墨，而以權量自己身心，則一言一動無非過失，而終其身無有滿志之期矣！（卷二十八）

> 讀聖賢之書而不能有得於中，深信不疑，甚或所見有同異，是吾心之義理不能與聖賢同也，非爲物蔽，必爲氣拘，可懼滋甚，能不汲

> 汲焉以求其合乎？若任己之偏見而輕著爲論說，以肆其欺罔，則詖淫邪遁之病，終不得免，而爲小人之無忌憚矣！哀哉。（同上）

舉世滔滔汨沒於心學，「學者十人而九，多中其病」，稍有知見，則師心自用，輕於自信，果於自是，非流於「冥行倀倀而不求當乎義理之正」，否則「窮玄究寂而不求至於踐履之實」，皆不能虛心遜志，以求合乎聖賢大中至正之矩（以上用先生評語），故欲對治此病，唯有程朱篤實循序而進之學可以矯救，先生乃終篤信洛閩爲吾儒正統，因此而上溯孔孟，猶登堂而入室，可以無弊也。故三十八歲《願學記》云：

> 世人做功夫，多只走釋氏一路，所以不得長進。一等人是欲求靜的，却失之墮聰黜明，不知心之神明，如何可使之槁木死灰；一等人是欲默識的，却失之懸空想像，不知在物爲理，處物爲義，無地不有，無時不然，如何舍却日用行習，別尋一個道理。舜明於庶物，察於人倫，孔子好古敏求，擇善固執，可謂先聖後聖，其揆一也。敬義夾持，居敬窮理，洛閩所以爲吾儒之正統，今只守此家法，一意致知力行，有忿必懲，有慾必窒，見善則遷，有過則改，以是勉焉，日有孳孳，斃而後已，庶其無失矣！（卷二十八）

由上所言，可見先生自王學入手，而識義理，以至篤信聖賢，棄去良知之學，趨向程朱一脈之歷程，莫不與時代背景、個人環境，息息相關也。先生之習姚江，正因時風披靡所及，有不得不然之勢，而先生之信聖賢、宗程朱，則可見個人學養與志力，有獨挽狂瀾之氣象，所謂豪傑之士，雖無文王猶興，信以此也。故先生於《願學記》三十八歲時，述云：「祖述孔孟，憲章程朱。」（卷二十八），正自道爲學之宗旨也。

3. 明義理

據《初學備忘》下與《備忘錄》一之記載，先生自言三十九、四十歲間，聞友人邱雲之規諫，當努力於格物功夫，始一意讀程朱之書，然在此以前先生固知程朱之書爲正，亦非棄窮理致知不顧，唯著力重處則在誠身，故邱雲方有「功夫倒做，道理只從書冊上求，人情事物不察」之語，先生因自省而於日用之間深體格物之義，乃實有見大學之道格物而已，由下學爲己，以至窮神知化，一以貫之。故以義理體驗而言，自前所述，可知先生三十八歲時，思路上已確認洛閩居敬窮理爲正宗；以實用其力，日用功夫而言，則三十九歲之後，始幡然改轍，努力於格物，而體察於人倫庶物也，此雖先生於道學追尋踐履歷程中之一小轉變，然可見先生之學日新月異，不斷精進也。反言之，則先生四十歲以前，於宋儒義理之書，當亦無不讀而無不取資，尙未有所偏重也。

先生既闢異端以正學術，而學術之正則需以聖賢爲師，故權量身心，存養省察，自當「以古昔聖賢遺經懿訓，立爲規矩繩墨」（前已引）方能合乎大中至正，而不失之過與不及。先生此一主張自非空泛之口號，而是深體驗於宋儒義理，實有所得後之結果，茲擇要述之於后，以見先生胸中之蘊涵也。卷二十七《願學記》三十四歲記云：

> 居天下之廣居，立天下之正位，行天下之大道，此是吾人安身立命處。（出《孟子》）
>
> 事功不從心性流出，雖有不朽之業，終與反身而誠相隔。《孟子》
>
> 《中庸》、《孟子》以後，〈太極圖〉、《通書》是第一書。
>
> 程子曰：北辰不動，只不動便爲氣之主。吾心亦然，聖人定之以中正仁義而主靜有以夫。
>
> 性外無學，學者所以求盡其性也。
>
> 實其心之謂誠，不敢不實其心之謂敬，無在而不實其心之謂一。
>
> 主敬則无妄。
>
> 言行，心之迹；萬物，化工之迹。無一言一行而非心也，無一物而非化工也。故曰五行一陰陽也，陰陽一太極也。（周敦頤）

同卷三十六歲記云：

> 纔說功夫，便須內外夾持，古人言存誠，又言閑邪，言直內又言方外，言持志，又言無暴其氣，總是夾持得定，使走作不得。
>
> 懲忿窒慾，遷善改過之謂克己，書言沈潛剛克，高明柔克，亦此之謂也。（周敦頤、張載）
>
> 窮神知化，動容周旋中禮而已。論語鄉黨一篇所載，最可見孔子神化處。
>
> 學者苟能責志，斯能離師傅而不返。責志，只在念念自反而已，先儒（張載）所謂以己心爲嚴師也。

又三十七歲記云：

吾人所守，唯義與命，命則吾不知也，吾知守義而已。孔子進禮退義，不義富貴於我浮雲，豈嘗計一身之窮達與後日之利害得失哉！

治天下，只行其所無事而已，若操切一分便入申韓，若減損一分即入黃老，居敬行簡，乃能行所無事。

人心當春夏時，亦有發往條暢之意，到秋冬亦有收斂歸藏之意，旦暮亦然，此氣機所至，自然之應也。

卷二十八《願學記》三十八歲記云：

一念之發，爲善爲惡，豈不昭然，自知於此，不思爲善而去惡，必非人情，但就所爲善者行將去，不失之過即失之不及，求其合道，十不一二，此讀書窮理所以唯日孜孜，不知老之將至也。（張載）

或問主一無適之義，答之曰：君子無終食之間違仁，造次必於是，顛沛必於是。（程伊川）

或問自立之道，曰：在先立乎其大者。（《孟子》）

或疑居敬窮理與存心致知有異乎？曰：存心所以居敬也，窮理所以致知也，夫何異？

學問之道，仁義而已矣！〈西銘〉，仁之至，義之盡也。（張載）

醫家固須學博理明，然必以識病、善用藥爲急。吾人學問之道亦如此。朱子每以通世務爲言，蓋修己治人，只是一事。若世務罕通，說道理，即成片段，臨事只是茫然，所學雖博，適足以爲害而已。

心之放，非一端，人知放其心於聲色嗜慾之爲放心，而不知學問之際，其爲放心更深也，不到惟精惟一，允執厥中，總爲放心。○學問之放心，如書成元凱，文到相如，人所知也。凡日用倫物之際，處之有過有不及，與夫意必固我之類，俱放心也。究而言之，隘與不恭，豈不爲〔墨板者六字〕我之中正也。

宋儒理一而分殊一語，眞是補前聖之所不及，從此推去，一以貫之。（張載、程伊川、朱子）

由以上徵引之語，可見先生所論立命、志氣、克己、存心致知、居敬窮理、求放心、理一分殊等，皆宋儒提出之命題，先生既沈潛涵泳諸家緒論，而歸本乎經書，因融貫匯合，而自出心得之言如此。其餘若論君子小人、義利誠僞、天理人欲等，皆繼前期所作工夫，深入而擴及事理之各層面，體會有得之語，對象雖不同，然理則一也，此亦先生於「理一分殊」義理之發揮也。而由前引稱美〈太極圖〉，《通書》、〈西銘〉二條，證以其他各條所論，可知先生於周敦頤、張載極爲推崇，且許多心得皆自周張二子之論衍生而出。卷二十六《願學記》嘗云：

> 漢唐以來諸儒，都只狂狷之士，惟濂溪、明道有中行氣象。

此先生三十二歲以前之論也，至四十三歲與吳仲木論蕺山遺書之傳布，亦云：「濂溪、明道著書不多，道理未嘗有虧欠處。」（卷三）可見先生思想受濂溪、明道影響極大，此或因先生於《周易》浸漬甚深之故耶！至於橫渠之學出自苦思力學，其讀書窮理，心性、氣質諸論，於儒學義理有極大創獲，朱子後來嘗推崇備至，以爲其論氣質「極有功於聖門，有補於後學」（朱子《語類》卷四）。先生之強學思辨精神，正與橫渠相類，故於其言，亦多取資也。而橫渠所著〈西銘〉理一分殊之義，經伊川表彰，爲儒釋重要之分判原則，後來宋儒俱本之而講論義理。故先生亦謂可「補前聖之所不及」，且更廣泛運用此說，以匯通先儒之論，據前所引，已有數條顯出此種跡象。而先生亦自云：

> 先儒議論多有不同，然或因其氣質之近處，或自其功夫得力處，故有不同，若究其歸則一而已。所謂殊塗而同歸也。譬如京師自南來則北也，自北來則南也，自東而西，亦莫不然，其至京師則一而已。（卷二十七）

故甲午（四十四歲）〈與吳仲木〉書曰：「周子〈太極圖說〉、《通書》、張子〈西銘〉等，知道者以爲可繼《中庸》、《孟子》，蓋先聖後聖，其揆一也。」（卷三）而至五十歲與何商隱論學「承喻頭腦之說」一書，更將古今上下諸儒功夫打成一片，會通千古，可謂發揮此說至於極點矣！而鑑於當世民彝泯滅，姚江之學泛濫，士子廢禮義，棄廉恥，故先生又於張載知禮成性之教，特爲信從。卷二十八《願學記》云：

> 關中之教，以知禮成性爲先，學者從事於此極有依據。所謂上之可至聖人，下亦得以寡過也。以聖人爲之準則，過與不及，皆得就裁焉，猶陳繩墨而曲直自見，設規矩而方圓自成也。雖曰：天則者，心之所同然，然必聖人先得此心之所同然，若離繩墨而欲自呈曲直，舍規矩而欲自爲方圓，竊恐巧拙均病，不足以開物成務也。
>
> 二氏亦言克己，只於復禮處全然乖謬，關中之學，以知禮爲先，知

禮則成性矣。

蓋以聖人得心之所同然，故以聖人爲準則，克己復禮，即可使中正在躬，以成其性也。先生論學必以聖賢爲師，乃就橫渠之說，發明其意也。

綜上而言，先生此期於宋儒諸家，初則兼採並蓄，且於濂溪、明道極歎美其道理圓融無欠缺，於橫渠則以性之所近，及環境影響，亦極尊信，而對伊川、朱子之道理雖皆潛玩，並無特別褒崇之意，此研索《願學記》所載言論，可以明見其跡。迨三十八歲，方舉居敬窮理之目，以爲學問功夫，當以此爲無弊，而歷經整年之思索，始以程朱爲「正統、家法」也（按此條在三十八歲所記倒數第二條），可知在此以前，先生所作功夫重點並不在朱子窮理格物上，故三十九歲後，聞邱雲規諫之語，即相映於心，一意讀程朱之書，深體格物之義，而後對於朱子之尊信，乃漸超出各家，此於四十四歲〈與吳裒仲〉一書中所云：「義理至於朱子輒有觀止之歎，而後生初學之士，動而易慢，誠所謂得其門者或寡矣！」（卷十）即可見此意也。故先生至三十八歲止，思想上已肯定程朱之價值，可以無疑，而義理之體會於心，見諸于言行，醇粹精深，顯微無間，則尚有待一番努力也。故四十一、二歲間體驗所得，《初學備忘》中語，經吳裒仲指責，猶有不脫姚江習氣者，而先生後來自述云：「予追念若非癸巳一病幾死，亦不能稍有進步也。」（卷三十七）可知先生四十三歲之後，學問始漸入精微也。

第四章　楊園之學術思想研究

先生自二十五歲以後，讀《小學》、《近思錄》、眞德秀《讀書記》，初識爲學之門徑，即秉此用工夫，故觀二十九歲所記願學一書，已得《近思錄》雛形，自道體、爲學以迄辨異端、觀聖賢諸門類，靡不探究而論述之，爲學一以古昔聖賢教人意旨爲法則，潛研經史以植根基，涵泳義理而樹本體，居然儒者氣象矣！

三十歲館菱湖丁友聲家，值歲大饑，道殣相望，勸友聲賑卹餓殍，並訓門人曰：「大荒之後必有大亂，宜讀經濟書，宴安於膏梁，大不可也。」（參蘇惇元撰《年譜》崇禎十三年三十歲條下）可知先生經世濟時之志發軔甚早也，此讀三十二歲與李石友、岑漢明書，亦并見此意。而三十三歲輯《經正錄》，則取孟子反經之義，以爲天下之亂，實因大經不明，邪慝肆起，上失所教，下失所學，故浸成習俗，遂招世禍，故欲經世，其本在於立綱常，而其功則在端正學風也。蓋學術關乎世運，一失其正，則邪慝生心，風俗淪敗，綱常摧折，禍亂中世，故反經之功，全繫乎學術也。先生既目睹明末學風衰弊，道德人心渙散，亟思撥亂反正，因輯是書，欲從根本救正，以挽回頹運，此先生本諸經世之志，發爲救時之苦心也。故在明朝未亡之前，先生所志已如是矣！

先生既以經世濟物存心，故仁爲己任，於鼎革之後，默觀天命人事，見國事已無可爲，乃藏器待時，讀書修道，伏處草茅，戢影息交。而眼見世道人心日溺於利欲，日蔽於邪說詖行，淪胥塗炭，極而不反，乃懼其生心害事，干戈禍亂，將無已時也；將至於獸食人、人相食而不已也；廉恥道喪，屈膝夷狄，惟富貴是求，囂囂詡詡自以爲得而將莫覺其非也，則國家豈有復旦之日哉！故欲將來聖王有作，克復華夏，先生以爲當從世道人心著力，而欲挽救人心，學術不可不先端而正之，此先生本儒者參贊化育之義，處於亂世，爲當務之急者如此也。卷四〈答唐灝儒〉一書頗見先生所痛心者，及本乎《易》義發爲出處之誼者，其文云：

> 朝廷幾十年以來，人才摧折則多有之，所爲長養成就而進用之者，文武兩途，均未之聞。今日之禍，識者久知其然，所痛中原陸沈，衣冠禮樂，塗炭殆盡，然人心未復，爲亂方未已也……易之機要則惟存乎姤復，由姤復而爲臨遯、爲否泰，以至于夬剝，其幾只辨于一念之微。康節所謂冬至子之半，所謂思慮未起鬼神莫知者也。心之存亡辨于此，此世之治亂辨于此，故曰復其見天地之心，今世在剝上九，幾于無陽矣！較坤六四天地閉、賢人隱，已自不同，聖賢於此思欲挽救而維持之，舍人心其安事乎？孔子作春秋以正好惡之良，孟子息邪詎詖以存平旦之氣，凡以此也。

國家淪亡，中原衣冠禮樂既塗炭殆盡，而人心不復，繼此而下，不至夷狄禽獸者幾希，故欲已亂返治，其樞機唯在人心而已，此所以先生一生篤信聖賢，皇皇於修身履道，不暇之他，不欲著作，唯以講明義理，端正學術爲一生志業，而距詖辭、闢邪說、辨異端，汲汲於教養子弟，注重人才栽培，其根原皆爲此世道人心也，故先生之學，經世濟時、仁民愛物之學也，祖述孔孟、修己治人之學也，知所本末、識其輕重、急所當急之學也。

先生既本經世之志爲學，學則以聖賢爲師，故嘗與門人姚瑚云：

> 白沙學主靜者也，其詩有曰：廊廟山林俱有事。吾儒隱居求志，正爲時世不偶，故當退處巖谷，然守先待後，經綸素具，亦無一事可略也。若嬾散厭棄，惟求閒靜，設有行義之日，豈能有所爲乎？隱居求志，行義達道，胡可一日忘之。(卷五十三)

於此可見先生對一切經綸天下之事，就身所經歷，聞見所及，小自立志、治學、人倫日用，以至民生利病、國家政治、時局盛衰，無不一一講求，洞悉原委，明察利弊，以成其粹然精醇，一以貫之之「理義學」〔註1〕也。故今欲究先生學術之全體，倘依《近思錄》十四門類或《大學》八條目分列，庶乎

〔註 1〕參第三章第二節三之（二）所引與顏孝嘉論學書。蓋先生以爲學問只是一事，不可分歧，無論治道、道德、經濟、經史百家之學，均歸統乎理義而已。此與國父孫先生提出「革命學」名稱之義同。

可盡其全，然此種分類囿於傳統名稱之限制，於現代學術研究或有未合時宜，且範圍亦有失之籠統，不能盡細目之詳者，故今仍循一般研究之習，舉其宏綱大目而述之，雖或不免滄海遺珠，要亦可得其大概，想見其全矣！

第一節　哲學思想

明末良知之學侈談心性本體，空疏浮泛，以聖人修己治人之理，資爲口耳談說，其弊至言行放蕩邪僻，廉恥盡喪，道衰俗薄，故當時有識之士，莫不思以實學、力行矯救之，而不欲徒爲空言。故先生嘗謂「南方之學，終是文勝其質，亦風氣使然，雖有賢者，亦不能免，先之以篤行，乃無流失之患。」（卷二十七）此實對當時「高之入蒼天，深之入重淵，却不知身在何處」之學者而言者。晚年於《備忘錄》中亦自道：「平生不敢高談性命，只就庸言之信，庸行之謹，有所不足，不敢不勉，有餘不敢盡處做功夫，已不能庶幾萬一，何況其他。要之，性命之理，豈外乎此。」（卷四十一）則就平生之體驗，示人以聖學精義，而救俗弊也。

據前章所述，先生治學初從姚江入門，亦瞭然于心學堂奧，旋進窺濂洛關閩之書，故早期於周張二程所言性命之理，皆潛心涵泳體驗，以躬行之得而發于言辭，雖見道未融，理尚疏略，唯以深懲良知之弊，故無流俗玄虛空泛之病也。既中年而後，篤信程朱窮理格物之說，參證於經史，所見彌著，思理益趨細密，體道日深，會通千古聖賢之旨，而能渾融無礙，故言語益見親切篤實，得以最平易近人之理，而彰顯聖道之精義也。且爲矯救俗失，乃本孔門下學上達之旨，以言性命天理，而於修養工夫一面指示尤爲詳審，故晚年自言平生不敢高談性命也。茲分述如后：

一、本體論

宋明理學，承儒家之正統，發明前聖奧旨，闡揚理氣心性之說，以明天人合一之故，拓展儒學之範疇，可謂自先秦而後，中國哲學之中興時代也。其理氣論發揮天地之本象，略近西歐哲學之宇宙論與形上學，而心性論則自宇宙下及人生之哲學思維也。蓋在探究天地人之本體現象之義，以貫串天人關係，而構成一圓融之系統也。宋儒開創其說，周張二程，別有偏重，至朱子乃集大成。先生承此系統而來，雖鑒時弊，特詳工夫與修養之方，然實於此「性之本原，道之體統」經歷一番切己著裏之體味，得天人之奧，故能先立乎其大，以為學問之根本也。

（一）論理氣

先生論理氣大抵信從朱子之說，由《備忘錄》所云：

> 天者，理而已矣！朱子註孟子斯二者天也，則云：理勢之當然。其註易知進退存亡而不失其正，則云：知其理勢如是而處之以道，言理兼言勢，當是得力於中庸來也。（卷三十九）

> 道不虛行，故須氣來配，氣之所前，苟不合道與義則餒矣！故須配乎道義，配者合而無間之謂。（卷四十二）

可知先生之意。然理氣之說，先儒論辨已詳，無需再多言，故先生所論俱配合其他項目而引申發揮為多，或以太極、陰陽見天地之道，或就體用、動靜以識其義，而尤重在與人生關係之上立言。如以理氣動靜合論云：

> 或問理氣動靜，答之曰：論其本，理是靜，氣是動，然氣之有動有靜，正以理之有動有靜也。則動靜亦未可分屬，氣動而理形，理無不正，氣則有正有不正，氣失其正，遂害乎理，故吉凶悔吝生焉，非禮勿視，非禮勿聽，非禮勿言，非禮勿動，則氣循乎理；氣循乎理，則誠矣！故君子之學，以慎動為先。（卷二十八）

又以太極、陰陽論天地之衍化云：

> 太極為陰陽，既有陰陽，太極即在陰陽之中矣！陰陽為五行，既有五行，則陰陽即在五行之中矣！五行為萬物，既有萬物，五行即在萬物之中矣！故曰：萬物一太極，物物一太極，又曰：理一而分殊。故聖人之於天道，庸言之信，庸行之謹盡之。（卷四十）

蓋太極即天道也，理也，自分陰陽，而後氣行，往來循環，化生萬物，故又曰：

> 天地與人只是一氣，其在天地屈伸往復，其在人身動止語默，時至而發，當可而止，其機不停，其勢莫禦，所謂浩然也。善養者，擇善而固執之已矣！所謂集義也。（同上）

由上可見先生之論理氣，俱本先儒所已有之基本觀念，進一步引申落至人生，從此處亦知先生不欲為高邈之說，以助長流俗之勢也。故除下推至人生界而言外，則僅舉前哲之說示人以正途，不復贅述其理，《備忘錄》云：

> 天人物我，外內體用，不得分為二事，《中庸》誠者自成也，至純亦

不已作一章讀，其義自見，此書最說得融貫詳明，熟讀深玩，一以貫之可也。（卷四十）

〈太極圖說〉、〈西銘〉皆示人以性與天道，從此實體於心，可以順性命之理。（同上）

天人一氣，天人一理，人爲私意間隔則不誠，不誠即自絕於天矣！是以君子不動而敬，不言而信，以求仁也。此理《周易》以後，子思孟子示人最詳。欲得其門而入者，舍〈太極圖〉、《通書》、〈西銘〉諸書，其誰從焉。（卷四十一）

費而隱，正程子所言體用一源，顯微無間也。說費而隱可，說隱而費亦可。言其上下察，特舉鳶魚之語以示之，見得天地之間，無非此理之昭著耳。其實何物不可明道。子在川上，即川亦是至察，大則君臣父子，小則事物細微無非是也。故曰糟粕煨燼，無非教也。聖人作易，仰觀天文，俯察地理、鳥獸之文與地之宜，觸處洞然，只是見得道理分明。（同上）

天地間只是一個太極而已，《中庸》言小大德，大者，萬物一太極也，小者物物一太極也。萬物一太極是理一，一物一太極是分殊。以人身而言，未發之中，萬物一太極也，已發之和，物物一太極也。先儒言理一無工夫，工夫全在分殊上，吾人日用致力，只要窮致物理，隨事精察而力行之，即不必言未發之中，而未發之中無乎不在，世儒好說本體，豈知本體不假修爲，人人具有，雖使說得精微廣大，何益於日用。（同上）

以上舉出先生論理氣最具代表性之數例，綜賅其義，可歸納如下：一、先生論宇宙之本體，不似朱子兼言理氣，喜用道或太極代表。二、論天道理氣則舉太極圖、通書、西銘，以告學者，不言朱子，此明本溯原之意也。以朱子之說，亦根據濂溪橫渠而來者也。三、必準乎經書，以證成宋儒之說，可見先生體道瑩徹，足以匯通古聖後賢之理，然此亦時代徵實風氣有以致之也。四、先生之學重在躬行體驗，故必落實在人生界立說，必自物理以上達天理，而爲溝通天人之故，乃推崇程子體用一源，顯微無間及張載西銘理一分殊之旨。在《願學記》《備忘錄》中，先生不但運用此二原則以釋天地與萬物之關係，更以之貫通先聖後儒之修養方法論。故在先生哲學思想體系中，體用一源與理一分殊，乃最重要之觀念。五、以理氣之論而言，錢穆《朱子學提綱》謂「朱子說理氣合一，故說性氣不離，朱子又主理氣分言，故說性氣不雜」（頁 47）先生亦嘗云：「太極不離乎陰陽，亦不雜乎陰陽。」（卷四十二）其理念正同。然若謂先生之思想淵源自朱子，則不如說先生乃由源至流，水到渠成，而合於朱子之說也。六、若下推至心性而言，錢氏《提綱》謂「理學家所重之理，尤在心性方面，心性之理，則貴反求而自得。朱子不然，認爲內外本末，須一以貫之，精粗具到，統體兼盡。此爲朱子在一般理學思想中之最獨特亦最偉大處。」（頁 128）則先生主張「天人物我，外內體用，不得分爲二事」，其意正同於朱子之說，而實即體用一源，理一分殊之道也。先生之論心性即本斯旨也。

（二）論心性

先生既循朱子理氣不離不雜之說，故論心性亦云：

> 離心而言性則淪於虛無，離性而言心則流於恣肆。（卷四十二）

蓋理氣非兩體對立，則心性自亦屬一體兩分。當合而言之，否則必有虛無恣肆之弊，故又盛稱朱子之功曰：

> 《大學》言心不言性，故序文言性。《中庸》言性不言心，故序文言心。朱子憂天下來世之心切矣！此意本之孟子，讀〈告子上篇〉，其義自見。（卷四十一）

此爲先生討論心性之基本原則。

1. 論　性

至於論性之源頭，先生仍本之朱子，直從宇宙界貫通人生界以立言，《問目》云：

> 鳶飛戾天，魚躍於淵，天地間物，無一不是古初以來至今亦只如此，而謂人性有異，妄也。（卷二十五）

此由程子所已言，而肯定人性直承自天也。又云：

> 天地之理，人得之，以爲人生而有之，故曰性。或疑天所賦，人所受如何？履祥應之曰：天地於人，猶父母於子，父母於子，未嘗使其相肖，然性情形體，終是肖其所生。辟如桃杏結子一樹，個個是得桃之性，得杏之性。自古及今，也只是此桃此杏，故《孝經》曰：天地之性，人爲貴，父母生之，續莫大焉。未知是否（卷二十五）

此是先生早年問業山陰者，劉宗周評曰：

勘得親切，極是。

伊川性即理也一語，朱子極稱之，然伊川此語主要在發揮孟子性善義，只就人生界立論，而先生則承朱子之言性理，直從宇宙界道來，以明天人萬物一理之義。故《備忘錄》又云：

> 吾身之理有未明，於天地萬物觀之，天地萬物之理有未明，於吾身觀之，蓋天命之性，吾於天地萬物一而已矣！（卷三十九）

亦是就此義而發揮其說也。至於性所以即理，先生云：

> 仁義禮智，性也，盡性者，盡其仁義禮智而已矣！率其仁義禮智之性則爲道，修其仁義禮智之道則爲教，以正君臣，以篤父子，以和夫婦，敘長幼，交朋友，三千三百，無非是也。推其極至於位天地而育萬物，求其實即庸德之行，庸言之謹盡之，不是懸空可說得一箇性，而須冥參超悟以爲教也。古今言性者，以孟子爲極，其言曰：形色，天性也。朱子本是而爲注曰：天以陰陽五行化生萬物，氣以成形而理亦賦焉，理者，仁義禮智而已。先儒謂器亦道，道亦器即此意。愚只守此訓，此外雖有奧義玄解，概弗敢聞。（卷四〈答沈德孚〉）

此本朱子之注而言天理稟賦在人性者，仁義禮智而已，故聖人盡其性則可與天地合其德也。

人秉天賦之理爲性，其本體原無不善，然理因氣而成形，故自人身而言，已兼雜氣質，不善乃因此而起，此程朱之定論也。先生亦云：

> 人之性無不善，一雜於氣，更雜於習，則有善有不善，是以須擇執，擇之不精，執之不固，蓋有自以爲善，而不知已爲習氣所用者矣！（卷二十五）

人性雖雜氣習而有不善，然宋儒以爲人有虛靈之覺，秉彝之良，故可不爲形氣所拘，若能由心上修治，即可使己性反歸天理之純善。於此，先生提出擇善固執之功夫，謂必擇之精而執之固，則能復性之本善，否則不免心自以爲善，卻已爲習氣所用也。《備忘錄》又云：

> 古之言性者紛紛，至孟子而始定，後儒言性者又紛紛，至程子而始定，程子孟子其揆一也。或疑程子兼言氣，孟子只言其理，是殆未嘗舉孟子言性處思之也。若形色天性及口之於味，仁之於父子處，何嘗遺却氣來。（卷三十九）

一則稱美程子，一則辨後儒誤解孟子言性不兼言氣之失，此與朱子之說相同

（參《語類》卷六十一），知先生論性實稟程朱一脈而來，故晚年有友人駁伊川氣質之性者，先生斥曰：

> 好議論先儒而申己說，世之為良知之學者，無不中此病。此人身在習中轉移而不自知，更說甚性，且去將信而好古一語，仔細思之。（友人有以文字相質，蓋駁先儒氣質之性之說，因書其後，下條同。）
>
> 孟子說個形色，是發前聖之未發，程子說箇氣質，是又補孟子之未發，此友未之或思耳。（同卷四十二）

先生既主氣質之性說，故又論曰：

> 《中庸》尊德性，是主仁義禮智之性而言，《孟子》動心忍性，是主氣質之性而言，存心養性是二者皆有之。要之，仁義禮智之性不能外氣質之性而求之。孟子曰：親親，仁也。敬長，義也。形色，天性也。學者從此看得分明，乃能不惑於二氏。（卷四十一）

人既有生，雜於習氣，而成乎性，已非天命之本然善性，必須經後天之修養，克治氣質而後善成，若欲直求本體，則是惑於二氏之說矣！故先生舉孟子之言，以為仁義禮智之性不能外氣質之性而求也。

2. 論　心

先生論心性理氣相互關係者極少，早期問業蕺山時嘗謂「心乃道之體」，此語為初窺理學門徑時所言，視其語意尚寬泛，或就人生界而說，心乃工夫之樞紐，故以此為言也。然而先生論心之特質，亦是本朱子之說為定論也。觀《備忘錄》云：

> 鬼神體物不遺，故人物之生皆具知覺之體，告子生之謂性之言，於此似亦見得，但不知一陰一陽之道，人得之即為率性之道，故止知食色之為性，而不知仁義為我之固有也。朱子註明德者，人之所得乎天而虛靈不昧，所以具眾理而應萬事，最詳最備。近世講學者，於虛靈不昧則稱之，於具眾理應萬事則非之，此正告子無善無不善之弊，入於異端而不覺也。（卷四十二）

由性而論心，正以朱子註明德言心之全體也。故又分別言之云：

> 聰明睿智是人之所得乎天虛靈不昧者也，仁義禮智我固有之，是具眾理，視聽言動周旋中禮是應萬事，靜而存是立大本，動而察是行達道，敢不敬乎？（同上）

此處偏重功夫立論，是以就朱子言心之本質功能，一一落實至人生面，明確指示修養功夫之途徑也。而在朱子思想系統中，性屬理，心屬氣，心若能運用理而爲一身之主，自可應萬事而不失中正之矩，否則，情動欲生，亦容易流失而不得其正。故先生云：

> 人之氣稟不齊，故心各從偏勝處發，發於此者既重，即不免蔽於彼，仁見仁，智見智，雖賢者有然，若不能虛心克己，或從而自信有加，則其蔽也遂深，而不可開矣！可不懼哉！（卷三十九）

以爲人受氣質之限制，即賢者之心亦不能無蔽也。故〈與沈上襄〉書又云：

> 夫吾人自氣拘物蔽以來，其與聖賢大中至正之心，相去固已遠矣！一旦欲以相去聖賢既遠之心，宰制事物，非失之過，即失之不及，不待言也，正使念念自信以爲盡合于天理，而不知已爲人欲之私也，是以古之爲教，莫先于窮理。（卷四）

可知人自有生以來，雖具虛靈不昧之神明，然受氣拘物蔽，已非權度事物無差之道心，唯有到得聖人地位，始能全盡體用而合乎中庸，凡人則當用窮理功夫以存養此心，不可自信其心以用事也。而聖人既先得天心之仁，修道率教，爲萬事法則，故先生爲學，主張必本聖人之心，學聖賢之言，行聖賢之行，而後乃能復其本心。《備忘錄》論聖人之心曰：

> 聖人之心，眞同天地，隨舉一事，敦化川流，無不周具，即如六十四卦象辭，凡夫天下古今大經大法與夫生人日用之常，食息寢興之細，靡不各有至當之理以示人，學者本此，引而伸之，觸類而長之，則法象之間，何往非學。（卷四十二）

故人能法聖人所示至當之理，得之于心，循循不已，自然可至聖人境地，而與天地合其德。至於聖人以天地之心爲心，其實質內容如何，先生云：

> 聖賢之心，天地之心也，仁之至，義之盡也。（卷四十）

然仁義禮智，乃天所賦予而爲人所同得者，故窮本極源而論，則「天地之心，吾心也，復則見之。」（卷二十六）聖人得而復之，凡人則得而放之，然雖極梏亡，其本未有不存者，此宋儒所以創爲天理人欲，道心人心之說者也。故此仁義之心，周流貫徹，宇宙萬物，聖凡莫不同也。《備忘錄》云：

> 人者，天地之心也，聖人與我同類，以義理心之所同也，以義理爲心，則己心、人心一而已，天地之心一而已。（卷四十一）

此可謂善繼朱子之說而發揮也。〔註2〕故先生稱美朱子曰：

〔註2〕參劉述先《朱子哲學思想的發展與完成》第五章之四，朱子哲學思想的樞紐

墨翟知愛所以爲仁而不知愛之理，故曰兼愛，告子知事之宜爲義而不知爲心之制，故曰義外。仁義二字，朱子註得無漏。（卷四十二）

人之本心無有不仁，但既有生，溺於習，拘於氣，則汩沒於物欲而失之，違反天理之善，流於人欲之私，故程子發爲天理人欲之說，後來理學家亦無不辨之。先生謂「循天理而行，極是坦途，一入人欲，便崎嶇艱阻矣！天理人欲二字最可體玩。理本天然，不假造作，故曰天理，一著人爲便是欲，此二字是程子發前聖所未有。」（卷四十一）則追溯始創言之伊川而贊其功，由此亦可知先生熟讀深玩先儒之書，於義理之脈絡源流極通透，故能融裁千古諸說也。至於二者之辨，先生以爲難於義利，《備忘錄》云：

理欲之辨，較難於義利。辨義利只有所爲無所爲之際，反己而察，可以立判。若夫理欲，愈辨愈細，所以有毫髮之喻。正如顏淵薄葬是天理，門人厚葬及顏路請車，可否疑似便難決。夫子無臣爲天理，子路使門人爲臣，可否疑似，非夫子明責，亦難別也。又若孟子既不見諸侯而不絕其交際，君子不素餐而後車數十乘，從者數百人，傳食諸侯，以及辭齊餽而受宋薛，見季任而不見儲子，退而有去志，卻又三宿而出晝，苟非孟子自明其故，如何可以妄測。（卷四十）

此就人事上辨，故難決可否，然若於己身，則天理人欲同出此心，同行而異情，於日用之間事事物物，此心動靜交界處求之可也。先生引儒先之說而推及貨財之用云：

人於貨財，豈能不用，但出納之際，當一揆之天理，不可稍動於欲，古人謂飲食屬厭而已，推之他事無不盡然。屬厭二字，最可體味，理欲在此分際。（同上）

飲食者，人之所需，若爲求解決饑渴，自屬天理，倘進求精美，逾越分內，則此中便夾私欲，故先生以「屬厭」二字爲判別。及晚年則以更平實之論示人云：

或問天理人欲，答之曰：凡是眾人前說得出，人聽去便悅服的，大約是天理之公，對人前忸怩說不出，人聽去不甚悅服的，大都是人

點：心，另參錢穆《朱子學提綱九》、朱子論宇宙之仁。又同引《語類》卷二十七：「萬物之心，便如天地之心，天下之心，便如聖人之心。天地之生萬物，一箇物裏面便有一箇天地之心。聖人於天下，一箇人裏面便有一箇聖人之心。」（頁 689）與先生所言意相類。

欲之私。（卷四十二《補遺》）

故由己而論，理欲之辨實不難，只反之不慊於心即是也。

此外，「人心道心」亦為宋明理學主要論題之一。其源出自偽古文尚書大禹謨：「人心惟危，道心惟微，惟精惟一，允執厥中」之語，經朱子倡導之後，遂特受重視。下及明代，言心學者莫不本此十六字為傳心之訣，先生晚年〈答徐重威〉書嘗云：

> 世人論學多說做聖人，僕只說士希賢，賢希聖，世人多說六經注我，我注六經，僕只勸人讀書，世人多說精一執中，僕只說遜志時敏，允懷于茲，下士晚聞道，聊以拙自修，如是而已。（卷十四）

可知當時學者多喜以此為言。故先生〈與沈石長〉書論曰：

> 尚書精微數言，與論語之言克復，孟子之言求其放心，先後一揆，更無異指，然吾人自有生以來，習聞習見，固已入焉而莫覺其非，所思所行，益復放焉而弗知其反，更安所得夫道心之正而求之哉！則孟子所言平旦之好惡，與乍見之怵惕惻隱，與嘑蹴之羞惡是也。（卷四）

即因學術之弊，淪肌浹髓，學者不能得其本心之正，離道日遠，故先生通貫經書而明示求得道心之準則在乎仁義之天理也。然欲如朱子所言「道心常為一身之主，而人心每聽命焉」，則須致知誠意而後，始能克治形氣之私而常以道心為主也。先生於《備忘錄》申其意曰：

> 人心惟危，道心惟微，如何便得心正，要得道心常為一身之主而人心聽命，須是致知誠意而後可以庶幾。世之好言心學者，先遺卻格物一項功夫，則其心之所以為心，正孟子所謂蔽陷離窮而已。生於其心，害於其事，身之不修，不亦宜乎！（卷四十二）

然而人心道心，只在一心之中有此區別耳，非有兩心也。故曰：

> 心得其中則道心，其過不及即人心，其實非有兩心也。出此入彼，不亦危乎！所以異於禽獸者幾希，不亦微乎！（卷四十二《錄遺》）

此正說人心道心只一體兩分，其別在得中道與否而已，仍只是一心也。

由前述知先生以義理俱已經先儒詳論，故唯體驗善擇於心，或因日用事物偶抒其意，餘則深疾俗弊，不得不立言砭治，明示正道也。故先生論說本體則因其所需，承先儒之說，神明變化而已，不自成一系統，而平生精要之論均在完成此本體之工夫論上也。

二、工夫論

理學家論理氣心性，除指陳本體之外，更重要者在於功夫，即所謂修養之方法也。蓋人稟天地之理而生，落入人生界，已爲形下之器，欲上達天理，復本性之原來面貌，則必有一套方法，始能達成目的。故理學家探究最精邃之處，實在此套修養工夫上，其可貴處亦在此也。對二者之關係，錢穆云：

> 工夫必與本體相關，有此本體，始得有此工夫，亦因有此工夫，始得完成此本體。此亦是一而二，二而一者。大體言之，理學諸儒於本體上爭論尚較少，在工夫上，在修養方法上，則分歧較多。（《朱子學提綱》頁 99）

其說可謂精明簡要。至於修養方法之分歧，一般而言，理學發展至明代，主要爲程朱陸王兩大系，於本體功夫較有全面之探討，此二派大抵對理屬本體，心屬用工夫樞紐之前提並無疑義，唯於如何用心上工夫以達天人合一，心理合一之處始大有別也。先生三十九歲以後篤信朱子格物之說，以居敬窮理爲宗旨，在此之前，亦潛心涵泳於宋儒之緒論及聖賢經書，因而不僅深得濂洛關閩諸家奧義，尤能融通眾說之精神，而歸本乎先聖先王旨意，乃德年彌高而見理彌精，踐履愈篤實而議論愈平易也。故先生於修養工夫上，可謂綜程朱一系之大成也。茲分述於后。

（一）論　敬

錢穆《朱子學提綱》述朱子論敬，總結其說云：

> 朱子言敬，承自二程，但尤有契於伊川敬義夾持，涵養致知，居敬窮理兩途並進之説。……關於心性本源方面，尤其自唐代禪宗盛行，關於人生領導，幾全入其手。儒家造詣，似乎更見落後，北宋理學在此方面更深注意。二程提出敬字，舉爲心地功夫之總頭腦，總歸聚處，而朱子承襲之。……尤其言心性本源，亦不能捨却外面事物，故朱子力申敬不是塊然兀坐，不是全不省事，須求本末內外之交盡，則致知窮理工夫，自所當重。不能單靠一邊，只恃一敬字，此是朱子言敬最要宗旨所在。（頁 104～105）

先生直承斯旨以言敬者，故六十歲〈答丁子式〉書云：

> 所示爲學之方，以敬爲聖學始終之要，兼內外本末，一天人體用，貫動靜，徹顯微之指，先生已得正學之傳，祥則何贅焉。（卷四）

六十一歲答門人姚璉問爲學之要則云：

程子之教，存心致知，朱子之教，居敬窮理，居敬所以存心也，窮理所以致知也，言雖不同，其旨一也。然存心致知異說或可假借，惟居敬窮理，則異說無容竄入矣！吾人由程朱而遡孔孟，如由宗子而繼高曾，若不於居敬窮理加功，是欲入室而不由其户也。（卷五十四）

由此，可知先生論敬，必求本末內外交盡，而戒於俗弊，尤尊信朱子居敬窮理之說，以其明確不易，異說無容竄入也。

然在先生問業蕺山以前，早有會於程門居敬主一之旨，卷二十六《願學記》一（二十九至三十二歲所記）已先發其意曰：

程門四字教，學者舍此，更無學法，蓋下學上達，此爲一路學問，但憂志不篤，功不密。

至三十四歲與蕺山問答主一之指，則謂：

「誠則一」、「以敬得誠」。

問業歸，與同門朱靜因書則謂：

讀先正之書，所三復不忘於日用功夫，最爲切要者，其一曰但得心存斯是敬，莫於存外更加功，其一曰獨立孔門無一事，只留主敬是功夫。（節先生書中之語，卷二）

於《願學記》二（三十四歲記）中則云：

「實其心之謂誠，不敢不實其心之謂敬，無在而不實其心之謂一」、「主敬則无妄」。

可知先生有會於主敬之義，亦非純自朱子之說而來也。且因早年先有得濂溪主靜之理，故又匯通二家之精神，每以誠、敬共言，然此是就功夫層面而言，與是否上達本體，直證本心兩不相涉，亦與蕺山誠意說之指本體發用無關也，近人有以此爲說，駁先生論心者，〔註3〕特此記之。先生既先體味程子居敬主

〔註 3〕參近人陸寶千著《清代思想史》，第三章云：「楊園又主誠敬相共：『日用之間，一念不敢忽易，即是敬。一念認眞，即是誠。誠敬者、進德之基也。但能事事物物皆然，則至於純熟不難矣。然須求得義理之正，所以讀書窮理爲要。否則自以爲敬，未必不至於愼而無禮，自以爲誠，未必不至於果敢而窒。』蓋楊園早年受學蕺山，蕺山言誠意，楊園實受其影響也。蕺山之誠意，指本體之發用而言，今楊園以誠敬二字相連並用，則敬字工夫乃以誠意爲本也；又不同於朱子無根之敬矣。唯楊園於本體之明覺一面，未能體悟，故有自以爲敬，自以爲誠之說，導致讀書窮理等說耳。由於楊園之言心推之，其所主之敬，決非無根之敬也。」（頁 146）。

一之說，深入有得，故（四十四歲）全集卷八〈答姚林友〉二書中，其一即專論主一之旨，另一則論周子主靜之說，而其精神則互相通貫也。迻錄其要如下，以見先生之說如何：

> 辱問程子主一之說，誠不足以知此。或者不二之爲一，不遷之爲主。若一心之中，天理與人欲互勝而互負，則必至於一身之間，動靜不相得，言行不相符，始終不相應，常變不相準，昭昭冥冥不相合，此皆不一之大端也。孔子曰：道二，仁與不仁而已矣！孟子曰：何必曰利，亦有仁義而已矣！學者於此入門功夫，辨得界限分明，從而兢兢自持，必使日用之間，存心應物，要皆出於天理，而無一毫人欲之私得而間之，方爲得其所生，而食息寢興恆於斯，顛沛流離恆於斯，獨寐寤歌恆於斯，朝廷軍旅恆於斯，然後無所往而不一矣！一則誠矣！乃其愼獨之功，則即此辨之不敢不早，與夫持之不敢不兢兢者此也。

> 心一也，出入無時，莫知其鄉，心之體也。先儒所謂主靜非收，視返聽斷，絕思慮之謂也。先立乎其大者，而其小者不能奪，則雖酬酢萬變而主宰不亂，所謂一也。故周子謂主靜，而必先云定之以中正仁義。夫中正仁義，非由外鑠也。此心之良，自無不中正仁義者，但此心不能自主，則外物之感，便有客勝主人之患。所以涉於紛華，紛華足以悅之；入於習俗，習俗足以溺之，然此心之良，終無滅息之理，雖甚牿亡，未嘗不隨感而見，所謂惻隱、羞惡、辭讓、是非之端，在在可以識取。……夫恆久功夫，非有他也，不過隨在體認此心而已，使此心之所存主與所應用，一於理而不雜以欲，正所謂靜固靜也。……此周子所以有動而無動，靜而無靜之言，而復斷之曰：無欲故靜也。無欲則一於理，一於理則山林市朝一也，獨居羣處一也……。

由前兩段論述中，可見先生謂誠敬相通乃在存心應物出於天理一點上，而理一者，孔孟仁義之道也。此與先生所言心性兼論、人心道心、天理人欲諸說，正可相互補證，而先生言義理必歸本聖人之道之精神，亦同時可見。先生之推崇程子居敬工夫，另由晚年《備忘錄》所記「程門居敬是徹上徹下功夫」（卷四十二《補遺》），可以得知。故晚年雖加入朱子「居敬窮理」而論工夫之要，以爲最無流弊，然對於程子敬須隨事檢點，敬義夾輔；涵養須用敬，進學在致知等說法，則與朱子同樣贊許。而吸納爲論學之準則也。《全集》中所論極多，若云：「敬義夾持則見善必遷，有過必改，無有師保，如臨父母，純熟後則不習無不利也。」（卷三十九）則以其功用言之也。又追本窮源論其由來云：

敬義夾持，人知爲程子之言而不知其出於文言：敬以直內，義以方外。敬以直內，義以方外，人知爲出於孔子而不知敬勝怠勝，義勝欲勝，太公望陳丹書已諄諄矣！故曰：若太公望見而知之，由太公至程子，其揆一也。（卷四十二）

又云：

儒者功夫只居敬窮理爲無弊。窮理所以致其知，知之至而後行之利，敬則統乎知與行者也。始終只敬字爲主，故曰居，猶諺所謂作家當也。（同上）

由前所述，可見先生爲學之方，實承自程朱一派，以敬爲聖學始終之要，而尤重在內外本末、天人體用、動靜顯微全然貫徹交盡也。故在此基礎之上，先生論敬又多偏重於其功用，於修養踐履有失與不及處，指點學者需用持敬工夫。《備忘錄》云：

三風十愆俱以敢有二字發語，可知根本只一肆字，故程子曰：敬勝百邪。（卷四十）

輕當矯之以重，急當矯之以緩，固爲克己之方，然不可矯枉過正，過正則其失均矣！須是求當於理，欲求當於理，須是主於敬。（卷四十一）

敬之一字，閑邪以是，存誠以是。（同上）

人若不愼將來，雖悔既往，終是無益。學者於修慝改過之先，所以須主於敬。（同上）

習最難變，氣最難平，用力克治，只克不去，只緣持敬功夫不密。（同上）

凡此皆可見先生功夫無處不用其敬也。然先生論敬最爲精審，亦最可代表先生意旨者，在〈與何商隱〉論學一書中。茲錄其文，庶幾可得一通盤之瞭解也。

卷五有答何商隱一長函，其中一段云：

三代而下，在濂溪則曰主靜立人極，在關中則曰知禮成性，在程門則曰敬義夾持，曰存心致知，曰理一而分殊，在朱子則曰居敬窮理，要而論之，豈有異指哉。居敬所以存心也，窮理所以致知也，惟居敬故能直其內，惟窮理故能方其外，惟內之直故能立天下之大本，惟外之方故能行天下之達道。然居敬窮理又非截然有兩種功夫也。博學、審問、愼思、明辨，是爲窮理，其不敢苟且以從事，或勤始而怠終，及參以二三，即爲居敬。故又曰，學者用功，當在分殊上，其曰知禮成性，即約之以禮之謂，親親之殺，尊賢之等，皆天理也，故曰禮所生也，三百三千，皆所從出也，所謂分殊也。其曰主靜立極者，定之以中正仁義而已也，仁義而不軌於中正，則仁之或流於兼愛，義之或流於爲我，而人極不立矣。禮以敬爲本，敬則自無非僻之干，人欲退而天理還矣，欲退理還，則終日言，言其所當言，終日行，行其所無事而靜矣！故又曰無欲故靜。然則茂叔子厚雖不言主敬，而敬在其中矣！由是而上質之鄒魯，豈不同條而共貫哉！（卷五〈與何商隱〉第一書、庚子五十歲書）

先生此函中所論，乃自內在精神以綜貫孔聖以來論學功夫，本敬一字，將千古聖賢主張打成一片，可謂集其大成也。亦知居敬窮理工夫於先生學術思想中實佔極重要之地位，故不憚詳盡以言也。至文中所提知禮成性，博文約禮之說，待後再敘。

（二）論中和

理學家做內聖之心地修養體證工夫中，由中庸喜怒哀樂已發未發而牽涉之心體動靜問題及涵養省察工夫，素爲關注所在，朱子當年理會於此，亦極費一番工夫，幾經轉折，始尋得定論，而上接伊川之思想，確立「靜養動察，敬貫動靜」之規模。至明清之交，受良知學影響，「學者多言未發之中及寂然不動，及洗心退藏等功夫」（卷十二〈答張佩蔥〉），先生〈與沈德孚〉書中嘗斥云：「姚江以異端害正道，正有朱紫苗莠之別，其弊至於蕩滅禮教，今日之禍蓋其烈也。或云靜中不見天地萬物，渾然與天地萬物同體，此之謂未發之中，此之謂退藏於密，此境莫只推與禪家。竊謂此際正要辨別毫釐千里。君子敬以直內，未發之中，畢竟與禪家之空寂有別，若只是冥然空寂，如何能發而中節。」（卷四）是年先生四十八歲，於此一問題已有明確認知，故深責其時講學者流入禪家一路。

先生早期自《近思錄》進窺濂洛關閩諸書，有所得輒記，今存於《問目》

及《願學記》中，其論及中和動靜存省者，亦有數條，錄之如下：

> 靜時無功夫，動時全不得力；動時無功夫，靜時遂無主張。存養爲靜時功夫，省察爲動時功夫。（卷二十五《問目》）
>
> 喜怒哀樂之未發，寂然不動，吾心與天地同體也。發而皆中節，感而遂通，吾心與天地同用也。體備則用自全。（同上）
>
> 天地之道，中而已。（卷二十六《願學記》）
>
> 若論氣機所乘除，一動了自然一靜，此時一念不起，可言未發，而仍未可謂之中，唯夫存省之功熟，欲盡而理存，此心湛然，純而一，明而通，然後可言未發之中也。子思之言於戒懼慎獨而後，旨哉！（卷二十八，同上）

以上除卷二十八一條爲三十八歲所記，餘均三十二歲前之體驗，雖是未成系統之論，然大原則已能把握無失。最後一條自陰陽動靜而論人心，必須經一番修養工夫而後，始能無過不及而裁乎中道，此蓋深信朱子格物說之影響所致也。然以尚未達精微之境，故後來有得蕺山語錄，見其說而悅之，乃旋證以朱子與湖南諸公一書而悔之事。〔註 4〕此爲先生四十五歲〈與沈上襄〉函中所自言者，可知先生於此之前，於未發已發之理尚未能融徹也。及晚年（五十八歲）〈答張佩蔥〉書中嘗告之曰：「竊見近日學者多言未發之中……及考其平日言語行事之際，其當理者甚鮮，是以恪守敬軒先生：存心不失爲中，行事不差爲和二語，以爲準的。」（卷十二）則此當爲先生對中和說之定論也。然由前所引〈答姚林友〉二書中，已可見居敬以涵養省察，應事則依乎天理之意，與敬軒語則若合符節矣！大抵先生每因懲流俗之失，故不欲高談心性，乃以平實之原則教人也。

其實，先生於晚年之《備忘錄》中（五十歲後所記）亦多言及此問題，而所論則尤重在存省之工夫。蓋未發之前，寂然之心與渾然之性無可窮索，自只有施涵養之功，唯於平時無事養深而理熟，則事物之來，應之乃能中節也。先生云：

> 逝者如斯，不舍晝夜，人心時時未發，時時已發，此固然矣！但學者只當用存養省察之功，不必先求所謂未發之體而見之，如此用功，未有不入於禪者，便使做成得一種靜功，發時仍不中節，可知平日

〔註 4〕參前第三章第二節二問業蕺山時期之思想。

> 所認爲中者，未嘗中也，豈非錯了工夫。孔子自言只是好古敏求，其教人只使博文約禮，豈欺我哉！（卷四十一）

此亦爲針砭時人之失而發者，故又本孔子之教而言「功夫只有存養省察四字，敏求是存養中事，克治是省察中事。」（卷四十二）至於平日檢點最切要者，則告學者曰：「接物耳目最先，亦最速，故視聽之際，尤須用操存省察之力。」（卷四十一）凡此，皆是先生本下學上達之旨，故著重於基本之功夫而言，不欲多說心性本源問題也。然若偶論及此，則以聖人之境界比喻之，或與經書之言相參證，其意仍欲學者切實篤行所知之理也。《備忘錄》云：

> 平旦之氣即《中庸》喜怒哀樂未發之中也。持其志，無暴其氣即《中庸》戒慎恐懼慎獨之功也。持其志則敬以直內矣！無暴其氣則義以方外矣！聖賢所言本體功夫，先後未有不一揆也。（卷四十一）

> 未發之中，是溥博淵泉體段，已發之和是動而世爲天下道，行而世爲天下法，言而世爲天下則功用，用思此是聖人分上事，是學者分上事。○文王不顯亦臨，無射亦保，方得謂之中。樂而不淫，哀而不傷，方得謂之和。大舜惟精惟一，亦是未敢便以爲未發之中，孔子從心所欲不踰矩，方是發而皆中節。（同上）

> 聖人之一理渾然，未發之中也，忠也；泛應曲當，已發之和也，恕也。（卷四十二）

致中和、位天地、育萬物，聖人始能達到之境界也，故學者起足不可便求未發之體，自以爲得中，須由日用之間，實致存養省察之功，方是本分內事也。然兩者之間，先生雖主不可偏廢，〔註 5〕其次序則以致知、存養爲先。《備忘錄》云：

> 剛與慾正相反，故孟施舍之守氣，不如曾子之守約也。○人若無此配道義之氣，則臨事便惴惴而不前矣！平時無精義之功，遇事能不扞格？故學以致知存養爲先。（卷四十）

於此加「致知」二字在前，乃接上朱子窮理致知之說而來者，蓋欲存養必需先知理義之是非，否則將不知涵養之標的爲何，故先生以兩者並爲學之先務，而以致知居前也。

〔註 5〕參卷五十四《訓門人語》，姚璉記曰：「嚴先生云：喜怒哀樂即是已發，故學者之要，只在謹獨，若要體驗未發氣象，便易墮入禪去。先生曰：此亦矯枉過正之論，存養省察不可偏廢，先儒言之詳矣！」。

（三）論下學上達

先生以居敬窮理之旨，貫通孔孟以來至宋儒之為學修養功夫，而先生所遵循踐履者，則歸結於下學而上達之精神，以聖人之道「庸言之信，庸行之謹」一語，足以盡之，而於日用之事，凡身之所接，無不審察，無不探究，必不空言誠敬也。蓋論居敬，言主靜，言中和涵養省察，皆須多費言辭，皆仍偏內心，易流於徒守一現成道理，落入空虛，使人無從捉摸，故先生精研義理，通透貫徹之後，篤信朱子格物精義，上達孔子下學之旨，乃特別提出此一主張，以更加平實之說，指點學者簡明而當下可行之修養方法。陳榮捷〈性理精義與十七世紀之程朱學派〉一文中曰：

> 朱子對新儒學其公認最大貢獻之一，即在其方法論。朱子《語類》首列太極、理、氣、性諸卷，使人印象以為凡此乃朱子之主要者。此一印象，在程朱學派之繼續發展中，著重理性，更為加強，因而博得性理學之名。實則在朱子，尚有甚于形而上學者，朱子從不忘孔子「下學（日用尋常）而上達（如天、性、命）」之教。……自朱子卒後凡五百年，其次第方法，於《性理精義》一書中，已首次正式採認。然吾人亦不能歸功於康熙過多。康熙或李光地亦非有突然之發現。下達先於上達之說，擬議已久，如陸世儀、張履祥、陸隴其，俱早謂窮理非關窮玄研幾，而為切事近思。（《中華文化復興月刊》，第十一卷，第十二期）

錢穆《朱子學提綱》亦云：

> 朱子論心學工夫最要著意所在，則為致知。懸舉知識之追尋一項，奉為心學主要功夫，此在宋元明三代理學諸家中，實惟朱子一人為然。欲求致知，則在格物。就理學家一般意見言，心屬內，為本。物屬外，為末。理學家所重之理，尤在心性方面。心性之理，則貴反求而自得。朱子不然，認為內外本末，須一以貫之，精粗具到，統體兼盡，此為朱子在一般理學思想中之最獨特亦最偉大處。（頁 128）

由近人所論述者，可見自孔子、朱子至先生其揆一也。而於朱子內外本末一以貫之，精粗具到，統體兼盡之精神，先生則全而體之，闡發其義而開啓來學也。《備忘錄》云：

> 世儒功夫只說求心，至於威儀容貌，言語行事，槩以為外，而不知檢點，此禪學院阱，人皆習而不察也。有諸內必形諸外，威儀容貌，

> 德之符；言者，心之聲；行者，心之迹。何往而非心者，外此而求心，空虛寂滅而已矣！一部論語都從謹言愼行、動作威儀處教人，故曰博文約禮，曰無行不與，顏子問爲仁之目，亦就視聽言動示之。聖人豈不欲人做向裏工夫者乎？何弗思之甚也。世方惑此，不鄙爲粗淺，則以爲假竊，可歎已夫。(卷四十)

此則言論爲世儒之失而發者也。凡先生端正學術之際，每隨處辨明流俗之非，此與朱子時時闢禪學之背景、意旨正相同。世儒以形迹爲外，爲末，以心性爲內，爲本，此內外本末判然爲二者也，故先生以孔子之道斥其非，以爲應一以貫之。而心性本體功夫，則自德行做起，始是聖人教示之正法也。故先生云：

> 不從存心做工夫，則養性工夫何從措手，然若不知養性，則亦何以全盡此心之天理而無所失哉！凡孟子說功夫，如持其志、無暴其氣，存其心、養其性處，必是交養互發。非禮勿視聽言動，存心以是，養性亦以是，踐形所以盡性至命也。(卷三十九)

一方面自心性修養，言其不可偏廢，一方面則恐蹈空虛之病，故又指出實做工夫之處以教人，而主踐形所以盡性至命也。《備忘錄》中又發揮此旨曰：

> 善人能不踐迹，吾人資稟不及善人，卻須從踐迹上做功夫。夫子明言多識前言往行以蓄其德，多聞，擇其善者而從之，多見而識之。世儒言行，不軌法於古人，如何不生心害事，作事害政。(卷四十)

由此可知先生之意，乃欲人本孔孟仁義之道，修其德行，自下學功夫做起也，故曰：「吾人學問舍居仁由義四字，更無所謂學問」(卷五〈與何商隱〉)，「除却庸言、庸行，更無性命之理」(卷三十九) 也。此蓋先生三十九歲以後深體會朱子格物之說，故學問日造精微而言理日趨篤實，最後於理氣心性不復多言，唯教人涵泳儒先之說，擇善而從。於義理則以仁義爲極則，於功夫則以下學爲門徑也。今觀集中正式提出此一主張而年歲可考者，在四十四歲答沈尹同論《大學》《中庸》之旨一書中，文云：

> 吾人今日讀古人之書，被儒者之服……然則舍卻下學爲己，更無學問之可言者矣！更無功夫之可事者矣！至於上達天德，則徐以俟之而已，非可意計懸度也。先難後獲焉可也。董子曰：正其誼不謀其利，明其道不計其功，學者始初一念，若從功利起見，早已走入小人門徑矣！(卷七)

至晚年《備忘錄》中，尤多以此義勗勉學者，列舉數則於下，可知先生於修養工夫尋得一眞正解決之道後，至死始終並無改變也。

> 弟子之行曰：謹而信，聖人之學曰：庸言之信，庸行之謹。下學以是，上達以是。初無高奇，初無玄妙，求爲高奇玄妙者，自賊也。（卷四十）
>
> 古人論德必以行言，《尚書》言行有九德，《論語》言德行，先後一揆。（卷四十一）
>
> 學者用力主於窮理則不敢自信其心，而心益虛、理益明，上達循天理也。（同上）
>
> 盡性至命必本於孝弟，窮神知化由通於禮樂。學者好言盡性至命而不修愛敬之實，好言窮神知化而不思進反之義，遺下學而希上達，所謂窮深極微，而不可以入堯舜之道者也。（同上）
>
> 要做下學功夫，須從不怨天、不尤人始，未有懷怨尤之心，而能爲爲己之學者。（同上）
>
> 從心所欲不踰矩，讀師冕見及見齊衰者，見冕者與瞽者兩節及〈鄉黨〉一篇可見。吾人下學功夫，當從〈曲禮〉〈少儀〉〈內則〉等書用力。（卷四十二）

由上可見先生不僅提出主張，並詳細指點下學功夫之內容，使人「舉目可見，舉足可行，當下便做得」也。而先生既重下學功夫，故又推崇張載知禮成性之教，白鹿洞書院學規修身之要，因另舉《論語》博文約禮，克己復禮，以爲用功之圭臬。總結於下述之。

（四）論克己復禮

先生承孔孟之道，本下學之旨，故於思想系統中極重禮。蓋禮之觀念，於中國固有傳統文化中，影響最爲深遠，其內涵與功用範圍極爲廣泛，小自個人生活行爲規範、社會羣眾秩序，大至國家組織制度，莫非禮也。切己之修身治人，擴及聖人經綸天地，治國平天下，亦莫非禮也。故先生嘗云：

> 君臣父子，人綱人紀，禮自順此生，刑自反此作。孔子不得興禮樂於衰周，天也。孟子亦見得此意分明，故曰：夫天未欲平治天下也。禮樂不興則刑罰不中，至於戰國、秦漢以後，純任兵刑，而生民塗炭極矣！（卷四十二）

且禮樂所以別夷夏也，風俗美惡之所繫也，又不僅國家治亂之關鍵而已。明末禮制輕而風俗敗，人心渙散，尋至國亡，淪於夷狄之手而士子猶競趨利祿富貴之一途，置君國大義於不顧，廉恥名節盡喪無遺。故先生之重禮，不僅是學術之繼往聖，亦是基於民族大義以救世者也。

先生論禮曰：

> 禮者，天理之節文，若人之言語行爲合於天理，自然有節有文，若無節無文則直情徑行，便已不是天理矣！禮儀三百，威儀三千，自有之節文，不待安排也。（卷四十二）

> 禮之根本從仁而生，禮之節文以義而起。《中庸》曰：仁者、人也，親親爲大；義者、宜也，尊賢爲大。親親之殺，尊賢之等，禮所生也。知禮所以成性，故禮不可以不學也。關中之教，以此爲先，蓋以是與。（同上）

此言禮之定義，並其根源也。蓋禮不外日用人倫之常，故有規矩準繩，人人可得而遵循也。以其根生於仁義，故循禮而行，可以成性，上達天理也。錢穆謂「理學家總不免過分重視了理，而輕視了禮。惟朱子時時加以分辨，謂禮即天理之節文，有規矩準繩，使人實可遵循。」（《提綱》頁 122）先生本朱子之解釋而發揮其義，乃推崇橫渠之教也。故云：

> 關中之教以知禮成性爲先，學者從事於此，極有依據，所謂上之可至聖人，下亦得以寡過也。以聖人爲之準則，過與不及，皆得就裁焉，猶陳繩墨而曲直自見，設規矩而方圓自成也。雖曰天則者，心之所同然，然必聖人先得此心之所同然。若離繩墨而欲自呈曲直，舍規矩而欲自爲方圓，竊恐巧拙均病，不足以開物而成務也。（卷二十八）

又進以爲與濂洛之重修德，其義亦同，《備忘錄》云：

> 學道在修德，德盛則性成而動皆中禮，禮儀三百，威儀三千，無之非道也。濂雒之教，修德爲重，關中之教，知禮爲先，其歸一也。（卷四十）

由上可見先生善於本理一分殊之旨，從內在之精神以會通各家修養功夫，最後則裁以聖人之道理，而賅貫道器也。

先生論禮之功用則曰：

> 修己治人，莫大於禮樂。愛敬者，禮樂之本也。（卷二十五）

> 非禮勿視聽言動，純熟後即上達天德，故曰：禮者不可不學也。○仕

止久速因乎時，動容周旋中乎禮，可以見聖人之於天道也。（卷四十）

聖賢敦厚以崇禮，吾人才學禮便見身心敦厚。（同上）

凡人相接之際，有節有文，此自然之理，故云：君臣父子長幼之義，皆形見於節文之中，蓋禮之用不可忽也。（卷四十二《補遺》）

人本天地之氣以生，天先乎地，此愛之本也。地承乎天，此敬之本也。樂由陽來生乎愛，禮由陰作生乎敬，故愛敬盡於事親，而德教加於百姓，刑於四海，所以爲至德要道，斯須不可去身也。（卷四十二）

可見自個人修身成德以至聖人，不能外乎禮；處世接物，以至齊家平天下，亦不能離乎禮也。先生言之周詳矣！

禮之重要如是，故先生云：「吾人平日爲學大指，專守孔門博文約禮之訓以終身而已。讀書窮理，博文之事也；切實踐履，約禮之事也。」（卷四十二）又云：「道之顯者爲之文，聖人之道，不外禮儀三百，威儀三千而已。是故夫子教顏子亦只教其博文約禮，其問爲仁之目，亦教以非禮勿視聽言動。」（卷四〈答沈德孚〉）故所謂博文約禮，克己復禮者，下學之事，上達天德之要道也，亦即居敬窮理之功也。〈與吳裒仲〉書曰：

學者苟能於日用事物，莫不求合乎天理，則物欲渣滓又安從而生乎？此正所謂敬義夾持也。此顏子請問克己復禮之目，而孔子告之以非禮勿視聽言動。仲弓問爲仁之功，而孔子告之以出門如見大賓，使民如承大祭，己所不欲，勿施於人也。夫此獨非居敬窮理之功乎？未有物欲渣滓之未去，而可以爲仁者也，然則夫子何不以第一義告之也。夫固有不待言說而可喻者矣！（卷十）

於此可見先生言功夫，無不統攝於朱子「居敬窮理」之旨也。然博文約禮非有二事，故先生云：「博文約禮不是先博了後去約，隨學隨約，所學方有用力處，方有得力處。」（卷三十九）而欲達仁德之全體，尚須由約之以禮，而至復禮之境地始得，其工夫則在克己也。至於克己復禮仍非兩事，克己便是復禮，而步步皆合規矩準繩也。亦即聖人動容周旋中禮，從心不踰矩之神化境界也。故先生進而闡釋其關係云：

自顏子大賢，夫子教之，猶然博文約禮，則餘可知已！夫所謂約之以禮者，亦曰身心盡歸準繩，有所約束云爾，猶曰非禮勿視聽言動也。而今之人輒乃以少訓約，而肆其空玄誕漫之說，以爲文之外似別有所謂禮者。夫天高地下，萬物散殊，禮儀三百，威儀三千，少也云乎哉！入則存，出則弟，欲爲君盡君道，欲爲臣盡臣道，誕也云乎哉！是以學問至于復禮而物蔽之已盡，氣拘之己亦盡矣！世儒重言克己，輕言復禮，究其本末皆禪也。夫克己復禮，固非二事，然求端用力之際，莫切于禮，茍其無禮則亦何所取準，求得其所爲己者而克之哉！竊以爲夫子之答請問其目，意或如此。(卷四)

由上所述，知先生於修養功夫中，極重克己復禮也。然二者實不能分，世儒僅言克己，不以禮爲歸本之處，則雖克去己私，心卻空蕩蕩而無有著落，同於釋氏之學也。故先生以爲求端用力之際莫切于禮，乃又云：「有從事於克己而不能復禮者，未有禮復而己不克者，故關中之學以知禮爲先，知禮則成性矣！」(卷四十二《補遺》) 始終贊美橫渠也。故先生之學，雖云：「祖述孔孟，憲章程朱」(卷二十八)，實則於濂洛關閩四家得力處，無不剖析精微，悟解親切，包納融貫，以爲己用，以成己學，此即先生爲學秉辨惑擇善之功所致也。

(五) 論格物致知

先生之篤信朱子格物說，前章已述及，固不待言。茲引先生與友論格物二書，以見所承。〈答吳裒仲〉書云：

大抵吾人既有此身，即事事物物不能相離，非如釋氏之蠲棄事物而可以獨全所謂心性者。是以《大學》之教，先於致知、格物，而朱子釋之曰：物猶事也。其註之詳明，則見於《孟子》萬物皆備之下，有云：大則君臣父子，小則事物細微。蓋凡日用事物，皆非吾之分外，但當隨其所至而求其理以應之，使處之各得其宜，是即所謂道也。故《中庸》曰：不可須臾離，而論語亦云：造次顛沛必於是也。蓋聖人之道，初無表裏精粗之別，而吾人之學，不應有內外動靜之殊。但恐吾之所養不深，義理不熟，則不免於應之或失其當，而不能無回惑，遷就於中，則氣質之拘、物欲之弊皆有以受之也。(卷二十四《書補遺》)

則本朱子之註釋，以言格物之範圍及進言爲學之道也。卷七〈答沈尹同〉一書又云：

大抵《大學》《中庸》二書，所以開示後學至詳且切矣！《大學》之要在於致知、誠意，《中庸》之要在於明善誠身，而其求端用力之處，一則曰格物，一則曰擇善而固執之。要之，非有二也。擇善即格物之謂，知至則明乎善矣！意誠則誠乎身矣！知至意誠而德明矣！明善誠身而性盡矣！始於擇善，終於止至善，而所以齊家治國平天下與夫位天地育萬物者，舉不越乎此矣！然則吾人日用功夫，止有庸德之行，庸言之謹，內省不疚，無惡於志而已，此誠意之事也，其致知格物之事，則博學、審問、愼思、明辨者是也。自後儒分尊德性道問學爲二事，而格致之説，紛若聚訟，以愚測之，亦於朱子之言或未之詳考耳。其語格物者曰：或考之事爲之著，或察之念慮之微，或求之文字之中，或索之講論之際。噫，盡之矣！今之論者，舉其一而遺其一，以相非詆，相附和，率以己意之所嚮者，主之奴之，而不能虛心平志以求夫理之至當。宜其輾轉沿習，而學術遂爲天下裂也。

本札首舉《大學》《中庸》二書要旨，相互疏通，以言格物之功，在求德明性盡，而後可以成外王事業，與乎聖人經綸參贊之域。至以格物、擇善相等同，此爲先生之特識，而一生亦自言本乎擇善之功爲學也，故先生雖指出格物精義，以矯「後儒」之非，然或以格物之說，紛若聚訟，故卻以擇善二字代之也。至言學問思辨四者爲致知格物之事，則本朱子〈白鹿洞書院學規〉「四者所以窮理」而來，窮理即所以致知，致知則在格物也。朱子之格物理想乃心物內外交融，而達致心理合一之境界，故先生舉其語格物之功夫，以爲即盡內外本末之道矣！因而斥論者舉一遺一也。先生於此可謂得朱子本意矣！

此外，卷六尚有〈答屠子高〉一書，專論格物之義，大抵與此二篇旨意相同。唯另提出「有是物即有是物當然之理，惟聖人爲能先知先覺而於人倫庶物莫不各副其當然之則」之義，此亦先生爲學之特色，必以聖人爲權衡也。另根據與吳裒仲一書所云「處之各得其宜」，義已逾朱子格物補傳，純就認知立言之範圍，而涉及外在行爲，此或先生受程子「在物爲理、處物爲義」之語所影響。卷五〈與何商隱〉書嘗云：「事物者，身心之準則也。苟事至物來，而處之不當其分，正身心之病也，安可視之爲兩途乎？自世儒以在物爲理，處物爲義之言爲不然，而體用內外，始判而二之矣！」而《備忘錄》中亦極稱此二語，先生云：

聖人教人，一則曰窮理，一則曰精義。蓋有物斯有理，其處之得宜則義也。故曰有物有則，又曰義之與比，豈是離卻事物，懸空想像一副道理，世儒好非在物爲理，處物爲義之理，多見其惑於邪說而

不知自反也。(卷四十)

蓋當時良知學盛行，世儒空言格物致知，全在心上用功夫，故先生言格物除本朱子之義外，必進而發揮其說落於行事上也。

三、結　語

綜所述，先生之於義理可知矣！要之，先生於本體論，乃在宋儒思想基礎上，擇其善而發揮體驗之心得，大抵承自程朱系統而來，然於各家獨創之說，亦皆窮源溯本，舉其人而稱之，兼有所取也。於工夫論，則可謂集宋儒之大成也。至於先生所論必鎔裁於聖人之道，權衡於聖人之言，此乃受當時徵實風氣影響，亦先生深研經書所致也。而愈至晚年，理精義熟，言語則愈趨平實親切，使人見而易守易循，則可知先生日益精進之功，一生篤實踐履，努力不怠也。然則先生深抱經世之志，痛懲有明姚江末流狂放空虛，致使國祚斷絕，夷狄入主，故講明義理，修身立行，實欲端正學術之頹風，挽救世道人心之胥溺也。因此先生本諸義理而發爲政治、經濟、教育之議論，亦莫不歸本於聖賢仁義之道，切實可行，倘得明王復起，信可持以施治天下也。

第二節　政治思想

先生修內聖外王之學，抱經濟天下之志，遭時不偶，隱居求志，然於事事物物均極用心講求也。告門人之語云：

> 白沙學主靜者也。其詩有曰：廊廟山林俱有事。吾儒隱居求志，正爲時世不偶，故當退處巖谷，然守先待後，經綸素具，亦無一事可略也。若嬾散厭棄，惟求閒靜，設有行義之日，豈能有所爲乎？(卷五十三與姚瑚語)

極可見先生雖隱退巖谷，心志則無一日不在天下國家也。而明室既亡，悲輿圖之易色，痛族類之陷溺，乃準經驗史，考歷代政治之得失，明昭代制度之是非，則古稱先，發爲議論，以規切時弊，俱深切著明也。至於歎禮樂之傾圮，疾風谷之窳敗，則一一辨其惑、決其疑，以針砭學者門人，尤爲急狂瀾之砥柱也。先生固嘗言之矣！

> 聖賢之道修諸身，見諸行事，得志則人人親其親，長其長而天下平，不得志則入孝出弟，守先待後，平而無奇，實而爲僞。學之者，篤

信以求之，誠一以守之而已。（卷四十）

吾人無志於學則已，既有志於學，當求其如何可以內聖，如何可以外王。唯日孳孳斃而后已，弗入學究一路。（同上）

由是可知先生之學，乃修聖賢之道於身，而以安百姓、平天下爲己任者也。故詳考政理得失，洞悉其利弊，研求安邦定國之策，此皆爲經綸素具之一，亦是外王功夫之基礎，而爲先生學術思想之一體也。綜理精義，分綱列目，謹述如后。

一、政治之根本觀念

（一）為政以德

吾國儒家傳統之政治主張，均是以道德爲本之德治主義，故論人君之欲創業垂統，發政施仁，以爲必先正其身，修備天德，而後可以協和萬邦，化成天下。先生云：「以德服人，不如以德化人之易也。風之及物也，不崇朝而徧四海，置郵傳命，豈足言哉！是以君子長民，憂德之不立，不憂民之不順。」（卷二十六）即申明此義也。而儒者既本道德以論政，故重在人不在法，所謂「有善人而後有善政」也，倘倚法以行則如孔子曰：「導之以政，齊之以刑，民免而無恥」矣！然國君一人之力有限，不足以治天下，故必有百官輔弼以助教化，因此人才之坫養與獲得，又爲道德政治最首要之事也。先生論云：「萬民並生於天地間，猶萬物並生於天地之間也。舜有天下，舉皐陶，不仁者遠；湯有天下，舉伊尹，不仁者遠，便是參贊化育實際。觀易泰之象曰：后以裁成天地之道，輔相天地之宜，以左右民，其義可見。」（卷二十七）

先生之政治思想，既本儒家傳統，推崇人治，故云：

一君德、二人才、三庶政。（卷三十九）

爲天下得人，亦不外分人以財，教人以善而已，何以異於惠與忠，但一人之及物有限，得賢以分治無窮，故得后稷，天下之爲烈，非一手一足之力也。然則以天下爲一家，以中國爲一人，惟孳孳樂善，求賢若不及而已。（卷四十）

家國之患莫大於無人才，國俗奄鄙則禍亂未已，子姓齷齪則家道喪敗，隆替興衰之機，於此卜之。（同上）

俱以君德、人才爲治平之根本，然徒善不足以爲政，法制亦爲國家不可或缺者也，故先生舉歷史之實例，以明二者之關係云：

> 觀於漢文帝，知徒善不足以爲政；觀於王莽，知徒法不能以自行。法雖敝，有善人行之，亦可以爲德，人苟不善，法雖良，亦足以爲害，是以有國家者，法可百年不變，不可一日無人。（卷三十九）

知先生以人治爲本，而以法制爲輔也，故人主施政，必出之仁德，否則徒倚法而治，法雖最善，亦將爲害也。因此先生以爲：

> 爲民上者，奉法二字，亦足以殘民，〈周書〉曰：無倚法以削。以君陳之賢王，猶以爲戒，然則法也者，固當義以裁之，亦當仁以行之歟！（卷二十五）

此所以刑賞舉措立於朝，而必直道以行也。反之，若本末倒置，則「其細已甚，未有不速亡者，國與家一而已」（卷二十五）故先生一則曰：「或問先皇帝何以遂至於亡，曰：草野之人不能詳知親見，傳聞亦罕得實，然國家禍變到此，君德豈無有所虧欠者乎？」（卷四十二）另則云：

> 三代而上，禮至成周而大備，三代而下，法至本朝而大備。以其所備者法，方太平之時，可以把持無事，所謂臥赤子於衽席之上，可以蒙業而安。一旦有變，匹夫橫行，外敵侵暴，法不足以制之，則天下方伯亦祇可束手坐視，莫之誰何矣！後■前掣，所謂枯木朽株盡爲害也。（同上、《錄遺》）

知先生極痛國家禍變，乃深斥明之重法不重道，一旦變作，君德有虧，法雖大備，亦不能保有其國也。

（二）選賢任能

先生既崇德治，知人才乃國家隆替興衰之關鍵，故對人才之培養及選用，特爲重視而深究之。嘗云：「國家平日講求，以人才爲第一；人家平日講求，以師友爲第一。」（卷三十九）可見先生以人才爲治道之本，故列爲國家首要大事也。而對人才之作興，《備忘錄》云：

> 古者天子之太子，固與諸侯、卿大夫、元士之適子，皆入學而造於大司成，至其眾子，亦莫不統於庶子之官，有其戒令與其教治之法，所以成其德而達其材也。方其入學則自太子以下皆以齒，國有大事，則惟太子所使，未有一人無所事事而徒享其祿養者，是以貴胄之子，不驕不淫，人才出而治道興也。後世此義不明，所以不能保其邦家者，往往而是。（卷四十一）

則舉三代之制，以明教必自貴冑之子始也，此亦先生言治國必以君德爲首之意。蓋上無明君，下雖有賢良之臣，則欲平治天下亦難矣！況昏主往往至於近佞臣乎！故培養人才首需明此義也。而有家有國者欲人才美盛，在先建學興作之，故教養之位不可不得其人，《問目》云：

> 教養之位，不可不得其人，不然人主德意，無自而實被之民，士大夫亦無自而多賢才也。（卷二十五）

> 守令得人則民安，教職得人則俗美。民安則盜竊亂賊不作，俗美則公卿大夫多賢，用人者可不思乎？（同上）

故慎選師儒，舉用賢材，又爲執政者之要務。先生舉歷史之實例論其利害云：「勾踐用范蠡不盡而越已霸，項羽有范增不用而楚遂亡。二范之遇不同，而國之存亡遂異。」（卷二十八）因此國君用人必善任賢能，乃能振興國運也。茲就先生論用人之道，分述如下：

1. 知　人

欲得人才，必要先有知人之明，故先生云：「自天子以至於庶人，不可以不知人。」（卷二十六）又云：

> 論人不可不嚴，取人不可不恕。如夫子於臧武仲、孟公綽、冉求諸人，平日謂其要君，不可爲滕薛大夫，甚至欲爲鳴鼓之攻。至論成人，則曰知、曰不欲、曰藝，未嘗不各有所取也。想見夫子當局用人無不如此。蓋惟論之嚴，故人得其實，取之恕，故用盡其才，聖明之主，陶鑄一代人物，只此機軸而已。（卷三十九）

能知人而後可得其情實，若各取所長，則能盡用其才也。至於先生所以主張取人不可不恕者，主要在於「人才本於道德，固是第一等，然朝廷用人，只是才智之士爲多，故曰舉賢才。才智之士使能盡用之於正，即是人才。自古帝王之興，用以致太平者，多是生於亂世之人，正如春夏之木，繁枝邃實蔚茂，離披即是冬間枯木朽株也。」（卷四十二）可知先生此論實針對亂世之意爲多，不僅爲盛平君主而言也。故又云：

> 繼治之治，用人之智去其詐，用人之勇去其怒，用人之仁去其貪。繼亂之治，用人之詐作其智，用人之怒作其勇，用人之貪作其仁。（卷四十二）

即本知人、論人爲基礎，而言用人之道也。先生以爲若能「知此，則無不可用之人，聖人曲成萬物而不遺，只無往不用此意」（卷四十）耳。故欲取用人才者，不可不先知人也。

2. 親賢並用

厚本支，尊賢德，文武之治所以永其國祚也，故《備忘錄》云：

> 親者、天之所屬，猶本根之有枝葉也；賢者、己之所立，猶宮室之有牆户也。周親賢並用，所以維持天下至於八百年之久，雖匹士之家，苟有創業垂統之慮者，自當取以爲法矣！（卷四十一）

先生推崇周制之美，故以爲不僅天子，即下至庶人，凡有國有家者，俱當以親親尊賢爲本也。明代制度反此而行，傳至後世，遂積弊以亡其國，先生嘗論云：

> 國家之制，大抵欲襲秦故，不厚本支，不崇賢德，是以傳之後世，内臣竊威福於中，進士成黨與於外，然内臣之勢不能及於四方，進士之勢徒事虛夸而無實，天子孤立，海内散弱，■■盜賊得而乘之，亦其勢也。（卷四十二）

故先生之主張親賢並用，實亦鑑於明制之失而起也。

3. 不可用小人

小人之壞人家國，必然之結果也，稽古準今，莫非如此。孔孟所以辨義利、君子小人，戒後世之意殷切矣！諸葛亮出師表亦以「親賢臣、遠小人」勗後主。故小人之不可與人家國，此誠千古以來，有識之政治家奉爲圭臬，以論政格君之先務也。先生見明政之敗壞於小人、爭黨，有切身之痛，故於此尤言之鑿鑿，深論其害，以爲炯戒。《備忘錄》云：

> 用小人豈無小利，然不勝其害之大也，用君子若無速效，然不覺其益之長也。是以有國有家者，必愼擇乎此也。（卷四十）

又云：

> 天下之治，衆君子輔之有不足，一小人壞之而有餘。人主之德，衆君子成之而不足，一小人敗之而有餘，可不戒哉！雖士庶人一身一家之計，亦莫不然，故親賢遠佞爲最急也。（卷三十九）

由此可知小人危害之大，故先生以爲聖人治天下，所先者三：曰急民事也，曰施政教也，曰進君子、退小人也。有國有家者當以此爲法，不僅勿用小人，且絕不可予其可乘之機。《備忘錄》引《易》、師上爻云：

> 《易》師上爻：開國承家，小人勿用。註云：小人則雖有功，不可使之得有爵土，但優以金帛可也。竊疑此特就後世酬功而言。若推

本而論，小人直不可使之得以有功耳。蓋無論安危治亂，小人終無可用之日，非云用師之日，小人能立功便可用，至師之終，論功行賞之日，然後不可用也。若既有功，安得不酬以爵土，觀淮陰侯事可見。（同前）

蓋先生鑑亡國之禍，深知其害，故必嚴辨拒斥，而言之激切若此也。

4. 任官取士

任官取士，朝廷以此得天下之人才，蔚爲國用，輔君化民者也。人才是否能盡用，實幹眞才能否盡得，皆繫乎此法之臧否，而國家隨之以興衰，故其重要，不待詳辨可知也。先生疾明代科舉之弊，敗壞天下人才，故主張當守漢唐舊法爲宜。《訓門人語》中告張佩蔥云：

古法有當守者，有當更者。當守者，如取士之用鄉舉里選，而不可用舉業授官，天子止擇大官，而大官各舉僚屬，不可盡歸銓政於吏部等是也。當更者，如楊炎兩稅法……。（卷五十二）

《備忘錄》亦云：

人處宗族鄉黨如在鏡中行，妍媸好醜，無不盡見，故曰相士以居也。古之取士，鄉舉里選，終是大段不謬。（卷四十）

此言鄉舉里選之法，所以可行而善，在其歷經公論而定也。若辟屬之法，先生云：

疾病閒居，竊悲近代人才俱爲科目二字所壞。自今以往，無論中興崛起，混一割據，總宜以罷科目爲先務。科目不罷，人才必不可得。漢唐長官自辟僚佐之法不可不行，長官不使自辟僚佐，人才亦不得盡用。（卷四十二）

此先生晚年所言者，觀其意猶對國家中興，寄予無限企盼，可見凡先生一生之言行所存，莫不在於此也。

至於取士，先生又甚讚美漢代以孝弟力田爲科目之法，《備忘錄遺》中云：

三代而後，賓興之典既廢，朝廷不得不設科以取士，取士之法，莫善於漢，莫不善於唐。蓋天下之人惟利祿一路，可以鼓舞得人。以力田爲科，則可使海內無閒田；以孝弟爲科，可以使亂臣賊子不作。人才出，風俗美，海內富實，士愨兵強，視以辭賦奔走天下之人何啻千里。（卷四十二）

可知先生論取士任官，大抵以賢德爲主，對於唐代用辭賦取士，以其既失古法，復開元明八股之機先，乃謂「莫不善於唐」也。

（三）因時立制

由前所舉諸例中，吾人可見先生論政大抵懲時代之弊，但舉其宏綱要制，本於先聖先王之良法，歷朝各代之美政，以針砭其失，不及細目也。一則先生不欲妄爲著述，故僅因聞見所及，事事不輕放過，乃就所學究其得失也，且固嘗自言：「治天下者，宏綱大政不可不舉，其餘疏節濶目儘無害，文具徒繁，何益於治」（卷三十九），故瑣細之節目未之及也。再則先生以爲「古今異宜，時勢不可強」也，雖當世之政流弊已多，然古法亦未必皆合適于今時，故需本「聖人通變宜民之意」以更訂弊政，不可執一概以強也。嘗云：

> 夫子論爲邦，斟酌四代而損益之，學者遭時遇主，斟酌於漢唐宋明之制，擇其善者而從之，庶乎小康矣！（卷三十九）

此論制度變更修正之原則也。可知先生非一意泥古、復古之人，故凡有所議論，發於學術、政治、經濟、教育等，無不因其時勢，通其流變，斟酌至善，以爲世法也。

（四）施政次第

君主建國臨民，日理萬機，必有本末緩急之序，使政順俗美，民心歸向，以保其邦家。先生於此極爲重視，嘗云：「爲政自有施爲次第，治天下與治一邑同也。」（卷二十五）又云：「治易治之地，施政而民信之，難治者信而後施政。」（卷二十六）故《備忘錄》中論及其先後之次云：

> 《書》言天工人代，故位曰天位、職曰天職、祿曰天祿、臣曰帝臣。賢才之生，天意所屬，故曰簡在帝心。尊君人上，而使君子在野、小人在位，甚者、與羣小比一時，君子則摧折禁制之，使不得達，其逆天理至矣！天命安得不亟去之。所以自古應天之實，修省爲先，進賢退不肖次之，問民疾苦，修政易令又次之。（卷四十一）

此先生自帝德論起者。蓋君主上承天命，代理萬民，故先修其身，以爲政教之本，即孔子所謂「政者，正也；其身正，不令而行」之旨也。其次在選賢與能，孟子所謂「五百年必有王者興，其間必有名世者」也。故需得名世之臣，而後可以養教百姓，綏撫生民。及風俗美、教化行，人人識禮義、知廉恥，而後可制訂政令，施行賞罰也。三代以下爲政者，大都只做得「導政齊刑」之治，故先生評云：「自齊桓、晉文以來，皆殺無道以就有道者也，皆不教而殺者也，有甚有不甚耳。」（卷二十六）而對當代則曰：「今之爲政者，皆不教而殺民者也。」（同上）可知先生嚮往堯舜三代施政之有次第也。因此論及亂世之治，則云：

> 亂世政衰俗薄，人之生質偏駁者眾，所習又不善，故惡人多。自非明王賢相興起於上，選賢與能，講信修睦，使人有恆產、有恆心，人倫明而賞罰當，勝殘去殺未易期也。（卷四十）

雖非專言施政之次，而文字先後所述，莫非此意也。另又舉《論語》四子侍坐之文云：

> 四子侍坐，固是各言其志，然於治道亦煞有次第，在禍亂戡定而後可施政教。初時師旅飢饉，子路之使，有勇知方，所以戡定禍亂也。亂之既定，則宜阜俗，冉有之足民，所以阜俗也，俗之既阜，則宜繼以教化，子華之宗廟會同，所以化民成俗也。化行俗美，民生和樂，熙熙然遊於唐虞三代之世矣！曾皙之春風沂水，有其象矣！夫子志乎三代之英，能不喟然興歎！（卷四十二）

以上乃先生溯先聖先王之法制，論施政之次第如此。

（五）君臣之道

「尊臨卑，賢治不肖，天地之常經，古今之通義」（卷四十二），故天生萬民作之君、作之師，以代天工，參贊化育，治平天下。爲君者既受天命，執天下之權，不能以一人獨治，必得股肱之臣輔佐而濟其成功，故孟子云有王者興必有名世之臣起也。舜舉皐陶、湯用伊尹、成王之有周公，誠所謂聖王作興於上，賢臣匡輔於下，天地萬物各得其所也。故其君臣相與之道，遂爲萬世之典範。先生推崇道德政治，故於君臣之道特別深切責求，舉凡共守之通義，亦或各別之德行，莫不詳而究之也。綜述如下：

1. 論君臣之共道

先生論君臣共守之義者極多，一曰修身爲本，《備忘錄》云：

> 自天子至於庶人，壹是皆以修身爲本。自童稚以至耄期，壹是皆以修身爲本。見善則遷，有過則改，自新之實也。成人之美，不成人之惡，新民之實也。（卷四十一）

此遵大學之教以立言者也，蓋欲治人必先修己，不獨天子爲然，下至公卿大夫士庶，皆如此也，故先生首舉其義以示人。

二曰守本分，《備忘錄》云：

守本分三字，淺言之，鄉里愊人優爲之，若推其極，雖聖人不過是也。蓋天生蒸民，莫不具性分之所固有，自天子至庶人，莫不有職分之所當爲，能盡其分，守而勿失，聖人何以加。（卷四十二）

夫人之生各有其業，各有職分所當爲，故爲君者當盡君道，爲臣者當盡臣道，爲庶民者則盡庶民之道，則天下平治矣！故各盡職責，亦君臣共守之道，非獨臣下爲然也。

三曰謙以下賢，先生曰：

君相不能下賢，雖有賢聖如何得行其道，然君尤重於相，若天道不下濟，人豈能代天之工。（卷四十二）

君上不驕，高而不危，滿而不溢，自天子以至庶人，欲長守富貴，未有不然者也。（同上）

謙以下人，所以得賢才而分治，親民而施教化也。《左傳》宣公十二年楚莊王伐鄭，鄭伯肉袒牽羊以逆，楚王曰：「其君能下人，必能信用其民矣！」遂舍之。故宰相能下賢，則人才可盡用，君主能下賢，則名世之臣可盡得，進而能教化其民，信用其民矣！

四曰勤儉，《備忘錄》云：

勤儉之義，今人多忽此，不知堯舜所以爲聖，亦不外此。舜不待言，堯耄期倦於勤，天位便須禪了，大禹克勤於邦，克儉於家，即承堯舜之曆數，啓承禹之道，想亦如此。至太康逸豫滅德即喪亡矣！及周之衰，唐風之美，俗號勤儉，故曰陶唐氏之遺。人在天地間，自天子至於士庶，何人可以無此二字，讀〈無逸〉一篇，此義尤明。（卷四十二）

此先生舉古代聖王之克勤克儉，以通言凡人皆當俱備勤儉之德，不可驕縱淫逸，否則將喪國亡家也。

五曰不可不學《書》，《願學記》云：

爲人君者不可以不學《書》，爲人臣者不可以不學《書》。爲人君而不學《書》，則無以得修己治人之方。爲人臣而不學《書》，則無以爲祗身事上之則。（卷二十六）

《書經》載堯舜三代盛世之美政，故先生主張君臣皆當學《書》，以效法其則也。另外細論德目者，如「自天子以至於庶人，不可以不知人」（同上），「自天子以至庶人，寬信敏公四字俱少不得。」（卷四十二）等皆深切著明，爲人君人臣所當守而勿失者也。

外此，先生又論君臣相處之義云：

伐木之詩，燕朋友也。二章言速諸父，三章言速諸舅，觀此可見古人求友，不外宗族親戚之老成長者，殊不如今人好取疎賤少年也。或曰：天子謂同姓曰伯父叔父，謂異姓曰伯舅叔舅，此又見君臣朋友之義，殊不如後世疎遠濶絕，猜嫌疑忌也。（卷四十）

此自《詩經》之義，以評後世君臣不能相得也。蓋《書經》嘗曰：「元首明哉，股肱良哉，庶事康哉！」足以明臣視君如元首，君視臣如股肱，和樂融融而後庶政咸理。反之，罔不爲土芥、寇讎也。

2. 論君主之道

除前述外，先生論人主之道，又強調「至誠、虛己」之德，《備忘錄》云：

人主固以聰明爲尚，然其德以至誠爲本，虛己爲先。乾六爻皆有首出庶物之義，故曰爲父爲君，又曰乾以君之。文言二爻言君德，則曰謹，曰信，曰閑邪存誠、善世不伐，三爻則曰忠信進德、立誠居業。而不一言及於聰明，知至知終，則以學問爲事，亦不言生質也。《尚書》四岳薦丹朱，而堯曰否德忝帝位，其否德之實，則曰嚚訟，嚚則不能忠信，訟則不能虛己，欲如禹之聞善則拜，湯之從諫勿咈，改過不吝，必不可得矣！四岳言其啓明，必是明敏過人的人，然忠信不足而明敏過人，爲害正大。紂之智足飾非、言足拒諫，豈不明敏過人，然卒至於喪亡，則可鑑矣！（卷四十二）

先生引《易、書》之言，丹朱、紂之事，論其理詳矣！蓋能誠則擴然大公，信服於眾，虛己以聽，則善言日進。先生云：「朝廷言路開，豈無不善之言雜然而進，然而忠言得至於耳。凡夫政事之闕失，四方之變故，天下之賢才，官方之臧否，皆得聞知，所以治安而國家可保也。」（同上）可見人君當具此二德，始足保其國也。

其次，人主執政需「寬以養百姓，嚴以懲奸暴，公以求賢，實以幹事。」此則先生就國家要務，分別告人君以循守之德目者也。先生釋其義云：

寬以養百姓，則心固而力足；嚴以懲奸暴，則正良寧而亂竊寢；公以求賢則得人，實以幹事則政舉。心固則本立，力足則勢張，正良寧則內變不生，亂竊寢則外寇不入，得人則天下歸，政舉則遠人服。

（卷二十七）

可見人主能按此原則治國，即足以克盡厥職，政清國盛，外寇不能入也。此爲先生三十四歲明亡之年所言者，蓋因明政之失而發也。此外，如《願學記》云：「人主好財則必貧索，下則益詐變，政則愈亂，不如務其本。務本則不加賦而足，不督集而忠，不易事而理。何謂本，曰修身以取人。」（卷二十七）《備忘錄》云：「國家不重大臣，則朝權盡歸於女子小人，必至之勢也。」（卷四十一）俱發揮前已言之各德目，蓋亦特對明末之國君而發也。

至於先生論御下之道，則曰「包荒與精察」，《備忘錄》云：

> 御下之道，包荒與精察二者，須並行而不悖。不包荒則使人無容足，所謂水清無魚是也。不精察則羣相蒙蔽，所謂大不見邱山，近不見眉睫是也。（卷四十）

此謂君主於臣下須有容德，又當有知人知言之明也。與《願學記》所云：「豁達大度，寬仁愛人，好謀能聽，知人善任，此英主之規模，亦吾儒之美德。」（卷二十六）其意正同也。

夫君者，所以統率羣臣，掌一國之樞機也，雖貴爲天下之至尊，然以一身繫乎天下之治亂，其任最重，故先生責求亦嚴，凡所論必秉先聖先王之德立爲準則，以作爲人君之終極典範也。觀《備忘錄》中所云：「聖人於天下之理，非必一一而知之，於天下之事，非必一一而能之，但其德至虛至明，虛則能受，明則能別，是以天下之知皆其知，天下之能皆其能，而無所遺也。觀孔子、孟子及《尙書》中稱舜處可見。」（卷四十）可以知先生致君爲堯舜之意也。

3. 論臣下之道

先生論臣道，一曰敬：

> 《大學》言爲人臣止於敬，而不言止於忠，蓋敬該得忠，忠該不得敬，《孟子》言事君，只重恭敬而不言忠，容悅之臣，亦自有小忠，但不敬莫大乎是耳，千古唯有敬字爲臣道之極。（卷二十八）

敬爲人臣事君當守之義，先生以其可以該得忠，乃千古臣道之極，故人臣致君澤民，當以堯舜其君爲心，以道事君，方足盡敬之義。先生云：

> 古之爲人臣者，道之所在，必欲致君以之，而不肯苟同於君，若道有不合，小則以去就爭之，大則以死生爭之，是以人主有所嚴憚，而遠方四夷聞之，亦有所畏服。孔子所謂以道事君，不可則止。孟

> 子所謂法家拂士，社稷之臣也。今之爲臣者，阿意順從，養交避罪，其間即不無愛君之心，不過婦寺之忠而已，孰有明於大義者，宜乎天下有事，披靡失措，無異空國，誠如昔人發蒙振落之語，可歎也。（卷二十七）

明末臣節敗壞，流寇入京，思宗自縊，苟免之臣所在而有，亦有反顏從賊者。先生感歎其事，以爲當時之臣俱阿意順從，養交避罪，而無實志以求通才，致國事靡敝，故舉孔子所言以道事君爲人臣之根本要義，否則容悅之臣，婦寺之忠而已，皆不足以言敬也。

次曰明春秋之義，《願學記》云：

> 道二，仁與不仁而已矣！爲人臣者，不爲忠即爲亂，爲人子者，不爲孝即爲賊，是以許止不嘗藥，謂之弒父，趙盾不討賊，謂之弒君，不以其與操刃者異而有恕辭也。故曰爲人臣子而不明春秋之義者，罕不與於亂賊之黨。（卷二十六）

此亦先生鑑於明末之弊，特設辭而言者也。《備忘錄》中嘗云：「隆萬以來，朝野只成奄然媚世之習，是非不敢別白，善惡不欲分明。」（卷四十二）可見當時禮義廢壞，廉恥道絕，故顧炎武倡行己有恥，以士大夫之無恥爲國恥，即爲矯此習氣也。先生亦嘗云：「古人行己有恥，能有所不爲，故不必重名節，而大德多不踰閑，今日廉恥道喪，無所不爲，不得不重名節，重名節君子猶將犯義，學者不從名節立腳，終爲小人之歸。」（卷三十九）特重名節以勵學者，實亦原此而來也。故學者能砥礪名節，知廉恥，一變可以至道，爲人臣則能守春秋大義，不致爲亂臣賊子也。

三曰輔濟君德，先生云：

> 大都君臣朋友，取其相濟，主德剛則臣以柔濟之，主德柔則臣以剛濟之，朋友亦然，先皇帝以剛德獨運於上，爲之臣者，非容悅苟祿，則戇直強項，所以罔濟，若當時有陸宣公、李鄴侯其人，忠誠篤摯，委曲輔導，未必其不言聽計從也。（卷四十二《錄遺》）

人臣事君，若欲盡輔佐之責，亦必講求其道，若徒恃忠直以諫，恐未達目的，已遭其禍，故先生嘗謂「告君之要有五曰：誠而愛、侃而恭、中而亮、約而盡、審而確。不然，雖忠懷嘉謀，猶將無益於君父也。」（卷二十六）由此可知，先生論臣下之道，雖頗多因應時代之弊漏而發者，然亦皆爲人臣所當具有之德，非僅適用於亂世而已也。

二、論明代制度之弊

有明開國，太祖始初建立之各種政治制度，其法未必不善，此在《備忘錄》中，由先生幾度盛稱高皇帝之政，略可見之。徒以時日寖久，繼位子孫荒怠政務，或昏懦無能，朝臣守令夤緣爲姦，故法令與日俱敗，而人才亦隨之日壞，循環相因，弊端愈衍愈盛，遂至不可收拾。先生責當時居官執政之人云：「朝廷即有敝政，有司尚宜委曲以利民，況可壅尼德意，且因緣以爲奸乎？」（卷二十六）可見明末苛捐繁斂之餘，職有所司者亦乘法令罅隙，荼毒生民之實況也。

先生既痛政壞亡國，故嘗綜論明代政治制度之弊云：

> 富者田連阡陌，貧者無立錐，以至游民日眾，陵暴橫行，雖有堯舜，無以使老有所終，壯有所養，幼有所長，有王者起，田制必當變。
>
> 學校不以孝弟忠信造士，而相率爲浮文，以壞亂其心術，學校必當變。
>
> 取士不以實行，而專以藝文，不足以得賢才，科舉必當變。
>
> 自一命以下，至於雜流，俱命自朝廷，雖舜禹爲選司，無以知人，銓法必當變。
>
> 職事相牽制，雖有才能，不得展舒，官制必當變。
>
> 入任之後，無論賢不肖，一概資格序轉，賢者壅於上達，不肖者優游以取高位，資格必當變。
>
> 養兵以病民，而兵不足用，軍政必當變。
>
> 一州之土物，自足養一州之人民，而使西北必仰給於東南，賦法必當變。
>
> 士人不知法令，他日無以守官，掾史世其家，得以因緣爲奸，當倣進士觀政，監生歷事之例，自京朝以至郡邑，使生員貢士主文移、獄訟、錢穀之事，而去其吏員掾史，等而下之，衙役必當變。（卷二十八）

或指出制度原本之缺失，或論述制度敗壞後之流弊，考諸歷史，則先生所論，無不中其情實也。既朝廷所訂法制不能達到設立之目的，反致弊端叢生、吏治晦亂、國勢衰頹崩潰、人心風俗渙散，定有所不善，故先生以爲必當變也。綜計前述，包括田制、學校、科舉、銓法、官制、資格、軍政、賦法、衙役九種體制，先生間復有評論，亦有明確提出改革方案者，茲就所述，列舉如后。至於田制、賦法關乎民生經濟，移至下節敘述之。

（一）論科舉

明初科考所立之法，實非專尙時文，於振興學校，亦極重視，太祖立國子監，太學生不拘資限，隨時可獲選仕，又以世務練其才，明初之黃冊魚鱗、河道諸務，監生俱參與其事，可知始初實能重用學校人才。徒以後來偏重科舉而學校又有納粟之例，品流日雜，學校遂漸懈弛，有名無實，致爲科舉所奪。學術則爲制藝所奪，而科舉本爲甄拔人才，遂反爲錮蔽人才，敗壞人才之具（參《中國經世史稿》十一章）。故先生嘗謂「科目行而人才失矣！」且由於重科舉，至明末之時，小兒《論、孟》正文一經讀畢，即攻制義文字，取程墨、房稿、社稿晨夕揣摩，而他書一切不觀，故士子中式，有茫然不知經書爲何物者，其空疏無學極矣！以此不學之徒而與於國政，其害自不言可喻。故先生痛斥云：

> 今日秀才全無用，舊時科目中人，決用不得，用之爲害不小。
>
> 科目之弊，上直以盜賊之法待之，下直以穿窬之心應之，堪爲流涕。（同卷四十二）
>
> 無論中興割據，鼎立統一，第一要罷科目，罷科目則人才出，而朝廷得收用人之益。不然，由今之道，無變今之俗，雖與之天下，不能一朝居也。（同上）

由上，可知先生於科舉八股痛恨之深矣！故主張宜採用漢唐鄉舉里選之法，復推崇漢代孝弟力田爲科之制。謂如此則可使「人才出、風俗美、海內富實、士慤兵強」也。

（二）論官制

據鄺士元《中國經世史稿》所云：「明代官員之員額凡二萬四千餘，共分九品，每品又分正從，共十八級，不及九品者曰未入流，此外又有武官。」（第四章頁 153）可知明代官制之繁，官吏之多，故先生嘗云：

> 大明會典太繁碎，律亦然，然獄不厭叢，猶可也。治天下者，宏綱大政，不可不舉，其餘疏節濶目僅無害，文具徒繁，何益於治，大都本朝制度，重法不重道，有王者作？必能修正之。（卷三十九）

以爲治天下者，但舉宏綱大政可也，行政組織雖嚴密，然設官多，則文移繁，非但無益於治，反滋弊端也，故先生曰：「官多則人才不足，必濫取以備員，祿薄則難以養廉，必詭利以欺人，朝廷與士人兩失之道也。」（卷四十二）《備忘錄》中又詳論其失云：

> 國家設官太多，文移太繁，官多則事煩，文繁則法亂。周官三百六十，唐制設官七百餘員，今一省文武大小已不下二千餘員，京畿邊塞，又不知幾何？加以勳戚、舍人、宦豎之屬，又不知幾何？祿安得不薄，人安可復擇，與其人眾而不擇，何如精於擇人，與其祿薄而不足以養廉，何如厚以待士，易明之理也。至於文移案牘，充室盈几，雖甚精敏，亦難稽考，叢脞者則槩不省視而已，徒以供胥吏之奸弊，亦何益之有哉！（卷四十）

此識議極精核，可謂中明代政制之要害也。蓋以祿薄，不足養廉，故有明貪賂之風最盛，上自皇帝朝臣宦豎，下及地方官吏，莫不如此。而守令胥吏復夤緣爲奸，於苛斂繁賦之中，上下其手，大事聚斂，搜括民財，故明朝末年之四海困窮而亡其國，此實一重大原因也。先生因此極稱美宋代之制云：

> 宋於去位諸臣，得請祠祿，雖非禮，亦見待士之厚。至於致仕官給半俸，仁宗猶以爲非所以遇高年、養廉恥，詔自兩省大卿、監正、刺史、閤門使以上，致仕給俸，如分司長吏，眞三代以後希見之盛事也。（卷三十九）

蓋士大夫足以資其生、勵廉恥，不急急於謀利，因此能忠誠國事，勤政愛民，而得國家富實，民生安泰矣！先生目睹明代之缺失，見宋待士之厚，遂讚歎不已也。

明代省設三司，即承宣布政使司、提刑按察使司、都指揮使司，分掌民政、財政、軍政、刑法，權力三分，以收相互制衡之功，其上又設總督、巡撫監督各省，以便中央集權之統治，避免地方勢重，造成藩鎮割據，然事權不一，且上下二級時有衝突，故先生謂其「職事相牽制，雖有才能，不得展舒」也。又論其不當義理之失云：

> 范淳夫論唐官制之失，謂政出於三。本朝官制之雜亦然，更有不當義理者，如布政司宜無所不統，若天時地利、養民造士、及兵刑商旅、百工營作之類，皆當設官分屬，而聽之於長官，其職至重，始無負方伯之稱，今其職掌但財賦而已。古者，刑以弼教，乃以學政之官，隸於按察司，此皆不合義理，然亦可見國制之所重矣！（卷四十一）

總之，明代地方政府行中央集權，固爲便於統治，免除藩鎮之禍，然地方首長，權限受削，不能有所作爲，造成空虛之病，且有明西北俱仰東南之財賦，故致方伯徒有其名，而失綜理政務之實，唯掌財賦而已。故先生覺其不當於義理也。

（三）論資格

明代用人，其途原不只進士一科，然科舉制度確立之後，唯進士出身，始有資格入翰林院，有居高官之機會，故利祿所在，天下遂獨重進士，故其勢漸重而弊生，即有道德、學問之士，亦不得不循科舉之途以進政府，否則舉朝力攻之，必使得罪致死地而後快，故非進士出身者，乃不得不投門戶自庇，遂造成資格、朋黨傾軋之勢，成爲國家大患，故先生論明代進士之偏重云：

> 大都勢不可積重，積重則難返，如兩漢之外戚、宦官，唐之藩鎮，宋之夷狄，皆積漸而至於極重難返，故曰非一朝一夕之故。正如祁寒溽暑，不知不覺，日漸而進，到丑未之月，便能流金折膠，如本朝之於進士亦然。（卷二十八）

漢唐宋之戚宦、藩鎮、夷狄，俱亂國亡國之因素也，而先生以此爲喻，知疾之已甚也。且即能中式任官，仍須憑資歷升轉，而不問才學能力如何，故先生嘗分析其弊曰：

> 國朝先正其功業傳後者，爲官於三十以內十六，四十以內十三，其老成而遇者，十不一、二耳，皆資格限人之故。蓋官小權輕，不足有爲，欲至大寮，無論京朝郡縣，大約歷二、三十年而後可，所以精力盛時，多無社稷之任，不過謹守法令而已。及至得爲，精力又衰，故早遇猶能自見，若遇之晚，率不及登朝而死矣！夫少年登第者，於學問既有所不深，優而後仕者，日月又不能我與，是以有伊呂之志而未及其成，有管樂之才而不及一試也，人皆不知，可歎哉！（卷二十六）

此明代法制嚴密，唯偏重進士以取才之病也。故年少者攻浮文，爲舉業，即中進士，學問則空疏無實，不足有爲。若欲學優而後仕，則年紀已長，仍需由舉業以進，無其他途徑。任官之後，又一概資格序轉，故雖有人才而國家不得用矣！先生乃因此而歎資格限人之深，以爲必當變也。

（四）論軍政

先生甚重軍事，嘗曰：「朝廷大政有三：曰農政、曰學政、曰軍政，爲人上者，不可不留意。」（卷五十二）故明未覆亡之前，即有〈上本縣兵事書〉、〈上陳時事略〉二書，謂當時所倡議之十家牌、鄉兵俱有損無益，不可行，民壯、弓兵、哨兵、營衞之卒，亦不能執戈禦敵，不可恃以戰，故提出汰募練三法以諫當事者。所論皆中時弊，法亦切實可行，惜未能見諸施行也。至乙酉國變，嘗應鄉里父兄之問，而倡爲保聚一法，格於時勢，事亦不舉。然先生云：「保聚一法，不獨人自爲衞，亦王者容民畜眾之義，後唐莊宗時，吳團結民兵，使之習戰自衞，亦甚得此意也。」（卷二十七）極爲稱讚此法之可行也。

先生論軍政主張效法古代寓兵於農之制，《備忘錄》云：

> 古者寓軍政於四時之佃，其擊鹿豕、博虎豹，技藝勇力與臨敵制勝無異。今之水陸操，直同兒戲，其臨戰獸散，宜哉！（卷三十九）

明行衞所兵制，軍伍世襲，復受惡吏之剝削、壓榨，是以多逃亡者，軍士亦失訓練之實，既其制崩潰，行募兵之法，所集之卒，更無以爲戰。先生伏處鄉里，或未能知邊事詳情，然觀當時訓練卒伍之法，以爲直同兒戲而已，故即使能實訓軍士，倘依此法，亦不足戰也。

至於培育人才之學校教育，先生主張當復三代射圃，士子皆應習射，且廣以行軍用師之道，以培養文武之材，則天下有事，入可以爲儒臣，出可爲大將，其上者可以爲國家之用，小亦可以守州里也。此外，對後世禁民間擁有器械亦十分反對，先生云：

> 後世禁民挾弓矢、具器械，其弊必使盜賊公行，夷狄得志，此於朝廷，非徒無益，適足以下病良民，上及君國而已。古人寓軍政於四時之田，選士澤宮必以射，何等深意。（卷二十八）

則此言當亦針對明之亡於夷狄之手而發者也。

（五）其　他

先生又論及明代朝廷之陋制云：

> 后妃駙馬不求名德，而必選之微賤之子，刑餘寺人，得與士大夫抗禮，親賢不得並用，而藩府官屬必無賢人，國學生徒納粟納馬，教坊道士典司樂職，君臣無坐論之禮，殿廷行笞辱之事，此皆當代陋制也。（卷二十八）

若此，皆是明制之缺失也。故綜前所論，先生道其流弊云：

> 禮制輕而風俗敗矣！科目行而人才失矣！資格重而官方替矣！著述

> 多而學術亂矣！不特此也，坐論廢而致君難，近侍橫而士氣沮，官冗祿薄而廉恥喪，兵多餉少而精銳減，生徒眾、教養失而學政弊。若乃遊民眾盛，水利不講，屯軍坐食而土地日荒，海內虛耗，則又本根之病也。（卷四十）

國家之破敗滅亡，必積累極多因素所致，先生既遭亡國之痛，存恢復之志，於是深入檢討所以失國之故，洞悉其弊，而論述之，其啓示來學，待之後王之意亦深矣！

三、民族思想

夷夏之防，自孔子著春秋，明其大義，遂爲古來知識分子之思想重心，亦爲歷朝政治之要務。此民族思想乃漢族終以禮儀之邦，雖經元虜之入侵建國，而能克復，以致緜延不絕之故。明末，建州女眞興起東北，以夷狄之族入主中國，代表華夏漢族之明朝遂遭滅亡，此實蹈宋元之覆轍，故當時有志之士，莫不痛心疾首，企圖恢復，因而表現強烈民族氣節，首則以武力抗爭，暨大勢底定，無有可爲，則隱遯民間，不仕異朝，全遺民之志節。先生處乎其世，雖未實際參與抗清之活動，一生亦未明倡反清之口號，然自著述行止中，無不處處流露強烈之愛國精神與民族意識也。茲分別由出處、學術、教育，以論先生之民族思想。

（一）出　處

光緒間，先生之邑人嚴辰重輯《桐鄉縣志》，於卷十五人物志下論排列之目次謂：「隱逸必潛德之士，而轉次於後者，以其不求人知而後之也。楊園本以遺老自居，而舊志歸之隱逸，實獲其心。」可知先生之志節皎然，數百年後人亦皆知之也。先生嘗評許魯齋仕元之非而悲憫其遇云：

> 或問許魯齋何人也？曰賢人也。其仕元是與？曰非也。非則惡賢諸？曰原之也。出處之際，士君子居身之大目也。語云：立身一敗，萬事瓦裂。……觀其不陳伐宋之謀，至身沒之日，命無以官爵題墓，曰吾生平爲名所累，竟不能辭官，噫！其志亦可見矣！蓋以爲始之未嘗學問，不能無求聞達，以自全於亂世，及乎身之既失，後雖悔之，已不可復追，是爲不幸也已。後之論者，欲爲之文，則以元之用漢法爲魯齋之仕之功，賢者又從而推尊之，以爲進退出處合於孔

> 子。夫元之政、狄道也。魯齋之所陳，元能行其一二否耶？孔子見南子、見陽貨，而卒不仕於魯衛，公山佛肸之召而卒不往，何也？不可以仕而不仕也。以觀魯齋，合乎？不合乎？夫仕元之非魯齋不以自文，而奚俟後人之文之也。（卷十九〈許魯齋論一〉）

由前評論魯齋之言，可知先生於夷夏分野，出處之際推究極詳明也。又觀所著〈保聚附論〉首條記云：

> 時當危亂，奮身不旋踵，託墳墓於宗族，託妻子於朋友，起義旅、勤王室，上也。其次則死職業、守封疆，此在一命以上，凡在官者，惟力所能則爲之。若布衣賤士，與官而廢退者，則可行保聚之法。聚人民，無非朝廷赤子，保土田，無非朝廷財賦，其與出而有爲者，其義一也。（卷十九）

於國家君臣之義，辨析極精微，故晚年與門人姚瑚「論及科舉之學，因歎曰：余於己卯、壬午間，若論文藝，亦可僥幸，但當時一爲中式，則亦爲祝開美矣！」（卷五十三）開美者，先生同門友也，明末中舉，國亡後，投繯自盡，與蕺山先後以身殉國者。舉人受朝廷之命，當與國家俱存亡，士庶則於義無可死，故先生因有此歎也。可知先生於君臣之分際，守其義極嚴，故當李自成陷北京之時，〈答徐文匠〉一書云：

> 若盟兄所云：忽聞天崩地裂之慘，涕流數日，誰非臣子，豈有轉顏事人之理，惟有漁樵之樂，人品文章無踰於此矣！弟鄉人耳，何足以言，但今干戈伊始，■■終無兩立之勢。大賢之士，方當僇力中原，克復舊物，樵山漁水，又未爲今日事耳。弟間觀易象，方此神州離析，宗社播驚，在坤之上六：龍戰於野，其血玄黃。竊以爲吾人草茅，大概在坤之六四：天地閉、賢人隱。无咎无譽，可以免患，或者聲名不可太高，交遊不可太廣，進取不可太銳，亦藏器待時，儉德避難之義也。（卷九）

蓋以干戈伊始，江南未失，國家未全亡，而徐氏已思漁樵之樂，故先生深責其失，復準之易義，勸戒友人不可從事結社交游以揚聲譽，宜藏器待時，儉德避難。此先生深有得於《易》，故能豫爲之所也。其後，福王旋即位南京、唐王稱帝福州、魯王監國紹興，先生此時〈答吳文生〉一書中云：

> 國變卒作，天地崩墜，中興事業，佐理無聞，將來之亂，恐未有已。制科之事，朝廷一遵舊章，間有言及孝弟力田、奇材異等者，亦未

> 必舉行，即行，亦不過開一倖門，當世賢士，終不能由是以進也。吾黨所事舍制藝亦無他務，但處今之世，自非實學實才，不足有濟。今日爲諸生則思進士做，若果登進士，執何具以往，豈能如昔日，坐享太平，優遊貴樂乎！徒有身敗名隕，爲人笑辱而已。弟欲於海濱僻壤，挈妻子而居，爲苟全性命之計，因此此修身力學，以俟天命、人事之可爲，則雖一命之膺，庶幾得如古人所云：上不負天子，下不負所學也。不然，躬耕負薪，亦足以沒齒而無愧。（卷九）

由上所述，可知先生於出處進退之際，深明其義也。身處動亂之世，中興事業，佐理無聞，進既不足濟國勢，若猶效流俗之士，尙以取富貴利祿爲志，無恥孰甚，（按在當時，罔顧國家大義，趁亂盜利者，閱南明史事所載，此類無恥之徒甚多也。）故先生思欲修身力學，以待有可爲之時也。然明雖歷經諸王維持，終難挽覆滅之厄運，故先生雖懷抱美志，不能得償經世濟民之願望矣！

先生基於民族大義，不爲異國之臣，故明亡之後，棄諸生，息交絕遊，匿聲逃影，不復與人事接，秉君子遯世不見知之志，欲韜晦終生，每遇友人有稱譽之者，必曰：「鄙人姓名，尤望絕口，勿污齒牙，始爲相愛之篤耳。」（卷十一〈答張佩蔥〉）輒云：「弟未嘗學問，行己無似，幸兄於鄉黨朋友之前，切勿舉弟之名，方爲愛弟。」（卷三〈答吳仲木〉）亦每以儉德避難、龍蛇之蟄之旨勸勉同志，故先生聲名僅并世道義切磋諸遺老知之，無所聞於當道，而清廷之徵召不及於身，終得全其素節以歿也。

（二）學　術

先生嘗述夷夏之分野云：「中國與戎狄、亂賊與貞良，仁義與不仁義而已矣！仁義則四海爲一家，不仁義則父子爲怨惡。孟子曰：未有仁而遺其親者也，未有義而後其君者也。」（卷十九〈保聚附論〉）故知其別在於文化道統、仁義之有無也。先生目睹清初風俗偷薄，人心離散，仁義充塞，以至於胥夏爲夷，率獸食人，其原皆由學術不正，良知之說、詖淫邪遁之辭，流毒天下，故以爲欲正人心，已亂反治，必先正學術，乃本諸先聖先王相傳，孔孟繼統仁義之道，法孟子之精神，距楊墨、辨邪說、斥良知，欲使人心復趨仁義孝弟，正人倫彝常，而維護華夏文化道統，以作聖王復起之根本。此先生處夷狄統治之下，不能以武力中興復國，故思從根本救起，深信仁義之道不息，則中華自無不復之日也。《備忘錄》嘗云：

黍離之大夫，憂王室之傾覆，而無興復之期也。其心無日不皇皇焉，如有求而弗獲，唯斯人爲然。蓋當日君臣上下，偷安於王城方六百里之地，棄豐鎬如敝屣而不顧，周道豈能復興，勢不至日剝月削，淪亡之盡不止。故曰：知我者謂我心憂，不知我者謂我何求也。若徒然悲傷感歎，則亦無望於人之知我，而所憂所求，皆無所託矣！（卷四十）

其微言大義，正指出先生所處之境，與欲有所爲之心也。蓋先生思復者亦周道也，而端正學術則先生之所託也，然此亦勉當世學者，不可徒然悲歎空言，必實有所從事，方濟得世道也。讀先生《全集》〈萬斛泉後跋〉云：「先生悲天憫人之懷，見於言語者，未免過於激切，然即此以詳推之，實可以驗先生之學與心。」知先生情辭激切者，斯亦「其心無日不皇皇焉，如有求而弗獲」爾已也。

由上知先生嚴夷夏之防，首在闡揚孔孟傳承自聖王三代之仁義之道，而正學術以辨異端，則爲實致之功。故論學則云：

經義晦蝕，其效爲夷狄之禍，自古以然。楊墨充塞仁義，而秦以西戎荼毒天下，楚漢之際，死者無算。晉室清談，以老亂易而五胡雲擾，中原淪沒。王安石立新義、黜春秋而靖康之禍作。（卷二十七）

論世人崇釋教則云：

近世士大夫多師事沙門，江南爲甚，至帥其妻子婦女以稱弟子於和尚之門……由是思之，其陷溺於夷狄者久矣！何待今日耶？（同上）

評陽明良知之教則云：

良知之教，使人直情而徑行，其敝至於廢滅禮教，播棄先典，記所謂戎狄之道也。（卷四十一）

姚江大罪是逞一己之私心，塗生民之耳目，排毀儒先，闡揚異教而世道人心之害，至深且烈也。（同上）

由上可知先生之所亟辨嚴斥者，爲此皆導致夷狄之禍之原也。餘若藉史事以喻當世云：

金張轂以平州來歸，金人不即與宋從事者，遼未亡也。乙巳二月獲延禧，十月粘沒喝、斡離不分道入寇矣！於此可見金人無日志不在中國，而宋之君臣安危利災爲可哀也。（卷三十九）

此哀古以悲今者也。又鑑當世禮樂教化不行，而歎云：

> 禮以辨尊卑、等貴賤、別内外，故曰：唯禮可以已亂。春秋之世，夷狄亂華，臣弒君、子弒父，下陵上替，妾婦乘其夫，小人加君子，故夫子汲汲然與弟子習禮，觀論語曰：爲國以禮。又曰：能以禮讓爲國何有。意可見矣！桓司馬爲其不便於己，故削迹伐檀，甚至欲殺孔子，此與秦始焚書坑儒同一意也。蓋惡其欲興禮樂而已。孔孟不得興禮樂於當時，天也，後世所以代有夷狄之禍。（卷四十二）

此則先生因滿清禍亂中原，乃追溯其由來之故，而悲孔孟不得興禮樂也。故自學術而言，當時「學術之禍，中於世運，夷夏之閑，亦至盡決，率獸食人，人將相食，未知何時而已也。」（卷二十八）故先生特嚴夷夏之別，「祖述孔孟，憲章程朱」，以仁爲己任，并重禮樂教化，闢邪崇正，欲人人復歸仁義之道也。

至於撰述行文之間，除四十九歲爲訟長女被鴆之冤，不得已一用「順治」年號外，明亡以後俱書甲子而已。至於明朝則必稱本朝，稱明太祖爲高皇帝、皇祖，於崇禎曰先皇帝，於各帝則用萬曆、崇禎、弘光之年號。斥清爲夷狄，元曰虜（先生集中凡指斥滿清或觸時諱者，大都被剗成墨板），此則以文字微言，彰顯民族大義之苦心也。

（三）教　育

明亡之後，先生棄諸生，韜晦避世，謝絕舉業之徒，唯以經學教子弟，講明孔孟之道，並嚴辨楊墨、精別義利，以訓示弟子，使深心學古，而以舉業爲戒。此蓋先生處乎亂世，不能顯言民族大義之苦心也。《備忘錄》云：

> 今日以經學教其子弟，於流俗之心觀之，誠無所用，然彼只是喻利，故以爲無用。其實自二帝三王以及孔孟相傳，修己治人之理，所謂安宅正路也。何人可以離得，何日可以舍得，彼特甘於愚下，故自暴棄耳。（卷四十一）

蓋子弟能有得於聖賢之學，深明仁義之道，自能知利祿之非、夷夏之別，所謂立其大本者能振其末也。故又特重名節、禮法之教育。《願學記》云：

> 重名節、守禮法，初學第一步，雖至成德，熟而化焉已矣！（卷二十八）

又云：

> 學者能砥礪名節，一變可以至道，若輕視名節，未有不至於同流合

污者。(卷三十九)

唯禽獸爲無禮,禮廢則夷狄至,自古如斯,故嵇阮王何,厥罪浮於桀紂。(卷四十二)

禮爲立身之幹,在今日爲世道人心計,當以關中之教爲先,教子弟亦以學禮爲急,所謂六陽從地起也。又曰唯禮可以已亂。(同上)

由上可見先生論學,教育子弟,俱於此二者特爲偏重,實以民族大義所在之故,欲從此立其根本也。

至於對子弟問舉業之事,則必切戒之。雖不能以君臣民族之義明告,然必本聖人之理由喻之,〈示諸生〉一文云:

後生不務力學,馳騖名場,放心喪志,莫甚於此,非有探湯之疾,則鮑魚臭味,將恐駸駸及之。僕幼無先人之教,亦嘗失足於此,後雖悔之,至今言及,猶然慚色形於顏面,可爲前鑒也。進德乎?修業乎?有一於中,謂吾言不當,吾無辭也。古人有言,諸君將爲君子乎?將爲小人乎?一言蔽之,義利而已。今試清夜以思,此事爲義爲利,不待知者而立判也。教衰俗薄,謀身以利不以義,釀成此種氣習,通國如狂病醉人,泯棼煽誘,靡所止極,良可哀也。餘人不敢盡言,度不欲聞此不詳之語,私以告吾黨之知自愛而不願爲小人者。(卷二十四)

清初人心敗壞,趨於利達,士子忘君國之義,泯夷夏之別,紛紛出應清廷之試,先生悲痛無已,欲止靡從,乃辨別義利、君子小人而告諸生也。先生又嘗錄與友人論出處之言云:

友人間論出處。余謂:其義《論語》言之甚明,一者在己,隱居以求其志,行義以達其道,試思今日志如何求,將來道又如何達?一者在人,天下有道則見,無道則隱,試思今日天下有道乎?無道乎?無俟多言也。(卷四十二)

由此與前文相參證,則可明先生阻止諸門人出試之眞意所在,實因天下淪於夷狄,王道不復也。此意觀陳梓文集所載先生晚年門人姚瑚之語尤昭然可知。陳梓錄〈諸先生遺言〉中載姚氏「每論及出處,必流涕不已,自吟云:普天率土忘中國,頗帽寬袍臏幾人。」(《陳一齋先生文集》卷五)故自教育而言,先生實深懷故國之思,欲藉聖賢之道,以發揚民族大義者也。

第三節　經濟思想

「經濟」一詞，古今義有不同，在吾國昔所謂經世濟民者也，範圍廣泛，凡關乎國計民生一切實務者，皆可包舉在內，簡言之，即大學外王之事功也。故先生嘗謂「經世本於經學，乃眞經濟也」。迨現代西方發明經濟學原理之後，其涵義乃漸趨精狹，多指財富之研究管理而言。然不論今昔，其目的要不外以富國裕民爲主。茲本斯旨，論先生之經濟思想。

明末之世，賦役繁重，加以水旱天災交至，戰禍連年，賊盜遍及天下，百姓流離，遂致四海困窮，上下交敝而國家覆亡，此時代之慘況，已述於前。先生既逢斯世，目睹其禍，遂因親身感受之種種弊端，發爲議論，針砭其缺失。雖此非先生論學之急務，然儒者懷經世濟民之志，「挾策讀書，每事當用心講求」（卷三十九告張恭佩語），故先生就耳目所見聞，無不一一論列講求。蓋亦深抱亡國之痛，故欲檢討其得失盛衰之理，則後有聖人天子復起，庶乎可參酌於茲而改其弊也。綜先生之說，分述如下：

一、務本節用

中國古來經濟政策俱重農業，以其爲立國之本，生民之原也。堯舜三代以來，莫不如是。故先生以爲立國之道，在大學末簡「務本節用」一條，乃百世不易之法也。〈答顏孝嘉〉書中即云：

> 大學末簡務本節用一條，所以爲百世不易之中道也，人徒以爲平天下之義而不思耳，豈知匡濟一身，要不能外乎此。（卷十三）

至〈與張佩蔥〉書中亦曰：「治生一事，固不可已，然祇有務本節用而已，天下國家之計以是，一身一家之計亦以是，外此，即商賈技術之智，儒者羞爲。」（卷十一）蓋先生以爲「學者處亂世、絕仕祿，苟衣食之需，不能無資於外，雖抱高志，亦將無以自全」（卷六〈與許大辛〉），故盛稱許魯齋學者以治生爲急之語，而謂「治生當以稼穡爲先，舍稼穡無可爲治生者」（卷三十六），故每以此義勉諸同志、後學，如〈與許大辛〉書云：

> 會稽之游，知非素懷所屑，毋亦平生磊落，不樂瑣瑣生計，以及此困頓乎？願仁兄懲茲既往，加意本務，無令衣食得以奔走此身……往歲山樓之會，弟不敢一言及於學問之事，惟聒聒於種果樹桑、課耕育蠶之細，此日或不無見鄙於在坐諸君子。（卷六）

此蓋先生不能行王道於中國，乃寓國政於家政，勉學者以治生，使不求於人，而立廉恥之節，興禮讓之風也。觀〈與何商隱〉一書云：

> 吾人得志則施王政於中國，不得志則亦存其義於家，不謂撫流亡、墾草萊，非今日修身力行中事也。(卷五)

則先生之志，槩可知矣！故自國家而言，先生以爲君王「重農、興學、講武，庶政之綱也」(卷三十九)，首應以民事爲急。《初學備忘》上「稼穡之難，學者尤不可不知」一條，言農耕之要云：

> 食者、生民之原，天下治亂、國家廢興存亡之本也。古之人，自天子以至庶人，未有不知耕者。今雖農家之子，有不能秉耒耜者矣！有不能辨菽麥者矣！殷天子之子，生長民間，是以賢聖之君六、七作，周公陳豳風，述王業之本，使人主知小人之依，是以有道之長，無過周者。漢以孝弟力田取士，故其俗猶爲近古，至於南北分爭之日，上下一於浮侈，隋唐繼之，其風益甚，取士者以詩賦、請謁者以文辭，而務本力穡之事蕩如矣！

王業之本既在興農以足民食，故先生以爲明君之責在於：

> 明君制民之產，使民樂歲終身飽，凶年免於死亡，謹庠序之教，不使飽食煖衣，逸居無教，以近於禽獸。蓋恆產、恆心皆欲上之經理，使之保有弗失也。故曰：如保赤子，民之父母也。(卷四十一)

蓋能依聖人治國之方，使民人有恆產、有恆心，以保赤子之心愛民，養教俱全，然後得謂明君而可長有天命也。

至於學者能務本節用，守耕讀之風，撙節用度，自可立其名節，進退有爲矣！先生云：

> 夫能稼穡，則可無求於人，可無求於人則能立廉恥。知稼穡之難，則不妄求於人，不妄求於人，則能興禮讓。廉恥立、禮讓興而人心可正，世道可隆矣！古之士，出則事君、處則躬耕，故能守難進易退之節，立光明俊偉之勳。其爲政也，恭儉而仁恕；其立身也，正直而廉潔；其居位去位也如一日；其達行窮居也各有爲，未有進退失據，不知輕重者。(卷三十六)

古人讀書兼力農，是以出處有據，未有失所者。先生處乎亂世，見公卿大夫士庶，無不有求於外，妄求於人，以至不畏不義，不恥不仁，故極力倡農，以爲學者治生之道，莫此爲先。實基於憫世道、挽頹風之心，不欲學者取仕祿於異朝，以推波助瀾而敗壞人心也。故與友人、後學書札中，每舉務本節用之義勵勉之也。

二、論明代農政之廢

明末之所以四海困窮、公私俱匱，先生以爲其弊即農政廢而不講。嘗曰：「民事不可緩，農田、水利之政，百年不講，四海安得不困窮乎？」（卷四十）故明末亡之前，先生已論其弊云：

> 蓋嘗綜天下大勢而計之，農夫不及三之一，墾土不及五之一，是以財不在官，亦不在民，而日見其不足也。昔李吉甫以爲天下郡邑財賦之入，校吏祿兵廩，商賈僧道之數，大率以二戶而資一兵，以三農而養七遊手。嗚呼！今止是也與？（卷二十八《願學錄遺》）

民不安於農，則曠土多，此在施政者之責也。故先生深歎云：「爲長上者使民有爲農不如爲兵之思，而天下亂；有爲兵不如爲賊之思，而天下亡，稽古以鏡，莫不皆然者也。」（卷二十六）至於農夫不務本業，自爲遊民，或從而爲盜，先生云：

> 今世極多遊民，是以風俗日惡，民生日蹙，雖其業在四民者，莫不中幾分惰遊之習，而士益甚。（卷三十六）

> 四海困窮，其原只在游民之眾，且未論其他，正如生員、軍伍、吏胥三種人，俱不可少者，然無用冗食十而八九矣！有王者起，在所損乎？在所益乎？餘可類推也。（卷四十）

夫四民均惰，則是生產者寡矣！食之者眾矣！欲不匱乏，其可得乎？況無用冗食之官吏、軍伍復多，尤爲國家大害也。故先生嘗云：「官府之祿，胥隸之食，決當給以公田，里長耕之。軍士之在城郭、封疆者屯田，唯長征給衣糧。」（卷三十九）即欲解決此一問題也。然君上廢農政不講，滋生眾多弊端，故先生以爲需從根本解決，《願學記》論田制云：

> 富者田連阡陌，貧者無立錐，以至游民日眾，陵暴橫行，雖有堯舜，無以使老有所終、壯有所養、幼有所長，有王者起，田制必當變。（卷二十八）

蓋明代封藩之田甚多，尚有官田、屯田，而百姓私有之民田復因賦役繁雜，豪戶兼併日多，農民擁有己田者實甚少，兼以萬曆以後一條鞭法之施行，末流弊端叢生，人民困苦加倍於前，故先生以爲當作根本之改革。至於興革之道，《備忘錄》中論曰：

> 古今異宜，時勢不可強，孟子言仁政，而云必自經界始。經界之法自今可舉而行，若井田當時尚未盡廢，已云若夫潤澤之，此可見聖人通變宜民之意，非執一概以強人也。如云：莫善於助，莫不善於貢。今日條邊之法、貢法也，然行之尚可以相安，若助與徹則斷不可行矣！父子兄弟尚不能同心用力，而欲八家通力合作，計畝均分，得乎！今無論官民貴賤，相欺相壓，雖閭里親舊，尚且相凌相殘，欲行助法，是速禍召亂也。助與徹豈非聖王良法美意，而不能不審時度勢如此，推之可概其餘。（卷四十二）

蓋井田封建雖是聖王良法美意，「固能使物物各得其所，然行之實難，故曰堯舜猶病也」，故先生以為「三代而下，限田之制亦難行，經界之法不可不行」（同上），即本聖人因時通變之意而來也。

三、論明代賦役之弊

田制、賦役、稅制皆屬農政之範圍，先生既謂田制不善，又論明末賦役之弊云：

> 賦役繁急則百姓困窮，縱有罪、殺無罪，則民無所措手足，困窮則流亡，無所措手足，則盜賊肆行，自古未有至此而不亡者。蓋古之人君代天理物，盡心教養，故長有天命，後世德教既失，刑平尚可弼教，刑罰不中，壞教之甚也。田制既廢，薄征猶可足民，暴征橫斂，傷養之甚也。其原皆由於人主淫縱，君子在野，小人在位。（卷三十九）

所言可謂簡明扼要，數語道中明末之弊端，亡國之原由矣！

明初太祖統一中國，創魚鱗冊及黃冊制度，以征賦役。鄺士元《中國經世史稿》論黃冊之優點，其一云：「黃冊既成，田畝覆實，黃冊用以幫助魚鱗圖冊來覈實田畝，相互校對，它們分別詳載全國人、戶、土地、財產、稅糧、徭役之文件，用以互相配合，交錯牽制，考查核對。」（第一章〈歷代田土稅制得失〉頁 45）故必兩者互相配合，賦役始得以穩固，此法實未嘗不善，然「因日久廢壞，又不能按照實際情形調查更定，以致其後田賦大亂，窮者有稅無田，富者有田無稅。同時，田賦徵收之項目繁瑣，役法亦極複雜，百姓負擔繁重而國家收入反而減少。」（鄺著《史稿》，同上頁 48）故乃不能不改行一條鞭之稅制，而行此法十餘年，規制已紊，流弊大起，加以明神宗末年用兵東北，賊盜蠭起，乃征遼餉、練餉、助餉以籌軍款，而民終不勝苛索，故條鞭法亦終不能行，而國亡矣！鄺氏論其缺點有二:「一、一條鞭法之實行，以往賦役之各項繁複項目取消，其始固便農民，及至末流，各種力役，又再恢復，雜稅冗費名罷實存，使人民無形增加負擔，其困苦比前更甚。二、又由於一條鞭不徵丁稅，嚴格的戶籍制度的存在，便發生動搖，使中國農村自給自足的社會的安全制度，受到嚴重影響。」（同上頁 51）此明季賦役稅制之大略也。

故先生論有明稅制云：

> 祖制魚鱗、黃冊並行，魚鱗以載田地山蕩之次，黃冊以載丁田之數，後世重黃冊而廢魚鱗，賦役所以不得均也。（卷三十九）

此言二者不能配合，故有賦役不均之病也。《備忘錄》又云：

> 田之賦役繁重極矣！見年之役更苦，國家重黃冊，漏田尚少，若户口之漏者，十人而九，籍此以貼役，見年其稍蘇乎？〇田賦輸米是矣！條邊徵銀甚非古法，有王者起，倣唐庸調之法，易以絲麻布疋爲當。其無田者，計口輸役銀若干，猶之可也。如是庶田畝之賦稍輕，而游民不得以逃役矣！〇風俗之敗，本業之荒，盜賊之起，皆緣游民多而田賦重，經理江南者，竊謂當以爲首務。〇户口冊當一年一造，不分土著流寓，在邑麗邑，在市麗市，在鄉麗鄉，僧尼道士不得漏役。不麗籍者，倣古髡爲城旦之法，則游民稍知警矣！（卷三十九）

以上諸條所論大抵皆中條鞭法之失，得其情實。蓋條鞭法不徵丁稅，故原來黃冊嚴密之戶籍制度，用以杜絕避稅、逃役者遂遭破壞，而人口得以自由流動，其失則游民日多。且一時總徵，民力大爲不堪，至於工匠富商大賈皆因無田而免役，唯農夫獨受其困（參鄺氏之論），故先生因其缺失，一一提出解決之道，尤以戶口冊一年一造之主張，甚得現今戶籍制度之精神也。另又對當時戶籍定目世襲之制度評云：

> 户籍分軍民官匠甚無謂。管子内政定民之居，成民之事，尚不能使士之子終爲士，農之子終爲農，況後世并無此法。天之生人，賢愚巧拙，萬有不齊，人之執業，去彼就此，祖父子孫世守其傳者不幾家也。至軍與官世世相襲，尤爲不可。（卷四十）

亦符現代之制，凡此俱可見先生之卓識也。

明代一條鞭法實由唐兩稅制發展而來，其利弊、特質大抵相同，鄺氏論之詳矣！故先生述其源流云：

> 自商鞅開阡陌而賦法一變，自楊炎爲兩稅，而賦法又一變，每一變，爲上者力愈省，爲下者力愈困。今之賦法，炎之兩稅也。豐歉之不齊，肥瘠之不均，窮民奚所告乎？（卷三十九）

上省下困，豐歉不齊，肥瘠不均，此皆兩稅法之流弊也，先生困處窮鄉，躬任耕事，是以感受尤深，乃引呂東萊所言，謂楊炎罪在千古也。《問目》云：

> 兩稅之法，始於楊炎。呂東萊謂兩稅既立，三代之制，皆不復見。雖曰自所稅之外，竝不敢取於民，其後如間架、如借商、如除陌，取於民者不一，楊炎所以爲千古之罪人。祥謂今兩稅之法，行之已久而安爲故常，必不能議復三代之制，但能於此請輕，使不至病民可耳。孟子曰：君子用其一、緩其二。蓋病民不必於常賦之外，仁民何必在蠲免也。(卷二十五)

此先生執以問業蕺山者，時在有明未亡之前，蓋早年之見已卓越如此也。兩稅之制，遂行既久，習爲故常，勢無大舉更張之理，故先生秉通變之義，聖人之仁，以爲解決之道不過輕其稅而已。兩稅創制之初，其預算原是量出爲入，是以政府若靡費無度，自要假借名目如「間架、借商、除陌」等，取民以足，今能輕其稅，不藉辭增賦，則國家收入有定額，即不得不量入爲出，則與唐租庸調之制精神已相同。故仁政之施在稅之輕重而不在制度之變易也。

四、論明代水利漕運

明末清初，水旱交作，黔首流離，飢殣相望，其狀已詳述先生個人環境一節，茲不復贅。先生以爲此皆水利不修之故也，亦明末四海困窮，所以敗亡之因也。《備忘錄》中嘗歎云：「水利之不講，未有如本朝之甚者也，國以民爲本，民以食爲天，此事不講，四海安得不困窮乎？」（卷三十九）故先生深責其時朝臣之失職云：

> 蓋宋元之世，水利亟興，舊制可按也。我生以前，遠者失於傳聞，隆萬而降，亦曾有水利之臣，能修厥職，內朝卿士，留心其事，及鄉之先生，亦嘗勤思父母之邦，旱乾水溢，何以爲備者乎？（卷六〈與曹射侯〉）

自先生所知隆萬以降，無有克盡厥職與遠猷之臣，能留心水利，爲民抒患者，故若「崇桐海寧之間，煙火相接，河港具存，又皆平壤，高卑之勢不大相去，實非他州之比，其自長安而上，必仰濟於西湖而外，餘所病特淺耳。濬治之功，令長能辦之矣！不必多費金錢，無俟需之年歲，耕者各濬其田之際，其不耕者，田主稍給其食，佃戶稍出其力，惟閒曠之所，乃用眾力，在經濬經，在支濬支，有司者鼓舞而勸誘之，警其頑惰自私及梗令異議者，分界刻期以鳩羣作，不及一兩月，在處深通矣！此功既成，澇則速瀉，無患暴漲，乾則震澤之水，來奔不竭，一舉之勞，百年之利也。」（卷五）如此簡速之事，而終無爲之者。故清順治十八年先生〈與曹射侯論水利〉書云：

> 往者，夏秋不雨，崇德之東境。桐鄉之南境，以至海寧四境之地，苗則盡槁，民卒流亡，桑柘伐矣！室廬毀矣！父子夫婦離矣！逃賦役者莫敢歸，丐於途者靡所適。桑梓景色若此，當必仁人君子所爲惻然流涕，展轉念救，不能自已者也。（同上）

其慘狀不忍睹聞矣！先生悲憫不已，因俱論講求水利之要及其濬治施功之序以告射侯，欲藉其德望，以昌言於眾，拯鄉邦之溺也。另《光緒桐鄉縣志》卷十三亦載：

> 當順治六年，年不順成，鄉先賢謂嘉郡水利不講，時被旱潦，其要在濬吳淞江，屢寓書與搢紳先生之素好者，屬其條陳當事，其後嘉善柯聳建議濬之，本鄉先賢說也。

由此可知先生之學體用兼備如此也。蓋中國自唐中葉以後，經濟重心逐漸南移，而南方之發展，最著者在江浙一帶，至所謂江南水利則實由宋以後經歷朝精心努力所締造成功，故至明代北方財富已全移轉至南方。鄺士元論南北經濟文化之轉移述之頗詳，並謂「天下的租賦，江南居其十九。浙東西又居江南十九，而蘇松常嘉湖五府又居兩浙十九，而蘇州尤甚。」（參鄺著《史稿》第二章頁 89）由此可知先生所居之郡邑，何以苦於賦役之故矣！亦從可知江南財富，實靠農田水利而來，因此先生以身之所處，乃特詳究而言矣！先生既論水利濬治之重要，且見當時之飢殣流亡，富室雖施糜粥以賑救，然猶不濟事，復滋弊端，故以爲解決之道，應在「簡荒政、興工役」。《備忘錄》云：

> 荒政興工役一條是兩得之道。而工役之興，莫善於治水利，修利隄防，開通障塞，非獨一時饑民可以得食，亦使永遠水旱不能爲災，雖災亦不甚也。施糜粥末矣！糜粥施於老弱及疾病者爲可耳。（卷三十九）

而治水亦宜從根本施功，始能解永久之患，先生云：

> 治水須從下流施功，看禹貢自冀州帝都而外，先袞青徐荊揚而後及豫，若梁雍最後，次第可見也。後世只從決處從事，所疏所塞，不

> 出豫州，大緜小緜而已。（卷四十）

以上論先生對水利之見解，俱切實際而可行者也，使先生得志行道，必能致君澤民，建樹勳業也。

至於漕運實為明代要政，蓋自經濟重心移至江浙，天下之賦俱出江南，而成祖遷都北京後，年需米數百萬石，俱仰賴漕船北運，故特設官掌理，而以衞所軍轉輸，然其間虛費糧食者多矣！先生論其弊云：

> 元世二運並行，較其利病，約略相等。本朝罷海運，專重漕運，此祖宗仁民愛物之深意。後人雖有復海運之議，然卒不行。非獨海道不諳，運艘久廢，不能猝復也。漕運人勞而無覆溺之患，雖多耗朝廷之米，終是生民之食，其視委之黃沙白浪，利害遠矣！若虞一旦咽喉有梗，京師不免坐困，故須海運以備不測，此則存乎政治之得失，內地可虞，海外獨無可虞乎？總之，邊畿粟米，俱仰東南，非本計也。（卷四十二《備忘錄遺》）

先生雖不主復海運，然以為邊畿粟米俱仰東南則非本計也。故《願學記》論明政之失，其一即云：「一州之土物，自足養一州之人民，而使西北必仰給於東南，賦法必當變。」（卷二十八）則先生之意，實欲全國各地均衡開拓，西北邊塞之地，朝廷亦宜費心經營，不可徒恃東南之物產供應也。

第四節　教育思想

教育於國家社會之重要，殊不待言，舉凡社會風俗、人心之良窳，國家之隆盛衰敗，天下之興平治亂，莫不根本於教育。《說文》釋其義云：「教者、效也，上所施、下所效也。」、「育者、養子使作善也」，故教育實包涵王者之教化與家庭子弟之養育也。吾國先聖先王深明其要，故建國君民，亦莫不以教學為先。而自舜使契為司徒，以五教寬化百姓，三代以來，人倫教育遂為歷代君王建學化民之主要內容。至於無關職司而行教化之實者，孔子以天縱之聖，首開其風，此後代有傳承之人。下迨宋時，民間書院大盛，私人講學，實繁有徒，而朱子上繼孔孟之道，下綜諸儒思想，並積五十年教學之經驗，於教育貢獻尤大。歷來以其教育思想作為專題研究者，不乏其人，亦無不以為乃中國偉大教育家之一。

先生一生授學四十餘年，除義理之學推崇朱子外，於教育方面，亦多受其影響，且由躬親教學之歷程與身處亂世之故，對於教育亦有極多體驗。其心得散見《願學記》、《備忘錄》及書札外，匯聚於《初學備忘》一書中。此書雖非先生晚年之作，然自初學立志、修身之規模，以至成德至聖之途徑，亦莫不賅舉詳備，指點親切，亦先生每授學者傳鈔者也。茲綜覈其說，舉其精要，分述如后。

一、教育之目的

先生之教育思想與哲學思想互爲體用，此與朱子、宋儒之學相同。朱子處於釋老盛行之世，儒風勢衰，聖學不傳，士子不知學本，故究義理、端學術，主要在使人明乎性命道德之歸，復求聖人之旨，循而成賢成聖。故其教育之目的，實本諸先王之意，以彰明人倫爲首要。於個人則自正心修身以至成德，又推之以教弟子，使聖人之道行於五倫之間，而擴及天下。先生身處亂世，學術不明，士風不振，倫常敗壞，較朱子之時尤有甚焉。故嘗歎云：

> 人紀一日不修則廢墜，廢墜則人道幾乎熄矣！百年修之而不足，一旦敗之而有餘，今日廢墜已極，肇修者何人？維皇上帝，豈誠無意。（卷四十一）

> 仁則不戾，讓則不貪，天下人心風俗唯有貪戾而已，何能使亂不作。以予所見，但有甚與不甚，安有不貪不戾者，何日復見仁讓之化？（卷四十二）

由上，可見當世人倫之敗壞已至極點，先生悲痛無已，不禁窮而呼天也。餘述及此意者，散諸集中，不勝枚舉，皆足以表現先生悲天憫人之心，深切憂世之意。故先生一則修明仁義，閑邪距詖，澄清學術之本源；一則發爲言辭，形諸文字，以衞聖道。若曰：

> 聖賢臨事以仁義爲本，利害有所不計，世人臨事，以利害爲主，仁義有所不知，此喻義、喻利所由分也。人於人倫庶物，苟爲懷利，則仁義之心日就梏亡，苟懷仁義，則見利不趨、見害不避。但近世人情，纔說仁義，便憂與貧賤禍患相及，是以不敢爲，而不知仁義未嘗不利也。（卷四十二）

則告人當法聖賢行事，以仁義爲本也，蓋仁義未嘗不利也。又語學者云：

> 學者存心，從吾非斯人之徒與而誰與其用心處，從知其不可而爲之處，看得聖賢此意眞切，而日用之間，勉力做入，則庶幾近乎仁矣！

（卷四十一）

則不僅仁爲己任，亦欲興起同志以轉移世道人心也。故自道其志則云：

入則孝、出則悌，守先王之道，以待後之學者，即是贊天地之化育。（卷四十二）

聖王之作由於天，闢邪距詖由乎人，守先待後之責，非斯人之任而誰與歸。（同上）

知先生從事教育，即以發揚傳布先王之道爲己任，以明人倫爲本也。

此外，先生深感明朝覆亡，原因之一在於摧折人才，故於集中嘗再三歎息，《備忘錄》中云：

天之生才不易，人之成才亦甚難，國家不知愛惜保護，以爲子孫黎民之計，乃反從而摧折敗壞之，不亦逆天之理乎？逆天理者，天命去之何疑。（卷四十一）

同卷又云：

治道本於人才，人才本於經術，經術本於師儒，是以學校爲人才之本，學校不興，未有不亂亡者。大經不正、人倫不明，民行如何可興，言之哀痛。

從上面兩段文字中，深切表達先生對故國淪亡之哀痛，而先生一生修身履道，汲汲於駁斥良知末流之弊，嚴辭厲色以排距俗世種種惡習，以及講明義理，推崇程朱之學，闡揚孔孟之道，從事教學以栽培後進等，其存心所在亦從而可明矣！故先生教育之另一重要目的，即在培養治國之人才，以爲興復之本也。《願學記》中嘗謂「在上則進賢才，在下則育賢才，無非爲天下國家」，此爲國變之年所記者，蓋其時先生已深覺人才於治國之重要矣！然既處夷狄統治之朝，大經已不正，人倫已不明，如何而可興起人才？先生三十七歲告孫子度云：

百里一士，千里一賢，欲鄉黨之中，有志斯道者，比肩而起，此實難之。況衰亂之世，上無明主，下無賢公卿，鼓舞而作興之，而邪說暴行者，日新月盛，以陷溺人之心志，其一、二有志者，方且韜藏隱固，以自處於儉德避難、遯世不見知之義，獨行睘睘（睘與睘同，詩唐風杕杜有獨行睘睘句），固無足怪。但得四方同志所在，不絕修之於身、行之於家、信之於鄉黨朋友，使所在人心習尚，寖出於正，父兄足以先子弟，士君子足以式細民，以是寖昌寖明，其間必有豪傑之士，應運而興，以當斯道覺斯民之任，然後至化可得而

> 流，人才可得而盛也。（卷二十七）

此先生欲結合同志之力，深植復國根本之計也。孫子度、名爽，其生平已見前第二章所述，即申酉國變時伏闕上書數千言，視天下事靡不可爲之人也。而據包賚《呂留良年譜》，順治三年一條所載：「黃宗羲爲監察御史兼兵部職方司主事。宗羲等將由海寧取海鹽，約崇德義士孫爽爲內應。時清軍部署已定，不得前進。」則其人亦參加抗清活動者也。先生身遭國變，與友人書俱以遯世无悶之旨爲言，而告子度言如此，則一生雖未嘗明言復國，然觀此亦可知先生之心矣！故晚年得遇穎敏篤行之張佩蔥，遂喜極以告同志云：

> 張佩蔥年富力強，有志於學，知交當勉以名世之業，它日於世道人心乃爲有益，若區區於訓詁文學之末，則非所以愛之也，尤不可以治生二字，損其讀書之志。○名世之業是治己治人之事，所讀書須本此意。（卷四十）

得見人才之樂，善保人才之心，可謂盎然紙上矣！

二、蒙養以正

朱子極重視童蒙教育，嘗編輯《小學》、《童蒙須知》等書立教，並指示學者「古者小學已自養得小兒子，這裏定已自是聖賢坯璞了，但未有聖賢許多知見，及其長也，令入大學，使之格物致知，長許多知見。」（《語類》卷七）故朱子以爲小兒入學必教之以洒掃、應對、進退之節，詩書六藝之文，打下良好基礎，後乃可進讀大學，理會窮理致知工夫。倘一般學者自小失了小學工夫，亦須讀其書而自我檢點。先生治學自言即以《小學》、《近思錄》入門者，故於二書所得最深，遇「有志問學者，必舉此二書相勉」（卷五十四與姚璉語），且所輯《經正錄》一書，即以朱子《童蒙須知》列爲首篇，並謂「此小學之事，蒙養以正，作聖之基」（卷十六）也。而〈示兒〉書中亦云「小學是讀書做人基本」（卷十四），均可見先生秉朱子遺意，重視童蒙之教也。茲舉其要分列如下：

（一）學必有師

先生以爲教育童蒙，須自小令其從師受業，讀書以日遷於善，戒之勿令近匪人。此責在於父兄也。故《備忘錄》有云：

> 子弟不令從師受業，於祖父爲不孝，於子孫爲不慈，於兄弟親戚爲

> 流毒，不仁孰大焉。(卷四十)

又云：

> 古人云子弟可以終年不讀書，不可一日近匪人，蓋甚言匪人不可近也。然二者勢實相因，不讀書勢必至於近匪人，近匪人勢必至於不讀書。嗚呼！豈獨子弟也哉！一息尚存，總不可不讀書，不可近匪人。今有人昌言不必讀書者，不祥之言也。託言小人不得已而近之者，終於下達而已矣！(卷四十一)

子弟年幼無識，心智未定，易受外誘，故爲父兄者，欲子孫賢慧，克承家業，自少即宜使之處於良好環境，讀書知學，庶免蹈於悔恥。故先生重言之，亦嚴懲時弊所致也。然此與先生移風易俗，培養人才之志，實一脈相承。流俗父兄之教其子弟，俱趨富貴利達一路，則自己子、同志諸子猶有可爲也，故每以此意勸諭友人。前引第二條文似即爲友人邱季心而發，卷七〈與周鳴皋〉書云：

> 前晤季心兄，言及兄曾過之，道家間諸務。季兄語兄以課子之事……。不知季兄之爲此言，以兄不令諸子從師受學，故進激厲之辭，抑果爲兄忠告也。以今舉世之人，率事浮文圖利達，徒喪其心術而無讀書之實，季兄之言誠未爲過，然爲未嘗從師受學之人謀，則恐未免失之偏重也。

周氏不令諸子從師受學，先生歎息不已，故去函論季心言語之偏失，又譬喻其利害攸關而告云：

> 況此人情險惡、風俗頹敗之日，苟非識禮義、知古今、別情僞，有以自立，則一經侵侮、一蹈機穽，數畝者，能保有不失乎？若更進於數畝，其不爲匹夫之壁者幾何矣！十餘年來，里中子弟，或衣冠之後，或素封之餘，祖父所遺非不豐也，未幾，室廬田畝，盡屬他人，并妻子非其有，以身陷於刑戮者多見矣！原其故，雖緣子弟之不肖，亦何莫非其父兄見小而不見大，見近而不見遠，失於教誨使然哉！(同卷七)

當時學者身遭國變之後，遯隱田野，每不重子弟之教育，先生實爲憂心，故於諸同志前，時舉教子之義，又引方孝孺「人才日衰少，善保膝下兒」之言以諭，戒同志友之從事訓蒙者宜加意正學之語。由上所述，可知先生極重幼學教育也。

（二）慎擇師

其次，需慎擇師。《備忘錄》記云：「蒙師之責至重而世輕賤之，舉業之學至陋而世尊隆之，可謂不知類矣！」（卷三十九）啓蒙教育之重要，不必學者專家提倡，今世之人皆知也。而先生處乎其時，世人乃不明本末輕重，溺於利欲，《初學備忘》下嘗述及此狀云：

> 《易》曰：君子以多識前言往行，以畜其德。凡爲父兄師長，莫不欲子弟賢且智，然而家教不齊，今之父兄，或多不以義方愛其子弟者矣！學術不一，今之師長，亦多不以正道養其蒙士者矣！不知古人之所是，惡知在己之所非，……初學之日，天性未失，日聞古人之言，日見古人之行，栽培滋養，習以性成，久之，自能長進……。世之父兄師長，以文藝干進取，以詞章襲聲譽，適足以錮其聰明，奪其心術而已……。（卷三十七）

故先生以爲父兄延師教子弟，特需謹慎，否則雖有美質之人，亦難成才也。至於良師之條件如何？〈答徐敬可〉一書云：

> 延師教子，當慎擇老成之士，有品行、有學識者爲之，方能造就得子弟，所延師又必恆久，方能次第受益。今之蒙師固已不擇其人，而從事率復不久，爲師者席不暇煖，爲子弟者未竟一經，即使去而之他。至習舉業者，又皆一輩浮薄少年爲之。且未論古昔盛時，恐近在四五十年以前，此等人爲子弟，尚將見黜于師長，今乃以之爲師，其年逾四望五，鮮不以爲老物過時而鄙棄之。父兄之教若此，奈何心術不日壞，人才不日喪乎？因仁兄言及來歲先生，故具論之，餘人難以道此，願與二三知己有意子弟之賢者，各各守此勿忘而已。（卷八）

先生既告敬可擇師之標準，復悲世教不明，人才日喪，思有以挽救而維持之，乃勉知己共勠力於教子以賢也。先生之時刻以世道存心，洵卓然可佩矣！

（三）養正之道

教育童蒙之法，先生以從事教學四十餘年經驗所得，提出如下原則：

1. 家教與師教配合

> 養蒙之道，父兄則教以隆師親友，師長則教以事親從兄，乃能入孝出弟而學業爲有造。若父兄於子弟之前，非議其師長；師長於弟子之前，詆毀其父兄，其不相率於不孝不弟，而傲戾自賢者，幾希矣！

（卷四十《備忘》二）

孝弟爲仁之本，本立而道生，其義大矣！自個人之成德，以至親親仁民愛物、治平天下，莫不以此爲始。先生又言「教子弟只四語是綱領：入則孝、出則弟、言忠信、行篤敬」，然欲子弟能擴充此良德，父兄師長必相互配合，使子弟耳目如一，否則議論不同，甚或彼此詆毀，教之不成，其可知也。

2. 閑其放心，使之用心

教子弟記誦似爲末節，然欲收其放心，養以理義，舍是又無別法。（卷三十九）

凡教童子課誦，不過閑其放心而已，緊要全在此等，其次則在循蹈規矩。（卷十三〈答顏子樂〉）

一友問教童子記誦，固是收其放心，一往記誦又不見長進，如何而可？曰教之用心而已。心之官則思，心官不失其職，自能長進。或隨事問其義理、或設難令其分析、或聽言察其記憶、或見人質其邪正，皆是引其用心之方。嚴陵方氏曰：君子之心，將有爲也，不必盡善，以能有所思，故不善終不成焉。小人之心將有爲也，非盡不善，以不能有所思，故善終不成焉。是以知用其心之爲貴也。（卷四十二）

人懷血氣之心，最易感物而發，故心之放不止一端，舉凡外物俱足誘動人心，倘自幼心之存焉者寡，則將來必無所成就，故先生以教童子記誦，使其心專注。若久不見長進，乃是學而不思，此時爲師者，即應隨機制宜，使之思考，則學子自能長進也。從第三條最可見先生能靈活運用各種方式以啓發學生，足資當今教學者之參考也。

3. 守謹厚、戒浮傲

子弟只當守謹厚二字，終身由之，有不能盡。今日父兄只喜子弟聰明，殊不知聖人小心翼翼，只謹之至也，肫肫其仁，只厚之至也。聰明而不謹厚，未有不爲挑達，爲狂且者。（卷四十）

輕浮二字，是子弟百惡之根，浮是輕之本。○不恆其德，只由於浮，輕言輕動，亦由於浮。（卷四十）

凡人氣傲而心浮。象之不仁，朱之不肖，只坐傲之一字。人不忠信，則事皆無實，爲惡則易，爲善則難。傲則爲戾爲狠，浮則必薄必輕，論其質固中人以下者也。傲則不肯屈下，浮則義理不能入。不肯屈下，則自以爲是，順之必喜，拂之必怒，所喜必邪佞，所怒必正直。義理不能入，則中無定主，習之即流，誘之即趨，有流必就下，有趨必從邪，此見病之勢有然者也。（卷五〈與何商隱〉書）

凡人犯浮傲之病，則趨邪從枉，百惡從此而生，先生論之詳矣！且評陽明學術之失，亦舉驕吝二字，謂讀其書則長傲習非。因此，若自幼養成此惡習，將來必爲世害可知。先生防範於微，故童蒙之教特重閑其放心也。至若子弟已犯此病，先生以爲「藥石之施，在起其敬畏以抑其傲，進之誠實以去其浮。莊以蒞之，正容以悟之，庶其有敬。輕言輕動，最所當忌，說而後入，至誠以感之，尙其有信。疾之已甚，持之過急，亦所宜戒。」（卷五〈與何商隱〉書）父兄師長必因其病，循循善誘，使其心悅誠服而治之，不可操之過急，苛責強求，否則非但徒勞無功，反將求理彌亂矣！故先生主張弟子當培養其謹厚之情性，始可免其傲浮之氣，此亦防範於微之意也。

其餘若云：「小兒妄語，其後無所不至，古人所以常示毋誑。」（卷三十九）禁子弟之惡習也。若云：「幼學無他緊要，第一是聽順父母，尊信師長，自能日積月累，漸長漸成。」（同上）則與前父兄師長配合教育之說相發明，主要在養成其孝弟之心、戒犯上作亂之心也。所言皆切近情理，合於今日教育學之原理。蓋先生本「禁於未發之謂豫」之原則，主張幼教當先培其根本，故遵朱子之教，以《小學》爲啓蒙先務之書，養成子弟孝悌忠厚之性情，則其心先正，雖不復讀經，亦足爲善而不害世道也。先生論治學詳且備矣！前所述原則自是徹上徹下，學者之治學要不能外乎此，以其乃童蒙所特重，故先舉爲言，以發其端耳。

三、治學之道

古人修道所以立教也，故自身治學所得，即其示教于人之原則，此亦孔子於二、三子無隱之意也。先生之教育思想本諸義理之學，其體系第一節述之已詳，於此不煩複舉。僅就先生從事教學，指示門人「治學讀書之態度、精神、方法」等，前所未及言與言而未詳者，舉其宏綱大目分列如下，要亦不能盡其詳也。

（一）先立乎其大

卷二十八《願學記》云：「或問自立之道，曰：在先立乎其大者。」此先生本孟子之學以教人者也。夫為學之道，首在收其放心，能自為主，否則「一有所隨，則心知百體，皆因所隨而變，正則吉，不正則凶」，故溯古至今，凡施教者，莫不以此為學子先務。故先生云：

> 立身大節目，在見利思義、見危授命、久要不忘平生之言打算起。古人所謂先立乎大，所謂在天地間作堂堂正正一個人也。於此打算不過，難乎其為人矣！（卷二十五《問目》）

此舉細目以告學子者也。而《初學備忘》首條亦告門人「先須立志，志大而大、志小而小，有有志而不遂者矣！未有無志而有成者也。」（卷三十六）又云：

> 人有必為聖賢之志，後來工夫不整密，意思漸衰惰，不免終於庸人，若一向安於流俗，下稍何所底止，是可畏也。

> 少年立志要遠大，持身要緊嚴，立志不高則溺於流俗，持身不嚴，則入於匪辟。（同卷三十六）

志向遠大，以聖賢為目標，而後其身可立，此由內及外也。故進而論立身大綱云：

> 凡人立身大綱先要正。何謂大綱：虞之敬敷五教，周之賓興六行是也，而以孝弟為之本。孝弟、百行之原也。極此謂之聖人，行此謂之賢人，不知此謂之愚人，失此謂之小人。胡文定公曰：天理民彝一失，則為夷狄，再失則為禽獸。人能於此不失，即不讀書識字，亦是正路上人，於此先虧，即有聲名、得利祿，亦能言之禽獸而已，學者可不知所先務乎？（同上）

觀此，可知先生之諄諄訓育弟子者，皆在先立其心志，使之敦本孝弟、法則聖賢也。此與前述童蒙之教，重其根本之意相同，在慎其始也。先生教育之思想，此最為要，故語讀書，則要人先辨心術，別義與利，論為學則謂「先須立大規模，萬物皆備於我，天地間事，孰非分內事」（卷三十五〈澉湖塾約〉）；云「學者親賢樂善是第一事」（卷三十六）；「初學最緊要是恭儉二字」（同上），切戒侈肆之念。凡此俱是起足第一步，慎其始初之意也。

（二）親師取友

凡人之學莫不始於師而成於友，故先生曰：「求益在親師，損疾在取友」（卷二十六），於《初學備忘》、《願學記》、《備忘錄》等書中，亦詳論其義以教學者。如云：

> 學問必由師友而得，人無師友，質雖美，固陋而不知不足；不美者，非僻而自是，故曰：道義由師友有之。然擇之不可不愼也，今之爲師者於己無所得，誣誑而已矣！不若巫醫百工之人，其授受各有成法也。今之爲友者，於人無所益，燕溺而已矣！不若巫醫百工之人，其相示猶有藝巧也。夫服蘭桂者有同芳，履糞穢者有餘臭，不期而必然之勢也。失在一日，悔在終身，知悔則已晚也，苟不知悔，又從而溺之，其害可勝言乎？（卷三十六）

此則鑑於當時世風敗壞，而切戒門人，雖不可無師友，然必須愼擇師友，否則其害反不可勝言也。至於師友不僅取乎今世之人，亦須尚友古人，取法前賢，爲學方免流失，故又云：

> 今人與居、古人與稽，二者闕一不可。不古人與稽，則無以識事理之當然，別流俗之非是。不今人與居，則無以相觀而善，切磋之益少，而所學或失之偏矣！（同上）

蓋「師友平時雖不見顯然之益，然講論道義，修整衣冠，自不知邪慝之日消，而非僻之日遠。則其爲益也大矣！」（卷四十）故若能愼擇良師益友，學有師法，親賢爲急，比匪爲戒，遠絕非聖之書，稽古琢今，則成德成學，可以期矣！此先生所示學者之要義也。

（三）擇善而從

先生教學者除欲其「愼始」外，又重擇善，並以之爲初學切要功夫。《願學記》云：

> 擇善人而交，擇善書而讀，擇善言而聽，擇善行而從，是初學切要功夫，從此造乎精微，總不外擇善二字。（卷二十八）

又云：

> 荊棘之叢，亦有翹楚，嘉苗之畔，豈無稂莠，天地間人善惡雜處，無往不然，在人知所擇耳。擇善之義最廣，此其一也。（卷三十九）
>
> 人做得一種功夫，決有一種得力處；讀得一種書，決有一種受益處，目前即不見得，後來自見其效，但當愼擇於初耳。（同上）

由先生所述，則可知愼始擇善，實相因相成，即《中庸》愼思明辨之功夫也。先生嘗謂「崇德、修慝、辨惑，分之則三，實則一也……著緊功夫，又在辨惑。惑之不辨，慝將日深，雖欲修而不知所以修，害德滋大，故衡量三者，辨惑似輕，學者用功，辨惑爲首。」（卷四十一）故學問之要在明辨，辨之明而後能擇之善，可以慎其始也。然擧擇善可包辨之義，而尤覺切於事理，故先生自言：

> 擇善而從，自心術之微以及事事物物，精麤巨細，莫不皆然。吾平日自謂不敢負秉彝之良者，蓋在乎此。往年吳子賓來一再相見，謂予曰：聽先生所言大指，莫只是擇善否？當時賓來十六、七，却敏快如此，於今每念之不能忘也。（卷三十九）

可知「擇善之功」乃先生治學主要得力處，故特擧以示學者也。

（四）反躬自得

先生之學，俱從反躬自得而來。劉蕺山評《問目》云：「諸語多從自身體貼出來，故遂不落語障，所見已是端的」，何汝霖〈初學備忘引〉亦謂先生之學「俱一一從身心日用間，體驗天理民彝，以爲立身應事、自淑淑人之準則，非辭章訓詁家，所能窺其一、二」也，故先生以其體驗所得，戒初學之士云：

> 不能反躬，是學者第一病。修己不切，實由於此，與人多齟齬亦由於此。記曰：不能反躬，天理滅矣！滅天理，必窮人欲，民斯爲下而已。曾子日省其身，只是反躬之學，孔子孟子只教人切己自省。（卷三十六）

知先生於孔孟之教篤信而實驗得其理如此也。故與門人說書則欲「學者反身而自得之」，「體之於心，驗之於身。」，「切己體味，引伸觸類，以盡其餘」，必欲其字字句句從自家身心體當過來，以期切實有得。至於日常生活應事接物，尤要求準之書義，使自己用心與聖賢用心相同。〈澉湖塾約〉云：

> 日間言語行事，即準於經義而出之，其有不合，必思所以習心隱慝種種自形，力使其去，旦晝梏亡庶乎免矣！若人事罕接，則讀史書一二種，非徒聞見之資，要亦擇善之務。（卷三十五《學規》）

由上可知，先生所謂反躬之學，實自內及外，由知至行者，且所重更在踐履應用，此正針砭空疏時弊而發也。故先生又云：

> 讀書豈是徒要識字，記故事而已。祇要講明事物之理，而求以處之大小各得其宜，是故大學之道，可以修身，可以齊家、治國、平天下也。故云：非學無以廣才，若事物不以經心，萬卷何益？（卷三十六）

讀書所期，在明體適用也。倘廢棄實事，人倫庶物，不以經心，則徒爲空言，若能務本，準經義治事，則大學之道，自有修身、治國之功能也。

（五）循序恆久

先生本朱子之意，以爲讀書不可躐等欲速，宜循序漸進。《備忘錄》云：

> 讀書先要擇其盡善而切要者，盡前一冊，方進後一冊，乃有益。若躐等欲速，不遵次序，前冊未了，又及後冊，雖多涉獵，無益也。至於非聖悖道，害人心術者，無論已。（卷四十二）

由此可知先生雖主讀書需循序漸進，然所讀書則先要合乎「盡善而切要」之原則，始能有益於人。今考先生爲長子從師而制定之課程與次序曰：「吾請於先生，預爲十年之序，始受《小學》、次《大學》、《論語》、《孟子》、《中庸》，次《詩》、《書》、《禮記》、《周易》、《春秋》，次《近思錄》、《范氏唐鑑》、《大學衍義》，以及《性理》、《通鑑》、《綱目》。」（卷十四〈示兒〉書）應即先生所謂盡善而爲當務之急者。而所列次序，亦一本朱子之意見也。

讀書爲學之功夫，依序而定後，須立准課程，量力而遵行，始能專一而恆久不怠，否則圖一蹴而至，不免有進銳而退速之患，先生深知學者易犯之病，故又闡明「君子貴恆」之理以教人。《願學記》云：

> 工夫當立准課程循循做去，不可便計較有益無益，目前即不見有益，若做得一番工夫，後來得力，亦終在此，以爲無益而舍之，或求速效而至於躐等，終於無益而已矣！是以君子貴恆也。（卷二十七）

又云：

> 大抵學問之道，只恆久便有益。《易》曰：日月得天而能久照，四時變化而能久成。日月四時，萬古如此，只是有恆。一晝了一夜、一寒了一暑，無銳進亦無速退，無間斷亦無增加，天地所以歲功成，萬物所以正性命也。反其所常則爲異矣！吾人功夫果然有恆如四時日月，豈有不能日新又新之理。故曰：久於其道而天下化成也。（同上）

凡此俱先生自身且教學者堅守之原則也，亦是針砭流俗急功好利之病而發者也。

（六）專一精熟

《初學備忘》上云：

> 學問不能長進，只坐不致於一之故。日用功夫既向此旋，又向彼方，事此尋復事彼，一起一倒，那得有益。若併疊心力，專於一路，自

> 能月異而歲不同。易謂：三人行則損一人，一人則得其友。損彼則益此，天下事何者不然。(卷三十六)

可見學問欲長進，便需心志專一，若「言厖事雜，爲害最不細，百工之事尚不可，況學問之道乎？心志不專一，如何有成。」(卷三十七) 故先生以爲「子弟耳目要一，耳目一則心志專」，而切戒泛雜，否則終身於學將無所成。

心志專一而後可致精熟之功也，先生於《初學備忘》要求諸生讀經，必「先令成誦，而徐以涵泳其義味，體之於心，驗之於身」，「識記審思，勉強以求至於明」，「靜以思之，詳以問之，見得聖賢所說道理，無非先得我心之所同然，從無一字虛設」，皆是教門人熟讀精思，以求反身有得也。卷五十四告弟子姚璉讀書之法，亦謂「書中前後稍異同處，不可不子細玩味」，則表示不僅一字一句之間體味有得而已，又要仔細比較也。

（七）虛心去矜

先生處學術否塞之時代，爲學者矜己自賢，一得自高，其人多矣！而王學末流任意驅策聖人言語以爲己說註腳，自以爲是者亦眾矣！故先生於「虛受、去矜」之理，發皇尤夥，蓋鑑戒俗蔽，是以不能已於言也。《初學備忘》上云：

> 學問之道，惟虛受最有益。譬之一器，虛則凡物皆能入之，若先置一物於中，更何物能入。易咸卦之象曰：山上有澤、咸、君子以虛受人。山至高也，澤至卑也，以至高者乃能處至卑之下，可謂虛矣！虛故能受也。若山下有澤，則爲損矣！舜大聖人也，而曰：舍己從人。顏淵大賢人也，而曰：以能問於不能，以多問於寡、有若無、實若虛。而況吾人本庸愚之流乎？然非誠有欿然不足之心，惟恐人之告之有所不盡，終亦不能相入。若有一毫自足自是之見存於胸中，則聲音笑貌之際，已有形之而不能隱者矣！此亦孟子所謂拒人於千里之外者也，最是學者大患。〈說命〉曰惟學遜志。未有不遜於志而能長益者也。醫家亦以中滿爲難治之疾，蓋膏梁藥石俱不能進，則死亡無日矣！（卷三十六）

先生譬喻至詳，所以勉人之意誠而切矣！其原因主要在於「學絕道喪，既不得聖人以爲依歸，又不遇大賢之士正其得失」(卷四十二)，故惟有虛心遜志，才不致舉一廢百，陷於邪慝而不自知也。因此若學問稍有知見，不得輕於自信，仍應虛心以求至全體之明，否則其害有不可言者。《願學記》云：

> 胸中稍有知見，正宜因此以求至於全體之明，切不可輕於自信，果於自是，不然則將執而成僻，雖未至於蔽陷離窮而有不自知者矣！今之學者，十人而九多中此病，是以生心害政之禍，未有止息也。（卷二十八）

「輕於自信」、「果於自是」，皆是矜己不虛之結果，先生深明其害甚大，因告誡學者云：「矜己之人雖是好修，實足傷物。曾不反思，矜是學人深病，矜則驕心生。」（卷四十一）又特以二語告曰：「勿執偏見而害義理之正，毋任愛憎而亂臧否之實」（同上），即是欲人虛心求學，勿犯矜己之病，否則生心害政之禍，將無有止息之日矣！

（八）憂勤惕厲

《備忘錄》三先生云：

> 憂勤惕厲四字，闕一不可。學者用心須如此，方有進步處。天地間人，大者憂其大，小者憂其小，要無有不憂者。然徒憂無益，須是勤勤乃有立，然非惕與厲，則始勤而終怠，進銳退速，未可知也。故又須怵惕惟厲，如是，乃能終日乾乾，夜以繼日，坐以待旦。（卷四十一）

學者欲求進步，月異而歲不同，必具備憂勤惕厲之精神。蓋人生有限，少壯要不多時，徒任優游，虛度光陰，學業無成，斯可憂也。然不能惜日勤學，終於無益，故爲學須能喫苦，並時時惕厲自己，乃能振奮精神，堅持到底，仁爲己任，死而後已。先生所以勉學者之意深而切矣！集中持此意論述者極多，如《初學備忘》下發明憂之義告諸生云：

> 年少之人未嘗知憂，未嘗知懼，晨夕嬉遊，見老成者，危言切論，掩耳而去，以爲我生必無可憂，亦有何懼。不知命不于常，豈特王公爲然，匹士庶人，盛衰苦樂，亦各有命……或世道變更，或是鄉土亂作，或家運前後不同，或是此身事出非意，惟有長懷憂懼，不敢肆言，不敢妄動，庶幾自作之孼，可以少免。易著其亡之訓、詩稱良士蹶蹶，誠何心哉！左傳、楚莊無日不討國人而訓之以民生之不易、禍至之無日，赫赫楚國而君臨之，尚猶如此，而況吾人生於亂世，何異巢幕之燕、井谷之鮒，而云無可憂、有何懼，亦弗祥矣！（卷三十七）

諄諄告誡，詳盡親切，尤足發人深省也。至於先生終身修道勤學不怠，時時書警語自惕，可謂躬親貫徹此「憂勤惕厲」之精神也。故所以教示于後人原有足多者，又不待考諸言語而後得也。

先生自幼勤學，讀書廣博，寢饋先聖賢典籍，且一生課蒙爲業，故於治學之法，多出於切己體察而得，足爲後學效法。朱子弟子曾約其讀書法爲六言——居敬持志、循序漸進、熟讀精思、虛心涵泳、切己體察、著緊用力。較之先生所得，多相契合，於此亦可見先生之學矣！

四、教學之精神與方法

先生身處異族之朝，盜寇縱橫，兵戈交織，嘗喻時局曰：「居今之世，眞如乘漏舟以涉江湖，風波覆溺之懼，日日有之，亦在在爲然」（卷二十四〈與許元龍〉）可見當時社會之動盪，與人心之不安，先生因溯其禍源云：

> 今日之亂，臣不顧其君，子不顧其父，以及兄弟夫婦、宗族親戚、鄉黨朋友各不相顧，原其初，只是懷利以相接，故其禍卒至於此。若有仁義之心，必將有所不忍與有所不爲，安有之乎？（卷三十七）

故先生之正學術，首在分辨仁義與利、君子與小人，而行止則深思大易龍蛇蟄身之旨，藏器待時。語吳仲木云：「況在今日，又非過之可得言乎，諸陽消剝已盡，乾坤或幾乎息矣！所冀者一陽潛萌九地之下，爲將來聖作物覩之本，保護不可不深，退藏不可不密。」（卷三）故本此意以闡揚孔孟仁義之道爲己任，唯以經學教子弟，謝絕舉業之徒，尤嚴立名節藩離，明進退出處之辨，以教育子弟，使不出仕異朝，欲因此培養興復民族之人才也。故先生之從事講學授蒙，實寓深意也。

（一）教學之精神

卷四十二《備忘錄遺》云：

> 或云教子弟欲其通文義，非作制舉業不可，非通論也。制舉業始於元，盛於昭代耳。且未論三代以上，唐漢宋間千有餘年之人，何曾作制舉業來，且思近代人，文能及其一二否？今日學術之害，皆在制舉業，有志於子弟之賢者，必當以制舉業爲戒。

此即先生本民族之意識教育子弟，以傳承先聖仁義之道爲根本，不欲人爲制舉業，則子弟不應舉，自不爲異族所用。蓋處亂世不得明言民族大義，而爲不得已之舉也。因此，爲守先王之道而啓來學，先生以爲必善保人才，即賦質庸下者亦不可棄。《備忘錄》云：

賦質庸下之人，於義理不能相入，但爲父兄者，不能不以義理曷之，冀其有造。正如病革在牀，雖知不起，而延醫下藥，終不能已也。有爲

先生於句末特註「有爲」二字，蓋爲針砭當時遺老學者棄子弟不教之弊也。

其次，先生以爲教學者必需有「誨人不倦」之精神，不可怠惰，故嘗告門人姚瑚曰：「課督諸生用一分心力，即有一分功效，失一時栽培，便見一時荒落，誠不可不愼也。」又曰：「爲師者，常以因己而壞人之才爲憂，則不敢惰矣！」（同卷五十三）《願學記》亦云：

爲之不厭則能盡其性，誨人不倦則能盡人之性。（卷二十六）

即子弟不能聽從，亦不可引「不屑之教」之義而止。《備忘錄》云：

誨字從言從每，世衰俗薄，士之有志於學，肯從事爲心慮上理會者絕少，不得不與諄諄言之，雖至於煩數，不敢引瀆則不告之義而止也。（卷三十九）

法語之言，從而不改，不以不改而廢法語，巽與之言，說而不繹，不以不繹而廢巽言。不屑之教，今日知無可施。有爲（卷四十）

觀先生之言，可知先生之苦心矣！且風俗日敝，人材日衰，故教者亦不可因成效不佳，而放棄努力。先生云：

楊鐵崖云：古人謂人才拔十得五，在我雖拔十得一，猶爲之也。眞仁者之言。況今世道淪胥，人才彫喪，視鐵崖時已倍蓰不同，人有一分好處，當作幾分看，何忍輒生嫌貳。明道先生謂呂正獻曰：願侍中寧百受人欺，不可使好賢之心少替。何敢不服膺斯言。（卷三十九）

楊維楨處元之時，而爲此語，故先生引喻當代以自勵勵人也。

再者，先生以爲教學必需具有「誠」心。唯竭其誠愛之心，方能感動子弟。故曰：

與人子言依於孝，與人弟言依於弟，最是易知易從，特患不誠耳。（卷二十六）

子弟教不率從，不能不怒，但思包蒙納婦之義，便和平矣！諺云：不哭孩兒誰不會抱。不會抱哭孩兒，畢竟自家誠愛之心有所未至，若心誠求之，雖不中不遠矣！（卷三十九）

由以上所述，可見先生教學本諸民族意識，以誠愛之心，教不厭、誨人不倦之精神，實令人肅然欽敬，亦足爲今日從事教學者之法式也。

（二）教學之方法

先生長年課蒙授徒，亦極重視教育方法，備忘錄中即云：「子弟教不率從，必是教之不盡其道，爲父兄師長者，但當反己自求，未可全責子弟也。」（卷三十九）可見爲師者教必有道，不可不講求也。故若前述教童子記誦以收其放心，即是一法也。此外，宜注重學習順序，以引起學習之興趣，先生云：

> 詩書等以垂訓，而誦詩必先於讀書者，以歌詠易以感人。凡人好善惡惡之心既動，而後可進於義理耳，亦興於詩之意。程子曰：教人未見意趣，必不樂學，正此意也。（卷四十二）

詩可以興起人之志意，故於讀書之先，使誦詩以動其好善惡惡之心，而後可以樂於學也。卷五與何商隱論教子弟書謂「說而後入之」，「莫若授之以甚說而易之以所服」，皆是此意也。

其次，在於內外交養夾持，《備忘錄》云：

> 看築牆，深得夾持之義，聖賢教人無他，用力只是內外交養而已。夾持得不滲漏，方不走作。有感（卷四十一）

內外交養乃聖賢教人至要之法，學者持此原則可以修其身，教者因是得以育子弟也。故先生教學首重立志，使心中能有主宰，又注重氣象，使容貌、顏色、辭氣莊肅，即本此一法。先生語云：「內外表裏，豈有兩截。持其志無暴其氣，敬以直內、義以方外，聖賢教人，未嘗偏廢，弗思爾已。」（卷三十六）此義先生最所服膺，故修己如此，教人亦本乎此也。

再者，先生以爲教人之道，在長善而救其失，《備忘錄》云：

> 教人之道，只長善而救其失一語盡之。如舜典，命夔典樂教冑子，而曰：直而溫、寬而栗、剛而無虐、簡而無傲。只是此意。萬世教人之法，不能易也。蓋直者恆不足於溫，故欲其溫，寬者恆不足於栗，故欲其栗，剛者易至於虐，故戒其虐，簡者易至於傲，故戒其傲。在學者變化氣質之道，亦在自長其善，自救其失而已。其以長善爲先，救失爲後，極有次序。（卷四十）

孔子教人，各因其材，觀論語答諸弟子語，莫不因各人所偏而救正之，亦此法也，故先生以爲教育之法，僅此一語足以盡之，萬世不易也。

五、結　語

綜上所述，先生於教育方面之思想，亦大致可觀矣！要之，乃以道學之思想爲基礎，而藉教育實踐其救世之志者也。夫晚明清初廉恥道喪，亡國不數年，士子文人遂忘君父大仇，紛紛出應科舉，以求富貴利達。先生疾世道人心之日敗，學術之歧途日深，故以教育聖人之徒爲職志，培養名世之才爲標的，欲達正人心、撥亂世、興太平之功也。觀先生晚年與沈丹曙書云：「世挾經之子，顧欲以其私智，比而同之，至反以彼詖淫邪遁之說，以亂吾大中至正之矩，幾何其不彝倫攸斁，胥夏而夷也。」（卷八）則先生教育以正綱常爲本，其意可知也。又勉後學之語曰：

> 近代學術不昌，人心胥溺，兼今海宇多故，干戈興、經籍熄，古人有言，禍亂之作，天所以開聖人也。及茲年力壯盛，破流俗之見，奮豪傑之懷，深心學古，使仁義在躬，異時出應天子之求，於以康濟生民，光昭祖德，此則故人垂老所爲願望區區者也。（卷十二〈與沈祖綬〉書）

則先生之教育宗旨，斯亦可見也。至逝前一年〈與王寅旭〉之書云：

> 孟子謂五百年必有王者興，竊以自今而論，以其數則未也，以其時則可矣！名世之業，雖不得見諸當時，名世之學，則自可傳之後起。伏願吾友朋相與黽勉，毋以經綸參贊，非幽居之士之責也。（卷六）

先生一生汲汲於維護聖道、教育後學，志業所在，於此數言顯露無遺矣！迨至老年，志氣不衰，以及身不能見，故願傳之來者，繼志努力之意殷且切也。則先生教育精神之偉大，誠足激勵後世，啓示將來，令吾人欽敬嚮慕也

第五節　其他：經、史、文學

一、不輕著書之基本主張

先生之學，以義理爲統宗，以踐履實行，致明道救世之功。「有所撰錄，則其不能自已之衷之所流露，而非徒以立言富有，以德前賢」（祝淦〈彙訂楊園先生全書序〉）也。故今存楊園全集雖多至五十四卷，皆有爲而發，或述善言懿行，以爲取善之資；或記惡跡，以爲世人懲勸；或錄前哲著述，以爲學者法則；或自述心得以備遺忘；或書札往返以論學術，莫不因於世道人心之所需。即或詩、文之作亦莫非情動於衷，寓針砭時俗之意。蓋先生雖逢世亂，不能得君行道，亦不願爲專務著述之儒，故於經、史、文學俱無有系統而專

門之撰述，而先生猶自悔少壯精力靡敝於著書也。與摯友何商隱書嘗云：

> 古人著書，動關世道，正如衣裳飲食、舟車宮室，在天地間，一日不可已，故久傳而不敝。雖一種文字，亦其人之精誠不可泯滅，故後世如新。三百年來，詖淫邪遁之書，眞不啻汗牛充棟，究竟不可少者，幾種而已。其能不泯滅者，要亦不多也。豈但三百年爲然，魏晉以降，著書漸多，其得傳於後，不遂泯滅者，千百之十一而已，此亦據今所傳而言，若天下後世并今日所傳之十一，亦復不傳可知也。弟深悔少壯精力靡敝於此，今思年已過中，日力有限，稍覺無益，概欲屏去，勿令徒亂人意也。（卷五）

明代文人好著述，及季末，士子學未有成，已自出文集示人，故先生以爲多無益於世，其必不傳蓋可知也。上而推之魏晉以降，亦復如是。故著書垂文之事，先生以爲必「因斯道不明，不得已而有言，以補天地之憾，若道理已無餘剩而吾之所學，未足信諸今而傳諸後，則兢兢乎不欲發爲文辭，書所謂非惟不敢亦不暇也。」（卷四〈與唐灝儒〉）蓋先生鑑於有明三百年中詖淫邪遁之書充斥，造成學術不明，釀成生心害政之禍，遂至國亡家覆，而未之有已。乃不欲輕立文字，庶免自誤誤人，故亦每以此意勸戒友人。如〈與唐灝儒〉書云：

> 未宜擇之不精，見之不卓，而汲汲焉發爲文詞，以與俗流陋見之子相與夸多而角技也。且人亦顧所學之何如耳，使所學果足信諸今而傳諸後也，即不著述，亦不容於不傳，如其不足以信諸今而傳諸後也，即多著述誠何益於多少之數。幸而傳之不遠，則不過如匹夫匹婦牆陰私語，人罔聞知而已。不幸而傳，則小者見嗤于君子，大則適以成其罪案而已矣！抑思程夫子何如人哉，猶不敢輕於著書，而況吾人之於聖賢之道，未能一窺見其户牖而輒有所著，多見其不知量矣！（卷四）

先生深明妄立文字之害，且以著作若無補世道，亦不當爲，此爲天下後代慮之深遠矣！而當世文弊已極，復多著述以與流俗互相角技，則言愈繁而理益失，有損而無益，故先生唯以質行救之，而不欲輕爲著書也。祝淦〈彙訂楊園先生全書序〉云：

> 或者謂孔子刪定贊修，朱子集爲傳註以羽翼之，道之所由明也。先生著述不及六經，疑若於衛道之功猶有所未盡者。不知道在千古，

迭更明晦，聖人亦因其晦者而明之斯已矣！其所以明之不必盡同。夫各有當也，先生不云乎：經書從先儒發明已極詳盡，當擇善而從，優柔厭飫，期於自得，不宜復有著述徒亂人意。由是觀之，先生祖述孔孟、憲章程朱，尊聞行知，以明學術之正，所為當務之急，救世之大權，莫過乎此，非必於經傳之外，別有增益，然後為得也。

斯得先生不欲著作之旨也。

二、經　學

先生不欲以空言著書，故於經學亦無注述，然並非不重注釋訓詁之學也，其本意實以先儒論說已詳，學者參伍諸家，擇善而從即可，再繁複其言，徒亂人意耳。今考卷五十四《訓門人語》中姚璉嘗問《禮記》一書諸說孰優，先生答云：「徐註甚正，自當玩之，但微覺太近訓詁氣耳。《禮記大全》尤集得不佳。余於恭兒讀本，其可疑處略刪之，可取閱也。」又卷五〈與何商隱〉一書中亦論及《周禮》之註云：「陳氏《周禮集說》首末二帙奉覽，其所載廢興敘一篇，與別本大同小異，文字則簡要便讀，而亦云賈氏正義，則與所示本，未知孰是也。」又卷十一〈答張佩蔥〉書亦云：「來書俱領到，本註自應全讀，因小兒頑鈍，故稍節之，不足取也。至詩註尤無節讀之理，戴記所載，雖有不合於義理者，全讀而分別論定之為安耳。」綜此而觀，先生之治經亦必融貫先儒注釋，擇其優者而從也。然先生所重在經書之義理，欲從中得聖賢之心，以修己治人，故不願為拘執訓詁之學究也。而對當代說書者，尤痛恨屏絕，故與門生云：

一日之間講解經書極是切實之益，當專心致志而聽之，體之於心，驗之於身……法當專以經書正文為主，平其心、定其氣、熟於口、審於思，沈潛反覆，融會貫通，則義味自有親切處，然後攷之先儒注釋，以證其得失淺深。若一向無所得，則聽我言語而繹思之，總要正文通曉，亦不必生記吾之言語。蓋生記者，只是吾的解釋，不曾是自己解釋也。至於近世說書，一概當從屏絕，如袁黃、湯賓尹等類，尤所謂邪說誣民充塞仁義，為害學術非淺。必不得已，虛齋蒙引、江陵直解可以觀也。諸項說書，吾前時亦嘗看過，於今思之，直是詖淫邪遁而已。（卷三十六《初學備忘》上）

由此可知先生教人治經，實欲學者深體而自得之，使義理積漸以明耳。至於爲害學術之說，則戒門人棄而絕之，以其背離聖人仁義之道也。

先生自少喜讀經書，終生不輟，反覆潛研，故能博通諸經，作爲理學之根柢、濟世之基礎。並以孔孟思想爲宗，徵經證道，下貫宋儒學說，化心性玄談爲平實規範，且引歸身受，見諸躬行。故先生之治經在明義理也，得聖道也，以之修身、齊家、治國平天下者也。至於教人讀經之法及對經學之識議，俱已述于第三章第一節思想淵源中，於此不復贅言。綜觀先生之於經學，實可謂乃顧炎武「古之所謂理學、經學也」主張之徹底實踐者也。先生雖不著述，且以經義貫注於聖道，然讀而有得，亦隨手札記，茲分類舉要而述之如后。

（一）反求諸其身

先生以爲治經首需將聖賢典籍字字句句反求諸其身，深潛體驗，使己心與聖賢之心合，始能辨明學術之是非，不爲俗流所惑，乃可眞正實踐外王之道，否則於身心全無所得，僅資口耳，獵取富貴，則是不曾讀也。故《初學備忘》下語門人云：

> 世儒於四書、經史，莫不讀誦，乃終其身，不知道理所在何也？一種人是求諸高遠，以爲道理不止如此；若其下者，則以爲此特作舉業文字而已，所以鮮能知味。苟能反求諸其身，未嘗不易簡如天地，昭明如日月也。（卷三十七）

先生既本此意，故又特別推崇朱子《中庸章句》所註「反求諸身」一語，《備忘錄》四云：

> 《中庸章句》第一章大註所云「蓋欲學者於此反求諸身而自得之」一言，足蔽千聖遺經之指，亦足蔽千古學人爲學之指。人能於聖賢之書，字字句句反求諸身，自能有得，不然讀書雖多，無益也。（卷四十二）

蓋欲通經致用，明道救世，莫不由此做起也。先生既躬行斯理，故施教爲言，俱本諸孔孟仁義之道，發而爲人倫日用平實之理，則親切可循，使人自下學而趨上達；出而論政言治，則能通曉歷代與仁道之違合得失，深中時弊而矯正之。

（二）經句之闡釋

張舜徽氏曰：「履祥不言經學，而於經學最深，不事注述，而闡發羣經大義，皆得其要。」(《清人文集別錄》卷一）可知先生於經學之功深也。故雖無專著，然心得之言，往往散見集中。論《詩經》者如：

〈柏舟〉母也天只、不諒人只。思之苦、情之迫，於此爲甚。求仁得仁，豈不快然無憾，而人必欲以姑息之愛，強人以所不可，從之則棄志也，不從則此心又不能見諒於母，詩人之情所以哀迫而莫告也。(卷二十七)

《詩》王事靡鹽，鹽字義極可思。訓云堅固，人作事無大小，一懷苟且之意，即不能縝密周全。爲人謀而不忠，與朋友交而不信，莫甚於此矣！非獨朝廷事爲然也。予於秉心塞淵及茲義，未嘗不三復而永懷也。(卷三十九)

論《尚書》者如：

修好德、非福也，而爲諸福之所自集。惡非極也，而爲諸極之所自成。洪範以是終篇，猶所謂禍福將至，善必先知之，不善必先知之也。(卷二十八)

論《禮記》者如：

《禮記》父母存不許友以死。分明秦漢間語。在三代盛時，從未有許友以死之說，春秋時方有之，至戰國方盛，荊軻聶政其最著也。秦漢間諸儒，必是見有許友以死而父母失所者，故爲之說。豈知如臨深淵，如履薄冰，君子固終身是心，何分於父母之存沒也耶。(卷四十)

論《易經》者如：

按彖中柔上剛下，柔來文剛及剛自外來等語，但據二體說已有其義，不必拘卦變說，卦變朱子原說非畫卦本然也。(同上)

以上隨舉數條，均見先生本諸經文，發揮其義理，以爲人生規範之實。其餘《論語》、《孟子》、《大學》、《中庸》、《春秋》等，亦莫不有說，而可明先生通經救世之精神，唯不勝枚舉耳。然先生治經最可貴者，尤在貫通各經之義，觸類旁達，本乎聖賢之道化爲人倫日用之理，而針砭時世之弊也。《備忘錄》四「自古人倫之變」一條云：

自古人倫之變，唯有舜處得盡善。曰克諧以孝、烝烝乂乂、不格姦，使頑父嚚母敖弟，一槩化爲慈父母友愛之弟，想見後來天倫之樂，更當過人。至其克諧之道，亦只二語，曰：負罪引慝而已、夔夔齊栗而已。孟子謂其不得乎親不可以爲人，不順乎親不可以爲子，此負罪引慝之證也。子夏告司馬牛以敬而無失、恭而有禮，此夔夔齊栗之意也。故曰爲法天下，可傳後世。孟子三自反、夫子內省不疚，處人己之間，聖賢無往不用此意。大舜烝烝乂乂，直是用此以格有苗。觀苗民逆命，便退師，舞干羽於兩階，亦有反己引慝之意。他日，夫子繫易象至蹇，則曰反身修德，明夷則曰用晦而明，於震曰恐懼修省，無非此意。（卷四十一）

先生處人倫敗壞（參第一章第三節）之世，故每喜舉舜之孝行，以爲懲勸。然舜所以處得盡善，其理法固亦孔孟聖賢教人之意也。餘類此者極多，下文復有所引，隨例可明，於茲不贅。

（三）羣經之大義

1. 四　書

先生除對經句有所闡釋外，於各經之旨義，尤多所發揮，示人以治學之途徑。蓋儒家思想淵源孔孟，而學庸經朱子發揮其義，足爲聖道之羽翼，故先生云：「四書聖學之淵源，義理之統宗。」（卷十四〈示兒〉書）此亦即先生學術思想之根源也。

（1）《論語、孟子》

孔子之道，如日月之無不照臨，開儒家萬世法統，一言一語莫非斯道之流露，故先生云：「從心所欲不踰矩，堯舜性之是如此，然則夫子所以賢於堯舜，看來大段是同，若文理密察處，恐堯舜猶有未及。」又云：「剛健中正，凡是聖人無不同之，若純粹以精，則孔子所獨至也。」（同卷四十二）尊崇可謂至極，故先生自謂平生得力《論語》者云：

吾平生於《論語》不知命、無以爲君子及《小雅》哀哀父母、生我劬勞二處，見得眞切，自覺得力亦在於此。信命不及，眞是枉做小人，劬勞之念不切，守身力學終是載沈載浮。（卷四十）

又云：

吾於孔子得二語，曰：鄉人之善者好之，其不善者惡之。於孟子得二語，曰：觀近臣以其所爲主，觀遠臣以其所主。（卷四十二《備忘錄遺》）

且對論語所言，先生莫不一一潛心研討，以爲義理之本源也。至於孟子，先生則云：

吾輩爲學，讀《孟子》知入德之門矣！孟子本之子思，子思本之曾子，源同而流不異，玩其辭者，當自得之。（卷二十五）

《孟子》七篇，篇首一章皆有深意。梁惠王仁義與利之辨，公孫丑王霸之辨，滕文公明性善道一，離婁法先王，萬章闢邪說，告子明仁義之性，盡心修身俟命願學孔子，必稱堯舜。（卷四十一）

孟子得志能使物物各得其所，觀其陳王道、論學問處可見矣！非聖人而能若是乎？（卷四十二）

凡此皆先生所親身驗證，而告人以學術之正途者。孟子處戰國動亂之世，楊墨賊仁義，邪說肆行，其背景與先生所在之環境，多有相類處。故先生於孟子願學孔子、閑邪距詖、宏揚仁義之道以救世之志，特爲推崇，其原因或即在此也。故先生論《春秋》則云：

《春秋》者，夫子所以經綸天下之大經也，故曰：撥亂世反之正，莫大乎《春秋》。孟子一生，只是用《春秋》以救世，其言曰：經正則庶民興，庶民興、斯無邪慝矣！乃七篇之大指。（卷三十五）

自夫子爲《春秋》以正天下，孟子繼之，而先生早年著《經正錄》，序所謂「綱常者、經世之本，父子君臣之道得而國治，而非學不爲功」，即傳承斯志而來，由此可見先生治學之嶄嚮矣！而救世之胸懷實即根源孔孟仁義之精神。故先生晚年〈答張佩蔥〉書又云：

《孟子》七篇大旨在首章仁義與利之辨，人只說向天下國家，所以不親切。反求諸己，利重一分，即仁義輕一分，出此入彼，一長一消，必至之勢也。學者誠欲居仁由義，何可不朝夕慄慄，審所用心乎？（卷十一書三）

則以孟子首章「仁義與利」之辨爲七篇大旨，並破除流俗高玄之說，而反求諸己身，以示爲學之大本，首在仁爲己任也。蓋聖賢言語原自有徹上徹下之理，故先生每疏而通之，引歸身受，以爲天下國家有天下國家之仁義，而匹夫學者亦自有匹夫學者之仁義，固不可執而不化也。

（2）《大學、中庸》

學庸二書，原爲《禮記》小戴記之二篇，經宋二程、朱子表彰，別而出與論孟竝，且朱子各爲章句注解，遂有《四書》一目，而學庸二書，歷代學者因信其爲孔門遺書，以迄於今。先生於此二書亦嘗論說，於《大學》云：

大學之書，所以信其爲曾氏之門傳述者，以其學爲曾子之學也。其

> 誠意一章，則三省吾身與謂子襄大勇功夫也；其齊家治國平天下，則忠恕一貫之旨也；其正心章，則思不出位之旨也；其明德、新民、止至善，則仁爲己任，死而後已之旨也。(卷三十九)

> 絜矩即治國章恕字。恕者所以行乎其忠，忠者體，恕者用，故曰：忠信以得之。聖賢之言，有忠恕竝言者，亦有言忠不及恕者，亦有言恕不及忠者，要之，一而已矣！（卷四十一）

先生同門友陳確嘗著〈大學辨〉一文，以爲大學乃禪學之權輿，非儒家聖學，故先生乃從思想源流，以證《大學》應爲曾子之學。後來錢大昕亦以爲《大學》所言，與曾子忠恕一貫之道若合符節，而信其出於曾子（參《潛研堂文集》卷二〈大學論上〉）。由此亦可見先生之卓識也。故先生又讚云：「天下古今多少道理，都向大學裡包納得去，言近而指遠，守約而施博，吾於此書見之。」（卷二十八）蓋先生既篤信《大學》爲孔門遺書，且融會貫通諸經奧義，力踐篤行，故能體驗親切如此也。卷七〈與沈尹同〉論學書，云：

> 大抵《大學》《中庸》二書，所以開示後學至詳且切矣！《大學》之要在於致知誠意，《中庸》之要在於明善誠身，而其求端用力之處，一則曰格物，一則曰擇善而固執之。要之，非有二也。擇善即格物之謂，知至則明乎善矣！意誠則誠乎身矣！知至意誠則德明矣！明善誠身而性盡矣！始於擇善，終於止至善，而所以齊家、治國、平天下與夫位天地、育萬物者，舉不越乎此矣！然則吾人日用功夫，止有庸德之行、庸言之謹，內省不疚、無惡於志而已，此誠意之事也。其致知格物之事，則博學、審問、愼思、明辨者是也。

則通言二書義理相貫之處，發揮其奧蘊，示學者以程功致力之極則，誠可謂發前人所未發而沾溉來學矣！此先生匯通羣經道理之實證也。

朱子教學者讀《四書》，以《中庸》爲最後，嘗曰：「某要人先讀《大學》以定其規模，次讀《論語》以立其根本，次讀《孟子》以觀其發越，次讀《中庸》以求古人之微妙處。」（《朱子語類》卷十四、《大學》一、綱領）主要在其工夫密、規模大而難讀，且《中庸》之基本思想，如性道教、愼獨、中和、中庸、誠明諸概念，俱涉及天人之關係，故曰微妙也。宋明儒者之言本體，除根本《易經》外，則《中庸》而已。故先生有云：「讀《中庸》可以見易，見易然後可以學易。」（卷二十五）而於《中庸》一書，除前所示之外，以其微妙難知，故又詳析其理以告學者云：

《中庸》復性之書，功夫全從教入，看首章其義盡見。第一章既原性道教之指以示人，第二節、第三節即言修道功夫，第四節是言率性之道，第五節是言盡性以至命。前是因原頭說來，後是從功夫說入。

《中庸》末章示人入德，自內省不疚以至篤恭而天下平，推之聖賢所論功夫次第，無不一轍。《論語》知及仁守以至動之以禮，《孟子》有諸己之信以至聖不可知之神，與夫前章曲能有誠以至變則化，大指蓋莫不合，學者可以知所用力矣！（卷四十二《備忘錄遺》）

由前所舉諸語，俱可見先生於《四書》之潛研有得，故發而爲言，平易親切，指示人通往聖學之功夫與次第，均極其明曉實際而可循。尤難能可貴者，在經書義理之周流貫通，據前所述，已可見其一斑。茲再徵引綜論《四書》者以爲總結，庶可知先生於儒家思想根源之窮神入化處也。卷五〈與何商隱〉書云：

《論語》一書，謹言愼行爲多，不亟亟於頭腦也。顏子所述善誘之功，則曰博文約禮而已，他日所請爲仁之目，則曰非禮勿視聽言動而已，竊謂此即所謂約禮之實也。博文約禮，三千之徒莫不從事於此，非獨爲顏子教也。曾子所示一貫之指，則曰忠恕而已，子思受曾子之學者也，《中庸》所述與《論語》曾子之言，如合符節，故曰忠恕違道不遠其他可以類推。孟子傳子思之學者也，其言曰居仁由義、曰求放心。其曰持其志無暴其氣者，即求放心之謂也。求放心則中庸戒愼恐懼之謂，而《論語》日省其身，如臨深淵、如履薄冰之指也。仁義二字，《論語》未嘗並舉，見於《易傳》，則有曰：立人之道曰仁與義，見於《中庸》，則曰：仁者、人也，親親爲大；義者、宜也，尊賢爲大，則亦夫子之言也。至云反身而誠，樂莫大焉，強恕而行，求仁莫近，則與曾子、子思先後一轍矣！

由上所言，可知先生之通經在於明道也。而聖人之道原無任何高奇玄妙，俱人倫日用所當行、所可行者，故先生闡明之道，亦皆本諸孔孟平實近情、下學而上達之旨耳。然先生此種主張，實即淵源朱子，而與當時顧亭林之尊朱論經，冥相契合也。

2. 五　經

（1）《易》

五經之中，先生於《易》研究最深，所得最多，故一生立身、出處、學術思想莫不準乎易理，甚且定爲家傳之經，此具述於前章矣！於茲當舉其言以見先生於易學之淵源與成就。先生於《易》著重闡述人事義理，本諸儒家哲理，以明是非、決疑惑，以抒修齊治平之道，其淵源實遠溯程頤之《易傳》，故盛稱伊川之學云：「和靖謂伊川踐履盡易，易傳只是因而寫成，今讀程傳，徑思踐履得伊川所言，方長得一格也。」（卷四十一）可見先生不僅本程傳之旨以立論，且奉其言爲圭臬而實踐於行也。除程子外，於朱子之本義，亦極信從，故又云：「程子傳易，將欲使人無卜筮而知吉凶，故專以理言。朱子本義欲不失作易之旨，故兼言卜筮，其揆則一也。」（卷四十）先生雖不排斥朱子之兼言卜筮，然對於視易爲象數之書，專言卜筮，且混同佛老以釋易，秉一己之意隨意穿鑿附會者，則抨擊不遺餘力，以爲凡此著作皆不知妄作而賊《易》，大失聖人之旨。《備忘錄》嘗云：

> 易道須是日用處得力，方能盡性命之理，故曰不可須臾離也，又曰君子時中。若夫高之入於空玄，卑之流於象數，非君子之道也。（卷四十）

> 遇事不問義理是非，與當爲不當爲，而先卜筮以決其吉凶成否，此由義理之心不能勝其利害之心也，其蔽必至於見義不爲。事固有吉而不可爲，亦有凶而義決當爲者，君子唯義之與比而已。文中子曰：京房、郭璞，古之亂常人也。大哉言矣！規某友（卷四十一）

即此可知先生於《易》書，乃是欲人「察之身心隱微之間，驗之人事得失之際」，而得其用，以盡性命之理，倘「窮深極微，而於日用全無所益」，則無易可也。故晚年諫友書中，詳論易道以及當時學《易》者之失云：

> 《易》自畫卦繫辭以來，羲文周孔之後，程朱之前，代有作者。其爲明乎吉凶消長之理，進退存亡之義，使人居安樂玩，得以寡過者固多，有功於天下後世。其爲不知妄作，得罪聖人者已不少也。蓋易之爲道，微顯闡幽，知來藏往，大無不包、細無不入，故〈繫辭〉曰：以言乎遠則不禦，以言乎邇則靜而正，以言乎大地之間則備矣！後之作者，舉其一、廢其百；得於此、失於彼。凡夫用智自私、穿鑿傅會，而不軌于大中至正者，皆賊道、害義，而得罪於聖人者也。故記曰：易之失賊。近代世教不昌，儒風不振，學者不明乎義理，大都以釋老之似，亂大道之眞，其爲賊更不可言。縱使不至於賊，而多此書，易不因之加明，少此書，易不因之爲晦，又何必紛紛多事，自取妄作之咎哉！朱子燭籠之喻，多一條骨，障一路明，竊謂

今之言《易》者，無不然也。（卷九、〈與沈子相〉書）

本段言《易》之功能與運用範圍極明，而對其時異端好談《易經》及儒生好爲異論之弊，則極力辨正，以還聖人作《易》之本意。且言《易》者既無不妄作，舉世不明經書眞義，故既破其妄，乃又導學者以正路，曰：

圖學今全廢，是以名物制度，一概茫然。古人左圖右書，書只是發明圖義，非圖，義安從明。且如《易》書，若不看圖，卦爻象之辭如得明，今人徒學空言，所以無事於圖，若要實做，便知少不得。（卷三十六）

居則觀其象而玩其辭，動則觀其變而玩其占，到理明義精後，則可以無卜筮而知吉凶，學《易》之大方也。（卷四十）

學《易》者，先從自己身上理會八卦之德，常宜思曰：吾之健能如乾乎？順能如坤乎？如動入止悅之類，莫不皆然。然後將六十四卦、三百八十四爻，一一理會，眞見得此理切於吾身，不可須臾離，無有師保，如臨父母，方有日新之益。（同上）

以上爲先生教人學《易》之方法。其餘如例舉象辭，繫辭之文以證「學易貴得其用」之理，或因《易》以論世道，辨治亂、定行止，或就卦爻以析吉凶悔吝，均散見集中，亦莫不準乎聖人之道，而益於世道人心也。

（2）《禮》

古昔聖賢制禮以垂憲後世，其爲用大矣！舉凡修己治人、經緯萬彙、協和天下，非禮不能竟其功，是以孔子之聖，猶問禮於老聃，語其子則曰：「不學禮，無以立」，而《論語》〈鄉黨〉一篇俱動容周旋中禮之效也，故先生云：「窮神知化，動容周旋中禮而已。論語鄉黨一篇所載，最可見孔子神化處。」（卷二十七）而《禮》經孔子制訂、作興以後，遂爲儒家論政治世之要籍，故歷來儒者抱經世之志，欲匡濟生民，莫不深究乎禮也。

先生處禮壞樂崩之世，人心陷溺至極，學者復蔑棄典文，廢滅禮教，蔚爲世道之禍，先生嘗述其情狀云：

古之學者，禮義爲先，今之學者，不以爲支離瑣屑，則以爲拘鄙迂濶，相咻相和，而出於蔑禮棄義之一途，人類幾何不盡。（卷三十九）

然欲救正挽回世道人心，則非重禮教不可，故先生以爲「禮爲立身之幹，在今日爲世道人心計，當以關中之教爲先，教子弟亦以學禮爲急，所謂六陽從地起也。又曰唯禮可以已亂。」（卷四十二）而對六朝嵇康、阮籍等敗壞名教之流，則深責之曰：「唯禽獸爲無禮，禮廢則夷狄至，自古如斯，故嵇阮王何厥罪浮於桀紂。」（同上）由此可知先生深明禮教興廢，實關乎國族之存亡，故重禮之意，不僅在正學術之偏頗而已，蓋深憂世亂，恐胥夏爲夷也。至於對當時禮制之徒存具文，先生云：

> 今日禮教淪夷，冠、昏、喪祭，鄉相見，所僅存者一、二具文而已，然不可以爲具文，議論行事，復蹈棘子成之失，凡事常存我愛其禮之心有爲。（卷四十一）

子貢欲棄告朔之餼羊，孔子因答以我愛其禮，當時亦有爲子貢之言者，故先生亦本夫子之語以告。蓋處乎亂世，雖禮制已失其眞正精神，然維護以闡揚之，猶恐不及，豈可復加摧折也。故先生於經書講習外，亦實際從事禮俗之提倡，仿友人舉葬親社以儆勸人心，並著〈喪祭雜說〉以袪俗惑，又輯昔賢論葬諸說爲《喪葬雜錄》，此皆先生革風易俗之實。而所以特重喪祭之禮者，先生自云：「今里俗昏禮猶存古意，冠禮廢矣，然未有違禮傷教，如喪祭之甚者也。」（卷十八、〈喪祭雜說序〉）當務之急者必先事，此先生一向之主張，故乃據《儀禮》、《禮記》之義，詳考《文公家禮》、《會典》、先儒之論，以斷當代之是非，而戒勉學者。於此不僅可見先生於禮學之造詣，亦可知先生與拘執訓詁、解釋文字之輩，其器識相去絕遠也。

先生治禮主在得其義理，以爲修己治人之用，而禮制代有變易，必權以時宜，故先生之論禮，亦皆酌古通今，求其當理適時。如論忌祭之禮云：

> 錢雲耜、許大辛謂古無忌祭之禮。祭，吉禮也。忌日爲人子終身之喪，吉凶異道，似不宜祭，唯致其哀思可也。素服入祠堂，請主臨祭，終爲不安，至飲餕尤爲不可。竊謂人子思親則祭，自不能已，正如雨露既濡，霜露既降，只是感時物之變而興其怵惕悽愴之心，因而致其愛敬之實焉耳。今日禮廢已甚，人子於親，愛敬之誠、哀戚之志，大概已薄。若此，正猶告朔之餼羊，當愛不當去也。去則必至并忘忌日矣！猶之墓祭非古也。然今日子孫猶知祖宗之邱壟，賴有祭掃一節，然主祭者，已有怠棄苟且至不可言，助祭子孫，多有不至者矣！若并去之，則將終身不履墓地，而祖宗體魄之藏，不復知在何處矣！若疑哀敬之不可同情，服食之不可從吉，或者移之次日可乎？忌日則致其哀，次日則致其敬，人子之心，似可稍慰。家禮服黲色巾衫，亦不純用素服，古人服喪禫而纖黲色，想亦服纖

> 之意。至受胙飲餕，家禮於四時之祭行之，忌祭無其文而特於徹之下明云：是日不飲酒、不食肉、不聽樂。則又可無疑矣！方正學云：古人以薄，今人以厚，從其厚者。(卷三十九)

愼終追遠，則民德歸厚，故先生哀禮之廢，人倫攸斁，乃特從此倡作之。本例正可輔證前述「重喪祭」之意，亦可知先生本不匱孝思矯治風氣之心，誠仁人君子者也。至於論禮，除本諸經籍外，先生最信服朱子之言。卷六〈答許大辛〉云：

> 弟祥於禮未之學，竊謂三代以上折衷於孔孟，三代以下折衷於朱子可矣！禮經掇拾於煨燼之餘，固難盡信，然去古未遠，其意猶有存焉者矣！

從前舉之例及先生自述，可知先生論禮的確多折衷於朱子也。而《儀禮》篇數，《中庸》言有三百，然經秦火，僅存漢高堂生所傳十七篇，先生博通《禮》義，故覺不可盡信，然亦無專著闡明其說，是以不知先生所疑爲何？總之，先生之學，所重在通經致用，明道濟世，竊謂不欲於此靡敝精力也。

(3)《詩、書、春秋》

先生所精在《易》，特重於《禮》，而對《詩》、《書》、《春秋》，亦皆通熟，其讀而衡諸義理有可疑者，則闕而記之，餘則取資經文探討其義理，闡揚聖賢之道，以爲人生日用之準則，亦或本諸經義，以詳考政理之得失與乎興衰治亂之原，以爲治平之根本。凡此，俱隨涵泳所及，記述於《願學》、《備忘》二書爲多，其餘則散見《全集》之中。前述《易》、《禮記》，於《詩》、《書》、《春秋》亦各舉例述之，見微知著，亦可略窺先生之所得也。論《詩》者，如：

> 古稱衛武耄而好學，《詩》賓之初筵、抑抑威儀，是其所作也。觀其致力，大概密審於威儀、精勤於事物，幾微必愼，改過必勇。淇澳所謂如切如磋，如琢如磨者蓋以此。然則古人爲學，自身心而外，更無別種功夫也。(卷四十一)

先生力學不倦，老而彌篤，每書箴言自惕，於衞武公尤崇敬，喜舉其志行與人相勉。如〈壽沈德甫六秩序〉云：「衞武公九十有五猶箴儆於國曰：無謂我老耄而舍我。瞿瞿然蓋不知老之將至也。」(卷十六)故因其所作詩而考其學以自勉也。

論《書》者如：

> 《書》載堯舜治天下，以命羲和察天時，授民事爲第一節。後世不

重天官，何居？若近世天文星歷之家，實有不足重者，蓋皆流於機祥術數，失天官之本。（卷四十一）

自古以來農業向為立國之大本，先王順天應人，制曆以授民事，使民有恆產、有恆心，而國家社會得以安定繁榮，故天官職責特重。先生深明其理，故因堯舜之治，以責後世之非也。又如《備忘錄遺》云：

《詩》《書》所指亂世之習，如簡賢附勢，實繁有徒，商俗靡靡，利口惟賢，服美於人，驕淫矜夸，出話不然，為猶不遠，老夫灌灌，小子蹻蹻，如食宜饇，如酌孔取，噂沓背憎，我聞其聲，不見其人等類，目見耳聞，古今一轍。（卷四十二）

則併引《詩》《書》之文，而論當時之人心風俗，憫世亂也。至於春秋，先生以為乃「夫子所以經綸天下之大經」，孟子本之而撥亂反正，故亦精研其義，嘗曰：「學易者可與權，知春秋之義者，可與權矣！」（卷二十六）以觀先生之學術行誼，則實能上繼孟子經權天下之志也。《願學記》中論《春秋》之意云：

《春秋》之意，主於端本澄原，孟子所謂：人不足適，政不足間。甚得此意。《大學》誠意慎獨，正是從本原處治來，小人掩其不善而著其善，終於無益，然亦虧得無益，若以為有益，便無可救治了，仲尼之門所以羞稱五霸也。（卷二十七）

即本《春秋》之旨言學術治道，蓋儒者內聖外王之功，必根植仁義之道，始能正君臣父子綱常，而安天下。先生有會於此義，故為學必先立乎其大，行道則首正人心學術，皆權量時宜而行，端本澄源之務也。

昔夫子因魯史以成《春秋》，而亂臣賊子懼，先儒謂褒善貶惡之意寓焉。先生於此獨有所疑。《願學記》云：

《春秋》天子之事一語，後儒看煞，便一步推不去，只觀《論語》夫子自言：斯民也，三代所以直道而行也。又曰：天下有道，則庶人不議。春秋之時，臣弒君、子弒父，無道極矣！夫子因魯史以定是非，自處以庶人之議直道而行，則言之者自無罪也，亦天子崩，臣子於南郊稱天以誄而議其諡之意。而云託於二百四十二年南面之權專，進退諸侯，不敢不疑也。○其是非皆本周道，未嘗以己意行乎其間，所謂憲章文武也。（卷二十八）

蓋著史為天子之事，而夫子以庶人之位，刪述春秋，亦恐後人不知其義，故嘗有知我、罪我其惟《春秋》之語。然後儒終有不明者，故先生就《論語》

所載夫子自言者，推闡其義以示人，且以爲「《春秋》，是非因乎直道之公，刑賞本乎周王之制，述已往而戒將來。」（卷二十八），夫子實「未嘗以己意行乎其間」，憲章文武耳。此爲先生三十八歲所記者，及晚年於《備忘錄》中又續申述此意云：

> 先儒謂《春秋》進退諸侯，褒善貶惡，竊亦不能無疑。在夫子當日衹因魯史舊文，據事直書而褒貶自見。其常事不勝書，與微事不必書者則削之；其舊史文過其實者，則爲之正定，其疑者則闕之，不以惑後世而已。故曰：吾猶及史之闕文也。當時風俗猶美，文武之道在人，史官大概能修其職，所書必是直筆。以晉趙盾、齊崔杼弒君之事觀之，魯之舊史，當亦不煩大改作也。（卷四十一）

則參證諸經之文，以明孔子決無僭妄私意也。其他如辨析「夫子誅少正卯」、「春王正月夏時冠周月」、「使札來聘非貶辭」、「周釐王受曲沃之賂」等諸事，亦皆博綜經史以正其是非，足可明先生學之所至也。

（四）經文之闕疑

疑經之風，盛自北宋，人人務新競奇，輕於議經，勇於毀黜，寖至傳注之學漸廢，而當時反對此風最烈之司馬溫公，亦自疑《孟》，王安石以私家言立《三經新義》，頒行天下，以爲策試範本，名利所趨，天下士子因之靡然從風，唯知空衍義理，橫發議論，流風所及，迨至明末，學者尤高心空腹，以六經爲我注腳，往昔聖賢之旨，遂失其眞。故先生嘗謂「經義晦蝕，其效爲夷狄之禍，王安石立新義、黜《春秋》而靖康之禍作」。語責安石，意實痛心於國家沈淪夷狄之手，肇源當時學者經義不明，罔顧禮義也。故先生治經必求博綜先儒注疏，而通明文義，並準乎孔孟聖王之道，詳考其異同。蓋五經得於秦火之後，其中固不能無誤，故先生於經文不合義理之處，亦間有所疑，然俱本信古闕疑之原則，札記備忘而已，不欲發爲著述，妄作議論也。茲迻錄諸說如后，以見先生衷乎聖賢之道，綜貫各經，求眞求實之精神。

1. 《大學》

> 生財大道至末五節，疑當在不善則失之下，楚書曰之上。（卷三十九《備忘錄》一）

> 平天下傳若移生財有大道至以義爲利也一百七十六字於康誥惟命不于常之上，而以驕泰以失之終焉，條理既明，三言得失更自截然。（卷

四十一《備忘錄》三）

按：此二條俱更易傳第十章之文，而前後所定序次稍有不同，可見先生讀書有疑必深求其當也。後條明述更改之原因，當以此爲先生之定見。至於前儒爭訟之部分，先生並無所疑，或即從朱子之說也。

2. 《中庸》

事前定則不困，疑從衍，爲其與上文事豫則立嫌於重複也。況乎言行與道何非事者，不困不窮，又何殊焉。第二十九章動行言，三十一章見言行，殊不似此上下格礙。（卷四十一《備忘》三）

按：事前定則不困一語在《中庸》第二十章，上下文原作「凡事豫則立，不豫則廢。言前定則不跲，事前定則不困，行前定則不疚，道前定則不窮。」先生通讀全經，考以後章之行文方式及本段文義，乃疑其從衍。又卷五十四門人姚璉問看書之道，姚記曰：「先生曰：書中前後稍異同處，不可不子細玩味，因舉一二處，如惻隱之心，仁之端也，後又云惻隱之心仁也，較前少之端二字。宋牼章，君臣父子兄弟終去仁義懷利以相接，後云君臣父子兄弟去利懷仁義以相接，較前少一終字，如此之類，最當玩味。」由上，可見先生讀書之仔細也。

3. 《易》

竊疑繫辭多錯簡，如旁行而不流一語，當在故不過之上。仁者見之謂之仁，知者見之謂之知至君子之道鮮矣四句，當在富有之謂大業、日新之謂盛德之下，而以下文生生之謂易至陰陽不測之謂神自爲一章。（卷四十一《備忘錄》三）

繫辭多錯簡，與天地相似一節，故不過三字，疑在旁行而不流之下，仁者見之謂之仁，知者見之謂之知，百姓日用而不知，故君子之道鮮矣四字，疑在陰陽不測之謂神之下，其後若此者尚多。（卷四十二《備忘錄》四）

按：此二條亦先後所記，同論一處，而所定序次亦不同。

4. 《書》

孟子謂樂天者保天下，又謂行一不義、殺一不辜而得天下不爲。自古帝王用心行事無不如此。仲虺之誥，兼弱攻昧，取亂侮亡，兼與侮二字，恐成湯聖德非所忍聞。《尚書》自二典三謨而外，諸篇可疑

者固多也。（卷四十一《備忘錄》三）

按：此自孟子之言，上遡堯舜成湯聖王之德，以辨《尚書》之文不合王道也。

5.《禮記》

以大夫之招招虞人，虞人死不敢往，以大夫之簀賜於士，謂曾子受而寢之，至聞童子之言而後易，有之乎？吾固於〈檀弓〉所載孔子及諸賢之事不敢盡信也。（卷四十《備忘錄》二）

〈檀弓〉二篇多可入曲禮者，所記事實，揆之於禮每不合，然在它人之事，有無或未可知，至如孔子及孔門諸賢事，以《學庸論語》之理準之，大都悖謬，自宜刪去，勿令惑人也。（同上）

按：《禮記》作者不一，亦非出於一時，因之體系駁雜，內容多有重覆矛盾處，先生準以《學庸論語》之理，自有不能合禮者，故對確有事實可據，悖謬孔門者，主張應予刪除，餘未可知者，則亦不敢武斷其言，此可見先生審愼之處，非任己意改易經文者也。

（五）結　語

要之，先生治經乃在於洞達先王先聖相傳之道，作爲修己經世之本也。固與博學鴻詞及俗流侈記覽，爲辭章，應制科者不同，故《備忘錄》云：「學者以精義利用爲主。」（卷四十）又云：「人於義理略有所窺，經書略讀幾卷，便將泰然自足，此由器淺。亡而爲有，虛而爲盈，約而爲泰，難與進德矣！」（同上）先生既本此精神讀書，故能孳孳惕惕，深潛涵養而貫通經義，迨發爲議論，則莫不歸本乎聖賢平實可行之道而無所違也。

三、史　學

（一）史以致用

歷史所以爲殷鑒者也，故司馬溫公爲通史，帝命曰《資治通鑑》，觀此、可以知史之爲用鉅矣！先生讀史即本乎此義，故無論察考歷代政制得失，治亂興亡之理，亦或評騭史冊人物行事、帝王治道，莫不在於徵古驗今，以致用爲目的。而生平最推崇范祖禹之《唐鑑》，以爲乃「春秋以後第一書，視胡文定春秋傳更覺簡要」（卷四十），故〈示兒〉書中語長子謂「《范氏唐鑑》、讀史之門戶」，由此可見先生實遠紹春秋大義以論史者也。卷三十「讀史」云：

戰國時，信陵、孟嘗之屬，開養士之端，至漢而其風不息；東漢李

> 膺、郭泰之屬，開標榜之端，至魏而其風不息；魏何晏、王弼之屬，開談玄之端，至晉而其風不息；晉王戎、石崇之屬，開驕奢之端，至唐而其風不息。人主以是亡其國，士大夫以是殺其身，猶然交相祖述而不知悔，所謂習俗既成，動其本者不能靜其末也。夫子惡作俑，豈不以是哉！

> 關中記秦始皇二十六年，有大人十二見於臨洮，身長五丈，足履六尺，皆夷狄服，此後世■■迭主中國之兆。蓋秦罷封建、廢井田，舉先王大經大法盡掃除之，中國幾於■■矣！天誡甚明，非特一時之災異而已。

明代因門戶標榜，黨爭清談等風氣而亡，人心陷溺，淪於夷狄而不知復，先生既身遭國變，深慨習俗之惡，故因史事，秉春秋之義，以論其非而爲世之鑑戒也。

先生之學，原以經、史爲本，嘗曰：「經以立其本，史以驗其用，理則一也，宜乎並進其功。」（卷十二〈答姚攻玉〉）可見先生於經史雖不偏廢，然論史則重在其用，此與顧炎武所云：「人苟徧讀五經，略通史鑑，天下事自可洞然。」（《亭林文集》卷六〈與楊雪臣書〉）其意正同也。故語學者若云：

> 一部廿一史廢興存亡，只目前人事體驗足矣！《書》曰：當於民鑑。

> 不讀史則不知事變，不能盡小人之情僞，見應事之得失。今之人猶古之人，今之事猶古之事也。（同卷三十九）

皆是強調需鑑古知今，有益於己，始爲讀史之目的也。至於先生其餘諸論，已述第三章第一節中，不復贅言。

（二）史書不可盡信

先生嘗論史云：「竊謂後世之史，非獨褒譏失當，用心不公，蓋其所據者，多出於後世之傳聞，其詳略果否，已無以取信，故曰：班固沒，天下無良史。非激論也。」（卷三十讀李忠定公集語）故先生主張史書失實，不可盡信，以爲自漢代而降，已多不足採信者，至明代之史，尤失其眞。自《願學記》所云：

> 本朝可云無史，野史家乘既不足信，國史存乎實錄，實錄者，尤飾虛之尤也。即如高皇帝實錄，建文朝修之，永樂朝修之，其後又再修之，有所修必有所廢，毋論好惡是非不得其實，其事之眞僞豈足信乎？即一朝而他朝可知已。夫居史職者，固已多非其人，而又非

> 得之耳聞目見，所見所聞者，又以避忌愛憎之私亂之，而又非成於一人之手，定於一時之論，雖使邱明復生，其將何以傳信乎？（卷二十七）

可見先生對有明當代史官職非其人，顛倒是非，罔顧天理，痛心疾首也。且改朝易代之際，史事每有因觸諱而扭曲者，此在讀史之人，尤需特別留心加意，否則必因輕信受誣也。故先生於昭代史之舛訛，於《備忘錄》中嘗反覆再三致意，以昭鑒後世也。卷四十一又論建文、永樂間事云：

> 自古史書多不足信，至本朝史尤不足信。本朝至建文、永樂間史全不足信。蓋緣秉筆邪佞之臣，凡在建文者，曲加醜詆，凡在永樂者，妄加諂諛，十無一眞也。當時屠戮之慘，亘古所無，在野之人，無論不敢觸忌諱以記其事，亦何敢稱述其事以傳後人。四五十年之久，遺老已盡，迨乎論定，禁網稍寬，則又有若夫子所謂文獻皆不足徵矣！又何由而知之哉！有識之士，闕疑而不爲所誣誑可也。

則痛責史臣邪佞無節，而扭曲史實，另又詳舉事由，以明所以不可信者，使人不受誣誑。此先生治史存眞之精神也。然而其爲天下後世之憂亦深切矣！故先生評騭史事、人物之是非，皆能本此精神，以究其始末，別其眞妄，而不爲史載所惑也。

然而先生治史之目的主要在鑑往知來，據以爲內聖外王之本，故生平所論不重在史實之考證、著述。大抵皆以經義、聖人之道爲準則，考諸史策所載，以論學術、政治、制度、風俗之歷史淵源，而對明代之種種弊政，提出針砭之道，以待後王興起也。凡此俱見前述，茲不贅。

四、文　學

先生自少嚮慕聖賢之學，抗志苦讀十餘載不就枕席，意志豪發，欲如古之英傑，創業繼統，圖不朽於天壤間也。嘗自述所讀書云：「日求前代遺書，上自周秦，下迄昭代，經傳而外，子史文籍，雖不能盡讀，亦無曠歲，其微文淵義、意旨法度，雖無從傳習，亦竊有會，復考洪永迨今風氣之盛衰正變，與諸名家才術之大小淺深，亦稍領其要略而究其源流。」（卷十五〈自題制義序〉）由此可見先生於古代典籍之涉獵極廣博，且莫不蘊蓄積累於胸次，故發而爲文，遂典雅通達，得八家神髓而脫去蹊徑也。然先生之學，志在明道經世，故於詞章雖所得甚深，俱以載道而已，未嘗爲無補之空言也。所著制藝之文十餘萬言，今雖不可見，然以先生自序所述，則亦是湛濡理義，發明聖賢之指者。於《願學記》嘗有言曰：

> 孟子言知言養氣，制義雖小道，當具此二長。蓋知言則不陷於淫邪，養氣則不縮於千萬，今人文字不好，只爲舍本而求末，象山所謂彘雞終日縈縈無超然之意也。（卷二十六）

於此可證先生必以孔孟聖賢之道爲立言之根本。故又云：「但能久於其道，文義自然精貫，能爲文而不聖賢者眾矣！未有聖賢而不能爲文者也。」（同上）則先生之所謂「舍本而求末」，其義昭然矣！先生所重雖在道本，然道非文無以顯揚，故先生於勸戒學者之病，解答弟子之惑時，亦頗有發明詩文之旨意者，其言俱足爲救時之良劑也。故比類分述于后，而先生明道救世之文學主張從茲可見矣！

（一）文以載道

自古文章邪正，每影響世道人心。聖人立訓垂文，必本乎理道，是以能爲法天下，可傳後世；倘爲浮靡詖淫之辭，則未有不敗俗禍世者。先生深明此中轉移之機，乃發皇其義云：

> 自古文章關乎世運，蓋言爲心聲，人心感物而形於言，一人之心有邪正，故其言不足憑，若億兆人之心則公而無私矣！皆不知其然而然。即所謂莫之爲而爲者，天也；莫之致而至者，命也。盛衰理亂，有開必先，知微君子，必能辨之。（卷四十二）

蓋風氣之開，始乎一、二人之身，既開以後，必有莫爲莫致而漸濡成風者，故士君子立言不可不謹也。先生嘗以此意規友云：

> 先民有言，道之顯者謂之文，又有云：文者載道之器。言者、心聲，文字、言之精者也，出之本於心術之微，傳之遂爲世教所繫，著作不可不愼也。言之無文，既不足論，有文而不幾乎道，內以病己，外以害人，爲罪不已大乎？（卷八〈與徐敬可〉）

爲文而不幾乎道，足以病己害人，罪莫大焉，此先生所以不欲空言著述之故也。由此可見先生論文學仍本儒者一貫「文以載道」之主張也。然而文字出於心術之微，爲文欲幾乎道，首先必正其心，故先生以爲宜充養德行。

（二）德而後文

明以八股取士，富貴利達所趨，士子讀書，經書未通，即習帖括，執筆爲文，以干進取，迨至明末，結社之風大盛，士人以文藝聚合，尤廣納聲氣，以邀浮譽，文章即窮工極巧，而人品學術，一無可取。先生嘗痛斥其習云：

> 唐史稱侍臣請集太宗文章，太宗不許，曰：人主患無德政，文章何爲？斯言不獨爲帝王者當知，自公卿大夫及士庶人皆然。自漢以來，作者代多，因而相煽成習，人率以文章爲不朽之事，至有人主與臣下爭能者，然敗國喪家、毀身失節者，亦代多矣！至於今日，斯風尤甚，人不恥無行而恥無文，初學後生，輒自作文集以誇於人，而冀傳於後，究其所爲，何文之有，何章之有，廉恥道喪莫此爲甚，三代以前帝王聖賢，後世萬不能及，何嘗執筆爲文。（卷四十二《備忘錄遺》）

人之所以至於敗國喪家、毀身失節，其原皆出於空務文詞而失本也。故先生告門人姚璉云：

> 德行、本也，文辭、末也。由本該末，所謂有德者必有言也。若惟末之是務，縱說得十分相似，亦便佞口給而已。且欲通文義，非必由舉業也，帖括之習起於近代，三代以上無論已，即秦漢以下，何有此習，豈無一人通文義者耶？（卷五十四）

即駁斥其時「欲通文義舍舉業不可」之謬說，謂當以德行爲根本也。

（三）文需達意當理、求實

先生於文章主張德行爲本，以闡明聖人之道，故戒絕雕章琢句、巧言浮夸之習，唯以平實之法則告學者。《初學備忘》下云：

> 文以達意爲工，不達意爲拙；當理爲好，悖理爲醜。其遇不遇、命也。世之趨時希合者，枉著心術而已。（卷三十七）

《願學記》中又云：

> 文固不可離實，作傳尤不可虛，作傳如寫照，虛則非其人矣！欲誣豈可得乎？（卷二十六）

凡此皆爲文所當守之基本要素也。至於文章不以發抒性情，而枉曲希合以弋名譽，鶩巧趨時以取利祿，則違己敗道而已，尤爲先生所棄也。另於《初學備忘》中又云：

> 嘗言文字最忌俗，俗不可醫。凡作人亦最忌俗，其爲人也，懷俗情、說俗語、行俗事，雖其質近忠信，一鄉之原人而已。今人亦有知避俗者，以耽情詩酒爲高致，以書畫彈碁爲閒雅，以禽魚竹石爲清逸，

> 以諠談聲伎爲放達，以淡寂參究爲靜證，若此種種，最是流俗所尚，究其指趣，反不如米鹽妻子之猶得與於日用不知之數者也。其爲俗惡可勝唾哉！（卷三十七）

此因文而及人，舉當時流俗種種習氣以告誡弟子者也。蓋明亡後，恥屈異族之士，或有放情詩酒，逃禪參玄，頽廢山林者，雖其忠義之氣，足爲後世嚮慕，然觀先生茲語，不以其人爲然也，爲其無補人心而有害世道也。則由此亦可知先生於趨時希合之俗文，唾棄至極矣！至於作文字欲求達意當理，非率爾成章可致，故先生嘗云：

> 作文字雖小技，亦須養得精神完固，心體瑩淨，思力整齊，執筆之前，亦須有優游和易之趣，然後意之所欲言者，言之而無不快足，近年所處，已無其一，又何文字之有？（卷四十）

可見作文之準備工夫，先生亦極重視，絕不輕率爲文也。

（四）詩主性情

先生論詩承詩序之旨，以爲詩以言志，有動於衷，不能已於言而後作，故主於性情之抒發，始得其本。《願學記》云：

> 詩不必求工，興會所至，偶然成文可也。無病之呻，無樂之笑，可恥矣！（卷二十六）

卷四〈答唐灝儒〉書亦云：

> 一士論詩甚嚴，此亦近代祖述王李之習，弟雖不能詩，然私心竊有所不取也。昭代諸作者，愚以爲當以白沙爲宗，蓋主於性情而不及律調，故其爲詩，若風雲變化，出奇無窮，有康節擊壤之風，而溫厚和雅過之，誠可繼統三百，其餘互有短長，未之及也。

由此可見先生所主張者，在能繼統三百，祖述詩旨之作品，故於當代則讚美陳獻章之獨抒情性，而不取李攀龍、王世貞之務求聲調也。繼而乃評時俗詩文之弊云：

> 夫今之論文猶其論詩也。文非八比，不敢自信其爲文，詩非律體，不敢自信其爲詩。然則由古以降，惟唐爲有詩，而唐之前與唐之後皆無詩也；亦由古以降，惟本朝爲有文，而自此以前，自此以後皆無文也。夫唐以三百年間，盡英雄才俊之力而爲詩，本朝亦以三百年間，盡英雄才俊之力而爲文，豈不窮其工巧，使繼此者，無以加焉，但不用以發抒性情，而用以干祿，則所爲詩者，非詩之本，而所爲文者，非文

之本。工巧愈窮而其失愈遠。楊子云：琱文刻鏤，壯夫不爲。夫欲以琱鏤之智而服壯夫之心，誠哉其難之也。當時韓退之已不爲之，今退之之詩具在也，謂其不工不可也，然亦何所祖述乎？使今有退之起而爲文，其不屑屑於八比，而思有以起其衰，蓋可知也。（同上）

明代士子沈溺八股文以求舉業，唐代開科取之以詩，此俱爲利而作，悖離聖人之道遠矣！盡能窮極工巧，猶無益於世，故先生疾惡之，而於韓愈詩亦所不取。惟以有所祖述，抒發性情爲詩之要旨。其實，先生以義理之學爲主，本宋儒精神，修濟世之業，論志氣所在豈所謂「壯夫不爲」而已，故於詩文詞賦之文學，不過「藉爲游藝之資，以涵泳其情性，陶淑其耳目」（卷十二〈答姚攻玉〉語）耳。

（五）詩文可寓不可溺

先生志在聖賢之學，爲文必以載道，詩則罕作，惟因憂喜所感，興會所至，偶然成文而已，不專意爲詩文也。對於詩、文之態度，實本宋儒理學家之傳統，以爲可寓而不可溺也。茲錄先生之說數則以見其意。《初學備忘》下云：

古文辭詩歌，時讀一章，亦足以導揚志意，游泳性情，若一向沈溺，即已玩物喪志矣！（卷三十七）

此則乃記以語門人者，至如答弟子姚大也書云：

作詩猶作文也，可寓不可溺，若能思而不困，如小雅之君子，詩亦豈足病乎？若爲所溺，不能自出，則終日讀書談道，亦豈足益乎？（卷十三）

尤可見先生之意在乎古聖相傳之道理，所重於詩文者，不過在藉以明道救世、理性情、導揚志意也。故在答同門吳仲木之問時，明言其旨云：

至如遷固敘事、甫白詩歌，兼治擯絕，俱不能無弊。先正有云：心無所繫，一有所繫，遂失其正。吾人讀書袛以維持身心，研究事理，專用其心於此，則有玩物喪志之患，若一概捐棄，則心之爲體，又非遺物而自全者也。文者，所以載道，詩者，所以理性情也，誠辨乎此，則治可也，不治亦可也。（卷三）

由前所述，吾人可知先生之學統宗于義理，故雖對經、史、詩、文俱因心得所及，發皇其旨以示學者，然實以經典所載聖人之道爲根本，餘則皆取資而爲進德修業，經世濟民之器也。

第五章　楊園學說之時代意義

第一節　薈萃義理精微、綜先儒之大成

先生之學，植基於經史，未窺理學門徑以前，大概已自有得，迨二十三歲後課蒙爲業，爲弟子說經，則沈潛反覆研讀不已也。至於他書涉獵亦博而雜，故晚年乃有自悔之語。凡此皆爲後來先生深入理學堂奧之本，由《全集》中考察，先生言義理必追究其源，而證以四書五經道理處觀之，知其無誤。既從事理學以後，初於陽明、龍谿、白沙、敬軒之書讀之不厭，於司馬溫公、劉元城集則著力甚重，服膺其說，尋得《小學》、《近思錄》而讀之，乃漸涵泳宋五子書，歷經一番檢擇，最後方奉程朱爲儒門正統，而特褒崇朱子論道之精微無弊。另從《全集》卷三十，先生有〈讀許魯齋心法偶記〉，卷十二有〈答張佩蔥涇野內篇疑問〉，卷五十四告門人曰：「本朝理學諸先生，如曹薛吳胡四君子，某讀其書，知其道可繼濂洛關閩，而其書可俟來學而無弊也。愚意朱子《近思錄》之外，可輯爲四子近思錄。」又言早年讀眞德秀《大學衍義》一書，而識爲學之門庭戶牖等，可知先生於元明諸家義理，皆曾熟味詳玩，洞察其精要（先生所讀書甚廣泛，參見第三章第一節），又不僅宋儒之書而已。然明代理學，依錢穆《宋明理學概述》云：

> 明代學術大體沿襲宋。關於學術上之中心問題及最高目標，均未能擺脫宋人，別自創闢。而且明代學術較之宋代，遠爲單純。初期宋學之博大開展，以及南渡後浙東史學之精密，明人都沒有。他們只沿襲著正統宋學的一脈，但又於正統宋學中剔去了周邵張三家。實

際明代學術，只好說沿襲著朱陸異同的一問題。(頁253)

明代理學如此，故先生前亦謂「薛曹吳胡其道可繼濂洛關閩而無弊」，此正先生精熟宋四家之言，乃能下此評斷也。然明代程朱學一系諸家之義理，閱黃宗羲《明儒學案》所述，於宋儒理氣心性，修養功夫，各有所得，亦各有所偏，未能盡其全也，能若先生之通透四家，上貫經義，以紹述孔孟者，可謂絕無僅有也。故前儒之論定者，有曰：「有明一代儒者，薛胡為冠，而敬軒乃尊魯齋為朱子後之一人，何所見之隘也。惟先生值仁山之厄，不僅潔其身；砥白雲之節，不徒衍其傳。純粹如敬軒而窮研洞悉，謹飭如敬齋而規模宏遠。存養深不涉于澄心，省察密不淪于獨體。志存西銘而辨嚴兼愛，行準中庸而惡深鄉原，障姚江之瀾，直窮其窟，殺語水之波，力防其潰。烏呼！如先生者，眞朱子後之一人已。」(陳梓〈張楊園先生小傳〉)有曰：「元明諸儒，楊園集其成矣！」(陳梓文集記范鯤語)有曰：「楊園先生接薛胡之學脈，契濂洛之心傳，實先陸清獻公而眞知允蹈者也。」(雷鋐〈張楊園先生傳〉)可知先生之學，一以關閩濂洛為宗，而集元明諸儒之大成也。

先生嘗自言生平不敢高談心性，又云：萬事萬理俱經古人發揮，無有餘賸闕欠，善學者擇而識之，以蓄其德可也。告陳確則曰：「至於性解，古之聖賢發明已無餘蘊，學者但彙經書之言性者，參以先儒論說而驗之身心以及天地萬物，則有以默識其所以然者，又何必更為之解。」(卷二)正道出先生對理氣心性問題之觀念，故由第四章所述，先生之準以經義，彙參宋儒論說，默識心通，而折衷於朱子之言，唯本身心體驗，以抒其所得，誠然不更為解也。然而，朱子集濂溪二程張載以來之大成者也，於義理辨析入微，無所不備，故先生最信從朱子，於《文集》《語類》終生研讀不輟，晚年且選其精粹，欲編為朱子近思錄，凡看十過然後加圈選定。而《備忘錄》中亦云：「朱子於天下古今事理，無不精究而詳說之，三代以下，羣言淆亂，折衷於朱子而可矣！今之學者動好指摘朱子，此是何等心術。」(卷三十九)由此而言，則先生循守朱子對理氣心性之基本概念，以折衷羣言，亦可謂集大成也。

或有疑先生未於性理加以定義，僅直述心得，其言有不脫少時濡染姚江之習而不自知者，此蓋未嘗就先生之言虛心遜志詳求也。然則先生摯友淩克貞序《全集》嘗云：

> 余友張念芝先生於學絕道晦之日，獨明於心性之故，而修身力行以踐其實，其於是非眞僞之際，辨之明而守之篤。其言曰：「子思首原

天命之性，而蔽其旨於大本達道，孟子揭性善二字以示人，而驗其情於四端之發，由是而紛紛之說始定。厥後程子出而曰性即理也，又明確不移。聖人復起，不易其言。陽明易之以心即理也便錯，蓋心則虛而活，謂之具眾理則可，謂之心即理則不可，故中庸言率性而不言率心，孔子不言其性不違仁，而言其心不違仁。況渠以無善無惡言心之體，則心即理者亦屬鶻突，不過師心自用，廢却讀書窮理之功而已。不窮理則不知性，不知性豈能盡心哉！故姚江之學興則說理全無根據，認虛靈知覺爲心，而以無善無惡名之，則雖言理而失其本心，浸淫於禪而不覺矣！」此張子見道不惑，尊聞行知，故其言之焯焯，而一時知之者亦寥寥也。(〈楊園先生全集序〉)

此段文字，雖未載諸先生集中，然由摯友之轉述，考先生論述之習慣，則固亦先生之言也。其辨析陽明之學，洞悉本原之失，雖未明揭朱子之旨，而莫不契合也。則可謂先生猶自蹈其失乎！

尙有可質者，先生之推崇朱子，循其理路，非因門戶之見也，實由眞知卓見而獲得之結論也。考先生治學歷程，首及《近思錄》，次濂洛關閩，最後方盡讀朱子之全書可知也（參第三章）。迨晚年所著《備忘錄》中，於程子則盛稱其「性與氣兼論」、「在物爲理、處物爲義」、「持敬主一」、「體用一源顯微無間」、「敬義夾持」、「存心致知」之論，於濂溪則贊其〈太極圖〉《通書》示人以性與天道，修德爲重之教，於橫渠則美〈西銘〉仁盡義至，知禮爲先等，雖所有理論，莫不匯聚歸納于朱子，然先生不僅窮極本源而論，且時時以經義相互證成其說，非徒自朱子起論也。此可見先生由經學立其本，而窺義理，歷濂關伊洛諸家，以迄朱子之治學歷程，乃自上而下，復由下溯回者，就此而論，則先生實薈萃有宋五子義理之精微，而綜其大成者也。

至於從修養工夫而言，觀與何商隱論學書中所述，則上自顏子博文約禮，曾子忠恕一貫，子思忠恕違道不遠，孟子居仁由義，求放心，反身而誠，強恕而行，下迄濂溪主靜立人極，關中知禮成性，程門敬義夾持，存心致知，理一分殊等工夫，綜匯貫串，疏通其內涵，而以朱子居敬窮理爲同條共貫之旨，而歸本乎孟子「居仁由義」之聖人極境，則不只發揮朱子之學說淋漓盡致，且將偏重性理討論之方向移轉，返歸孔孟仁義之道。據此可見先生乃在朱子論學之基礎上，又有進一步之闡發也。故弟子姚瑚曰：「自堯舜以來，孔子爲集大成，孔子以後，朱子爲集大成，朱子以後，元明諸儒議論不一，至先師楊園先生爲集大成。」又曰：「楊園先生完人也，某等實不該稱先師，某自反一無知識，大不稱楊園弟子也。」（同《陳一齋先生文集》卷五、諸先生遺言）錢馥「集詩贊云：楊園之道，碩大且篤，必宋之子，以似以續，續古之人，以作六師以先生追配宋五子則爲六子，我不見兮，悠悠我思。」（《小學盦遺書》四、頁8〈楊園先生贊〉）祝淦云：「若夫先生盛德所至，迴狂瀾、砥中流，身困道亨，確乎不拔，實遠軼乎月川敬軒諸君子，而爲朱子以後五百餘年聞知之一人。」（〈淑艾錄引〉）則前哲已論定若此也。

第二節　辨正良知流弊、矯姚江之狂瀾

明季陽明欲以良知之學救俗弊，於學術思想之發展上，今之學者俱盛稱其成就。而在當時姚江之學，流派之眾多，波瀾之壯闊，誠無與匹者，然陽明施教之時，流弊已滋，及其歿後，弟子衍其傳，於是天下靡然從風，而其弊端亦緣久益繁，遂致橫議肆出，世風邪慝，人心陷溺。故明亡之後，當時學者如顧炎武、王船山等俱痛責陽明學說之誤國。然唯先生嘗深究而識其非，乃疾惡尤甚，一生致力於辨斥姚江之弊，蓋實鑑於良知之教流禍不已，世教陵夷，極而不反，故不得不閑邪距詖，以端正學風，而求迴世道人心也。先生論述之言，由第一章第三節明末清初之學術潮流至此，舉例已多，蓋此爲先生生平一大志業所在之故也。而先生所以斷斷辨之，不遺餘力者，乃在心中深切悲痛，此事實關乎孔孟之道之顯晦，民族君國大義之伸張，與夫學術之醇疵是非者也，並非如後世尊朱之末流，持門戶之意氣，以詆排王學而弋聲名、取利祿也。茲復綜賅精要，述之如后：

先生嘗言爲良知學十年，故自二十四歲讀龍溪書至三十四歲從師蕺山，雖漸覺其非，於三十一歲時已批評陽明「滿街都是聖人」一語之失，仍未完全棄絕。而蕺山之學爲矯良知之弊而起者，故雖不脫其習，然克治之功極嚴，先生問業有得，於此或頗覺映心而受影響，故三十六歲之後，於良知學問開始有所駁斥，考《願學記》中評論陽明學說之失，以及陽明之言行者計十一條，載《備忘錄》中者計二十六條，其中亦有涉及象山者數條，至於爲矯治良知流弊之失而發者，則隨處可見也。除此二書所言之外，先生論述之語多存與友人函札中，另晚年嘗評《傳習錄》，爲之「旁批側抹，條分縷析，一一辨駁」（蘇惇元《年譜》語），至詳而切。陳梓謂「自此書出而閑闢、通辨、

困知皆所謂擇焉而不精者矣」(語見梓撰小傳),惜書已不存,不能窺其全貌,今唯蘇惇元所撰先生《年譜》中抄錄六條,為碩果猶存者。由此可見先生對良知之教痛疾之切矣!陽明學說最主要在承孟子良知之言,以立本心,而有知行合一、致良知之教。先生於此數說,俱有所評,先舉述之。

對於「良知」二字,先生以為乃陽明借孟子之名目而已,《備忘錄》云:

> 姚江良知二字,特其借用名目,其意只欲佐成直捷徑情之說耳。因孟子有不學而能、不慮而知之語,故借之作證佐實,未嘗服膺孟子也。(卷四十)

至於良知學說精微之言,先生謂在「吾心自有天則一語而已」,而當時為致知功夫者,多主此說,求其虛靜專壹,以俟端倪之自見,先生則以為此種功夫即做到極好,不過如無星之秤、無寸之尺而已,且往往失之偏枯淺陋,故嘗與友人詳論其失云:

> 姚江良知之學,其精微之言,只吾心自有天則一語而已。夫人性本善,以為天則不具於吾心,不可也,然人之生也,有氣稟之拘,有習染之遷,有物欲之蔽,此心已非性之本然,故曰人心不同如其面也。夫子之聖,必至七十,然後從心所欲不踰矩,亦謂天則未能即此心而是,故須好古敏求耳。今以未嘗學問之人,而謂吾心即是天則,可乎?將恐雖無物欲之蔽,猶有習染之遷,即無習染之遷,而氣稟之拘,將必不免,此仁者見仁,智者見智,而君子之道鮮也。夫子之門,雖以顏曾之徒,亦不能不因性之所近以為學,而必待於於夫子之裁之。若當下即以所知為良,而已動符聖人,無煩學慮之支離,則何以顏子所見,即有不同於曾子,子路所見即有不同於冉求,以及子張、子夏、子貢、仲弓,莫不皆然,而亦何必終身服膺夫子之教哉!……然則所謂吾心自有天則,而滿街都是聖人者何說也。整菴先生謂世間豈有見成良知是也。夫孟子之言良知良能,本謂不學不慮,豈非見成,而顧謂豈有見成,其苦心可思也已。今日邪說暴行之徒,莫非自託于良知之學,究其立身,寡廉恥,決名教,流禍已極,而有志於學問者,曾不之察,方將主張其說,以鼓動學徒,招來羣輩,斷然自信而不疑,亦難乎其為豪傑之士矣!(卷四〈答沈德孚〉)

此書前半以孔子及弟子之治學為例,以駁陽明良知見成之誤,極有力量,後半則痛其流弊之禍，悲憫世道衰敗。先生之所以疾惡良知之學正爲此也。

其次，對知行合一說之缺失與流弊，先生論云：

> 知之非艱，行之唯艱，學者到得知行合一方好，然要到此處，煞費多少功夫，陽明之門，起手便要說此話，便不是，所以流弊不可言。（卷三十九）

> 知行合一之說，至於今日已不能無弊，世之終日坐論，而鮮有見諸行事者，率坐此患，非誠無以救之，非晦無以養之，噫！夫子所以思躬行君子也。（卷二十七）

> 知行合一之說，流弊有二：重行者，謂行即爲知，冥行倀倀，而不求當乎義理之正。重知者，謂知即是行，窮玄究寂，而不求至於踐履之實。乃其自以爲是，不能虛心遜志則一而已。（卷二十八）

以上三則，首陳其缺失在於起手便說此話，次二則論其弊端。蓋知行合一學說乃陽明爲救時弊之極大苦心，亦其思想系統中必然之結果。至於後來產生如此流弊，此或亦陽明始料不及者。然先生篤信聖人之道，以爲君子言行當求爲法天下，可傳後世，故不可不愼也。而陽明之說，既有如此弊端，危害世道，顯然不符此原則，因此遂斥其說不是也。

至於致良知之功夫，《願學記》中云：

> 致良知功夫，到得盡頭，自是恰好，但恐未能恰好，便有過不及之蔽，若於此堅執自信，其爲害蓋有不可勝言者，又況所知未必皆良，而一旦以習知爲良知，則其不至於小人之無忌憚者幾希矣！此窮理之功，所以爲不可少也。（卷二十七）

> 致良知之學，論到知及之分上，已有病，更何論仁守以下功夫。（卷二十八）

先生主張居敬窮理之說，故指出心學功夫易犯之毛病，在於誤認習知爲良知，而致良知功夫，實亦需經一番體證，始能透澈，非言下可成者，因此先生亦謂其到得盡頭自是恰好，所慮者在於學人每不能如此也。

再者，對於《傳習錄》一書之批評，蘇惇元所撰《年譜》中，計鈔總評六條，茲舉其二，以見先生所論如何。曰：

> 讀《傳習錄》，其損爲長傲習非，爲文過，輕自大而卒無得。姚江罪之大者，詆朱子爲異端，本釋氏以爲教，所謂塗生民之耳目，溺天

下於污濁者也。若夫傲然以生知自處，自堯舜孔子而外，未有所服膺，尤其無恥之甚也。

一部傳習錄，只驕吝二字可以蔽之。姚江自以才智過人，又於二氏有得，逞其長以覆其短，故一意排斥儒先，盍思論語曰：如有周公之才之美，使驕且吝，其餘不足觀也已。世以陸王竝稱，實則不同，王較陸尤多欺己誑人之罪，其不能虛己遜志則一而已。（同引蘇撰《年譜》）

由上知先生對於陽明可謂責之情詞激憤矣！然此需從時代環境來瞭解，方可見先生之心意所在。考明代亡國之因，自非風俗人心敗壞一端，得以盡其全，然儒者本修己治人之道，懷憂世憂民之心，立身必以仁爲己任，故視學術地位極重，以爲乃世道盛衰之所繫，故先生目睹當時學風敗壞，而邪說暴行橫溢，世人喪廉恥，泯夷夏，（參第一章第三節時代背景）莫不肇始於陽明良知之教，且國既云亡，學者猶持其說，非高談心性，則競躁名利，故悲痛無已，遂嚴厲責及陽明矣！先生此意觀陳梓撰〈張楊園先生小傳〉一文中所云：「（先生）乃慨然謂：東南壇坫，西北干戈，其亂於世，無所上下。東林諸公，氣節偉然而學術未純，神州陸沈，天地晦盲，生心害政，厥繇《傳習》，于是毅然秉筆，條分縷析，洞揭其陽儒陰釋之隱，以爲炯監。」（《陳一齋先生文集》卷一）尤昭然可證。另《備忘錄》中尚有一則云：

天下之言不歸楊則歸墨，孟子懼，故闢邪説以正人心。今日之言，不歸王則歸陸，豪傑之士，必有起而任斯道之責者。然陸猶賢於王，陸則殺人報讎，王則行劫而已。（卷四十二，《錄遺》）

於此，亦極可表現先生闢王學之旨意所在，而先生憂世道之切，正有如戰國時之孟子也。故淩渝安序先生《全集》云：

姚江師心之學與異教同源也，恃其聰明舌辨足以禦人，以佐成一己之説，而一時好徑欲速者，喜其言之直捷，而放縱闒茸者，樂其教之脱略，而不覈於事情，相與尊之，轉相矜尚，況其文學事功亦足以震炫一時，而淺識者遂以有言者信其德，勇者信其仁也，將盈天下而莫辨其非矣……張子拒之素嚴，雖未能摧排廓清，然當羣言鼎沸，尚知伊洛淵源者，則張子反經之力也。（〈全集序〉）

陳梓〈重輯年譜跋〉亦曰：

天生子靜於南渡，以黑腰子亂學術，則必生朱子以接孔孟之傳。天生陽明於明季，以滿街聖人混儒釋，則必生楊園以續程朱之統。世非無闢陽明之人，或偏於窮理而流爲入耳出口，或偏於力行而徒爲謹小慎微，皆不足以服陽明之心，又何以折其辨而撲其焰哉！惟先生知之確，行之勇，取舍明，存養密，精義入神而篤實光輝，故一切鬼蜮之技無所售，而晦蝕之道賴以復旦。魏鶴山序朱子年譜曰：三才一本，道器一致，幽探乎太極無極之妙，而實不離乎匹夫匹婦之所知，大至於位天地、育萬物，而實不外乎暗室屋漏之無愧。即以是合之先生又奚忝焉。則信乎朱子之後之一人已。（引《全集》、諸家評論）

蓋舉世汨沒于良知之習而不覺其非，孔孟下學平實之道，晦冥不彰，時唯先生恪守朱子居敬窮理之訓，博綜儒先義理精髓，知之確、行之勇，嚴辨姚江之流弊，復闡揚程朱篤實之道，以救其空疏放蕩之習。故先哲論贊如此也。而閑邪崇正，固爲衞道之功，然先生之苦心孤詣，實秉諸民族大義，思由明道而救世亂也。故自學術之立場以頌其功，竊以爲猶未全盡先生之志也。

第三節　嚴別儒釋異同、端學術之風氣

先生基於學術之立場，抨擊陽明學說陽儒陰釋，彌近理而大亂眞，生心害政，造成亡國之禍，夷夏之閑盡決，率獸食人。且良知末流之徒，援釋入儒，混淆是非邪正，大亂吾儒之道，即有深心勤學好古之士，一經漸濡，遂逃儒而入釋，釋氏之說日益昌盛，而儒家之學日趨晦冥。復値鼎移，一時豪傑有志之士，無所發憤，皆遁入佛門，故其勢更盛。先生身處斯時，躬歷其禍，深切感覺孔孟正道之式微，駸駸乎瀕於中絕，故既闢姚江良知之學，乃對儒釋相異之處，嚴加明辨，劃分疆界，使各歸其統，裨拯斯人於惑溺也。（其詳參第一章第三節所述）

先生嘗述及當時學佛之盛況云：

世教陵夷，正學晦蝕，今人無論知愚，無不從事老佛者，然老終不如佛之盛。間有生質醇厚，於聖賢義理亦知慕悅之者，終不脫兩取兼存之習，蓋其胸中無主，雖不至明背聖賢，而實則重在老佛云爾。（卷四十二）

正學既晦蝕若此，則先生之憂患其可知也。至於禪學之得以亂儒道，溯其源流，先生以爲始自張子韶，《備忘錄遺》云：

自佛入中國，從來爲禪學者，不曾侵入聖人正道，自張子韶改頭換

面以出，便有雅鄭紫朱之亂，至象山、陽明則不復辨別矣！（卷四十二）

先生自云二十三、四歲釋氏之書已絕不入目，然因尊信先儒之論，深思力行吾儒之所是，遂因此而見彼之非矣！故嘗語學者曰：「朱子集第六十七卷雜學辨，學者不可不先看，於此見得分明，辨別得箇綱領界分，便能不為詖淫邪道所惑。」（卷四十一）於此可知先生雖摒絕佛書，然因得力朱子之見，又精研宋儒義理以立其本，故於儒釋之分野，亦能洞悉無惑也。宋張子韶之雜揉儒佛、象山之根源禪學，既經朱子指斥，故先生復加陽明而同責之。

先生論儒釋之別，如：

吾儒言太極，釋氏亦言太極。吾儒言太極，器亦道，道亦器也。釋氏言太極，離器而言道也。

吾儒言靜，釋氏亦言靜。吾儒言靜，合動靜而言之也。動靜不失其時，故寂然不動，感而遂通天下之故。釋氏言靜，離動而言之也。絕動而後求靜，故自謂洗心退藏，而不足以開物成務。（同卷二十七）

釋氏判心與迹，是顯微有間也，自謂窮神知化，而不足以開物成務，是體用二原也。（卷二十八）

……君子敬以直內，未發之中，畢竟與禪家空寂有別，若只是冥然空寂，如何能發而皆中節。（同上）

二氏亦言克己，只於復禮處，全然乖謬。關中之學以知禮為先，知禮則成性矣！（同上）

朱子論儒釋根本之別，主在一實一虛。蓋從事釋氏之學者，終究輕人倫日用而躭虛守寂，而儒家肯定人性之積極層面，故即使守敬，亦是道器不離，終非空幻無主，畢竟能具足萬理，義以方外。先生本「體用一源顯微無間」、「理一分殊」之理以判別異同，極能把握佛家空理與儒家實理之根本差別也。故先生〈答屠子高〉書論格物之義一書云：

近代釋氏之說，亂於吾儒之書。於凡人倫庶物，一切視之為外，遂欲離物而求其所為惺惺者、昭昭者，雖其清淨寂滅之餘，胸中不無所見，然未有不陷於一偏，舉此遺彼，而於大中至正之矩，終以有乖也。（卷六）

依先生之意，則二家相異處，其實仍在心性上，根本所見有差，故釋氏修養功夫雖不無所見，然終要陷於一偏也。《願學記》嘗辨云：

> 或言釋儒，教雖不同，其歸則一。予謂天命之性，率性之道，修道之教，本則一理，釋氏思以易天下，豈以爲非是而不貴也。立教既已不同，而謂所見性道不異，恐無是理也。（卷二十八）

然先生終究以爲釋氏之差誤，實在於不識心性。《備忘錄》有云：

> 存心養性功夫是一是二，謂存心之外，更有養性功夫不可，謂存心之外，更無養性功夫亦不可。禪家亦言存心，他只是要滅性，既云見性，如何又要滅他。禪家正坐不識心性，所以本末橫決，至於三綱淪而九法斁也。（卷三十九）

故先生責釋氏之教曰：

> 佛氏之教行，將天地間多少有用之人化爲無用，將天地間多少有用之物化爲無用。堯舜之世，豈能容之。（卷四十）

又斥當時儒釋互擾之病云：

> 艮止之義，只非禮勿視聽言動而已。看一部《楞嚴》，不如讀一艮卦，先儒恐人將主靜二字誤看，故爲此言。今儒家乃援《楞嚴》以講艮卦，禪家則又援艮卦以講《楞嚴》，胥失之矣！（卷三十九）

禪學之禍至於廢棄人倫，夷狄之道也。而李贄創三教一門之說，儒者遂不專爲儒者之學，釋氏亦雜取儒家之說，先生甚疾惡其亂正道，故必嚴儒佛之分，而對當時良知末流之好言本體，則斥爲釋氏之習。如云：「世儒好言寂然不動者，釋氏之習也」（卷四十二），「今纔做功夫，便要認著何思何慮之體，鮮不流爲異學」（卷四十一），「世儒分顏子曾子之學爲二途非也……其言顏子之學異乎曾子者，其人必是釋氏之學。將謂顏子爲頓悟，薄曾子爲漸修也」（卷三十九）等，皆是。可見先生之嚴辨儒釋，正爲矯治此種邪枉之學風也，考諸當世學者，能若先生亟亟以復孔孟聖道爲職志者，殆不多見也。

第四節　評騭當世學者弊病、爲中流之砥柱

先生幼稟母訓，即有志聖賢之道，故自少不甘於流俗，以奮乎百世爲心，迨潛心精研義理，祖述孔孟，憲章程朱，遂得儒家之正學。乃逢時不偶，身遭世亂，目睹明末清初，處士橫議，邪說暴行肆起，世衰道微，人心陷溺，其源皆由學術不正而起，因此抱斯世斯民之任，以明正學、救人心、已世亂

爲終生職志。故一則闡揚孔孟仁義之道，示學者以儒軌，另則剖析駁難種種詖淫邪遁之辭，猖狂放蕩之行，而破世俗之迷惑。此先生崇正閑邪之功也。

而對於當世學者所犯之弊病，由第一章以來，陸續有述，綜而論之：一爲俗學邪僻之失，如好立壇坫講學，喜結社交游，廣納聲氣、標榜聲名，分門別戶，黨同伐異，制舉爲業，喪廉恥、泯夷夏、趨利祿、取富貴等皆是也。二爲良知心學之弊，如好言精微、遺卻平實，三教一門、援釋入儒，傅會經義、假託聖人之言而爲邪說惑人，空談而無所事事，任偏見而輕爲論說，執己自是，堅僻乖戾，傲物肆志，師心自用、直情徑行，驕矜自大，好言靜悟，忽視踐履等，可謂不勝枚舉也。三爲禪學之弊，人人無不從事佛老，甚而逃儒入釋，二氏亦襲取儒家之說牽合彼教。凡此俱當時學人通病，先生俱一一詳析駁辨，不煩複贅。

另先生友人有犯流俗種種弊病者，莫不去函救正之，此於《文集》中，隨處皆是，可謂愛友以誠也。故沈磊與先生書嘗譽之曰：「去夏今春，又得讀所寄渝安、爾惜、顯生札，救朋友之急，必本於天地之立心，規同人之過，必推於學問之根源，命意措詞，一字不苟，以爲吾當世而求師程，微長兄其誰與歸。」（引《國朝耆獻類徵初編》卷三九六）又早年祝淵與先生書亦云：「淵每念同社兄弟多具異才，凌跨絕代，求其追蹤濂洛，踐履篤實，則必首推足下，奉爲畏友。前見足下致書石友兄，字字痛切，深中末學之弊，敬黏之座右，朝夕省覽，媿志力不堅，旋操旋失。」（《祝月隱先生遺集》卷三〈與張子考夫〉）由此可知先生實爲當世之師，爲同人所推服也。然若此者舉不勝書也，茲擇一二述之如下：

卷五十四《訓門人語》中，姚璉記曰：

> 先生訓璉曰：學術之際，不可不愼，始之不愼，則自謂闢異端，不知深入其中，而終身有不覺者。如乾初立論闢禪，而其學的是禪學。季心立意排斥良知，而其議論正是良知衣鉢，此皆由不尊信程朱故也。

邱季心，名雲，晚年與先生論學不合，見卷五〈與何商隱〉書曰：「季老好疑，昨來兩札，致先生者語氣尙和，其示弟者甚多弗平，大都因先生日所致書，爲疑祥有所尼於其間也。……一二十年素心之交，目前已無幾人，又俱垂死之身矣！日見乖異，眞不祥也，早夜常懷悲歎。」大略可知，此關學術之是非，故先生特舉其缺失以訓示門人也。至於陳確（字乾初），與先生同師蕺山，嘗著〈大學辨〉、〈性解〉、〈禪障〉諸篇，其〈大學辨〉一文於當時即已引起極大爭論，同門之中，移書諍救者不少，而確始終力持己見，不改其意。先生與之討論最多，而集中對乾初之學，亦評騭最多。如卷五〈與何商隱〉書嘗曰：

> 乾初惡釋氏如探湯，而易修全力以赴之，易修深非《學庸》黜歸《戴記》之說，而乾初持之益堅，今日波流風靡之中，如兩兄人品誠不易得，而一種偏僻之見，各不可返，則以皆於良知之說深信不疑，而於居敬窮理四字，未嘗深致其力，故自以爲是，而不復有虛心求益之意也。夫釋氏之學與夫《學庸》非聖學之謬妄，何待深究義理而後明之，兩兄平日未嘗不言克己，未嘗不言改過，即此一過已不能改，而此己私已不能克矣！良知之謂何可？見師心自用，未有無失者也。

施博字易修，亦先生之友，篤信禪學，故與陳確持辯不相下，然乾初主《學庸》非聖學，亦堅僻自是，先生因論二人之失，實深中良知之習所致也。《備忘錄》中又有一則論陳確闢禪而自身何以入於禪之故，文云：

> 前哲謂大雄氏之道本一，而其徒歧而二之，宗於釋者，不假文字，直以求心爲要，宗於教者，以爲行必先於知。然則乾初主張心學，每事必信諸心，而執行在知先之見，堅不可破，雖不學禪，而不自知已入於禪。蓋乾初所服膺者良知之說，而姚江實禪學之深者也。學不虛心遜志，爲害眞不淺也。所以必須擇善。(卷四十)

今考陳確集中與先生論辨大學之書，視當世諸人爲最多，乾初雖自謂「弟於王氏之學，正愧誦之未熟，信之未深耳。果誦之熟而信之深，則必不敢自以爲是。果自以爲是，則正其未得王氏之毫末者。陽明豈教人自是者耶？弟于象山之說，未許者十之三四，於陽明之說，未許者十之一二，正不敢效時賢之各護門戶，是則全掩其非者。所深信不疑者，惟陽明知行合一之說耳。」(《陳確集》別集卷十六〈答張考夫書〉) 然先生篤信程朱之說，故終不贊同《大學》非聖學之論，故明辨乾初行迹，謂其入禪而不自知也。另觀《陳確集》中附黃宗羲〈與陳乾初論學書〉亦云：「大抵老兄不喜言未發，故於宋儒所言近於未發者，一切抹去，以爲禪障。獨於居敬存養則未黜爲非。……則知未發中和之體，不可謂之禪，而老兄之一切從事爲立腳者，反是佛家作用見性之旨也。」(《陳確文集》卷四) 則與先生論乾初每事執「行在知先」之見，其意正相類似，可知乾初不免此病也。而先生之所以屢辨其學之失以告學人者，於〈答徐敬可〉一書中，可知先生苦心之處。文云：

> 海昌橫議，竊意未必本於慈湖，蓋其所習熟者姚江而已，平生用力，

詩文爲多，儒先之書亦不多看，看亦不肯遜心求益，不過以一人私智，裁量其得失。至爲此論，特以偶然之見，自信過深，遂以爲前無古人，後無來者，沾沾喜爲獨得，持以示人，而不知此等語言俱是故紙陳言，久矣經先覺之所斥棄而不足論者。若能博考舊聞，當已赧然而廢置矣！甲午乙未之間，旬華、伯繩、仲木諸兄力相匡救，而無如持之益堅。弟因友朋見責，亦常再三爲之開說而決不可挽。一紀以來，所以絕口者，非能恝然於心也。不可則止，固爲朋友之道，又見其老年於學不復有進，彼里知交，自裒仲既沒，亦少努力向前，能爲規益者，故不得已，姑置勿論，以圖全交而已。今日邪說暴行充塞天地之間，士人有意好脩已不得十一於千百，區區私心，固不欲明言其失，間或不能已於言，又恐復蹈末俗門庭水火之嫌，而不敢直遂其說，以此踆巡荏苒，不覺去壯就老，坐見其病之成，竟不啻若蘧篨戚施而方且自待彌高，視人彌下，漸且惑末俗而誣後生，正使雖有針砭，將何所施，則不免任其自言自已，自消自歇而已。亦不特海昌一人爲然也。然其失實由吾黨少壯不能力學之罪，若果早有聞知，稍稍成就，豈竟無所是正於朋友，而朋友亦何至動相輕忽，終拒不受哉！閒中每念及此，唯有悲歎，不勝既往之咎。因仁兄言及，故罄竭言之，以求正其失得當否也。（卷八）

文中海昌即指陳確也。蓋確於海寧一地，頗具聲望，爲後學所宗仰，故先生懼其惑末俗而誣後生也。然最主要者，基於學術是非邪正之立場，先生實見得《大學》一書的是傳承孔門之思想無誤，故爲維護聖學起見，對陳確此種反經書之論，自是不能苟同。且復考諸舊聞，此種論調亦久經先覺斥棄矣！而乾初信其所見，終生不易，先生雖再三爲之開說，而絕不可挽，乃不得不詳辨其失，告人以良知師心自用之弊害也。

又〈與何商隱〉書中嘗評陸世儀、惲日初二人之論性云：

兩兄之指雖殊，其言性善則一。桴亭意在救時，故就氣質而言，仲升研精釋典，故欲輕言氣稟，皆各踞一方之論。竊謂前有孔孟，後有程朱，性善之說已甚詳明，吾人只宜尊其所聞，日用之間，實求所謂爲善去惡者，以無失賦予之良可也。此是彼非，徒長紛爭，何益於己。桴亭此刻未免文人好事之習，正使其說大行，於世教亦無甚害，仲升之駁，似亦可已，豈因其中指斥，固有觸其所忌而然乎？

私以質諸仁兄，不足令人聞見也。（卷五）

湯脩業〈陸桴亭先生小傳〉記其所著有性善圖說一書，而《清史列傳儒林傳》卷六十六〈惲日初本傳〉載其著有駁陸桴亭論性書一卷，大概即先生此書所述二人論辨之文。考先生與何氏書在清順治十八年，未知其時數人是否相見討論學術也。大抵先生有鑒於時俗黨伐門戶之習，故不欲同志徒長紛爭，且當世學風承良知末流，唯重高談，不及力行，性善之論，亦早經先儒詳說定案，殊不必再起異同之見，何況各執一偏，俱非大中至正之論，故先生言二人皆有所失也。

另《備忘錄》嘗評祝淵、吳裒仲二人云：

祝開美、吳仲木，擔荷勇，氣魄亦大，若久在世間，亦不無補濟，然皆所謂出於幽谷，遷於喬木者也。少年行事，儘不滿人意，所以敬信之者少。吳忠節有言：人品須從小做起。可惜仲木初間不領此意。（卷三十九）

祝吳二人俱年少得名而早卒，先生既美其長，復歎其失，戒人之意極深。其餘集中救正友人之失者，如戒徐善務去二氏之學，勿徒事詞章著作；規呂留良毋事制藝程墨，須深思韜晦之旨；諫嚴顥生切絕圍碁之習、張白方勿辭親遠游等，皆本於愛友之誠，使其人得以脫乎當世流俗之種種弊病。夫先生身處濁亂之世，乃能卓然自振於波靡之中，特立獨行，不僅於當時污俗無所薰染，尤能衷乎聖人大中至正之矩，修身履道，以顯豁聖人之眞理，且辨析俗弊，嚴判儒釋疆界，使蔽陷離窮之心，詖淫邪遁之辭無所逃匿，而交友盡規，澤及同類，延掖後進，程範海內，此同時學者所不能及也。故王錫闡曰：「君子以教思无窮，容保民无疆，楊園有焉。」何商隱曰：「學術至正，言行無疵，三百年來，指不多屈。至其不言而飲人以和，與人竝立而使人化，尤莫知其所以然也。」淩渝安曰：「同人學問各有偏長，成德君子，其惟考翁。」（以上同引《全集》諸家評論，原文見張佩葱〈上何商隱先生書〉）此三人皆先生之友也，而贊歎如此，知先生為當世四方學者所宗仰也。

第五節　析論前儒得失、示後學以途徑

《近思錄》列觀聖賢一目，以論聖賢相傳之統，先生得力其書者深，故於學問之時，亦因體驗氣象所得，輒筆之於冊，或潛玩諸家義理，而論列其

得失，皆足以啓示後學，備爲修身履道之南針，使其自論世知人，而不疑惑於學術之歧途也。至於先生集中多此等記錄，自是遵孟子知人知言之訓而爲治學之法，故嘗曰：「不窮理則不能知言，不知言則無以知人，不知言知人，則不能守約，而有氣壹動志之害。」（二十四卷）或亦不可謂無程明道以觀聖賢氣象爲教之影響也，故先生嘗云：「吳人伯、淩厥修、朱彥時，其爲學能理會及性情，故其見於容貌詞氣全無傲戾之病……先儒教人理會氣象，三人未論所得，氣象卻好。」（卷四十）然先生固亦自云：

> 謂學不必將前人深辨，非也。纔說一人，便有一人之言行在，誦其言，觀其行，辨析不明，却恐駸駸乎爲其所惑，所謂物至而人化物也。又謂學惟爲己而已，辨之何益？却是浮論。予謂若是爲人，則各有耳目，各有心思，他自會去求明誠，不必辨正。惟爲己，故辨之不可不早，否則何以擇善之功，辨之弗明弗措也。（卷三十九）

可知先生大抵上承先聖前儒之說爲治學法則，然因世道之敗亂，異端學說紛雜，人處其中，不免爲其所惑，而失學術之正，故又擇前儒精義足以矯治之者，因時立言，示以正途。可知先生終生諄諄以「明辨擇善」爲治學先務告學者，正欲其從事於此功夫，而可不惑於當時種種似是而非之學說也。

今觀於《願學》、《備忘》二書之中，上自堯舜禹湯、周公孔孟，下迄元明諸儒，旁及孔孟之門人後學，楊墨告子之徒，陸王白沙之流，莫不論列周備矣！或揚譽其休，或閑闢其邪，足以闡明道統相續之脈絡焉。而人文之美惡，學術之醇疵，亦從可見矣！誠繼往聖之絕學，闢道塗之荊榛，而啓後學以正軌也。孔孟以上，先生稱其善，美其行，無有間言，於楊墨告子之說，則承孟子之學而詳析其失，至於孔孟及門諸子，則本窮理讀書所得，抑揚兼有，如評子路之學云：

> 子路於修身立行，儘是剛果用力，但不能密加內省，克治其私，則於天之所以予我，具眾理而應萬事者未之明也。蓋欲誠其身而不明乎善者，故曰升堂未入於室。又曰：知德鮮矣！德者，百行從出之原也。（卷四十一）

此由宋明儒義理思想結構，評析其學問之境地，以釋子路所以升堂未入室之原因也。論萬章諸人則云：

> 萬章、公孫丑、樂正子諸人，亦一世豪傑。六國之時，游說之徒，立談取卿相，富貴利達者歸焉。楊墨之言盈天下，天下之言，不歸

> 楊則歸墨，其中深思好學爲不少矣！而又有申商刑名之學。所寂寂者，孔子之道耳。孟子一身所如不合，仁義之言，當時格格不入，而諸弟子相尋不去，非智勇之備而能之乎！惜也從者數百人，行名多不傳也。（卷二十六）

先生目睹明末人心學術視戰國之亂有加，而其時鮮有脫乎流俗、特立奮起之士，故歎孟子之徒智勇兼備爲難得。然又評公孫丑曰：「公孫丑游孟子之門，而不知孟子學術與齊桓、晉文不同，至疑其得志功業不如管仲，此與未嘗識面何異。」（卷二十七）可知先生論人，實秉自言「論人不可不盡，取人不可不恕」之原則也。而由上述，亦得略窺先生於《論孟》之所得也。然宋明儒學原承孔孟而另啓一新境界者，復緣各人資禀睿智不同，功夫所用不同，乃產生各異之思想系統，而有門戶之爭。故足以表現先生思想傾向，與道統傳承者，在於對宋元明諸儒之評論也。茲尋繹集中所述，歸納如左，漢唐以上不具論也。

（一）論宋代諸儒

先生之學本濂洛關閩而來，故對各家均極讚美，嘗曰：「東漢諸君子可使頑夫廉、儒夫有立志；北宋諸君子，可使鄙夫寬、薄夫敦。」（卷三十九）又分別論其氣象與學問云：

> 漢唐以來諸儒都只狂狷之士，惟濂溪明道有中行氣象。（卷二十六）
>
> 周子明通、程子篤實、張子勇決、朱子精密。（同上）
>
> 明道先生之言平易易知，賢愚皆獲其益，如羣飲於河，各充其量（出〈行狀〉），御小人使不麗於法，助君子使必成其美（出書狀後），蓋非後儒所能及也。接物時當學此意。（卷三十九）
>
> 明道其殆默而識之者乎，晦翁其深造自得也與。（同上）
>
> 吾於乾九二文言得明道焉，於坤六二文言得伊川焉，於大畜剛健篤實輝光，日新其德，得晦翁焉。（同上）（按：乾九二文言曰：見龍在田，利見大人，何謂也？子曰，龍德而正中者也，庸言之信，庸行之謹，閑邪存其誠，善世而不伐，德博而化。易曰，見龍在田，利見大人，君德也。坤六二文言曰：直其正也，方其義也，君子敬以直內，義以方外，敬義立而德不孤，直方大，不習无不利，則不疑其所行也。）

明道似顏子，考亭似曾子。(同上)

根據以上所引諸文，顯示先生於義理思想雖吸納各家所長，然尤推崇明道與朱子也。蓋朱子之學精密，先生嘗謂義理至朱子而詳備，故言學問莫不折衷於朱子。而明道言理雖不及朱子精密，然其學以仁爲本，致天人爲一體，內外合一，其言平易易知，氣象有似顏子，不必如朱子般大段用力，而自然和平，於境界似較高，故先生兼美之。考卷四十二《備忘錄遺》中先生嘗論朱子之教云：

朱子之教，大約使人先明好惡。蓋纔遇一人，便有善惡以及智愚賢不肖之別；纔遇一事，便有是非可否邪正之別；纔一言入耳，亦便有是非得失，合義理、不合義理之別。善則好之，不善則惡之，眞有如好色惡臭之喻。然用心一過，不免失之太刻。所以吾人時時當念中庸寬裕溫柔及尚書有容德乃大之語，以補其所偏，譬如服藥，服單方久，便苦失之偏勝也。

由此可知先生雖崇信朱子，然朱子析理過嚴密，明道之渾厚適可相濟，故先生乃又特別稱許其人也。此外，先生深研《易經》，雖不取邵雍象數之學，然卻特美其修養工夫云：

邵康節先生人徒知其爲風流人豪，不知其做工夫卻極艱苦刻厲，嘗書檢束二字，自警警人。自古聖賢，未有不如此而能有立者。(卷四十)

斯亦可知先生學問之所重也。

至於陸九淵，先生則直評其學云：

陸學教人求四端，而以居敬窮理爲支離，不知孟子四端之說，只是從人陷溺之後，使之識取良心，見得秉彝之良，人人固有，不假外求，非謂得其四端，便了聖人之事。墨子兼愛，也只是惻隱之過，楊子爲我，也只是羞惡之過，仲子避兄離母，也只是辭讓之過，申韓刑名殺人，也只是是非之過。且思一仁義也，孟子既辨墨之非仁，楊之非義，又辨子莫之非中。齊宣王不忍一牛之心，充之可以致王，然孟子卻於其間分別出吾老人老、吾幼人幼，又分別出百姓禽獸，而重言心之權度，何等詳盡明晰。可知理一處不難，所難者分殊，象山見得大概，便傲然自足，鄙哉！(卷二十八)

由於陸氏下開陽明之先，啓後來之世亂，故先生特引孟子之言以駁其學，謂其僅見孟子四端而得理一處，遂無視孟子所言分殊之處也。

（二）論元代諸儒

先生論元代諸儒，大概著重許衡，以後世多疵議其人仕元而略其學，故先生嘗撰許魯齋二論，以申明其出處之不得已，仍稱其爲豪傑之士。《備忘錄》亦云：

> 許魯齋，豪傑之士也，後人以其仕元，并其生平而概棄之，總只是爭私意。（卷四十）

> 許魯齋篤信好學之士，其所得過於金仁山、許白雲，後人特以仕元之故，訾之太過耳。（卷四十一）

至於謝翺、鄭所南則美其節，金履祥、許謙則稱其賢，先生云：

> 謝皐羽、鄭所南自是高節之士，然金仁山、許白雲豈非賢者，人不可以一槩論也。（卷四十）

蓋許衡、金履祥、許謙居元，雖出處不同，俱尊程朱之學，故先生有評，謝、鄭二人，入元不仕，深具民族君國大義，與先生處境相同，故論及之也。

（三）論明代諸儒

有明理學以吳與弼、薛瑄爲倡導，與弼傳胡居仁、婁諒、陳獻章，瑄之後學有呂柟，特起之士則方孝孺、曹端、羅欽順，除婁、陳二人外，餘大抵恪承洛閩學統，故先生嘗論曰：

> 曹月川先生，盛德之士，其學粹然一出於正。國初，中原氣盛，所以與河東夫子先後並生，以昌明此學，未幾而康齋、敬齋繼作，不可謂天之無意斯文也。乃白沙、甘泉隨於其時爭鳴，則已爲姚江先後奔走之資矣！若夫克庵（陳選）不得善其終，將疑後死者不得與於斯文，勢之所重，整庵、涇野不能回狂瀾於既倒，區區清瀾欲障百川而東之，宜其難矣！（卷四十二）

可謂道出明代東林高顧以前，程朱遺緒傳承之道統矣！茲錄先生之說，分別條列于后。

先生晚年嘗欲選曹薛吳胡四君子書爲四子近思錄，以爲其道可繼濂洛關閩，可俟來學，然不及曹吳二集而卒。所選定薛瑄《讀書錄》，胡居仁《居業錄》，先生評曰：「《居業錄》有謹嚴整肅氣象，《讀書錄》有廣大自得氣象。」（卷五十四語姚璉）可知先生極推崇此四人。答姚璉之問又云：

> 月川開風氣之先，已得理學之正。如方正學未免文勝其質，若康齋

> 質勝文處有之，然躬耕處困，篤志力學，誠慥慥君子也。家甚貧，有執贄從學者，受而藏之，或其人他日不類，必返其贄，即此一事，吾人何能及也。問康齋門下士三字畢竟爲人口實如何？先生曰：凡受薦者於所薦者例稱門下士，此康齋未免隨俗處，然辭其職而即返，亦可諒其心矣！（卷五十四）

康齋貧困之生活環境與先生相同，故先生似乎特別讚美其人，於集中屢爲辯護，如涇野議其以貧累心，先生則云：

> 涇野議康齋不免以貧累其心，疑猶未能易地而觀也。關陝之富饒，既不同江右之貧瘠，科甲之清華，又不同布衣之困阨。一歲躬耕所得幾何？其外雖至饑寒交迫而弟子之贄，亦有所不受，則康齋之爲康齋亦可知已。當其勢不獲已，則至於稱貸，念及負人不可，償人不能，憂貧亦天理也。士生後世，動以顏子原思律之，盍亦論其世乎？（卷三十九）

饑寒交迫之困阨，先生經常之遇也，故能設身處地，知其艱難，而康齋雖如此困阨，弟子之贄有不受，誠不可及，故先生又云：「吳康齋先生從胼手胝足中，充養得睟面盎背，斯振古豪傑也。」（卷四十）又云：「康齋先生質本剛毅，其和樂處，皆其克治之力，涵養之功所致，能使氣質變也，白沙可謂不善學康齋矣！」（卷四十二）於此可見先生特推許康齋之處也。

除此四人之外，先生以爲呂涇野繼敬齋而後之慥慥君子也，故論其人亦多，《備忘錄》云：

> 觀涇野集，王虎谷其師也，湛甘泉其座主也，何粹夫、王端溪是其友也，近代學者，涇野其賢乎！（卷三十九）

此自其師友以稱其人者也。而涇野身處陽明倡良知之時，守洛閩矩範，與之相抗，海內人士尊之曰關西夫子，然其集中於朱子不免有疵議之處，故先生與張佩葱論涇野內篇時嘗云：

> 當日王氏之教盈於天下，朱子之學大爲世詬，其書已無復見，況得而讀之乎？涇野先生起而闢之，可謂獨立不懼，振古之豪傑矣！但其學之所至，則去朱子尚遠，讀其書、論其世，當自得之也。（卷十二）

由此可知先生特別詳論其人之故，一則因其能闢良知也，另則其學尚未能潛心遜志於朱子之書也。故先生復論云：

> 呂涇野先生天資純厚篤實，不難至於聖賢，然其學問不及文清康齋

者，豈亦以少年登高科，爲美官之故乎？（卷四十二）

涇野只生質之美，可謂善人矣！論語不踐迹亦不入於室，此之謂也。孟子有諸己之謂信，竊意大概近之，若夫充實之美與有光輝之大，尚未之能也。（同上）

綜上所論，知先生於守程朱之學諸儒，概稱美其賢，亦明示其學之境地以示學者，使人得所效法。至於陳白沙則不免有疵，以其不善學康齋而有偏頗，遂啓良知之先路也。而陽明之說，前已俱述，於茲不贅。明代其餘宗程朱之儒者，如何塘、徐問、史桂芳、程本立、李樂、陳建等，先生亦各因其人所至而評騭之。然諸人之學已皆不如先前之儒矣！

良知之教迄晚明，其弊日深，學風乃因而漸變，時有顧憲成、高攀龍爲首之東林一派興起，雖以程朱之學矯救，然諸君子多與於朝政，遂肇激烈之黨爭，釀成國禍，故先生於此一派之學術，亦特爲明辯。《願學記》云：

東林諸君子有意救陽明之敝，其矜尚名節是已，然其流至於黨爭，則以取人，不免偏重才氣一邊，而於闇然爲己之功，不無少疎，至於釋氏之書，則又未嘗屏絕，以云救時可矣！明道或未也。孟子云：君子反經而已矣！明道以是，救時以是。（卷二十八）

先生以其學術駁雜不純，是以謂其救時則可，不能明道也。然後來於《備忘錄》中則並救時亦不許之，直謂其足以害天下國家也。先生云：

東林諸公未嘗得行其志，竊疑雖使得以有爲，天下國家必將受其害。以其學術不純，取人甚雜，不能行所無事，勢必小人旅進，肆行無忌，其君子一死以自全，蒼生不蒙其澤，宗社不奠其安者也。（卷四十）

至於東林之學，先生除謂其未嘗屏釋氏外，以爲與程朱之學，亦有實質之不同，《備忘錄》云：

東林諸公表章程朱之學，然與程朱畢竟不同。蓋其入門便從靜悟二字用功，於聖門博文約禮、文行忠信、入孝出弟、守先待後之意，往往不合，有及此者，不以爲麤淺，則以爲支離。誰生厲階？至今爲梗，不能不罪姚江矣！（卷四十一）

由此可見先生於學術之邪正純疵，辨之極嚴，絕無調停兩可之餘地也。蓋人之有惡，其端雖甚微，倘學問不醇正，則其流害有不可言者，故先生綜論曰：「程朱之門，多恭敬撙節退讓之士，近世講學之徒，躁競而已矣！躁競之士，罕不爲小人，此病東林與姚江皆甚。」（卷四十二）知先生之罪姚江良知固不僅在學術門派之異同，實以其流弊足以亡家敗國也。先生既遭世變，懷西臺之慟，深驗學術既亂，則生心害政之禍，將淪胥而莫救，故學術實爲治亂興亡之關鍵也。乃一禀程朱之學，欲闢聖學之榛蕪，以端正學術，使人復識孔孟之門庭，故必辨析精微，舉示正軌，而於異端之說則不稍假借，嚴厲譴責，此陽明之所以深見斥於先生也。

第六節　推尊朱子之學、下開清獻之傳

陳榮捷著〈性理精義與十七世紀之程朱學派〉一文，敘述《性理精義》纂輯之背景，陳氏以爲「大多史家均以程朱學派爲欽定正統，而不以此派有其重要性。錢穆述及近三百年來之中國學術，幾置此段程朱學派于不顧。馮友蘭之《中國哲學史》亦復如此。彼輩所論，皆爲各個儒者之個人學術思想，因之不及于程朱學派，亦持之有故。但總使吾人認爲在彼輩心目中，十七世紀之程朱運動，實無何重要」。又歷舉梁啓超、日人森本竹城、張君勱、蔣維喬之說，以明諸人不重視此派。因此，陳氏曰：「諸學者中，從無一人視程朱運動有何積極之貢獻。此實一嚴重疏失，不僅曲解程朱學派之眞象，亦曲解十七世紀一般中國思想之眞象。」故陳氏乃自當時程朱系統之正宗承繼人陸世儀、張履祥、陸隴其以說明程朱學派之盛行，非由清廷之維護倡導，實在於自身之價值，亦自有立足之處。並以程朱之學廣攝于當時諸儒思想中，作爲輔證，而論曰：「《性理精義》一書之問世，實應視爲上述情況之反映。換言之，《性理精義》之作，不啻爲程朱哲學之記載，再疏證與再確認。但程朱學派之受重視，其情況尙有甚於以前所述。設若吾人試察《性理精義》之內容，即知其在哲學思想方面有其新發展，首先爲朱子地位之日益提高。在以程朱哲學爲宗之清代新儒家，確以朱子一人爲特重。」可知康熙與李光地纂輯《性理精義》，不能不受當時學術環境之影響。陳氏從新視野以考察十七世紀之程朱哲學，可謂賦予其積極肯定之意義。

誠如其言，程朱理學之勃興，實由當時學術自身之需要，遠溯自東林表彰程朱之學以來，至明清之交，學者亦均兼取程朱之旨以矯治王學流弊，如劉宗周、孫奇逢、李顒等，而顧亭林雖極推崇朱子而攻陽明，然理學非其所重，故純以理學名家者，確要推先生、陸世儀、陸隴其三人也。世儀與先生

同年，而隴其後二十年生。世儀之學與先生雖同主居敬窮理之說，然世儀不喜別立宗旨，故於陽明雖論其失，仍多優容，許為聖門狂者之流，（參《碑傳集》卷一二七本傳）先生則力闢良知末流之弊，於陽明評斥尤嚴厲，深予罪責，又闢禪學，此與陸為絕大不同，亦先生篤信朱子之處。由前數章所述，先生固崇朱子之義理集先儒之大成，古今事理，無不周論詳備。然先生之學實博綜宋儒之說以下合于朱子者，而於修養功夫尤有所發明，且潛研《四書》《六經》，以作為義理之本源，終反歸於孔孟仁義之道者也。至於闢禪與陽明，則不僅在學術正邪之辨而已，心之所存，實寓國家民族大義焉。此所以論先生學術必不得離乎時代背景而言，否則即失其意義矣！迨後隴其陸氏起，以尊朱闢王為學術宗旨，與先生同，而尤以朱子為學術正邪之裁斷，凡不宗朱子者，絕其道使勿並進，則流于門戶之見而已，此為與先生不同之處也。故自康熙與李光地崇信朱學，而纂輯《性理精義》一書，朱子益受推崇，而成「整個新儒家傳統之龍象」（陳氏語）矣！而隴其絕對之尊朱與肆力攻詆陽明，且復出仕，遂成有清代表正統儒學之冠軍。故卒後不過三十餘年，清廷以名臣從祀孔廟，隴其即其一人。然則開此風氣之先者，不得不推先生也。

考隴其居平湖，與先生家比壤，雖晚二十年生，猶可及相見也。然先生自國變後，退處田野，隱約闇修，避聲匿跡，故隴其亦不知有先生，迨先生歿後，始得見所著《備忘錄》，曰：「張考夫先生遺書未有刻本，前偶見其《備忘》一冊，篤實正大，足救俗學之弊。」（引《全集》諸家評論）故後來乾隆間雷鋐撰先生〈全集序〉云：「向見陸清獻公《衞濱日鈔》極推楊園張先生，繼見寶應朱止泉遺集論學術稱楊園為最醇。」（《經笥堂文鈔》卷上）於先生傳中則論曰：「楊園先生接薛胡之學脈，契濂洛之心傳，實先陸清獻公而真知允蹈者也。然陸公未獲與先生相往復，先生歿，乃見其所著《備忘錄》等編而心折焉。」（同上）以為隴其嘗讀先生遺書而心折，則先生實有以下開清獻之傳也。

第六章　結　論

明季政治敗亂極矣！內則君廢政務，臣僚專恣，宦豎横行，黨爭激烈，互相傾軋而人才日漸摧折。外則女眞虎視，邊疆搶攘日甚，在天下則內外交敝，貪官污吏搜刮聚斂，宗藩鄉紳剝削凌奪，以致賦苛斂繁，民生凋敝，四海困窮，游民日多，加以天災流行，饑饉洊臻，而流寇肆虐矣！

至學術風氣亦紛亂極矣！良知末流空疏不學，猖狂無忌，混佛老於儒術，高者陷於玄談心性，卑者溺於利祿，決名教而喪廉恥，枉顧家國天下，流風所及，社會道德日漸解體，風俗人心日趨敗壞，終致明室覆亡而莫救。

先生幼稟母訓，有志聖賢之道，少能自脫於流俗污陋之習，刻苦奮勵，爲學不就枕席者十餘年，深植經史之根柢，既目睹世道晦冥，人心陷溺，故抱經濟天下之大志，博覽羣籍，國變以後，益潛心於義理之學，自濂洛關閩以迄有明諸儒緒論，莫不涵泳而得其精蘊，進而融貫孔孟之道，匯通千古聖賢脈絡。夷考世禍，其源皆在學絕道晦，乃毅然以興起斯文爲己任，奔走呼號數十年而齎志以歿，良可嘆也！

先生少逢衰亂之世，飽嘗天災人禍，又罹先世厝宮燬於盜之痛，長歷戰亂，顚沛流離，有盜寇兵戈之災，中遭兄子夭折、長女被鴆之悲，晚更困於疾病水旱，既無顯赫之家世，復終生處繁賦重役之時，貧窶甚矣！故終究株守家園，處館力田維生，足跡不能出一、二百里之外，乃進學之志，老而彌堅，守義安命，身困道亨，時局益窮，氣節益堅，尤抱高志，自淑淑人，爲法天下，垂範後世，斯可謂振古之豪傑也。

考先生之學可分三期，自幼習舉業，其時猶未識聖學門徑也，及二十四歲得龍溪之書，遂以爲聖賢之域，可以指日而至，二十五歲讀《小學》、《近思錄》，乃識爲學之門，因漸有事於濂洛關閩之書，三十四歲，復受業于山陰劉宗周，習愼獨之學。此期雖有三變，其實同時從事，功夫用力於二王爲多，義理則二十九歲之後，體會宋儒爲主，及問業蕺山之時，大約所得已有基礎，故受蕺山影響不大。至三十六歲開始抨擊陽明之學，此時思想應已拋棄良知之說，而三十八歲方確立居敬窮理之旨，三十九歲全力體會格物之理，至四十三歲癸巳一病幾死，先生自言有進，則思想之融貫成系，應在此時矣！故二十九、三十六、四十三歲爲三大轉變時期，其餘則各期中一小變數耳。若四十三歲之後，學日精進，理益純熟，言愈平實，則與日俱新，莫可測量矣！

晚明遺老之中，先生祖述孔孟，憲章程朱，踐履篤實，不欲空言著書，學術最爲醇樸正大。平生不敢高談性命，唯秉明辨擇善之功，於理氣心性諸論，彙經書之言，潛心涵泳濂洛關閩之書，而驗之身心以及天地萬物，實見得天道昭然在目，而識其所以然。故深會理一分殊、體用一源之理，通貫先聖以來天人合一之旨，語默動靜，內外本末，顯微無間，遂以爲三代以下，羣言淆亂，折衷朱子而可矣！故曰：「天人一理，天人一氣，踐形所以盡性至命，心具眾理，故窮理所以存心，性即理，天即理也，故存心則知性知天」矣！於修養功夫則本居敬窮理之旨，上自顏曾思孟，下迄周張程朱，條貫羣言，綜其大成，而自居仁由義以致仁熟義精之境地。此先生所以修明道德、窮神知化之大本也。本諸體而發爲用，乃洞揭良知陽儒陰釋之隱，嚴辨楊墨告子詖淫之弊，舉一切邪說異端盡闢其非，以廓清學蔀，而端正其風尙，力挽久溺之人心也。先生秉豪傑之志，無文猶興，於學絕道晦之日，獨能講明正學，力挽頹波，上本孔孟之道，下繼洛閩之緒，以啓來世，誠爲守先待後之醇儒也。論者謂朱子後之一人，先生實當之無愧。

先生痛明社鼎革，懷抱經綸天下之志，準春秋君臣大義，獨以學術人心致明道救世之功。故於人才之培養、教育特爲重視，欲爲天下得名世之才，以爲後代子孫黎民之計也。而身處亂世，保家所以爲國也，子弟之教不可不謹。方正學謂「人才日衰少，善保膝下兒」，先生所以又特重童蒙之教育也。至於治學所得，即以示教之法，先生既講明義理，其所以垂訓者固多矣！乃復以積累數十年之教育治學經驗，指示讀書教學之要道，而精神多與朱子契合也。若辨道閑邪之餘，念家國之淪亡，蒼生之疾苦，發而爲政治、經濟之論，莫不切中明代之弊，策略謀畫亦燦然可觀，切實可行，與當世諸儒意多有合者。

明亡之後，先生隱遯荒邨僻壤，惟與淩渝安、沈石長、何商隱等遺老往來切劘究習，逃聲匿影，息交絕游，不以師道自居，雖篤志如張佩蔥亦不得執贄納拜，故聲聞不出一、二百里同志間。先生固嘗云矣！「出處之際，古人立身大業所係。楊子雲不足論，許魯齋、吳草廬皆儒林之賢傑也。後世不能無以少之。況立身未如二子，而詭言隨世就功名，多見其鄙夫患得失之心，而與於無父無君之甚者也。然耕田、釣魚、賣藥、卜筮之屬，古人於此，不過借以藏身，至於脩身讀書，濟時行道之懷，未嘗須臾忘也。是以天下後世不敢以農夫市井目之。不知者以爲養拙就閒，其知者以爲逸民處士，而君子則以爲依乎《中庸》，遯世不見知而不悔者也。樂則行之，憂則違之，確乎其不可拔，蓋於此也。不然百畝之畔，十室之邑，未嘗無人，安在少此農夫市井而愛之重之。」（卷八〈答姚林友〉）嗚呼！斯可見先生之心與志矣！所以論先生之學術思想、行誼，俱當本此以觀，庶可知先生雖處簞瓢陋巷之中，而念慮恆周乎天下國家也。而終生志業所在，亦不止於明道救世耳。

先生既惡明末壇坫門戶之習，故未嘗號召生徒，通聲氣於四方。平生雖處館課子弟，然時世濁亂，鮮有從事實學者，唯晚年得張佩蔥、姚瑚兄弟三人而已，佩蔥於先生歿後，不二年亦卒，故先生之學遂賴姚瑚以傳，先生之書則因姚璉纂輯而傳，二人可謂先生之功臣矣！先生依乎《中庸》，遯世不見知而不悔者也，名之傳與不傳，固在所非計，然聲無小而不聞，行無隱而不形，盛德所至，安有不傳者乎？故先生卒後，聞風興起者，絡繹弗絕，至清同治十年，終配享聖廟也。第二章師友淵源已詳述矣！此亦可見康熙崇奉正學以彰風教，雖後世子孫不能繼踵其烈，然終有清一代，未嘗廢祖先之良法美意也。亦從而可知：清雖以考證樸學爲盛，然理學思潮實未嘗衰絕，蓋在下而不在上也。

附錄：張楊園先生像

圖一　張楊園先生像（摘自江蘇書局刊本）

圖二　張揚園先生像（摘自同治庚午重刻山東尚志堂藏版本）

參考書目

一、史　料

1. 方坰，(清)《方學博全集》，中研院史語所藏，光緒元年武昌藩署刊本。
2. 方東樹，(清)《儀衛軒文集十二卷外集一卷》，中研院史語所藏，同治間刊本。
3. 王守仁、葉鈞點註，(明)(民)《傳習錄》，台灣商務印書館，民國 71 年 8 月台七版。
4. 王彬修、徐用儀纂，(清)《浙海鹽縣志》，成文出版社，民國 64 年台一版。
5. 朱熹撰，(宋)《四書章句集註》，鵝湖出版社，民國 73 年 9 月初版。
6. 朱熹編、張伯行集解，(宋)(清)《近思錄》，台灣商務印書館，民國 75 年 4 月台十版。
7. 朱熹、黎靖德編，(宋)《朱子語類》，華世出版社，民國 76 年 1 月台一版。
8. 朱彝尊編，(清)《明詩綜》，世界書局，民國 51 年 2 月初版。
9. 江藩，(清)《宋學淵源記》，明文書局清代傳記叢刊，民國 74 年 5 月初版。
10. 余麗元纂修，(清)《石門縣志》，成文出版社，民國 64 年台一版。
11. 吳修編，(清)《昭代名人尺牘小傳》，明文書局清代傳記叢刊，民國 74 年 5 月初版。
12. 吳德旋，(清)《初月樓文續鈔八卷》，中研院史語所藏，光緒蛟川張氏花雨樓刊本。
13. 呂留良，(清)《呂晚村文集》，台灣商務印書館，民國 66 年 3 月台一版。
14. 李元度纂，(清)《清朝先正事略》，明文書局清代傳記叢刊，民國 74 年 5 月初版。
15. 李亨特總裁、平恕等修，(清)《紹興府志》，成文出版社，民國 64 年台一版。
16. 李桓輯，(清)《國朝耆獻類徵初編》，明文書局清代傳記叢刊，民國 74 年 5 月初版。
17. 汪家禧，(清)《東里生燼餘集三卷》，中研院史語所藏，道光間刊本。
18. 周鎬，(清)《犢山類藁六卷》，中研院史語所藏，光緒十年重刊本。
19. 宗源瀚等修、周學濬等纂，(清)《湖州府志》，成文出版社，民國 59 年 11 月台一版。
20. 姚夏編、錢馥校、祝洤述略、陳敬璋纂表，(清)《張楊園年譜一卷述略一卷年表一卷》，中研院史語所藏，秋聲山館抄本。
21. 姚寶煃等修、范崇楷等纂，(清)《西安縣志》，成文出版社，民國 59 年 3 月台一版。
22. 紀昀等纂，(清)《四庫全書總目提要》，藝文印書館，民國 68 年 12 月五版。
23. 《唐鑑》撰，(清)《國朝學案小識》，明文書局清代傳記叢刊，民國 74 年 5 月初版。
24. 祝洤編輯，(清)《淑艾錄》，國立中央圖書館藏舊鈔本。
25. 祝洤編輯，(清)《淑艾錄》，中研院史語所藏，光緒吳江沈氏世楷堂刊本。
26. 祝淵，(明)《月隱先生遺集四卷附外編二卷》，中研院史語所藏，張氏適園叢書覆拜經樓藏本。
27. 張廷玉等撰，(清)《明史》，鼎文書局，民國 68 年 12 月初版。
28. 張履祥，(明)《張楊園先生集十六種》，台灣大學圖書館藏，同治庚午重刻山東尚志堂藏板。
29. 張履祥、蘇惇元纂《年譜》，(明)(清)《重訂楊園先生全集五十四卷年譜一卷》，中研院史語所藏，同治辛未江蘇書局刊行。
30. 清國史館原編，(清)《清史列傳》，明文書局清代傳記叢刊，民國 74 年 5 月初版。
31. 許瑤光等修、吳仰賢等纂，(清)《嘉興府志》，成文出版社，民國 59 年 8 月台一版。
32. 陳梓，(清)《陳一齋先生文集六卷》，中研院史語所藏，張氏適園叢書初集。
33. 陳確，(明)《陳確集》，漢京文化事業有限公司，民國 73 年 7 月 1 日出版。
34. 陸心源等修、丁寶書等纂，(清)《歸安縣志》，成文出版社，民國 59 年 7 月台一版。
35. 陸言纂輯，(清)《政學錄八卷》，明文書局清代傳記叢刊，民國 74 年 5 月初版。

36. 彭潤章修、葉廉鍔纂，（清）《平湖縣志》，成文出版社，民國64年台一版。
37. 黃宗羲，（明）《南雷文定》，世界書局，民國53年2月初版。
38. 黃宗羲著、全祖望補，（明）（清）《宋元學案》，華世出版社，民國76年9月台一版。
39. 黃宗羲著，（明）《明儒學案》，華世出版社，民國76年2月台一版。
40. 黃嗣東輯，（清）《道學淵源錄清代篇》，明文書局清代傳記叢刊，民國74年5月初版。
41. 雷鋐，（清）《經笥堂文鈔二卷》，中研院史語所藏，道光十四年重刊，寧化伊氏秋水園藏板。
42. 劉宗周，（明）《劉子全書》，華文書局影清道光刊本，民國57年11月初版。
43. 錢儀吉纂錄，（清）《碑傳集、補集》，明文書局清代傳記叢刊，民國74年5月初版。
44. 錢馥，（清）《小學盦遺書四卷》，中研院史語所藏，光緒二十一年清風室校刊本。
45. 嚴辰纂修，（清）《光緒桐鄉縣志》，成文出版社，民國59年7月台一版。
46. 蘇惇元編纂，（清）《明末張楊園先生履祥年譜》，台灣商務印書館，民國70年1月初版。
47. 蘇惇元編纂，（清）《張楊園先生年譜一卷附錄一卷》，中研院史語所藏，同治三年四月錢塘丁氏重刊本。
48. 顧廣譽，（清）《悔過齋文集七卷劄記續集七卷》，中研院史語所藏，平湖顧氏遺書，光緒三年朱氏刊本。
49. 龔嘉儁修、李榕纂，（清）《杭州府志》，成文出版社，民國63年12月台一版。

二、論　著

（一）專　書

1. 包賚，《清呂晚村先生留良年譜》，台灣商務印書館，民國67年12月初版。
2. 牟宗三，《從陸象山到劉蕺山》，台灣學生書局，民國73年11月再版。
3. 余英時，《中國思想傳統的現代詮釋》，聯經出版事業公司，民國76年8月再版。
4. 吳康，《宋明理學》，華國出版社，民國66年10月增訂四版。
5. 吳康等著，《學庸研究論集》，黎明文化事業公司，民國70年1月初版。
6. 孟森，《明清史講義》，里仁書局，民國71年9月1日出版。

7. 姚永璞，《舊聞隨筆》，明文書局清代傳記叢刊，民國 74 年 5 月初版。
8. 姜亮夫，《歷代人物年里碑傳綜表》，華世出版社，民國 65 年 12 月台一版。
9. 孫靜菴，《明遺民錄》，明文書局清代傳記叢刊，民國 74 年 5 月初版。
10. 徐世昌纂，《清儒學案小傳》，明文書局清代傳記叢刊，民國 74 年 5 月初版。
11. 徐世昌等編纂，《清儒學案》，燕京文化事業股份有限公司，民國 65 年 6 月初版。
12. 徐世昌編，《晚晴簃詩匯》，世界書局，民國 52 年 5 月二版。
13. 張君勱，《新儒家思想史》，弘文館出版社，民國 75 年 2 月初版。
14. 張其淦撰、祁正注，《明代千遺民詩詠》，明文書局清代傳記叢刊，民國 74 年 5 月初版。
15. 張舜徽，《清人文集別錄》，明文出版社，民國 71 年 2 月初版。
16. 梁啓超，《中國近三百年學術史》，台灣中華書局，民國 64 年 10 月台八版。
17. 梁啓超，《清代學術概論》，啓業書局，民國 61 年 12 月台一版。
18. 陸寶千，《清代思想史》，廣文書局，民國 67 年 3 月初版。
19. 程發軔，《國學概論》，正中書局，民國 73 年 11 月初版。
20. 華世出版社編，《中國歷史大事年表》，華世出版社，民國 75 年 3 月初版。
21. 賈豐臻，《中國理學史》，台灣商務印書館，民國 70 年 11 月台四版。
22. 趙爾巽等撰，《清史稿列傳》，明文書局清代傳記叢刊，民國 74 年 5 月初版。
23. 劉述先，《朱子哲學思想的發展與完成》，台灣學生書局，民國 73 年 8 月增訂再版。
24. 劉述先，《黃宗羲心學的定位》，允晨文化實業股份有限公司，民國 75 年 10 月 28 日出版。
25. 劉師培，《劉申叔先生遺書》，華世出版社，民國 64 年 4 月初版。
26. 蔡冠洛編纂，《清代七百名人傳》，明文書局清代傳記業刊，民國 74 年 5 月初版。
27. 蔣伯潛，《理學纂要》，正中書局，民國 71 年 2 月台五版。
28. 蔣維喬，《中國近三百年哲學史》，台灣中華書局，民國 61 年 10 月台二版。
29. 鄧之誠，《清詩記事初編》，明文書局清代傳記叢刊，民國 74 年 5 月初版。
30. 錢穆，《中國近三百年學術史》，台灣商務印書館，民國 72 年 11 月台八版。
31. 錢穆，《中國學術思想史論叢（七）》，東大圖書公司，民國 68 年 7 月初版。
32. 錢穆，《朱子學提綱》，東大圖書公司，民國 75 年 1 月再版。
33. 錢穆，《宋明理學概述》，台灣學生書局，民國 73 年 2 月再版。

34. 謝國楨，《黃梨洲學譜》，台灣商務印書館，民國60年3月台二版。
35. 鄺士元，《中國經世史稿》，里仁書局，民國68年12月出版。

（二）單篇論文

1. 沈忱農，〈明代朋黨與國運〉，《反攻雜誌》九十一期，民國47年2月1日。
2. 沈忱農，〈晚明的黨爭（上）〉，《民主潮》第十二卷第一期，民國51年1月12日。
3. 沈忱農，〈晚明的黨爭（下）〉，《民主潮》第十二卷第二期，民國51年1月16日。
4. 林師景伊，〈清代學術思想史引言〉，《華岡文科學報》第十一期，民國67年1月。
5. 陳榮捷撰、萬先法譯，〈性理精義與十七世紀之程朱學派〉，《中華文化復興月刊》第十一卷第十二期，民國67年12月。
6. 傅榮珂，〈晚明政風與學風之探微〉，《中華文化復興月刊》第二十卷第五期，民國76年5月。
7. 黃克武，〈經世文編與中國近代經世思想研究〉，《近代中國史研究通訊》二期，民國75年9月。
8. 錢穆講、王兆麟記錄，〈晚明諸儒之學風與學術〉（上）〉，《人生雜誌》二二二、二二三期合刊，民國49年2月1日。
9. 錢穆講、王兆麟記錄，〈晚明諸儒之學風與學術〉（下）〉，《人生雜誌》二二四期，民國49年3月1日。